〈2판〉

미래사회를 위한
교육의 방법과 테크놀로지

Instructional Methods and Educational Technology

이화여자대학교 교육공학과
소효정, 이재영, 이정민, 임규연, 정재삼 공저

교육과학사

머리말

기나긴 역사를 성찰해보면 인간과 테크놀로지(技術 또는 科學技術)는 서로 공진화해왔다. 우리가 첨단기술로 둘러싸인 세상을 살고 있지만 우리에게 익숙한 기술이 어떤 과정을 통해서 발전해 왔는지 그리고 그 기술이 우리 삶과 사회를 어떻게 변화시킬지를 숙고해볼 필요가 있다. 본 교재는 테크놀로지의 발전으로 인해 급격한 변화를 겪고 있는 사회문화와 교육환경 안에서 효과적인 방법으로 변화하는 인간의 삶을 바람직한 방향으로 이끌어갈 인재양성을 위해 최선을 다하는 교육테크놀로지(educational technology, EdTech) 전문가들의 노력의 산물이다.

4차 산업혁명은 지능화, 가상화, 초연결화로 규정된다. 기계를 인간처럼 사고할 수 있게 진화시켜 단순 반복적인 업무는 물론 추론과 예측까지 가능한 기계의 지능화와 실제공간과 가상공간의 경계가 무너지는 가상화 그리고 무선 인터넷으로 연결되는 인간과 인간, 인간과 기계의 초연결화로 우리는 이제까지 경험해보지 못한 새로운 변화를 맞게 될 것이다.

무서운 변화의 소용돌이 가운데에서도 우리가 지켜 내어야 할 것은 인간의 존엄성, 올바른 가치관, 개인과 공동체의 행복이고 이를 위해 창의력, 비판적 사고력, 문제해결력 등 사회의 변화를 주도하고 다스릴 수 있는 인간의 역량을 키워야 한다. 이에, 미래 인재를 양성하는 교육자와 전문가는 무서운 변화의 파도를 거스르지 않으면서도 인간의 역량을 더욱 효과적으로 개발할 수 있는 전략을 마련해야 한다.

미래를 이끌어갈 인재개발을 위한 전략은 교수자 중심에서 학습자 중심으로 변화되어가고 있다. 학습 관련 정보는 학습자들이 온라인이나 오프라인에서 찾아볼 수 있으므로, 이제는 이러한 정보를 실생활에서 적용하는 방법을 교육자나 교육전문가들이 함께 찾아 고민하고 공유하는 학습경험의 과정으로 교육은 융통성 있게 진행되어야 하고, 여기서 학습자들은 더 이상 교육의 소비자가 아닌 메이커(maker) 또는 창작자(creator)가 되어야 하므로, 토론기반 학습, 프로젝트기반 학습, 문제중심 학습 등 학습자 중심의 활동이 역동적으로 이루어지도록 학습환경이 설계되고 교수-학습전략이 준비되어야 할 것이다.

교육테크놀로지(EdTech)는 16세기 근대교육의 아버지라 불리는 코메니우스가 '대교수학'과 '세계도회'를 발간하면서 당대 교육의 개혁을 일구어낸 것이 학문의 시작이 되었다. 이에 본 교재는 코메니우스의 교육관과 교육개혁의 정신을 바탕으로 변화하고 있는 21세기 초지능, 초연결의 4차 산업혁명 시대를 맞이하여 변화하는 사회, 학교환경과 첨단 테크놀로지를 학교를 비롯한 제 교육기관의 수업과 통합하여 인간의 역량을 최대화하는 데 도움이 되는 이론과 방법론을 정리하고자 하였다.

제1부에서는 교수방법(instructional methods) 및 교육테크놀로지(educational technology)의 기초가 되는 교육의 방법과 테크놀로지의 기본개념, 교수방법의 분류와 선정, 그 기초가 되는 학습이론, 교수설계의 과정을 소개한다. 제2부에서는 체제적 교수설계를 위하여 요구분석과 교수자 중심 및 학습자 중심의 수업설계를 논의한다. 제3부에서는 체제적 교수설계의 개발, 실행, 평가를 위하여 앞서 진행된 설계의 청사진에 기반을 두고 수업지도안(lesson plan)을 개발하고 이를 수업에 적용, 실행, 평가할 때에 교육자와 교육전문가에게 도움이 될 이론과 정보를 포함하고 있다. 마지막으로 제4부에서는 미래의 교육, 테크놀로지 그리고 인재개발의 방향을 조망하면서 향후 교육자와 교육전문가들이 활용할 교육의 방법과 인공지능을 포함하는 첨단 테크놀로지 활용에 관련되는 중요한 이슈를 정리해보았다.

본 교재가 교육자들과 교육전문가들에게 변화를 적극적으로 수용하고 사회가 요구하는 우수한 인재양성의 산실인 학교를 비롯한 교육기관의 수업과 프로그램을 혁신적으로 만들어가는 데 소중한 지침이 되기를 기대한다. 끝으로 우리의 노력이 새로운 책으로 세상에 나올 수 있도록 애써주신 교육과학사의 한정주 사장님과 편집실 직원, 그리고 원고를 도와준 이화여자대학교 교육공학과의 이세영과 김유진 학생의 노고에 심심한 감사를 드린다.

2023년 3월

저자 일동

차 례

Contents

차 례

Contents

제 1 부

교수방법 및 교육테크놀로지의 이해

본서의 1부는 교육의 방법 및 테크놀로지의 토대가 되는 개념 정리, 교수방법의 분류와 선정, 기초 이론인 학습이론, 교수설계의 과정으로 구성되어 있다.

1장 **교육의 방법과 테크놀로지의 기본개념:** '교육'의 동양적, 서양적 어원으로 시작해서 테크놀로지에 관련된 개념을 정리함으로써 '교육테크놀로지'(educational technology, EdTech)의 일반적인 개념과 최근의 정의와 더불어 이 분야의 발전사를 간략하게 소개한다. 그리고 이 분야에서 중요한 부분을 차지하면서도 구분이 쉽지 않은 교수방법, 교수매체, 교육의 소프트 테크놀로지와 하드 테크놀로지의 관계를 정리한다.

2장 **교수방법의 분류와 선정:** 교육방법, 구체적으로 교수방법이 교수-학습의 과정에서 왜 중요한지를 설명하고 교수방법의 다양한 분류를 다룬다. 교수방법의 분류 중에서 가장 보편적인 커뮤니케이션 형태에 따른 교수방법의 유형을 5가지(강의형, 개인교수형, 실험형, 토의 · 토론형, 자율학습형)로 나누어서 깊이 있게 논의한다. 그런 후에 다양한 교수방법 중에서 최적의 방법을 선정할 수 있는 상황과 기준을 제시한다.

3장 **학습이론:** '학습'을 학습자가 환경과 상호작용하는 과정에서 창출되는 지속적인 인지와 행동의 변화라고 보고 이러한 학습과정을 설명하는 학습이론의 주요 계보를 요소적인 행동주의와 통합적인 인지주의로 설명한다. 그리고 지식을 형성하는 관점에서 객관주의(행동주의, 인지주의)와 구성주의로 나누어 철학적 인식론의 입장에서 '배움'(학습)과 '가르침'(교수)을 논의하면서 행동주의, 인지주의, 구성주의 관점을 비교하고 대표적인 이론들을 소개한다.

4장 **교수설계의 과정:** 본 과목의 핵심인 '교수설계'의 개념을 전략 중심의 교수설계이론과 과정 중심의 교수설계모형으로 구분하여 설명한다. 교수설계의 역사를 논의한 후 대표적인 교수설계/교수체제개발 모형들을 소개하고 그 절차를 ADDIE를 중심으로 비교적 상세하게 그려본다.

제 1 장

교육의 방법과 테크놀로지의 기본개념

K 교사는 임용 1년 차인 초임교사입니다. 1년을 현장 학교에서 보낸 지금, K 교사는 본인이 대학에서 배웠고 상상했던 수업의 모습과 현재 자신이 진행하고 있는 수업의 모습이 점차 거리가 멀어져 간다는 생각을 하게 되었습니다. 이에 K 교사는 자신의 수업에 대한 전반적인 개선 방향을 계획하고자 합니다. 테크놀로지를 학교 현장, 교실, 학생의 학습활동, 교사의 수업활동에 활용하는 것이 무슨 의미인지, 학교 행정가, 교사, 학생, 학부모가 어떤 역할을 해야 하는지 파악하기가 쉽지 않습니다. K 교사는 본 교재의 1장에서 제시하고 있는 교육의 방법과 테크놀로지의 기본개념을 숙지한 후, 본인이 소속되어 있는 교육현장의 현재 상태(교육환경, 교육과정, 수업방법, 교사의 역할, 학생의 역할, 수업에 활용되는 자료 등)를 성찰, 관찰하여 보기로 했습니다. 여러분이 K 교사의 파트너로서 수업 관련한 전반적인 개선방향을 어떻게 찾아갈 수 있을까요?

학습목표

1.1. 학습자는 테크놀로지의 개념을 바탕으로 교육의 맥락에서 테크놀로지를 활용할 수 있는 방안을 구체적으로 논의할 수 있다.

1.2. 학습자는 교육테크놀로지의 최근 정의에 나타난 이 전문분야의 목적(goal)과 영역(domain)에 대하여 논의할 수 있다.

1.3. 학습자는 교수방법(instructional methods), 교육테크놀로지(educational technology), 교수매체(instructional media)의 관계를 설명할 수 있다.

1 교육과 테크놀로지

1) 교육(Education)의 의미

동양에서는 교육(敎育)을 연소자가 선(善)을 행할 수 있도록 연장자가 모범을 보이고 연소자가 모방하게 하는 상호작용 과정으로 보는 것이 어원적 의미이다. 서양에서는 교육(education)을 아동 내부의 잠재력을 외부로 인출하는 과정으로 보는 것이 어원적 의미이다. 즉 교육을 의미하는 education은 라틴어의 'educare'(bring up)에서 유래되어 '인간의 잠재력을 끌어 올리다'라는 의미이다(Saettler, 1990).

일상적 의미로 교육은 "학습자가 배우는 모든 종류의 경험"으로 매우 넓은 것으로 해석할 수도 있다. 여기에는 계획적 경험과 우연적인 경험뿐만 아니라 형식적(formal)이고 비형식적(informal) 경험이 모두 포함될 수 있다. 사전적 의미에서 교육은 인간의 정신적 신체적 성장과 발달을 어떤 이상, 목적, 혹은 가치 기준에 의하여 통제하거나 도와주는 일련의 인위적인 과정이다(서울대학교 교육연구소, 1994).

2) 테크놀로지(Technology)의 의미

테크놀로지는 어원적으로 그리스어의 'techne'로부터 유래되어 기예(art), 공예(craft), 스킬(skills, 技能)의 의미를 포괄하고 있다. 그러나 Aristoteles는 techne를 '인간 활동을 위한 지식의 체계적 사용'으로 보았으며(Saettler, 1990), Galbraith(1967)는 '실제 과제해결을 위해 과학적이고 조직적인 지식을 체계적으로 사용하는 것'으로 technology를 Aristoteles의 techne와 유사하게 정의하고 있다. 한편 Hughes(2005)는 technology라는 용어가 2차세계대전 이후에 일반화되었다고 하면서 '인간의 욕망에 적합하도록 주어진 대상을 변화시키는 모든 인간행위'라고 보다 넓게 정의 내렸다. 즉, 인간의 독창성(발명능력)과 관련된 창조적 과정으로 보았다.

테크놀로지(technology, 技術 또는 科學技術)와 관련된 용어로서 과학(science, 科學)과 공학(engineering, 工學)이 있다. 우리는 상식적으로 과학(science)이 technology와 engineering의 바탕이라는 것을 인정할 수 있다. Webster나 Oxford 사전에 의하면 과학(science)은 관찰과 실험을 통하여 물리적, 자연적 세계의 구조와 행동을 체계적으로 연구하는 것, 즉 과학적인 방법을 통하여 관찰되고 검증된 일반적인 진리와 일반적인 법칙의 작용을 다루는 지식이다. 공학(engineering)은 사물의 속성과 자연 에너지를 구조, 기계, 산출물, 시스템과 공정에서 인간에게 유용하게 하는 과학(science)과 수학(mathematics)을 적용하는 것이다. 테크놀로지(technology)는 인간의 편리와 안락함을 위하여 필요한 대상물을 제공하는 데 사용되는 모든 수단(means), 즉 실용적 목적을 위하여 과학적 지식을 응용하는 것이다. 정리하면, technology나 engineering은 응용과학임에는 틀림이 없으나, engineering(공학)은 그 유용성을 위하여 보다 정확하고 정밀한 검증과 경제적 관점이 반영된 것이고, technology(과학기술, 테크놀로지)는 인간 생활에 도움이 되는 수단 또는 방법에 초점이 있다. 이들의 관계를 아래 [그림 1-1]과 같이 표현할 수 있다.

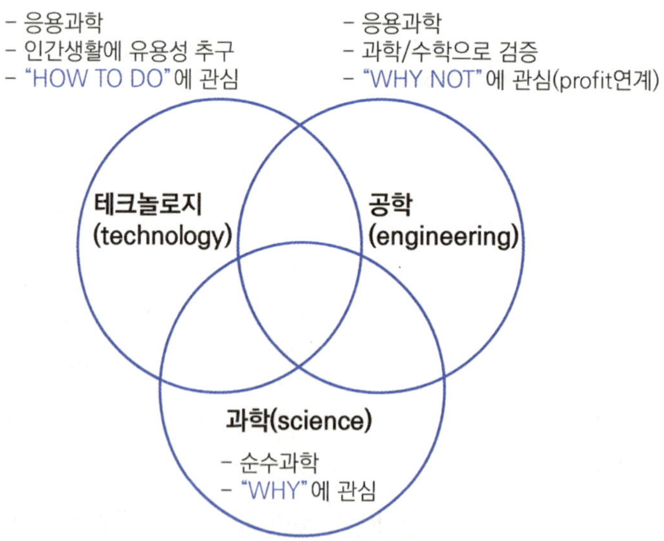

[그림 1-1] 과학, 테크놀로지, 공학의 관계

3) 교육테크놀로지[1](Educational Technology)의 개념과 정의

교육테크놀로지(EdTech, ET)는 교육과 테크놀로지라는 두 개의 단어가 결합된 복합어이다. 교육('educare'/education)과 테크놀로지('techne'/technology)의 어원적 의미를 반영하는 교육테크놀로지는 인간의 잠재력(즉 지성, 감성, 사회성 등)을 효과적으로 계발해 내기 위해 과학적이고 조직적인 지식을 체계적으로 활용하는 학문으로 개념화할 수 있다.

교육테크놀로지란 용어가 언제 최초로 사용되었는지는 확실치 않으나 기록에 의하면 Bobbit과 Charters가 유사한 개념으로 1920년대에 교육엔지니어링(敎育工學, Educational Engineering)이라는 말을 사용하였다. 또한 교수테크놀로지(Instructional Technology, IT)란 용어는 오늘날의 교육테크놀로지(ET)보다는 시청각교육 지향적이기는 하나 1963년에 Finn이 미국교육연합회(NEA)의 Technological Development Project의 보고서에서 처음으로 사용하였다(Saettler, 1990; Seels & Richey, 1994). 따라서 교육테크놀로지는 최근에 시작된 분야이며 ET(Educational Technology, EdTech)의 개념이 대두되기 시작한 것은 1960년대부터라고 볼 수 있다. Finn은 현대사회에서 테크놀로지의 비약적인 발전은 사회와 교육에 테크놀로지의 적용을 불가피하게 만들어 교육테크놀로지가 대두되었다고 보고 있다(AECT, 1977). 현재 AECT[2]의 홈페이지에 있는 교육테크놀로지(ET) 정의는 지난 60여 년간 변화한 이 분야 학문의 역사적 변천을 토대로 가장 최근 정립된 정의이다.

교육테크놀로지(EdTech)에 대한 공식적인 최초의 정의[3](定義, definition)가 발

1) 본서에서는 Educational Technology(ET, EdTech)를 혼란과 오해를 초래하는 교육공학(敎育工學) 대신에 "교육테크놀로지"를 사용함. 1985년에 한국교육공학회가 발족되면서 공식적인 영문표기를 KSET(Korean Society for Educational Technology)로 하고, 관련 학과나 교재의 이름을 관습적으로 교육공학(敎育工學)으로 표기하기도 하지만 여기에서 '공학'은 engineering의 의미가 아니라 "technology"이기에 '과학기술' 또는 외래어 '테크놀로지'를 그대로 사용하는 것이 보다 정확하다고 봄. 미국에서는 1920년대에 Bobbit 등이 'Educational Engineering'으로 잘못 사용한 적이 있음.

2) AECT(Association for Educational Communications and Technology)

3) 최초의 공식적 정의(Ely, 1963): 시청각 커뮤니케이션은 학습과정을 통제하는 메시지의 설계

표된 것은 1963년이고 그 이후 지금까지 몇 차례의 개정이 이루어졌는데 2017년에 가장 최신의 정의가 발표되었다(AECT 홈페이지). 이제까지 몇 차례에 걸쳐 발표된 정의는 항상 교육테크놀로지의 새로운 방향을 정립하고 활동영역을 확대하는 데 기여해 왔으며, 교육테크놀로지 분야의 성장과 다양성을 위한 촉매 역할을 해 왔다. AECT의 2017년도 교육테크놀로지(ET)의 새로운 정의는 다음과 같이 간략하게 정리되었다.

"교육테크놀로지는 교수·학습 과정과 자원을 전략적으로 설계, 관리, 실행함으로써 지식을 발전시키고 학습과 퍼포먼스를 매개하고 향상시키기 위하여 이론, 연구, 모범사례를 탐구하고 윤리적으로 적용하는 학문이다"[4].

〈표 1-1〉은 최초(1963)의 정의, 직전(2008)의 정의, 최근(2017)의 정의에서 교육테크놀로지의 목적과 영역에 대한 설명을 비교한 것이다.

〈표 1-1〉 교육테크놀로지의 목적과 영역

연도	목적(Goal)	영역(Domain)
1963	학습과정의 통제	메시지의 **설계**와 **활용**
2008	학습 촉진과 퍼포먼스 향상	과학기술적 과정과 자원의 **창출**, **활용** 및 **관리**
2017	지식의 발전과 학습/퍼포먼스의 매개와 향상	교수학습 과정과 자원의 **전략적 설계, 관리** 및 **실행**

와 활용에 주로 관여하는 교육이론과 실천의 한 분야(Audiovisual communication is the design and use of message which control the learning process).

4) Educational technology is the study and ethical application of theory, research, and best practices to advance knowledge as well as mediate and improve learning and performance through the strategic design, management and implementation of learning and instructional processes and resources (AECT//homepage).

4) 교육테크놀로지의 시작과 발전

이 분야에서는 17세기에 유럽에서 신학자와 교육학자로 활동한 John Amos Comenius(1592~1670)를 시청각교육 또는 교육테크놀로지의 선구자로 본다. 그는 Aristoteles(B.C. 384~322)의 철학적 방법론, 심리학, 논리학을 기초로 하여 자신의 교육사상의 바탕이 되는 인간과 자연의 이해, 교수방법론, 지식의 형성과정인 인식론의 체계를 정립하였다. 그는 17세기 중반부터 교수법[5], 대교수학, 최신언어 교수법, 분석 교수학, 세계도회를 위시한 200여 편의 저서와 논문을 통하여 당시의 새로운 과학정신과 자연원리를 토대로 인간을 위한 새 교육사상과 교육학 이론과 실제를 최초로 체계화하였다(이숙종, 1996; 이은하, 2002; 정확실, 1987).

Comenius는 Aristoteles가 밝힌 지식형성과정에서 감각적 사실주의 관점을 바탕으로 하고, 17세기 당시 사실주의의 대표자인 Bacon(1561~1626)의 주장을 받아들여 새로운 지식이 학습자에게 의미 있고 유용하기 위해서는 학습자의 감각적 경험에 기초하여야 한다고 보았다. Comenius(그림 1-2 참조)는 1657년에 「세계도회」(The Visible World Pictured)라는 백과사전을 만들어 삽화가 풍부한 교과서로 사용하고 주어진 주제 설명과 더불어 적절한 실물 그림과 언어를 함께 제공함으로써 학습자의 내면세계에 강한 인상을 남기고 학습의 흥미를 유발하였다(Sadler, 1966).

Comenius는 모든 교육제도와 체계가 자연의 원리에 따라야 한다고 보고 자연과 인간의 관계에서 인간교육을 위한 새 교수방법과 테크놀로지를 고안하였다. 그는 「대교수학」(The Great Didactic)에서 자연법칙[6]에 근거한 교수방법과 범지학(梵知學, pansophia)의 기반이 되는 모든 지식을 탐구할 수 있는 필요한 방법을 제시하였다. 그는 교수학습의 보편적 조건을 위한 자연의 원리, 교수학습을 쉽게 할 수 있는 자연의 원리, 교수학습의 철저성을 위한 자연의 원리, 교수법의 간결성과

5) Comenius는 이해-기억-활용의 교수 3단계를 적용함.
6) Comenius의 합자연 원리는 루소, 듀이 등에 영향을 주어 서양교육의 기본원칙이 됨.

신속성을 위한 자연의 원리들을 제시하였다. Comenius의 새 교수방법과 테크놀로지는 학습이 진행되는 동안 학습자들의 마음을 즐겁게 하고 열정을 가지고 학습할 수 있게 하는 것이다. 즉 학습동기를 부여하고 학습자의 감각을 발전시키고 실물과의 관계를 언어로 가르치며 학습자들로 하여금 직접적인 관찰과 개별적인 실천에 임하게 하였다.

[그림 1-2] 코메니우스(1592~1670)

Comenius의 체계화된 교수학습의 원리에는 분석적 방법, 종합적 방법, 비교유추(analogy)의 방법 등 세 가지 테크놀로지가 포함된다. ① 분석적 방법으로 지식의 대상이 되는 사물을 분석하여 지식을 얻을 수 있고, ② 종합적 방법으로 그 사물의 각 부분을 결합하고 조합하는 과정에서 귀납적 경험적으로 지식을 얻을 수 있으며, ③ 비교유추의 방법으로 그 사물의 각 부분을 다른 부분들과, 그 전체를 다른 전체들과 비교하고 유추함으로써 사물의 지식을 얻을 수 있다. 비교유추의 방법에는 구체적으로 시각적 방법과 모방의 방법이 포함된다. 시각적 방법은 「세계도회」처럼 사물의 시각자료를 제시함으로써 학습자가 보다 정확한 실제적인 지식을 쉽게 습득하게 한다. 모방의 방법은 인간이 주위의 사물을 내면화하여 표현하는 것으로 Comenius는 실례(examples)를 먼저 제시하고 그 실례를 설명하는 지침(precepts)을 가르쳐서 쉽게 모방하는 방법을 제시하였다(이숙종, 1989).

이러한 Comenius의 교육사상과 교육개혁의 정신은 시청각교육 또는 교수방법과 교육테크놀로지의 선구자[7]이기도 하지만, 당시 17세기의 교육철학, 교육행정과 제도, 교육과정을 포함하는 전반적인 교육체제를 혁신하고 근대 교육학의 이론과 실제의 토대를 이루었으며 범지학을 중심으로 세계평화를 위한 인간교육과 인간이해를 바탕으로 하는 전인교육(지성, 덕성, 경건) 사상을 정립했다. 또한 Comenius의 인간중심적 인본주의 사상과 개혁의 정신은 18세기 유럽의 사실주의적 계몽주의 교육사상으로 이어져 Rousseau, Pestalozzi, Froebel, Herbart[8] 등과 19세기 미국의 Dewey[9]에 크게 영향을 주었다. 19세기에 접어들어 유럽에서 Comenius를 연구하기 위한 학회조직이 태동하여 1890년에는 독일의 베를린에 Comenius협회(Comenius-Gesellschaft)가 결성되었다(이숙종, 1989).

John Dewey 박사가 1899년 미국심리학회(APA)의 기조 강연에서 학습연구와 학교 현장을 연계하는 학문이 필요하다고 역설한 바가 있다. 비록 교수설계라는 용어는 1970년대에 등장했지만, 70여 년 전의 이 연계과학(linking science)의 아이디어가 교수설계[10]의 시초 또는 출발점이라고 보는 시각이 있다(Reigeluth, 1983). 미국에서는 교육테크놀로지 분야가 시각교육, 시청각교육, 시청각커뮤니케이션, 교수테크놀로지(Instructional Technology), 교육테크놀로지(Educational Technology)

7) 1657년에 저술된 "세계도회"는 당시 여러 국가에서 사용되어 세계 최초의 시청각교재로 인정됨. 기록에 의하면 조선시대 성리학자 권근(權近)이 1397년에 간행한 "입학도설"(성리학 교과서)에 삽화를 수록했지만 유배지에서 소수의 아동을 위해 사용된 것이어서 교육사적으로 인정받지 못함.

8) Herbart(1776~1841)는 학문적 교육학의 창시자 또는 교육학의 아버지라고 불림. 윤리학을 기반으로 교육목적(도덕성 함양)을 도출하고, 심리학을 기반으로 교육방법(관리－교수－훈육)을 구축함. Herbart의 교수 4단계(명료－연합－체계－방법)는 체계적/과학적 교수법의 시초임.

9) Dewey(1859~1952)는 1894년에 시카고대 학장이 되면서 실험학교를 만들고 '아동중심 교육'을 실천함. 유용성 기반의 실용주의(경험/실험 강조) 창시자임.

10) 교수설계(instructional design)는 목적지향적 활동으로 학습목표를 달성하기 위해 효과적, 효율적, 매력적 교수전략을 처방하는 활동으로 소프트 또는 과정 테크놀로지로 분류됨. 이 연계과학 아이디어가 Tyler의 교육과정과 수업의 기초원리, Mager의 수업목표, Skinner의 프로그램 수업을 거쳐서 1970년대에 교수설계 이론과 모형으로 구체화됨. 한편 교수매체(instructional media)는 하드 또는 산출물 테크놀로지로 분류됨.

로 발전하여 왔다. 먼저 1920년경에 시각교육운동이 시작되었다. 이 분야에서는 학습자에게 구체적 경험의 제공이 필요함을 인식하고 시각자료의 활용을 촉진하여 언어중심의 추상적 교육방법에서 탈피하고자 하였다(Saettler, 1990). 1923년에는 교육테크놀로지(ET)의 공식기구인 미국의 시각교육국에서 **시각교육**(Visual Education)을 제안하고, 그 학문의 목적을 학습자의 흥미유발과 학습활동의 효과성을 높이는 시각자료의 개발로 정립하였다. 그러나 시각자료는 교사의 보조물로만 간주되고 독자적인 교수방법으로 발전되지 못했다는 지적을 받으며 변화를 추구하게 되었다(AECT, 1977).

이후 1930년 말에는 음향녹음, 축음기의 보급 및 유성영화의 출현으로 시각교육에 청각적인 요소가 통합되어 **시청각교육**(Audiovisual Education)이 소개되었으며, 영화, 슬라이드, 녹음, 라디오, 텔레비전 등의 시청각매체를 활용하여 학습효과를 높이고자 하였다. 시청각교육이 시행되던 기간 중 대표적으로 활용된 시청각교육 모형으로는 Hoban의 시각교재의 분류와 Dale의 경험의 원추 모형이 있었으며(이화여자대학교 교육공학과, 1996; AECT, 1977), 제2차 세계대전 중에는 단기간의 군인양성을 위해 시청각교육 모형이 유용하게 활용되었다.

제2차 세계대전 종전 이후에는 교육을 양방향 소통과정으로 보는 커뮤니케이션 개념과 교수학습과정을 하나의 체제(system)[11]로 보는 체제개념이 도입되면서 시청각교육은 **시청각커뮤니케이션**(Audiovisual Communication)이라는 분야로 발전되었고, 1963년 시청각교육국은 시청각커뮤니케이션이라는 개념을 정식으로 도입하고 커뮤니케이션 모형과 체제 모형에 관한 연구와 활동을 시작하였다. 이 당시 가장 유용하게 활용된 시청각커뮤니케이션 모형으로는 Berlo의 SMCR모형[12]이 있다.

11) 체제(system)는 공동의 목적을 위해 여러 요소들이 체계적으로 구성된 조직체임. 이 구성요소들은 상호의존적으로 연결되어 있어서 한 요소가 변하면 다른 요소도 변하는 특징이 있음. 부분(구성요소들)과 전체의 관계를 총체적으로 보는 관점을 체제적 접근(systems approach)이라고 함.

12) Berlo는 커뮤니케이션에는 정보원(source), 메시지(message), 채널(channel), 수신자(receiver) 등의 4가지 요소가 있으며 이 요소들의 속성이 커뮤니케이션에 영향을 미친다고 보고 교수–학습 현장에 적용함.

이후 컴퓨터를 포함한 획기적인 테크놀로지와 문화의 발달, 지식과 인구의 팽창으로 교육과정에 새로운 테크놀로지의 도입이 추진되었고, 시청각교육은 **교수테크놀로지**(Instructional Technology, IT)라는 명칭으로 전환되었다. 시청각교육국은 1970년 그 명칭을 AECT(Associations for Educational Communications and Technology)로 개칭하고 교육테크놀로지 분야의 발전을 도모하는 다양한 연구 및 실천 활동을 시작하였다. 시청각커뮤니케이션이 교수테크놀로지(IT)로 발전되어 가는 과정에서 새로운 개념형성에 지대한 영향을 끼친 이론은 학습이론이었다. Skinner의 행동주의 학습이론은 교수테크놀로지(IT)의 토대를 마련하였고, Skinner의 이론을 구현한 프로그램 학습(programmed learning)과 티칭머신(teaching machine)의 개발은 이후 개별화 수업(individualized instruction)을 통해 분야의 발전에 크게 기여하였다.

교수테크놀로지(IT)는 학문의 적용범위가 수업(instruction)이라는 협소함을 가지고 있었으므로, 이를 극복하기 위해 AECT를 중심으로 학문 정의에 대한 재정비 작업이 실시되었고, 1977년 **교육테크놀로지**(ET)라는 명칭으로 분야가 재정립되었다. 새로운 접근의 교육테크놀로지(ET)에서는 교육문제를 총체적인 맥락에서 접근하고, 사람, 절차, 기기, 아이디어, 조직 등을 체계적으로 통합하여 문제분석부터 해결방안까지 도출한다는 것이다. 교육테크놀로지(ET)는 학습의 모든 국면을 포함한 문제를 다루는 것으로 보는 반면, 교수테크놀로지(IT)는 목적적이고 통제적인 학습상황만을 다룬다는 점에서 차별화되었다. 분야의 학문과 테크놀로지의 발전에 따라 AECT는 1994년, 2008년, 2017년에 교육테크놀로지를 새롭게 정의하면서 오늘에 이르렀다.

2 교육의 방법, 매체 및 테크놀로지

여기에서는 교육방법(구체적으로 교수방법)에 관련된 기본 개념들과 교수방법의 여러 의미들을 논의한다. 그런 후에 교육의 방법, 매체, 테크놀로지의 관계를 알아본다.

1) 교수, 수업, 학습, 교육과정

교수방법이 교육현장에서는 교수, 수업, 학습지도, 교수학습 등으로 불리기도 하기 때문에 이 용어들을 교육테크놀로지(ET)의 맥락에서 재정리할 필요가 있다. 또한 여기에서 학습, 수업, 교육과정의 관계를 정리한다.

학습(learning)은 경험의 결과로 인하여 어떤 개인의 지식, 행동, 또는 태도가 비교적 지속적으로 변화되는 것이다(Mayer, 1982). 여기서 핵심적인 사항은 변화가 장기간이라는 점, 변화의 대상이 학습자의 지식구조 또는 행동이라는 점, 그 변화가 학습자의 환경에서의 경험으로부터 유래한다는 점이다.

많은 사람들이 수업(授業)과 교수(敎授)를 서로 혼용하고 있다(김순택 외, 1983; 김학수, 1991; 이화여자대학교 교육공학과, 1996; 진위교 외, 1986). 실제적으로 교수와 수업의 사전적 정의를 살펴보면 '학문이나 스킬을 가르치는 행위'를 나타내는 말로서 그 의미가 다르지 않다. 따라서 한글에서는 교수와 수업을 문맥에 따라 호환적으로 쓸 수 있다고 본다.

영어에서는 instruction과 teaching은 서로 관련된 개념이긴 하지만 구분되어야 한다고 보는 관점도 있다. 어떤 학자들은 teaching은 '살아있는 사람', 즉 교사(teacher)에 의하여 전달되는 학습경험이라고 하고, instruction은 사람을 포함한 모든 형태의 매체(즉, instructional agent)에 의하여 전달되는 학습경험이라고 주장한다(Gagné, Briggs & Wager, 1992; Smith & Ragan, 1993). 그런 반면에 instruction

은 학습자가 계획된 학습목표를 달성할 수 있도록 체계적이고 계획적으로 정보와 환경을 제공하는 일이지만(Gagné, 1985), teaching은 교사가 의도한 것은 물론이고 잠재적이고 우연적인 학습경험까지를 포함한다고 주장하면서 teaching과 instrucion을 구분하는 학자들이 있다(Corey, 1971; Smith & Ragan, 1993). 수업과 교수에 대해서 어떤 이는 영어의 'instruction'을 수업으로, teaching을 교수로 엄격히 구분해서 사용하기도 하지만, 이 책에서는 수업과 교수를 엄격히 구분하기보다는 문맥에 따라서 호환적으로 사용하기로 한다.

그러면 학습(learning), 수업 또는 교수(instruction), 교육과정(curriculum)의 관계는 어떠한가? 넓은 의미의 교육과정이란 일정한 교육기관에서 세운 교육의 모든 과정을 마칠 때까지 요구되는 교육목표, 교육내용, 시간을 포함한 교육의 전체 계획을 일컫는다. 구체적으로 교육과정은 학습자가 교육목적을 달성할 수 있도록 계획된 경험, 즉 학습과 수업의 내용을 말한다. 수업은 교육과정에 내포된 내용을 가르치는 일이며, 학습이란 학습자의 지식과 행동의 변화를 의미한다. 이들(학습, 수업, 교육과정)의 관계는 [그림 1-3]과 같은 모습이 될 것이다(김순택 외, 1983; 이홍우, 2018).

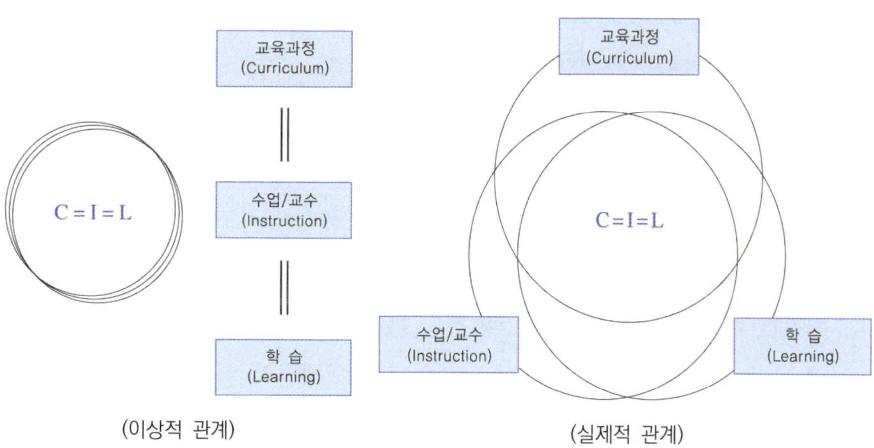

[그림 1-3] 학습, 수업, 교육과정의 이상적 관계와 실제적 관계

2) 교수방법의 여러 의미

교육방법이란 무엇인가? 교육방법을 넓게 보면 바로 교육의 과정(process of education)을 의미하게 된다. 즉, 넓은 의미의 교육방법에는 교육목적의 탐구, 교육과정 구성, 수업(학습지도), 교육의 평가, 심지어 생활지도의 영역까지도 모두 포함된다(이홍우, 2018; Tyler, 1942). 그러나 전통적으로 교육방법이란 교육내용을 제시하는 형태(presentation forms), 즉 교수형태, 교수방법, 수업방법, 교수전략 등 구체적이고 좁은 의미를 갖는다. 본 장에서 교육방법은 좁은 의미, 즉 교수방법(教授方法, instructional methods)을 의미한다. 그러므로 교수방법(즉 구체적인 의미의 교육방법)이란 교육목표를 성공적으로 달성하기 위하여 선정된 교육내용을 학습자에게 효과적으로 전달하기 위한 수단이다. 즉, 교수방법은 교사 또는 교수자가 학습자에게 학습과제를 가르치는 방법 또는 학습경험을 하게 하는 방법이다.

교육테크놀로지에서는 교수방법, 즉 교수형태를 교수매체와 분리시켜 설명한다. 교수방법(형태)은 학습자로 하여금 학습의 내용이나 학습목표를 이해하고 달성하는 데 도움을 줄 수 있도록 적절하게 선정된 교수절차(instructional procedure)를 의미하며 교수매체(instructional media)는 교수 내용을 전달하는 단순한 기기를 의미한다. 교육테크놀로지(ET)에서는 교수방법(교수형태)을 과정 테크놀로지(process technology)로, 교수매체를 산출물 테크놀로지(product technology)로 구분한다(Heinich et al., 2002; Smaldino, Lowther, & Russell, 2008).

가르치고 배우는 현상, 과정, 절차를 가리키는 용어에는 교육방법, 교수방법 외에도 교수전략, 교수전술, 교수기법, 학습전략 등이 있다. 각각의 용어에 대한 이해력을 높이기 위해서는 방법(方法)과 전략(戰略)에 대한 논의가 필요하다. 방법(method)이란 목적의 달성 과정에서 발생하는 문제해결의 원리, 즉 주어진 수단에 의하여 목적을 실현시키는 원리이다. 그래서 교수방법이란 학습자들이 주어진 목표를 달성하거나 내용・메시지를 내면화할 수 있도록 선택된 수업의 절차이다.

전략(strategy, 즉 plan of action)은 일단의 의사결정 체제로 구성되는데, 이 의사결정 체제는 특정한 목표・목적의 성취를 겨냥한 활동들의 계획, 방법(방도・방책), 또는 절차를 산출해낸다(서울대학교 교육연구소, 1994; 이화여자대학교 교육공학과, 1996).

그러므로 교수전략(instructional strategy)이란 교수자가 목표를 효과적으로 성취하기 위하여 주어진 학습상황에서 어떤 교수-학습의 내용(content)과 과정(process)을 어떻게 사용할 것인가에 대한 전반적인 계획이다(Rothwell & Kazanas, 1992). 즉, 교수방법은 교수전략과 호환적으로 사용될 수 있다. 교수기법(instructional technique) 또는 교수전술(instructional tactics)이란 교수방법과 교수전략을 실현하기 위한 상황구체적인 활동이나 기법을 의미한다. 반면에, 학습전략(learning strategy)이란 교수자 중심이 아닌, 학습자의 입장에서 요구되는 전략이므로 위의 개념들과 구별된다(이화여자대학교 교육공학과, 1996; 진위교, 1998). 교수자가 가르치는 전략을 필요로 한다면, 학습자에게는 그에 따른 과제를 수용하고 실행하는 데 필요한 구체적인 전략이 요구되기 마련이다. 따라서 학습전략은 학습자 스스로가 학습목표와 학습과업의 성취를 위해 과제를 수행하는 양식 혹은 방법을 뜻하는, 이른바 학습자 중심의 전략이라 볼 수 있다.

가르치고 배우는 전략 탐구, 즉 교수방법의 뿌리는 고대 그리스시대의 수사학파(Sophists)와 Socrates에게까지 거슬러 올라간다(진위교, 1998; Saettler, 1990). 교수방법의 일면을 보면 소피스트들은 수업과제와 주제를 가르칠 수 있는 형태로 분석하였다. 그리스와 로마의 학교들에서는 웅변, 수사학, 설득력을 통해 얻을 수 있는 성공과 성취를 위해 정교화 실습과 규칙들이 완성되었다. 소피스트들은 교수전략으로 잘 개발된 강의, 즉석의 강연, 자유토론 등 세 가지 형태를 사용하였다. 반면에, 소크라테스는 가르치는 작업이란 마치 조산원이 산모의 출산을 돕듯이 학습자 내부 깊숙한 곳에 숨어 있는 지식(知識)과 스킬(技能)을 이끌어 내어 회상하게 하는 과정으로 보았다. 그의 이러한 접근법은 '산파술'이라고 불린다. 소크라테스는 진・선・미의 궁극적 목표의 추구를 위해 '간곡한 권고'(exhortation)와 대화를 통한 방법을 사용했다. 수사학파는 학교가 성인생활에서 활용하게 될 행동의 종류, 가령 법정에서의 변론, 공공적 스킬의 함양, 입법의회에서의 설득 등을 직접적으로 가르치는 일을 목적으로 해야 한다고 주장하였다. 반면에, 소크라테스는 개인의 인격과 인지구조를 개조함으로써 훌륭하고 덕성스러운 삶을 성취할 수 있는 것이며 직업적 스킬은 그것이 중요한 것이기는 하나 부차적인 것에 지나지 않는다고 보았다(이화여자대학교 교육공학과, 1996).

3) 교육의 매체와 테크놀로지

교육테크놀로지에서는 교수방법, 즉 교수형태를 교수매체와 분리시켜 설명한다. 교수방법(형태)은 학습자로 하여금 학습의 내용이나 학습목표를 이해하고 달성하는 데 도움을 줄 수 있도록 적절하게 선정된 교수절차(instructional procedure)를 의미하며 교수매체(instructional media)는 교수 내용을 전달하는 단순한 기기를 의미한다. 교육테크놀로지(ET)에서는 교수방법(교수형태)을 과정 테크놀로지(process technology)로, 교수매체를 산출물 테크놀로지(product technology)로 구분한다(Heinich et al., 2002; Smaldino, Lowther, & Russell, 2008).

교수매체(instructional media)는 교수-학습 상황에서 교수자와 학습자를 연결하는 중요한 수단을 의미한다. 즉 매체(media)는 메시지를 전달하는 도구로, 의사소통의 과정에서 송신자와 수신자 사이를 연결하고, 중요한 정보를 전달하는 모든 채널(channel)을 의미한다. 전통적으로 교수매체는 교사가 교수-학습 내용을 효과적으로 전달하기 위해 사용하는 칠판, 모형, 실물화상기, 게시판, 사진 및 비디오, 영화, TV 등 아날로그 방식의 시청각 기자재를 의미하였다. 최근에는 테크놀로지의 발전과 더불어 등장한 인터넷 및 모바일 스마트 기기와 같은 디지털 방식의 매체도 교수매체로 활용된다. 교수-학습 상황에서 교수매체는 학습과정을 촉진시켜 학습 효과를 극대화시켜주는 방법으로 사용되어왔다.

이와 같이 교수매체는 텍스트, 오디오, 시각자료, 동영상, 실물/모형, 사람들;

시각 매체, 청각 매체, 시청각 매체, 상호작용 매체; 올드 미디어와 뉴 미디어; 그리고 아날로그식 미디어와 디지털식 미디어 등 나누는 방식에 따라 여러 가지로 구분할 수 있다. 교수매체에 대한 보다 자세한 설명은 9장에 포함된다.

교육테크놀로지는 앞에서 논의한 바와 같이 소프트 테크놀로지(soft 또는 process technology)와 하드 테크놀로지(hard 또는 product technology)로 구분할 수 있다 (Heinich et al., 2002; Smaldino et al., 2008). 교수방법이나 교수설계 이론 또는 과정은 소프트 테크놀로지로 분류되고, 교수매체는 하드 테크놀로지로 분류된다. 교수방법의 다양한 분류는 2장에서 논의되며, 교수설계의 원리와 과정(분석-설계-개발-실행-평가)은 4장에서 전반적으로 논의된다. 그리고 5장부터 11장까지 교수설계(교수체제개발)의 전반적인 논의가 전개된다. [그림 1-4]는 교육테크놀로지, 교수매체, 교수방법(교수전략), 교수설계의 관계를 보여주고 있다.

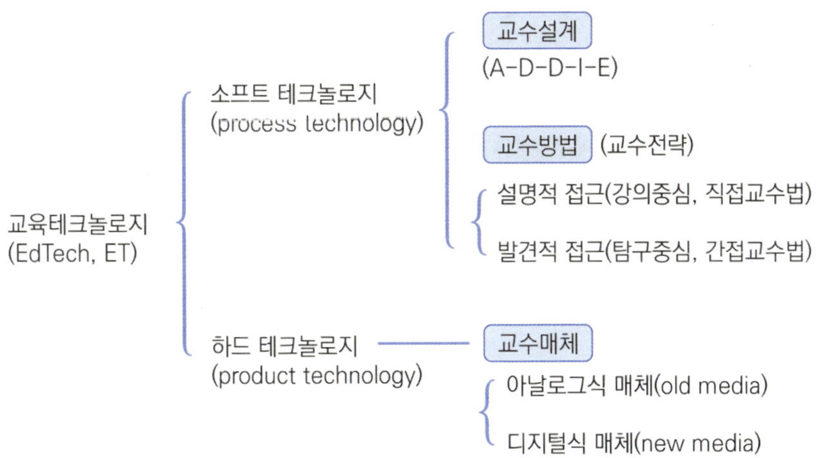

[그림 1-4] 교육테크놀로지, 교수매체, 교수방법, 교수설계의 관계

교수방법과 교육테크놀로지의 역사는 인간의 역사와 같이 유구하며 〈표 1-2〉와 같이 요약될 수 있다. 이 분야의 역사를 탐구하는 데는 시간적 공간적 제약이 있지만 밝혀지고 알려진 기록을 중심으로 정리해본다. 방법과 테크놀로지의 다양

한 모습을 확인하면서 반드시 교육적인 측면만 포함한 것이 아니라 관련된 주요 사상과 과학기술(예를 들면, 구텐베르크, 다빈치, 코페르니쿠스, 다윈, 뉴턴, 와트, 아인슈타인 등) 측면도 일부 포함하였다. 그리고 제한적으로나마 한국을 포함하는 동양의 교수방법과 교육테크놀로지 측면을 포함시키려고 노력했다. 보다 체계적인 조사와 연구가 필요함을 느낀다.

〈표 1-2〉 교수방법 및 교육테크놀로지의 연표/역사

시 기	교수방법/교육테크놀로지의 다양한 모습
원시시대 이후	모방학습과 암기
BC500 -BC400년대	*석가(학습자 맞춤/존중). *공자(맞춤화된 문답법). 소피스트(직업교사. 강의/토론, 수사학). 소크라테스(지덕합일, 대화법, 산파술, 성찰). 플라톤(이데아 실현, 인간철학. 아카데미아. 국가론-지혜/용기/절제). 아리스토텔레스(테크네, 과학사상, 자연철학, 형이상학. 신체/정서/이성)
BC300 -1500년대	*예수(강론/질문/토론, 삶/실물/비유, 쉽고 흥미 있는 교수법), 중세대학. 중세직업교육(도제-직공-장인). 토마스 아퀴나스(스콜라). 구텐베르크(성경인쇄, 1455). 다빈치(과학적 사고). 코페르니쿠스(지동설 1543). **문예부흥**(15C 자유교육, 인격조화). **종교교육**(16C 국가의무교육. 아동존중, 여교사양성). *원효(방편설, 화쟁, 일심, 무애. 창의적 학습, 시청각)-설총(화왕계) *지눌(돈오점수) *서당(강의, 완전학습, 능력별, 무학년제, 놀이기반학습) *권근(입학도설), *이황(거경궁리, 잠심자득), *이이(단계적 교육, 정독/숙독, 독서/실천)
1600년대 -1800년대	**실학주의**교육(17C. 경험중시. 자연과학). 코메니우스(감각적 직관수업/세계도회, 평등사상/대교수학-범지학, 합자연주의). **계몽주의**(18C 이성/합리성. 과학적 객관적 경험. 아동 자율성). 로크(경험주의/형식도야설/교육만능설). 루소(합자연원리. 아동의 내적 욕구/자발성). **신인문주의**(19C 그리스문화중시. 심미적 문예적). 페스탈로치(직관주의, 노작교육, 자발성의 원리). 헤르바르트(교수단계, 흥미중시. 교육방법: 관리-훈육-교수). 프뢰벨(노작의 원리). 다윈(진화론). 베이컨(귀납적 경험론). 데카르트(합리론, 보편수학, 심신이원론), 뉴턴(천체역학, 만유인력, 미적분학). 와트(증기기관, 산업혁명) *홍대용(국민기초교육, 의무교육). *정약용(아학편-사물을 범주화/교육). *최한기(선험적 이성보다 후천적 경험 강조)

시 기	교수방법/교육테크놀로지의 다양한 모습
1900년대 -1940년대	학교박물관. 에디슨(무성영화). 시청각교육운동(DVI. DAVI) 듀이(learning by doing, 문제해결과정, 반성적 사고, 연계과학) 타일러(교육과정/수업의 기초원리). 마카렌코(집단교육). 아인슈타인(상대성이론). 슈뢰딩거(파동이론, 양자역학) *안창호(개방/인격/실용 교육. 자기주도적 학습)
1950년대 -1960년대	스키너(교수기계, PI, 학습이론). 밀러(7±2). 매카시(AI, 튜링기계). 브루너(발견적 수업, 교수학습이론). 바슨(교수체제). 형태심리학자(인지적 지각, 청각, 시각). 호반(구제적 경험과 추상적 일반화). 데일(경험의 원추). 벌로(SMCR모형). 왓슨(DNA이중나선구조). 쿤(과학혁명의 구조, 1962). ET 최초 정의(1963). 블룸(교육목표분류학). 메이거(수업목표), 오주벨(유의미언어학습, 선행조직자), 피아제(스키마, 인지발달), 비고츠키(스캐폴딩, 근접발달영역), 글레이저(IPI, 개별처방수업), 켈러플랜(PSI, 개별화수업체제) *시청각교육과(1963)
1970년대 -1980년대	UCIDT(IDI), 켐프(체제적 ID), ADDIE 모형, 딕과 캐리(체계적 ID). 가녜/메릴 ID이론(학습의 조건, 교수이론, CDT). 라이겔루스(정교화이론), 켈러(ARCS), CAI/인터넷. 패퍼트(Microworld), ICAI/ITS
1990년대 -2000년대	메릴(교수의 으뜸원리). 윌리스(R2D2), 판메리엔보어(4C/ID모형). Rapid Prototyping, SAM, Agile Design, Design Thinking, 이러닝, 유러닝(유비쿼터스환경). 소셜미디어/모바일러닝. 구성주의적 학습환경설계. 웹학습분석학. 교육용로봇, 챗봇
2010년대 이후	로보틱스/AI/데이터 기반 지능형 테크놀로지. 적응형 학습(adaptive learning), 퀀텀 컴퓨팅. 메타버스(AR/VR/MR). 학습경험(LX) 설계. 최근의 ET 정의(2017). 챗GPT(OpenAI의 대화형 인공지능 챗봇).

탐구과제

1. 교육테크놀로지의 최신 정의에서 규정하고 있는 두 가지 목표를 달성하기 위해서 교사(교수자)와 학생(학습자)의 역할은 각각 어떻게 다른지를 생각해 봅시다.

2. 교수방법, 교육테크놀로지, 교수매체는 서로 어떤 관련이 있을까요? 공통점은 무엇이고 다른 점은 무엇인가요?

참고문헌

김순택 외 (1983). 현대수업원론. 교육과학사.

김학수 (1991). 현대교수학습론. 교육과학사.

서울대학교 교육연구소 (1994). 교육학용어사전. 하우.

이숙종 (1989). 코메니우스의 자연관과 새교수법에 관한 연구. 신학사상, 67, 944-983.

이숙종 (1996). 코메니우스의 교육사상. 교육과학사.

이은하 (2002). 코메니우스의 교육사상이 생태유아교육에 주는 시사점. 생태유아교육연구, 1(1), 121-140.

이홍우 (1991). 교육의 개념. 문음사.

이홍우 (2018). 미국 교육학의 정체. 교육과학사.

이화여자대학교 교육공학과 (1996). 교육방법 및 교육공학. 교육과학사.

정범모 (1976). 교육과 교육학. 배영사.

정확실 역 (1990). 대교수학(J. A. Comenius). 양서원.

진위교 (1998). 교수학습전략. 서울대학교 교육연구소 편. 교육학 대백과사전(pp. 268-280). 하우동설.

한정선, 김영수, 강명희, 정재삼 (공역). Januszewski, A., & Molenda, M. 편저 (2008). 교육공학: 정의와 논평. 교육과학사.

한정선, 김영수, 주영주, 강명희, 정재삼, 박성희 (2008). 미래사회를 위한 교육방법 및 교육공학. 교육과학사.

Association for Educational Communications and Technology (1977). *The definition of educational technology.* Washington, DC: AECT.

Corey, S. (1971). The nature of instruction. In M. D. Merrill (Ed.), *Instructional design: Readings*. Prentice Hall.

Gagne, F. (1985). Giftedness and talent: Reexamining a reexamination of the definitions. *Gifted Child Quarterly*, *29*(3), 103-112.

Gagné, R. M., Briggs, L. J., & Wager, W. W. (1992). *Principles of Instructional Design* (4th ed.). Harcourt Brace Jovanovich College Publisher.

Galbraith, J. K. (1967). *The new industrial state.* Boston: Houghton Mifflin.

Heinich, R., Molenda, M., Russell, J., & Smaldino, S. (2002). *Instructional media and the new technologies for learning*. Upper Saddle River, NJ: Pearson.

Januszewski, A., & Molenda, M. (2008). *Educational technology: A definition with commentary.* New York: Lawrence Erlbaum Associates.

Mayer, R. E. (1982). Memory for algebra story problems. *Journal of Educational Psychology, 74*(2), 199.

Peters, R. (1966). *Ethics and education*. George Allen & Unwin.

Reigeluth, C. M. (Ed.). (1983). *Instructional design theories and models: An overview of their current status*. Hillsdale, NJ: Lawrence Erlbaum Associates.

Rothwell, W. J. & Kazanas, H. C. (1992). *Mastering the instructional design process: A systematic approach*. San Francisco: Jossey-Bass.

Sadler, J. E. (1966). Comenius and Contemporary Education. UNESCO.

Saettler, P. (1990). *The evolution of American educational technology.* Englewood, CO: Libraries Unlimited, Inc.

Seels, B. B., & Richey, R. C. (1994). *Instructional technology: The definition and domains of the field.* Washington, DC: AECT.

Smaldino, S., Lowther, D., & Russell, J. (2008). *Instructional technology and media for learning* (9th ed.). Upper Saddle River, NJ: Pearson.

Smith, P. & Ragan, T. (1993). *Instructional design*. New York: Merrill.

제 2 장

교수방법의 분류와 선정

A 교사는 본인이 학생 때나 교직에 몸담은 지 10년이 된 지금이나 강의 중심의 직접교수법에 익숙해져 있습니다. 실제로 토론 수업이나 문제중심학습(PBL) 또는 증강현실(AR) 등이 교수-학습 상황에서 자주 언급되기는 하지만 A 교사 본인에게 익숙하지 않아서 또는 노련하지 않음에 대한 공포가 있어서 새로운 시도를 해 본 적이 없습니다. 그러나 최근에 COVID-19(코로나바이러스감염증-2019) 같은 상황이 되면서 학생들이 교실 수업에 참여하는 것조차도 쉽지가 않습니다. 학습내용, 학습목적, 학습자의 특성, 학습환경, 자원의 제약, 학교와 지역사회의 요청 등으로 인해서 직접교수만으로는 수업을 이끌어 갈 수가 없는 상황입니다. A 교사는 난감하지만 돌파구를 찾지 못하고 있습니다. 여러분이 A 교사라면 어떻게 하겠습니까?

학습목표

2.1. 학습자는 커뮤니케이션 형태에 따른 교수방법을 5가지 유형으로 대별하고 각 유형에 속한 대표적인 구체적인 교수방법을 동료에게 설명할 수 있다.

2.2. 학습자는 교사중심의 직접교수법과 학습자 중심의 간접교수법의 공통점과 차이점을 논의할 수 있다.

2.3. 학습자는 특정한 상황에서 최적의 교수방법을 선정하는 원리가 무엇인지를 구체적으로 제시할 수 있다. 그리고 선정하지 말아야 하는 교수방법은 어떤 것인지 그 이유와 함께 제시할 수 있다.

1 교수방법의 다양한 분류

교수방법은 교수-학습환경을 계획하는 데 필수적인 요소이다. 교수자는 학습자에게 도전감을 불러일으키고 학습목표를 달성하도록 지원하는 교수-학습 환경을 계획하고 관리하여야 한다. 교수-학습 환경 안에는 교수방법 외에도 교육목표, 교수방법, 교수매체, 교육환경, 사람이 포함되어 있으며, 수업의 방향(direction), 비용, 동기화(synchronization)의 필요성, 학습집단의 크기, 장소, 시간 등에 의해 그 성격은 달라질 수 있다(Smaldino, Lowther, & Russell, 2008).

효과적인 수업계획(instructional planning)에 포함되어야 할 요소로 교수방법, 교수매체, 학습 환경, 평가, 목표, 교수자료, 학습자, 테크놀로지 도구(tools) 및 교수활동이 포함된다(Newby, Stepich, Lehman, Russell, & Ottenbreit-Leftwich, 2011). Borich(2000, 2020)는 여기에 필요한 교육목적과 수업목표에 관한 지식, 학생에 관한 지식, 학습주제 내용과 조직에 관한 지식, 교수방법에 관한 지식, 그리고 일상경험과 교실에서의 피드백을 통해 습득한 암묵적 지식 등의 다섯 가지의 지식을 제시한다.

이와 같이 교수방법은 수업을 설계하기 위한 사전기획 단계에서 고안되어야 할 요소로 교수-학습 환경세팅, 교수계획, 수업설계 단계에서 학습목표달성, 즉 학습 콘텐츠의 내면화를 촉진하기 위해 선택하는 교수적 수단이라고 볼 수 있다(Heinich, Molenda, Russell, & Smaldino, 2002).

[그림 2-1]은 전통적 교수방법들을 확인하는 과정에서 Romiszowski의 아이디어를 바탕으로 두 가지 차원, 즉 학습대상이 개인 또는 집단이냐, 그리고 설명적 접근(수용학습) 또는 탐구적 접근(발견학습)이냐를 고려해서 교수방법들을 분류한 것이다(한정선 외, 2008; Romiszowski, 2016).

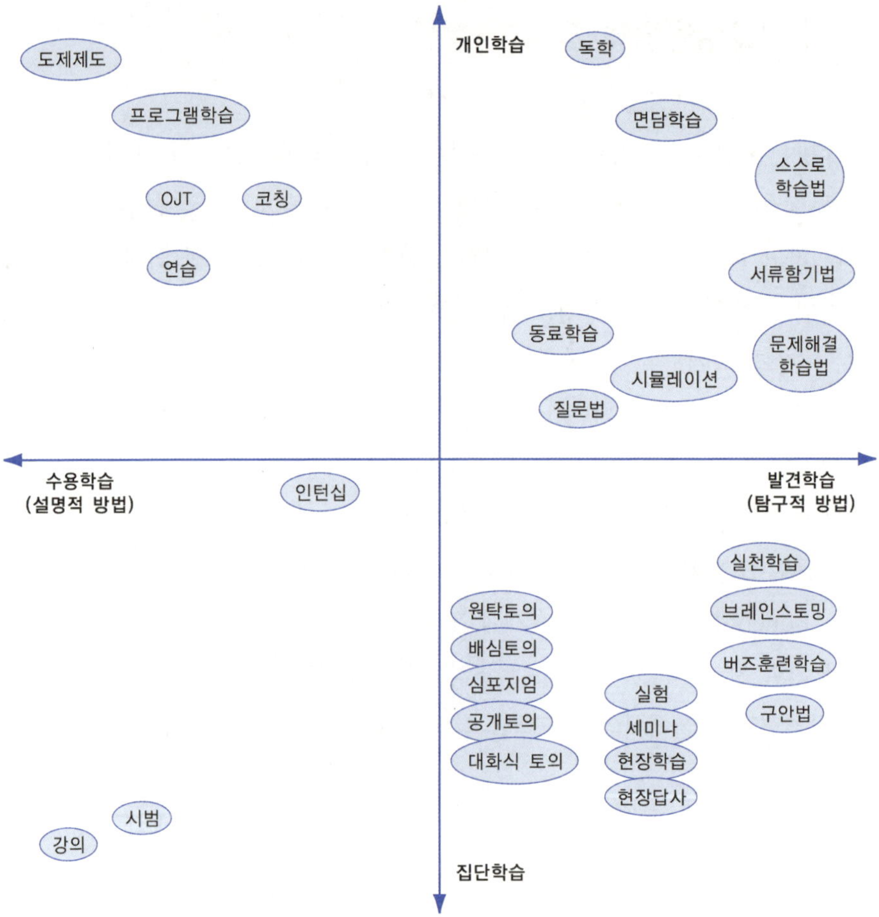

[그림 2-1] 전통적 교수방법 분류
(Romiszowski의 아이디어를 바탕으로 도식화함)

구체적 의미의 교육방법, 즉 교수방법 및 교수전략은 교수-학습에 대한 철학이 무엇인가(수용학습/설명적 방법, 발견학습/탐구적 방법), 교수-학습과정을 누가 통제하는가(교사 주도, 학습자 주도), 추구하는 학습 성과가 지식습득인가 문제해결인가(직접교수, 간접교수), 교수-학습이 개별적 혹은 그룹으로 이루어지는가(개별학습, 협동학습), 학습내용의 제시형태가 무엇인가(프레젠테이션, 튜토리얼),

학습 세팅(setting)이 어떠한가(면대면 교실수업, 원격수업)에 따라 다양한 유형으로 분류될 수 있다(한정선, 김영수, 강명희, 정재삼, 2008; Borich, 2000; Cruickshank, Bainer, & Metcalf, 1995; Newby et al., 2011; Smaldino et al., 2008).

문헌조사를 해보면 교수방법은 무려 수백 가지가 될 수도 있다는 것을 알게 된다. 교수방법을 개인적 방법, 집단적 방법, 대중적 방법으로 분류하여 대중적 방법에는 원격교육을, 집단적 방법에는 개인지도집단(1~3명), 집단토의(4~14명), 학급(15~32명), 청중(32명 이상), 프로젝트 집단을, 그리고 개인적 방법에는 독학, 도제제도, 인턴십, 개인교수를 포함했다. 또 어떤 사람은 교수방법을 교수자중심 방법, 상호작용적 방법, 개별적 방법, 경험적 방법으로 대별한 후에 경험적 방법에는 현장실습, 실험실방법, T-그룹, 역할연기, 시뮬레이션과 게임, 연습 등을, 개인적 방법으로는 프로그램수업, 컴퓨터보조수업을, 상호작용적 방법으로는 학습토론, 그룹토론, 그룹프로젝트, 동료학습(peer teaching)을, 교수자중심 방법으로, 강의, 발문법, 시범, 통제된 토론 등을 포함했다. 최근에 Borich(2000, 2022)는 교수방법을 지식습득 중심의 직접교수법, 탐구와 문제해결 중심의 간접교수법, 그리고 직접/간접교수법 혼합 시 파생되는 전략들(발문전략, 자기주도학습, 협동학습)로 구분하기도 한다.

2 커뮤니케이션 형태에 따른 교수방법의 유형

모든 교수방법을 망라하기는 사실상 불가능하여 교육 분야(학교, 기업, 사회, 공공부문) 종사자들에게 다소 익숙하고 현재 자주 활용되는 교수방법을 엄선하여 교수-학습과정의 커뮤니케이션 형태(강의형, 개인교수형, 실험형, 토의토론형, 자율학습형)에 따라 〈표 2-1〉과 같이 정리할 수 있다(Molenda, Pershing & Reigeluth, 1996; Reigeluth, 1999).

〈표 2-1〉 커뮤니케이션의 형태에 따른 교수방법

교수방법 유형		커뮤니케이션 형태	구체적 교수방법
직접교수	강의형	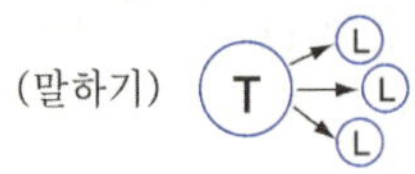	강의법, 질문법, 시연(시범), 면담학습, 동료학습
	개인교수형		프로그램학습(PI), 현장직무경험(OJT), 코칭, 인턴십, 도제제도
간접교수	실험형		서류함기법, 감수성훈련(T그룹), 시뮬레이션, 게임, 사례연구, 실험, 현장견학, 현장실습, 연습, 역할극
	토의토론형	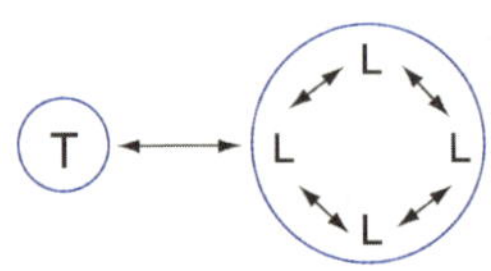	원탁토의, 배심토의, 단상토의, 공개토의, 대담토의, 분단토의, 세미나, 브레인스토밍
	자율학습형		독학, 질문지 학습법, 문제해결법, 구안법(project method)

* 범례: T(교수자), L(학습자), LA(학습활동), Ri(교수적 자원), Rr(가공하지 않은 자원), ---- (간접개입), → (통제의 방향)

위의 다섯 가지 교수방법 유형을 직접교수와 간접교수로 대별할 수 있다(Adams & Engelmann, 1996; Borich, 2011, 2020; Huitt, 2001; Huitt 외, 2009). 직접교수(direct instruction, DI)에서는 교수자의 직접적 설명과 사례를 중심으로 점진적으로 새로운 내용을 제시하고 학습자 반응에 대한 신속, 정확한 피드백과 교정을 강조하지만, 간접교수(indirect instruction)에서는 학습자의 경험, 흥미, 문제로부터 생겨나는 부가적인 실질적인 사례를 중심으로 수업이 운영되고 학습자의 토론과 토의를 장려한다. 본 장에서는 〈표 2-1〉의 강의형과 개인교수형을 교수자 중심의 직접교수로, 실험형, 토의토론형과 자율학습형을 학습자 중심의 간접교수로 분류한다. 본 교재의 6장에서 교수자 중심의 학습경험 설계에 대해서, 7장에서 학습자 중심의 학습경험 설계에 대해서 집중적으로 다룬다. 여기에서는 각 교수방법의 설명과 사용상의 유의점을 중심으로 논의한다.

1) 강의형

(1) 강의법(Lecture) ⇒ 직접교수법(DI)

강의법은 교수방법 중 가장 보편화된 방식으로 교수자가 학습자에게 학습 내용을 직접 언어로서 전달하는 형태를 의미한다. 교수자는 강의를 할 때, 강의 내용을 서술(narration), 기술(description), 설화(telling) 등의 방법을 통하여 제시하고, 학습자는 이것을 능동적으로 받아들이게 된다. 강의법은 **직접교수법**(direct instruction, DI)의 전형이다. 강의법 사용 시 유의사항은 아래와 같다.

- 수업의 목표를 명확히 설정해야 한다. 그렇지 않은 경우, 수업의 목적과 관계없는 강의를 진행하기 쉽다.
- 강의 내용은 사실에 근거를 두어야 한다. 학습진행의 경우에 따라서 사실을 과장하거나 축소하는 등 교사의 주관적인 학습내용으로 진행되지 않도록 유의해야 한다.
- 학습자가 주어진 정보, 사실에 대하여 동기유발될 수 있도록 진행해야 한다.
- 구체적인 실례나 도표 혹은 시청각 보조자료 등의 학습자료를 사용하는 것이 효과적이다.
- 학습자들에게 질문 기회를 주고, 강의 내용을 요점정리해 주는 것이 필요하다.
- 강의 시 교수자의 수행능력은 학습자의 이해능력을 높이는 데도 중요하게 작용하므로 강의 속도나 음성, 음량 등에 주의를 해야 한다.

(2) 질문법(Questioning)

질문법(또는 발문법)은 교수자와 학습자 사이의 상호작용을 전제로 교사의 질문에 학습자가 답변하고 학습자의 질문에 교수자가 답변하는 지도과정을 통해 학습에 대한 주의를 집중시킬 수 있는 방법이다. 이와 같은 방법은 개념이나 원리에 대한 비교, 가치판단, 비판, 설명, 선택 등에 대한 논술을 요구할 때 사용할 수 있다. 따라서 질문법은 학습자의 탐구능력과 추상적 사고 작용, 비판적인 태도를 기를 수 있는 유용한 방법이다. 질문의 조건은 아래와 같다.

- 질문은 학습자가 이해하기 쉽도록 간결하고 명료하게 제시하여야 한다.
- 질문은 학습 목표와 결부된 뚜렷한 목적을 지닌 것이어야 한다. 그렇지 않을 경우, 오히려 학습자의 체계적인 사고 활동을 방해할 수 있다.
- 질문은 학습자의 지적 활동을 개발하며 사고 작용을 자극하도록 전개되어야 한다. 단지 교과서에 나타난 사실을 반복하는 질문은 학습자의 능동적 사고를 자극하지 못한다.
- 질문은 학습자 각 개인의 능력이나 흥미에 맞도록 해야 한다.

질문법을 사용할 때 유의사항은 아래와 같다.

- 학습자 전체에게 질문에 대한 응답의 기회를 골고루 주어야 한다.
- 학습내용에서 벗어난 질문은 가급적 삼가는 것이 좋다.
- 질문을 할 때는 명확한 표현으로 질문의 요점이 무엇인지 밝혀주어야 한다.
- 단편적인 질문을 하는 것이 아니라 연속적인 질문을 통해 학습자가 체계적인 사고를 할 수 있도록 유도하여야 한다.
- 질문은 학습자의 경험이나 지식의 범위 내에서 해야 한다.
- 질문에 대한 답이 정답이 아니더라도 학습자가 위축되지 않도록 격려를 하며, 스스로 답을 발견할 수 있도록 도와주어야 한다.
- 학습자의 질문에 대하여 항상 적극적인 태도를 취하여 주의를 기울여야 한다.
- 학습자가 질문에 대해 당황하지 않고 편안한 마음으로 수업에 임할 수 있도록 하며, 수업 중에도 자유롭게 질문하는 융통성 있는 분위기를 조성해야 한다.
- 학습자들이 질문에 응답했을 경우, 답에 대한 인정이나 칭찬 등 대답에 대한

피드백을 주어야 하며 전체 학습자들에게 질문에 대한 답을 요약, 정리하여 주는 것은 학습자들의 이해를 돕는 데 효과적이다.

(3) 시연/시범(示範, Demonstration)

시연(試演)은 새로운 스킬을 학습하기 위한 방법으로, 교사가 바람직한 행동양식을 보여주는 동안 학습자는 관찰과 모방을 통해 혼자서 할 수 없었던 스킬을 할 수 있도록 시도하는 방법이다. 이 방법을 사용할 때는 스킬과 관련된 이론을 이해하는 인지적 측면, 스킬의 조작적 측면, 스킬에 대하여 마음 깊이 느끼는 정의적인 능력이 함께 전개될 때, 교육적인 결과를 기대할 수 있다. 보통 시연은 새로운 과정이나 제품을 소개한 후 그 사용법을 가르칠 경우, 혹은 학습자가 쉽게 할 수 있다는 자신감을 심어주고자 할 때, 학습과정에 대한 관심을 불러일으키고자 할 때 많이 사용된다. 시연(시범) 사용 시 유의사항은 아래와 같다.

- 학습자가 시연의 목적과 내용을 분명히 인식하도록 해야 한다.
- 시연은 학습자 전체가 관찰할 수 있도록 해야 한다.
- 시연 후, 학습자들에게 연습할 기회를 갖도록 하여야 한다.
- 교수자는 시연한 사실, 활동, 자료에 대하여 분명히 이해하여야 한다.
- 교수자는 시연을 하면서 학습자의 반응, 문제점, 고찰점을 관찰하여야 한다.
- 사용할 기구나 자료가 잘 작동되는지 사전에 살펴보아야 한다.
- 학습자가 확실히 이해하고 스스로 시연할 수 있을 때까지 반복, 연습시키도록 한다.

(4) 면담학습(Interview)

면담학습은 사전에 정해진 주제에 관한 면담자의 질문에 한두 사람의 전문가가 응답함으로써 이루어지는 5~30분간의 대화를 의미한다. 이때 학습자는 청중의 입장이 된다. 면담자는 미리 질문할 사항을 만들어 놓고, 사전에 전문가에게 질문 내용을 보여준다. 그러나 면담자는 학습자를 대변하여 질문을 하므로 학습자들의 반응을 살피며, 면담 중에 임의로 계획되지 않은 질문을 할 수도 있다. 면담학습 사용 시 유의사항은 아래와 같다.

- 전문가들이 편안히 앉아서 이야기할 수 있도록 분위기를 조절해야 한다.
- 면담자와 전문가는 앞에 나와서 이야기를 하는 것이므로 조명이 얼굴을 너무 비추지 않도록 유의해야 한다.
- 전문가들 간에, 전문가와 청중 간에 서로가 상대방의 경험이나 이야기를 잘 들을 수 있도록 좌석을 배치해야 한다.
- 전문가들의 이름을 확인할 수 있도록 이름표를 준비하는 것이 좋다.

(5) 동료학습(Peer Teaching/Tutoring)

동료학습은 동료 학습자가 교수자의 역할을 하는 것으로서 내용을 먼저 숙달한 학습자가 그렇지 못한 1~3명의 학습자에게 내용을 가르치는 방법이다. 이는 동료 집단 사이에 능력수준이나 경험의 차이가 클 때 더욱 효과적이다. 동료학습 사용 시 유의사항은 아래와 같다.

- 동료교사가 학습내용을 잘못 이해하거나 완전히 알지 못할 경우, 그들의 잘못된 개념이 다른 학습자에게 전달될 수 있다.
- 학습내용을 잘 알고 있다고 해서 반드시 좋은 교사가 되는 것은 아니다.
- 교수자는 동료에 의한 교수 과정을 잘 살피고 면밀하게 계획하고 점검하여야 한다.

2) 개인교수형

(1) 프로그램학습(Programmed Instruction)

종래의 교수방법은 학습자들의 개인차를 무시하고 주로 일방적인 전달 방식이 대부분이었다. 이러한 전통적 교수방법의 문제점을 해결하기 위하여 1926년 Pressy의 연구가 발단이 되어 선다형 시험이 가능한 선다형 교수기계가 고안되었다. 반응구성형 교수기계는 1950년 중반 Skinner의 강화이론을 바탕으로 기계적인 학습장치(자극제시장치, 반응장치, 피드백 장치)로 고안된 **교수기계(teaching machine)**이다.

프로그램학습(PI)은 수업이 전 학습자를 대상으로 할 경우, 학습 부진아나 우수한 학생의 특별 지도가 필요할 경우, 학습자들의 흥미, 동기 유발을 해야 할 경우에 효과적으로 사용될 수 있다. 교수기계와 프로그램학습이 1960년대에 등장한 '**컴퓨터보조수업**'(CAI: computer-assisted instruction)의 바탕이 되었다. 프로그램학습 사용 시 유의사항은 아래와 같다.

- 프로그램 설계 시 여러 가지 상황을 고려해야 한다. 학습 목적의 달성 여부는 프로그램의 설계에 의해 결정된다.
- 학습자들의 개인차를 고려한 설계가 이루어져야 한다.
- 프로그램 자체가 교수를 대신할 수 있다는 사고는 지양되어야 한다. 교수자는 학습의 안내자로서 학습자들을 도와주고 적절한 시기에 피드백을 주는 등의 역할을 항상 수행해야 한다.
- 프로그램 학습법의 특징을 파악하여 효과적인 수업이 가능하도록 준비하여야 한다.

(2) 현장직무훈련(On-the-Job Training, OJT)

전형적인 OJT방법은 학습자를 실제 직무에 배치하여 경험 있는 종업원, 감독자들이 직무에 대한 전반적인 사항을 알려주고, 실제 직무 수행 시 학습자가 경험하는 것과 동일한 상황, 환경, 보상 등을 통해 현실성을 높이는 것이다. OJT 사용 시 유의사항은 아래와 같다.

- 우수한 상사가 우수한 교수자가 될 수 없으므로 우수한 교수자를 선정하기 어렵다.
- 학습자는 일과 훈련 모두를 소홀히 할 수 있다.
- 많은 학습자들이 함께 훈련할 수 없다.
- 학습내용 및 과정이 모든 학습자에게 동일하지 않다.
- 전문적인 지식, 스킬 습득이 불가능하다.
- 시설의 사용 미숙으로 원재료 낭비를 초래할 수 있다.
- 교수자는 최고경영자에게 학습의 중요성을 인식시켜야 한다.
- OJT 계획은 전문적으로 설계, 개발되도록 해야 한다.
- OJT를 수행하기에 앞서 이에 대하여 긍정적인 태도를 취할 수 있도록 전체적인 분위기를 조성해야 한다.

(3) 코칭(Coaching)

코칭은 능력이나 경험 있는 관리자를 훈련시키는 실제적인 관리자 훈련기법으로 지시, 충고, 비평, 제안을 통하여 실시된다. 코칭 사용 시 유의사항은 아래와 같다.

- 훈련의 성패는 관리자의 경험, 능력에 따라 좌우된다.
- 능력 있는 관리자가 훌륭한 코치는 아니므로 훌륭한 코치를 선택하는 데 어려움이 있다.
- 관리자가 하급 관리자에게 자신이 관리 방법을 전수하게 되어 이러한 체계가 영속적으로 이어질 수 있다.
- 코칭은 강의법과는 달리 학습자에게 모든 것을 제공해 주는 것이 아니라 학습

자를 도와주는 안내자의 역할을 하여 학습자가 결론에 도달할 수 있도록 하는 것이다.

(4) 인턴십(Internship)

인턴십은 2년제 이상의 대학에 재학 중인 학생이 졸업 전에 관심 있는 조직에 일시적으로 근무하며 업무를 체험하는 것으로서 주로 경영학적인 기법이다. 인턴십은 준전문직이나 전문직에 관한 지식을 학교에서 학습했던 학습자가 실제적인 조직에 참여하여 학교에서 배운 지식을 적용, 활용하며 전문적인 역할을 습득하는 데 중점을 두는 방법이다. 보통 인턴십에 참여할 기관은 학교에서 선정하며 학습자는 선정된 기관에 있는 전문가의 지휘, 감독을 받으며 이에 대한 수당도 받게 된다. 인턴십 사용 시 유의사항은 아래와 같다.

- 취업과 연결되지 않을 경우, 큰 이익이 없다.
- 학습자가 참여하는 기관에서 인턴십에 대하여 긍정적이지 않다면 교육적 효과는 미미하다.
- 실습은 자칫하면 스킬만을 가르쳐서 지도하는 쪽도, 학습하는 쪽도 스킬의 전달과 성취에 강조를 두어 다른 교육목표 또는 학습목표를 경시할 수 있다.

(5) 도제제도(Apprenticeship)

전통적인 도제제도에서는 어떤 사람이 특정 전문 분야에서 그 분야의 **장인**(匠人, master)으로서 성장하고 싶다면 그 분야에서 능력과 경험을 갖춘 전문가의 **도제**(徒弟, apprentice)로 들어간다. 여기에서 그는 전문가의 모든 행동과 사고를 살피고 모방하면서 그 분야의 지식이나 스킬, 태도 등을 익혀나간다. 즉, 계속되는 전문가의 시범을 관찰하고 모방하면서 전문가로부터의 조언과 지도를 받는다. 점차 어려운 일을 직접 해봄으로써 그 분야의 전문성을 익혀 나간다. 여기서 전문가는 도제를 하나의 독립된 전문가로서 성장시키는 것을 교육의 목적으로 삼고 전문가의 도움 없이도 스스로 일을 해나갈 수 있는 능력을 갖추게 한다. 계속되는 행동 관찰과 지도가 병행되는 것으로서 코칭, 시범 등도 이에 속할 수 있다. 도제제도 사용 시 유의사항은 아래와 같다.

- 인지적, 정의적 개념을 습득하는 데만 매우 한정적으로 적용된다.
- 속도가 느린 학습 방법이다.
- 전문가는 도제를 독립된 전문가로 키우기 위한 교육목적을 가져야 한다.
- 해당 분야에서 탁월한 능력과 지식을 갖춘 전문가를 선정하도록 한다.
- 도제는 전문가의 모든 행동과 사고를 세심하게 관찰하고 모방하며 끊임없는 실행과 지도를 반복해야 한다.

3) 실험형

(1) 서류함기법(In-Basket Method)

서류함기법은 가상상황을 실제와 유사하게 만들어 가상의 요구에 따라 의사결정 스킬을 평가하거나 개발하려는 훈련 방법으로 '**경영실기기법**'이라고도 한다. 훈련 참가자를 여러 가지 업무 관련 자료에 노출시켜 놓고 업무지시 용지를 바구니 안에 넣어 놓고 참가자가 이를 꺼내 정해진 시간 내에 스스로 문제에 대한 답을 내도록 하거나 필요한 행동을 해보게 하는 기법이다. 참여자들을 업무들이 혼합된 자료에 노출시켜 놓고 일을 처리해 나가는 진행과정을 지켜보면서 참가자들의 의사결정 능력, 문제분석능력, 관리능력 등을 평가할 수 있다. 서류함기법 사용 시 유의사항은 아래와 같다.

- 학습자의 흥미를 유발할 수 있다.
- 학습자의 적극적인 참여가 가능하다.
- 비용이 많이 든다.

- 업무 관련 자료에 노출시킬 때, 그 내용을 중요하고 긴급한 내용부터 가벼운 일상적 업무까지 다양하게 한다.

(2) 감수성 훈련(Sensitivity Training)

감수성이란 심리적인 자극이나 자극 변화에 대한 감각 반응 정도를 말한다. 감수성 훈련은 실험실 훈련, '**T그룹**(training group) 훈련'이라고도 불리며 여러 행동과학의 이론을 기초로 하여 주체성 회복과 인간의 의사소통, 협동심 및 내・외부적인 조건에 의한 긴장감과 변혁에 대응함으로써 사회 또는 직장에서의 적응력 향상을 목표로 하고 있다. 또한 감수성 훈련은 모든 인간이 평등한 관계를 유지하며 신분・지위・연령・직업에 대한 편견을 갖지 않고 어느 누구나 동등한 입장을 가지고 대하는 **인간관계 훈련**이라고 할 수 있다. 이 학습의 가장 큰 특색은 '행함으로써 배운다(learning by doing)'이다. 특정한 주제가 주어지는 것이 아니라 자유롭게 감정을 표현하고 이야기한다. 감수성 훈련 사용 시 유의사항은 아래와 같다.

- 훈련자는 T그룹 성원들이 자유롭게 감정을 표현하는 것을 도와주는 친근한 인상으로 구성원들에게 다가가야 한다.
- 소집단으로 구성된 성원은 될 수 있는 대로 이질적인 성향을 띤 사람들로 구성한다.
- 훈련은 1~2주일 동안 집중적이고 지속적인 것이 효과가 크며 이 분야에 전문 지식을 가진 교수 훈련자가 있어야 한다.
- 감수성 훈련에 참여하기 위해서는 어떤 선입관을 완전히 버리고 타인의 감정 표현을 적극적으로 이해하는 태도를 가져야 한다.

(3) 시뮬레이션(Simulation, 모의실험)

시뮬레이션(모의실험)이란 글자 그대로 현실 세계에서 이루어지는 어떤 현상의 과정 또는 역동성을 선별적으로 재현시키는 방법이다. 이러한 의미에서 **모형**(model)이라고도 한다. 이러한 실제 모의실험에서는 실제 현실에서 나타나는 여러 가지 물리적 또는 사회적 상황의 크기와 복잡성을 축소시켜 필수적인 요소들만을 교육적 목적으로 재현시킨다. 모의실험 사용 시 유의사항은 아래와 같다.

- 교수자는 simulation에 필요한 여러 절차에 관하여 철저히 숙지하여야 한다.
- 기초단계를 충분히 숙지하도록 한 후, 최종적인 목표를 수행하도록 해야 한다.
- 교수, 학습 목표를 보다 분명히 규명하여 놀이로 끝나지 않도록 하여야 한다.
- 모의실험이 끝난 후, 실행자들과 그 외의 학습자들과의 토의를 통해 교육적 효과를 증대시켜야 한다.
- 교수자는 실험을 진행하는 과정에서 능숙한 자질이 요구된다.
- 시간, 비용적인 측면에서 소비가 많으므로 비용-효과적인 측면에서 충분한 검토 후에 사용하는 것이 바람직하다.

(4) 게임(Game) ⇒ 게임기반학습(GBL), 게이미피케이션

게임법은 게임의 속성을 이용하여 학습 내용과 관련된 규칙 내에서 경쟁적인 요소를 첨가하여 학습목적이 달성될 수 있도록 재미있게 구성한 경쟁적이고 도전적인 학습방법이다. 따라서, 게임법은 단순히 학습목적에 해당하는 가시적인 목적 외에 사람들과의 의사소통 스킬, 참을성과 경쟁심, 호기심, 규율에 대한 존중감 등을 습득할 수 있도록 한다는 점에서 활용도가 높다. 최근 **게임기반학습**(game-based learning, GBL)과 **게이미피케이션**(gamification)과도 연결된다. 게임 사용 시 유의사항은 아래와 같다.

- 게임 자체가 학습 목표를 달성할 수 있도록 설계하는 것이 중요하다.
- 학습목표가 달성되었을 시점에서 즉각적인 피드백을 주는 것이 필요하다.
- 게임이 끝나고 나서 토론을 통하여 총체적인 정리를 해주는 것이 필요하다.

- 게임을 시작하고 끝내는 시점을 파악하여야 한다. 무엇보다 게임에 대한 흥미를 잃은 후 끝낼 경우, 교육 효과가 높지 못하다.
- 게임이 실행되는 동안 교수자는 지속적인 관심을 가지며 전원이 참여할 수 있도록 장려하여야 한다.

(5) 사례연구(Case Study) ⇒ 사례기반학습(CBL)

사례연구는 어떤 문제가 생겼을 때, 여러 사례들을 수집, 비교, 분석하여 해결방안을 모색하기 위한 논의를 하며 이를 통해 일반적인 원리를 찾아내는 연구방법이다. 보통 사례연구는 민간 산업체, 사업체, 정부기관 등에서 통솔력과 운영력을 발달시키기 위해 많이 사용하는 방식이다. 여기서 사용되는 사례는 실제적으로 발생했던 것이기도 하고 조작되기도 한다. 교수자는 이에 대한 해결책이나 실제 결과를 알고 있지만 반드시 이것이 바람직한 방법은 아니므로 학습자들로 하여금 올바른 방법을 찾도록 환경을 설정하여 학습자들이 해결책을 찾을 수 있도록 도와준다. 최근의 '**사례기반학습**(case-based learning, CBL)'과도 맥락을 같이한다. 사례연구 사용 시 유의사항은 아래와 같다.

- 학습과정에서 실제 사건이나 가상된 사건을 다루는 것이 교육적인 측면에서 효과를 증진할 수 있다는 판단 및 확신이 있어야 한다.
- 학습자들이 사례문제를 다룰 수 있는 분석능력, 토론 능력, 평가 능력 및 피드백 능력을 갖추고 있는지 판단하여야 한다.
- 학습자들이 사례에 대하여 충분한 이해를 하도록 도와주어야 한다.
- 사례에 대한 다양한 방법이 논의될 수 있도록 충분한 시간을 가져야 한다.
- 교수자는 학습자의 개인적 경험이나 특정 상황에 따라 보편 타당한 합의점을 도출하기 어려움을 감지하여야 한다.
- 학습자들의 응용력과 분석력을 배양할 수 있도록 사례가 구성되어야 한다.

(6) 실험(Lab Experience)

실험은 관찰하려는 일정한 현상을 계획적으로 조성하여 그 현상을 규정하는 조건을 여러 가지로 바꾸어 보고 거기에 나타나는 조건과 결과와의 **인과관계**를 파악하는 방법이다. 이것은 어떤 현상이나 사실의 문제를 인식하는 단계에서 시작한다. 문제를 찾고 이에 대한 자신의 생각을 접근시켜 가면서 문제를 해결하기 위한 계획을 세우고 실제 실험 활동을 통하여 객관적인 자료에 근거하여 결론을 찾아낸다. 이러한 단계를 모두 마친 후, 자신의 결과와 타인의 결과를 비교하며 이에 대한 개념과 원리를 정착시킬 수 있다. 실험법 사용 시 유의사항은 아래와 같다.

- 자료 및 기계를 실행시키는 데 위험성이 있을 수 있다.
- 실험이 먼저 끝난 집단에 대하여 고려하지 않을 경우, 학습 분위기가 산만해질 수 있다.
- 실험실의 자재, 기물 등이 제대로 작동하는지 살펴보아야 한다.
- 실험실에서 도구를 사용하기 쉽도록 옮겨 놓아야 한다.
- 필요한 재료나 수업자료 등을 미리 준비하여야 한다.
- 실험의 방법이나 계획, 유의점 등을 인식시켜야 한다.

(7) 현장견학(Field Trip)

현장견학은 한 집단이 직접적인 관찰과 연구를 위해서 관심 있는 대상이나 장소를 방문하는 계획된 교육적 여행이다. 보통 현장답사는 쉽게 접할 수 없는 것에 대한 직접적인 관찰을 요할 때, 연구하고자 하는 대상의 이론과 실제를 관련하고자 할 때 사용한다. 이때는 방문만 하는 것이 아니라 방문하는 장소와 수집된 정보에 대한 분석 및 해석 토의가 병행될 때 교육적 효과도 증가할 수 있다. 현장견학 사용 시 유의사항은 아래와 같다.

- 견학의 목적을 학습자들이 확실히 알도록 한다.

- 견학을 위한 견학지 선정과 견학지의 협조요청, 사전답사 및 견학의 시간 배분 등 견학에 대한 세밀한 계획이 필요하다.
- 교수자는 현장의 안전장비 등을 미리 점검하며 안전 교육을 사전에 실시하여야 한다.
- 교수자는 항상 학습자들과 함께 행동하고 학습자들의 견학 태도를 조언 혹은 지도한다.
- 인쇄된 안내문 등을 제공하는 것이 좋다.
- 견학 횟수, 견학 보고서를 통해서 견학의 목적달성 정도를 평가하고 학습자의 이해도를 높이도록 해야 한다.

(8) 현장실습/산학협동교육(Industrial Educational Cooperation)

학교 교육만으로는 고도로 발달된 산업사회에 필요한 유능한 기술인, 기능인을 양성하는 데 한계가 있다. 따라서 현장실습은 학습 목표를 달성하기 위해 생산적인 작업현장에서 경험을 얻도록 계획된 프로그램이라고 정의할 수 있다. 현장실습은 현장 경험을 통해 실제적인 경험에 바탕을 두어 학습하도록 하는 경험중심 학습에 기초한다. 이것은 산업계와 학교가 협동하여 교육목적을 달성하도록 한다는 점에서 '**산학협동교육**'이라고도 한다. 현장실습은 학습 목표와 결부되기 위한 분명한 목적을 가지고 계획을 하며 이를 실시하기 전에 학습자의 학습 욕구 및 이해도, 학습자의 성격, 개개인의 생활환경 등 다양한 사전 조사를 바탕으로 해야 한다. 현장실습 사용 시 유의사항은 아래와 같다.

- 현장실습은 경제 여건에 많은 영향을 미친다. 즉, 경제 불황 시 기업에서는 교육에 투자할 경제적 여건이 없으므로 현장실습할 장소를 선정하기 어렵다.
- 학교의 교육적 의도가 달성되기 어렵다. 기업과 학교는 모두 각기 다른 목적을 가지고 있으므로 학교·기업 모두의 목적을 실현시키기에는 현실적 제약이 따른다.

- 현장실습에 대한 가치관이 실제 현장에서 좋지 않은 경우 학습자들은 오히려 실망감과 좌절감을 갖게 되어 비교육적인 결과를 초래할 수 있다.
- 실습예산을 확보하거나 담당자를 선정하는 데 어려움이 있다.
- 실습장소 선정 시 교육적 효과의 가능성 여부를 고려하여야 한다.
- 현장 지도 관리인이 유능한지에 대한 사전조사가 있어야 한다.
- 학습자가 스스로 자기평가를 하도록 기회를 주어야 한다.

(9) 연습(Drill)

연습활용법은 학습자들이 반복적인 연습을 통해 비교적 단순한 스킬을 획득하고 획득된 스킬을 보다 잘 숙달할 수 있게 도와주고 학습의 **전이**(transfer)나 **일반화**를 시키기 위하여 실시하는 교수방법이다. 반복적인 연습은 숙련된 스킬을 완성하도록 촉진하므로 어떤 상황에서도 필요한 기능을 즉각적으로 행동할 수 있게 된다. 따라서, 이와 같은 방법은 수영스킬이나 테니스 스킬, 자동차 스킬을 익히거나 공식을 암기하고 암기한 것을 바탕으로 문제를 풀어나갈 때, 대인관계에서 만남의 태도를 익힐 때 등 운동기능적 영역, 인지적 영역, 정의적 영역 등 다양한 방면에서 효과적으로 사용될 수 있다. 연습 사용 시 유의사항은 아래와 같다.

- 연습에 대한 학습자의 욕구 부족 시 오히려 역효과가 발생할 수 있다.
- 단순 작업의 반복으로 학습에 대한 흥미가 쉽게 감퇴될 수 있다.
- 한번에 여러 가지를 연습할 경우, 연습한 것에 대해 혼란을 일으키기 쉽다.
- 단순히 암기만 할 경우, 실제적인 상황에서 적용을 하는 데 어려움이 있다.
- 연습은 학습자의 이해를 바탕으로 실시하여야 한다.
- 학습한 내용과 의미 있게 연관을 가지고 있음을 알려주어 내재적 동기를 유발해야 한다.
- 학습자의 연령, 발달 수준, 학습 속도, 성숙에 따른 개인차를 고려하여 행해져야 한다.

(10) 역할연기(Role Play)

역할연기(역할극)는 타인의 역할을 연기를 통해 경험해봄으로써 자신과 타인을 이해하는 데 도움을 주고자 하는 극화된 놀이 방법으로, 흔히 있는 인간관계 문제를 해결하기 위하여 선발된 집단 성원들이 어떤 사건이나 상황을 자발적으로 연출하도록 한 것이다. 따라서 이러한 역할극은 주로 대인관계 스킬을 연마할 필요가 있을 때, 타인의 행동이나 감정을 이해할 필요가 있을 때, 실제 문제에 부딪침으로 동기유발이 될 수 있다고 판단될 때 필요한 방법이다. 이것은 Moreno가 창시한 집단 심리요법에서 처음으로 사용되었는데 그는 보통 집단 내 인간관계를 분석하는 기법으로 이러한 방법을 사용하였다. 현재는 심리요법, 학교 교육, 사회교육 분야 등 다양한 분야에서 사용되고 있다. 역할연기 사용 시 유의사항은 아래와 같다.

- 교육요구가 무엇인지 파악하여 역할극의 주제를 구체적으로 설정하는 것이 중요하다. 역할의 조건이나 장면의 설정 등 사전에 검토할 내용들과 교육 욕구와의 관련성 여부를 파악해야 한다.
- 교수자의 관찰, 평가, 토론 능력 등이 중요하게 작용하므로 교수사의 능력이 충분한지를 파악하여야 한다.
- 연기에 전념할 수 있는 환경을 조성하고 역할을 맡은 사람과 인간관계를 원만히 할 수 있도록 해야 한다.
- 연출 관계자는 역할연기를 보며 느낀 점이나 중요한 점 등을 메모하여 알려주는 것이 좋다.
- 역할연기에 대한 내용을 분석할 경우, 교수자가 자신의 의견을 전달하기보다 참여자 전원의 발언을 듣는 것도 중요하다.
- 교수자는 역할연기의 초점이 무엇인지를 분명히 알려주어 문제상황에 주의를 집중시키도록 유도해야 한다.

4) 토의 · 토론[1]형 (⇒ 토론기반학습, DBL)

(1) 원탁토의(Round Table Discussion)

10명 정도의 인원이 둘러앉아 고정적인 규칙에 구속되지 않고 자유로이 의견이나 태도를 표명하고 지식이나 정보를 상호 제공 · 교환함으로써 참가자 상호 간의 의견이나 견해의 차이를 조정하여 집단으로서의 의견을 요약해 나가는 방법이다. 원탁토의 사용 시 유의사항은 아래와 같다.

- 구성원들이 동질적이지 않거나 지식 수준, 대화 능력 등에 있어 차이가 클 경우 토의가 실패할 가능성이 커진다.
- 시간이 많이 걸릴 수 있다.
- 자칫 잘못하면 무책임한 태도나 의견으로 토의 결과의 질이 저하되기 쉽다.
- 발언이 특정인에게만 편중되는 현상이 일어나기 쉽다.
- 토의가 성공적이기 위해서는 충분한 경험을 지닌 사회자가 필요하다.
- 모두가 참여하는 토의가 되기 위해 철저한 사전 준비를 해야 하며 침묵하거나 소외되는 참여자를 살펴야 한다.
- 소모적 논쟁이나 논박으로 주제에서 벗어나지 않도록 하며 참가자 모두가 발언할 수 있도록 기회를 적절히 제공해야 한다.

(2) 배심토의[2](Panel Discussion)

토의 문제에 관해 지식과 경험이 풍부한 전문가(4~6명: panel member)가 사회자 진행으로 청중 앞에서 자유토의하는 방법이다. 배심토의(패널토의)의 발표자들은 서로 이야기를 나누기에 편리하고 청중들이 쉽게 보고 들을 수 있도록 장소의 한가운데 자리한다. 이 토의법은 참가자들의 사고에 새로운 예비지식과 견해를

---

1) Discussion은 토의/토론, Debate(Dispute)는 논쟁/논박(찬성 vs. 반대)으로 구분함
2) 일명 찬반토의.

줌으로써 토의 문제에 대한 참여자의 사고를 향상시키는 데 이용되며 형식적인 결론을 맺는 것을 목적으로 하지는 않는다. 따라서 사회자는 토의를 진행하며 균등한 참여가 이루어질 수 있도록 해야 한다. 배심토의는 주제에 대한 준비가 충분하고 자유롭게 의사를 표현할 수 있는 학생이 많은 경우에 효과적이다. 배심토의 사용 시 유의사항은 아래와 같다.

- 배심토의는 공식적인 발표나 강의를 하지 않고 다소 비공식적인 대화를 중심으로 이루어지므로 논리적이고 체계적인 정보의 제시는 어려울 때가 많다.
- 배심토의 발표자 개개인이 의견을 발표하는 데 소요되는 시간을 통제하기 어렵다.
- 대부분의 질문에 대해 완벽한 응답을 기대하기 어렵다.
- 배심토의 발표자는 예리한 사고의 소유자여야 하며 즉석에서 명확하게 답변할 수 있어야 한다.
- 배심토의는 약 15~45분간 지속되는 것이 보통이며 1인당 2~3분을 소요하지 않는 범위 내에서 간결하게 의사를 발표함으로써 다양하고 빈번한 의사 교환이 이루어지도록 해야 한다.
- 배심토의는 논리적이고 체계적인 정보의 제시가 어려우므로 청중에게 지식, 정보의 전달을 목적으로 하는 것이 아닌 주제에 대한 관심이나 동기유발, 다양한 의견을 수용하고 합리적인 결론에 도달하는 과정 등을 학습목적으로 설정해야 한다.

(3) 단상토의[3](Symposium)

심포지엄은 상당한 부분이 배심토의와 흡사한 점이 있지만 배심토의나 포럼보다는 좀 더 형식적이다. 서로 다른 의견이나 견해를 가진 대표자 4~5명이 각기 다른 입장에서 10~15분 정도 강연을 하고 그 후에 일반 참가자가 질문을 하거나

3) 일명 강연식 토의. Forum보다 형식적임.

의견을 진술하여 종합적으로 의견을 집약하는 방법이다. 이러한 심포지엄은 주제에 관한 전문적인 견해, 사고방식을 능률적으로 제시하고 이해를 돈독히 하는 데 아주 적합한 집단 토의 방법이다. 심포지엄 사용 시 유의사항은 아래와 같다.

- 한 가지 주제만을 다룰 수 있다.
- 발표자의 사전준비가 미비할 경우 단지 의견만 제시될 뿐이다.
- 발표자, 학습 청중자 모두 그 주제에 대해 다양한 지식이나 경험 등을 가지고 있어야 한다.
- 주어진 주제에 대해 계속적으로 발표가 이루어지기 때문에 발표내용에 대한 혼동을 가질 수 있으며 발표자가 발표 시간을 초과할 경우 지루하게 전개될 수 있으므로 이에 유의한다.

(4) 공개토의(Forum)

포럼, 즉 공개토의는 여러 형태로 어떤 주제에 관해 새로운 사고방식이나 정보 · 자료나 분석 결과 등을 제공하고 그 문제에 대한 질의응답을 함으로써 관심과 열의를 북돋우고 더 나아가 필요한 정보를 부여하여 문제를 명백히 밝히고 참가자의 사고를 더욱 활발히 하고자 하는 방법이다. 그러나 공개토의의 형식만으로는 잘못하면 지식 주입식이 되기 쉬우므로 Buzz Session[4] 등을 함께 사용하는 것이 바람직하다. 포럼 사용 시 유의사항은 아래와 같다.

- 강의나 보고처럼 일방적인 의사소통이 아닌 청중의 직접적인 참여를 중요시 한다는 점에서 직접적이고 합리적인 효과를 얻어낼 수 있다.
- 청중은 주제에 대해 관심을 갖고 적극적으로 토론 과정에 참여해야 한다.
- 사회자는 주제를 소개하고 연설자와 청중들의 질의 응답을 주제와 관련된 내용으로 잘 이끌어야 한다.

4) (여러 사람을 토의에 참가시키기 위해) 참가자들을 소집단으로 편성하여 특정한 주제나 문제점에 대해 토론하도록 하는 교수법. 일명 분단토의.

- 연설자는 청중의 학습 정도와 필요 정도를 고려하여서 간결하고 논리적으로 의견을 발표해야 한다.

(5) 대담토의[5](Dialogue)

대담토의는 주제에 대하여 그 분야에 대한 전문가를 초청하거나 현장에 직접 가서 그 주제에 대한 의견을 질의 응답하는 형식이다. 토의에 참가하는 인원은 6~8명 정도가 적당하며, 반은 청중으로 반은 전문가로 구성한다. 대담토의 사용 시 유의사항은 아래와 같다.

- 학습자 집단과 전문가 집단에 의해서 이루어진다.
- 사회자의 진행에 의해 일반 청중이 토의 과정에 참가할 수 있다.
- 일반 청중이 토의 과정에 참여하는 데 한계가 있다.
- 토의 진행 시, 전문가와 일반 청중이 거의 동등하게 참여하도록 한다.
- 서로 간에 의사소통이 원활하게 이루어지도록 배려해야 한다.

(6) 연구회(Seminar)[6]

세미나는 참가자 모두가 주제에 대하여 권위 있는 전문가나 연구가들로 구성된다. 세미나는 주제에 대한 공식적인 보고와 함께 참여자들의 의견을 전개하거나 질의응답을 통한 공개토론의 형태로 이루어지며 참가자들에게 특정 주제에 대한 전문적인 연수나 훈련의 기회를 제공해 주는 데 목적이 있다. 세미나 사용 시 유의사항은 아래와 같다.

5) 일명 대화식 토의(colloquy discussion)

6) Seminar는 연수강습회/연구회(formal meeting), Colloquium은 대학 academic seminar (Seminar, Symposium보다는 informal함). Workshop은 집단작업의 아이디어 교환/문제해결, Convention은 정기집회와 전시회 중심. Conference는 학문 분야의 토론회 중심.

- 세미나 참여자 전원이 전문가로 구성되어 있기 때문에 전 구성원 간의 적극적이고 능동적인 참여가 가능하다.
- 해당 분야에 전문적 지식이 없는 일반인들은 세미나의 내용을 이해하기 어렵다.
- 참여자의 선정과 시간 배분에 신경을 써야 한다.

(7) 분단토의(Buzz Session Method)

'버즈'란 벌이 붕붕 소리를 내면서 무리를 이루고 있는 상태를 말하며, 여기서는 토의법의 하나로서 시간적 제약이나 다수 인원에서 오는 압박감으로 인해 일부 인원은 발언할 수가 없을 때, 여러 사람을 토의에 참가시키기 위하여 참가자들을 소집단으로 편성하여 특정한 주제나 문제점에 대하여 토론하도록 하는 교수법이다. 이 교수법은 원래 Phillips에 의해 개발되었으며 6명씩 한 그룹으로 하고 6분간 토의하는 'Phillips 6×6 방식'이 있다. 이러한 버즈 훈련 학습 방법은 다른 교육기법, 특히 강의나 배심토의 등과 결합해서 사용하면 더욱 좋다. 분단토의(소집단토의)는 아래와 같다.

- 연수자 전원을 6명 정도씩 그룹으로 나눈다.
- 리더를 정하고 각 소그룹은 주어진 주제에 대해서 5~20분간 함께 자유로이 토의하고 결론을 낸다.
- 각 소그룹의 대표는 그룹의 결론을 전원에게 발표한다.
- Leader는 그것을 참고로 해서 전체 토의를 진행한다.

분단토의 사용 시 유의사항은 아래와 같다.

- 다수를 소집단 토의에 참가시킬 수 있다.
- 복잡한 토의는 할 수 없으므로 토의 의제가 제한된다.
- 단시간 내의 토의로서 좋은 결론을 도출해 낼 수 없다.
- 의제 선정에 주의해야 한다.

- 의제는 참가자가 경험이 있거나 관심이 있는 것이 좋고 되도록 구체적인 것이 바람직하다.
- 집단 편성은 "Phillips 6×6"이라고 할 정도로 5~6명이 적절하다. 2~3명은 너무 적어 다양한 의견이 나오기 힘들고 7~8명은 인원수가 너무 많아 단시간 내에 밀도 있는 대화를 도출하기 어렵다.

(8) 브레인스토밍(Brainstorming)

1950년 Osborn이 제창한 창조성 개발을 위한 자유분방한 발상 기법으로 '돌연한 정신착란' 또는 '돌연한 묘안'이라는 의미이다. 이러한 브레인스토밍은 특정한 주제나 문제점에 대하여 학생들이 자기의 의견이나 아이디어를 자유롭게 제시하도록 하는 교수방법을 말한다. 보통 6~7명의 그룹에서 다음 네 가지 원칙으로 실시한다.

- 자유분방한 아이디어나 의견을 낸다.
- 타인의 아이디어나 의견을 비판하지 않는나.
- 질보다 양(quantity)의 발상에서 다수의 아이디어, 의견을 낸다.
- 타인의 아이디어나 의견을 조합시켜 새로운 아이디어나 의견을 만든다.

브레인스토밍 사용 시 유의사항은 아래와 같다.

- 참여자가 비교적 성숙한 자들로 이루어진 집단에서 더 효과적으로 사용되며 특히 참여자가 주제에 관하여 자유롭게 이야기할 수 있어야 한다.
- 완전한 의사 발표의 자유가 허용될 수 있도록 환경을 조성한다.
- 누구의 아이디어이기 때문에 더 중요하다는 생각보다는 아이디어 자체가 중요하게 다루어질 수 있는 분위기를 조성한다.
- 참여자가 전통, 관습, 논리 등에 구애받지 않고 인습적인 기대감 등에서 벗어나 새로운 아이디어를 낼 수 있는 융통성 있는 분위기를 형성한다.

- 참여자들을 소집단으로 나눌 때, 연령 혹은 계급 등이 비슷해야 더욱 많은 아이디어를 창출해 낼 수 있다.
- 주제는 당장 실천에 옮겨야 하는 문제보다는 여유롭게 토의할 수 있는 시간적 여유가 충분한 문제가 적당하다.

위의 8가지 토의·토론 방법을 간단히 비교하면 〈표 2-2〉와 같다.

〈표 2-2〉 토론 · 토의 방법의 비교

토의방식	구 성	특 징
원탁토의	10명(사회자 포함). 상호협력	대등참가, 집단의견수렴
배심토의 (패널)	전문가(4-10명) 자유토의, 사회자 역할 중요. 청중.	청중 앞 비형식적 대화. 빈번한 의사교환
단상토의 (심포지엄)	다양한 발표자(4-5명) 강연, 청중(전문가)	향연. 보다 형식적
공개토의 (포럼)	발표자(1-3명) 공개연설. 청중(일반)	광장공청회. 성인교육강좌
대담토의	6-8명(현장전문가/청중)	반반으로 구성. 질의응답
세미나 (연구회)	참가자 모두 전문가/연구회	전문적 훈련/연수 교수중심 연구학생모임
분단토의 (버즈)	Phillips 6(명)×6(분) 방식	참가자들 소집단 편성
브레인스토밍	6-7명. 진행자. 기록자	창의성/기발한 생각

5) 자율학습형

(1) 독학 ⇒ 자기주도학습(SDL), 자기규제학습(SRL)

독학은 교사에게 가르침을 받거나 동료의 도움을 받거나 함께 학습하는 것이 아니라, 독자적이고 개인적으로 학습하는 것이다. 즉, 교육내용과 학습자만으로 이루어지는 학습활동이다. '**자기주도학습**'(self-directed learning, SDL) 또는 '**자기규제학습**'(self-regulated learning, SRL)과 맥락을 같이한다. 독학 사용 시 유의사항은 아래와 같다.

- 학습자 스스로가 자신의 학습 속도를 조절할 수 있다.
- 학습장, 즉 학교의 거리와 상관없이 학습을 진행할 수 있다.
- 학습자와 교수자 간의 피드백이 즉각적으로 일어날 수 없다.
- 학습을 마치기 위해서는 매우 높은 수준의 동기가 요구된다.
- 원거리에서 학습자에게 조언을 해주기가 어렵다.
- 학습 동기가 낮으면 실패할 가능성이 높다.
- 학습자가 학습 동기를 끝까지 유지하는 것이 중요하다.
- 학습자가 피드백을 받을 수 있는 방안이 존재해야 효과적이다.

(2) 질문지 학습법

질문지 학습법은 구조적으로 만든 학습 질문지를 통하여 학습자가 스스로 학습할 수 있도록 하는 방법이다. 질문지 학습법 사용 시 유의사항은 아래와 같다.

- 학습자가 능동적으로 참여하도록 하므로 수동적인 자세에서 벗어나 학습자의 참여를 증진한다.
- 학습 질문지를 통하여 학습자로부터 개인적이고 사실적인 자료를 얻는 것이므로 현실성이 풍부하다.
- 스스로를 발견할 기회를 가질 수 있기 때문에 학습 과정에서 학습자 자신의 가치나 태도, 사고방식 등을 발견할 기회를 갖게 된다.
- 자신과 동료들의 자료를 보면서 스스로 모색할 수 있는 기회를 제공하고 자신이 어떻게 변해야 좋을지 생각해 보도록 하여 자기 주도적인 행동과 태도로의 변화를 꾀할 수 있다.

- 학습자 스스로에게 맡겨지는 것이기 때문에 무성의한 대답은 학습에 도움이 되지 못한다.
- 상황에 맞는 구조적인 학습 질문지가 개발되어야 한다.
- 학습 질문지를 통해 학습자 스스로 돌아볼 수 있는 기회를 갖고 집단원끼리의 토의를 통하여 상호 조언의 기회를 갖도록 한다.

(3) 문제해결 학습법(Problem Solving Method)

Dewey의 사고과정에서 비롯된 문제해결학습법은 학습자에게 해결할 문제를 주고 그것을 해결해 나가는 과정을 통해서 학습이 이루어지도록 하는 방법이다. 학습자는 자신이 기존에 가지고 있던 지식을 이용하여 주어진 문제를 파악하고 문제해결 방안을 생각하며 해결을 위해 자료를 모으면서 학습을 진행하게 된다. 문제해결 학습법의 가장 중요한 목적은 학습자의 문제해결 능력을 향상시키는 데 있다. '**문제중심학습**'(problem-based learning, PBL), **실천학습**(action learning, AL)과 맥락을 같이한다고 볼 수 있다. 문제해결 학습법 사용 시 유의사항은 아래와 같다.

- 항상 기존의 지식을 단순히 적용하던 것을 탈피하여 여러 상황들에 대해 현명하게 해결할 수 있는 능력을 향상시킬 수 있다.
- 학습자의 태도가 적극적이지 않을 경우 효과가 적다.
- 문제 해결 상황을 만들 때 학습자의 능력, 흥미, 경험 등을 고려하여야 한다.
- 자율적인 학습 분위기를 형성하도록 한다.
- 학습자가 생각할 시간과 기회를 충분히 갖도록 배려한다.
- 가능한 한 많은 문제 상황에 접하도록 교육과정을 구성한다.

(4) 구안법(Project Method) ⇒ 프로젝트기반학습

구안법이란 어떠한 목적을 가진 경험을 통해 목적의식이나 행동의 목적을 갖게 하여 그 과정을 진행해 갈 수 있는 동기를 부여하는, 목적적인 활동을 통하여 학습하는 방법이다. Kilpatrick의 실용주의 교육사상이 바탕이 된 접근법으로 최근에는 **프로젝트기반학습**(project-based learning, PBL)으로 연결된다. 구안법 사용 시 유의사항은 아래와 같다.

- 학습자 스스로에 의해 이루어지는 학습이기 때문에 정확한 동기가 있다.
- 모든 과정이 스스로 행하는 것이므로 자주성, 주체성을 발전시킬 수 있다.
- 활동을 이용하는 창의적인 방법이므로 학습자의 창의성이 생긴다.
- 학습 부진아에게는 시간을 낭비할 우려가 크다.
- 활동에 필요한 자료수집이 미비하면 실패할 가능성이 높다.
- 전체적으로 구안법을 실시할 경우, 개인의 능력에 따라 함께 참여하지 못하는 학습자가 존재할 수 있다.
- 학습자 스스로에 의하여 이루어지는 학습이기 때문에 무질서해지기 쉽다.
- 교수자는 학습자의 활동에 대한 일방적 평가 태도를 피하고 조언을 통해 학습자 스스로 자신의 활동을 평가하도록 지도한다.
- 자신의 평가와 다른 학습자의 평가를 살펴봄으로써 상호평가를 할 수 있도록 한다.

6) 기타: 창조적 교수방법

창조적 교수방법은 교수자가 학습자에게 적절한 도전의 기회를 제공하고, 학습자는 스스로 원리를 발견해나가며 새로운 개념, 절차, 제품을 창출할 수 있도록 지원하는 교수방법이다. 여기에는 학습자 중심, 발견학습, 간접교수, 협력학습[7]이

7) 협력학습(collaborative learning)은 학습목표 달성을 위해 학습자 간 또는 학습자와 교수자 사이의 인지적 협력에 초점을 둠. 대화를 통한 정보의 공유, 상호작용, 참여가 중요함. 협동학습(cooperative learning)은 공동의 목적을 성취하기 위하여 5명 전후의 학생들이 공동으로 학습하고 공동의 책임을 지는 형태임. 협력학습과 협동학습은 용어상 비슷하고 공통점(학습공동체)이 있지만 근본적인 차이가 있음. 협력(協力)학습은 Vygotsky, Piaget와 같은 구성주의 철학(주관적 인식론)을 바탕으로 교육철학적 접근으로 하는 탈구조화된 또래 수업이지만, 협동(協同)학습은 Johnson, Slavin과 같은 사회심리학(객관적 인식론)을 바탕으로 교수방법론

반영될 수 있다. 대표적인 방법으로 디자인 사고, 예술기반학습이 포함된다(강명희 외, 2017).

(1) 디자인 사고(Design Thinking)

디자인이라면 단순히 제품의 형태와 색상으로 이해하기 쉽지만 디자인은 목적을 가지고 이를 실현하기 위해 창의적 아이디어를 구체화하는 행위이다. 전 세계의 학습 현장에서 직면하고 있는 새로운 문제, 즉 첨단 테크놀로지와 교육의 융합, 업무의 효율 및 효과 향상, 다양한 학습자의 참여 증대 등 우리에게 당면한 문제들은 복합적이며, 다양해지고 있다. 이에 교수방법에도 새로운 사고방식과 도구, 그리고 새로운 관점이 접목되어야 하며, 디자인 사고는 그중의 하나이다.

디자인 사고를 행동으로 바꾸는 디자인 프로세스는 Dewey, Druker, Osborne 등의 학자들이 개발한 문제해결 프로세스에 기초하고 있다. 이러한 디자인 프로세스에 공통으로 포함된 내용을 종합하면 크게 다음과 같이 세 단계로 정리할 수 있다. 첫째는 디자인 문제에 대한 이해 단계이다. 둘째는 문제해결 단계이고, 셋째는 평가와 발전의 단계이다.

디자인 사고는 한마디로 훌륭한 디자이너처럼 생각하여 창조적 능력의 핵심을 끌어내는 것으로 디자인 사고를 활용하는 사람들은 주로 다음과 같은 특징을 갖는다고 한다.

- **공감**(Empathy): 다양한 사람의 관점으로 세상을 바라보고, 사람 중심으로 사고하여 겉으로 드러난 욕구와 숨은 욕구를 모두 충족시킬 수 있는 해결방안을 찾는다.
- **통합적 사고**(Integrative thinking): 문제의 모든 측면과 서로 상충하는 부분까지 이해하여 기존 대안보다 뛰어난 새로운 해결책을 제시한다.

적 접근으로 하는 구조화된 또래 수업임. 협동학습에는 STAD, TGT, Jigsaw 등의 구조화된 방식을 사용함.

- **낙관주의**(Optimism): 긍정의 변화를 믿고 어떤 문제와 제약에서도 하나 이상의 해결책이 있다고 생각한다.
- **실험주의**(Experimentalism): 창의적인 방식으로 다양한 질문을 던지고 문제점을 살피며, 실수를 통해 배우고 피드백을 얻는 반복적이고 실험적인 방식을 택한다.
- **협업**(Collaboration): 여러 분야에 두루 지식을 갖추고, 다른 분야의 전문가와도 대화, 비판, 팀워크를 통해 열정적으로 협업하여 타인의 시각과 창의성을 활용한다.

디자인 절차를 문제중심학습에 적용하면 문제에 대한 구조적인 접근과 해결이 가능해지며 창의성 함양을 위한 디자인 통합교육이 가능해진다. 따라서 디자인 절차에 따르는 문제와 프로젝트 기반 학습은 그 과정에서 자연스럽게 논리적 사고력과 예술적이고 창의적인 소양이 배양되며, 팀원과의 협력을 통해 문제를 해결하는 방법도 직·간접적으로 학습할 수 있다.

(2) 예술기반학습(Art-Based Learning)

'예술'은 미적 가치를 창조해 내는 인간의 독창적이고 순수한 표현행위, 그리고 그 행위에 의해 창조된 표현물을 의미한다. 예술을 교육에 접목한 'Art-Based Learning (ABL)'은 "예술가들의 삶과 작품에서 공통적으로 나타나는 창의지식(creative knowledge)과 창의방법론(creative method)을 사용해서 21세기 교육이 목표로 하는 창조적 성과를 달성하는 인본주의적 교육시스템"으로 정의할 수 있다. 예술을 교육에 접목하는 본질적 이유는 바로 예술가와 예술작품이 갖는 끊임없는 도전정신과 창의 과정, 예지력, 공감력, 몰입, 완결성의 추구와 같은 창의지식과 방법론이 구성원에게 전이되어 조직의 성과로 연결될 수 있는 큰 가능성 때문이다.

예술기반학습은 궁극적으로는 기존의 기술경쟁력에 새로운 예술경쟁력을 접목하여 새로운 가치를 창출할 수 있는 인재를 육성하는 방향으로 접근되고 있으며, 21세기 사회의 복잡성을 헤쳐 나갈 창의력 개발이나 미래 기회 포착을 위한 통찰력 제공, 그리고 구성원의 몰입을 유도하는 감성교육에 주로 활용되어 기존 교육과는 다른 관점에서 차별화된 성과(그림 2-2 참조), 즉 학습 흥미도 향상, 창의성 향상, 자기와 타인 이해, 상상력 증진, 의사소통 능력 향상 등을 기대할 수 있다.

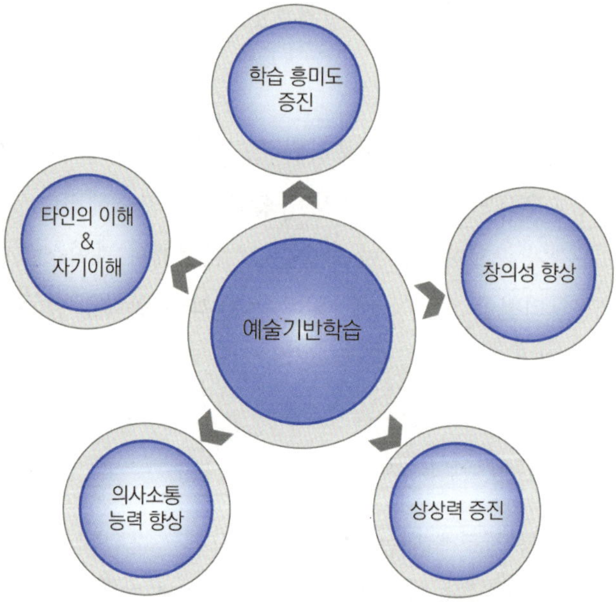

[그림 2-2] 예술기반학습의 교육적 효과

예술기반학습이 성공하기 위해서는 표면적인 만족도의 향상보다는 교육 본연의 목적에 맞게 설계되어야 기존의 교육에서는 얻을 수 없는 새로운 시선, 비판정신, 창의성, 인류애, 비전, 끊임없는 도전정신, 완성에 대한 열망 등과 같은 차별적 이익과 성과를 얻을 수 있다. 예술기반학습을 성공시키기 위해서는 명확한 교육의 성과목표를 설정하고, 그 목표에 부합하는 예술분야를 선정하여 적용하며 교육 자체보다는 교육을 받는 사람에 초점을 두고 진행하여야 한다.

3 교수방법의 선정

1) 교수방법의 선정기준

(1) 교수-학습의 과정 변인

교수방법은 교수－학습이 이루어지는 전체과정에서 중요시되는 요소이기 때문에, 교수－학습이 이루어지는 현상 내에서 살펴보아야 한다.

[그림 2－3]에서와 같이, 교수－학습의 과정에는 무엇을 위하여(목적/Why), 누가(교수자/Who), 무엇을(내용/What), 누구에게(학습자/Whom), 어떻게(방법/How), 언제/어디에서(시공간적 환경/When-Where) 가르치고 배우는지의 일곱 가지 요소가 필수적으로 관련되어 있다(Newby et al., 2011; Smaldino et al., 2008).

이들 요소 간의 관계를 좀 더 살펴보면 첫째, 목적은 교수자에게는 가르치는 목적이고, 학습자에게는 배우는 목적이다. 또 방법은 교수자에게는 가르치는 방법이고, 학습자에게는 배우는 방법이다. 따라서, 교수자가 갖고 있는 목적과 선택하는 방법이 경험적으로 합치되어야 한다. 둘째, 가르치고 배우는 목적이 무엇이냐에 따라 내용은 달라지게 되며, 또 내용이 어떠한 것이냐에 따라 그것을 가르치고 배우기 위한 방법이 달라진다. 따라서, 목적, 내용, 방법으로 이어지는 이들 세 요소 간의 관계는 논리적인 관계를 이룬다. 셋째, 교수자와 학습자 그리고 내용 이들 셋은 내용을 매체로 하는 삼각관계를 형성한다. 이 세 가지 중 어느 한 요소가 무시되거나 어느 한 가지 요소만이 교수－학습을 주도하게 되면, 그때의 교수－학습은 효율성을 기대하기 어려워진다. 끝으로 넷째, 이들 목적과 내용, 방법으로 형성되는 논리적인 관계, 교수자와 내용, 학습자로 이어지는 삼각관계, 목적과 방법에 있어서 교수자와 학습자 간의 경험적인 합치관계는 모두 주변의 시공간적 환경에 영향을 받게 마련이다. 미시적으로는 교실 또는 학교환경으로부터, 거시적으로는 사회 전체의 환경으로부터 영향을 받는다.

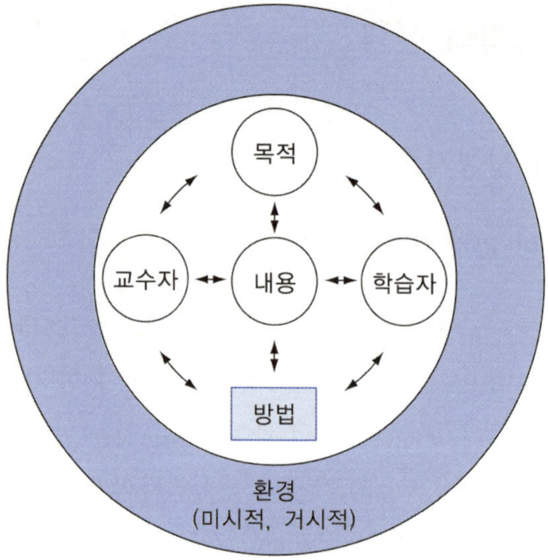

[그림 2-3] 교수-학습의 과정변인

(2) 방법선정의 4가지 기준

교수방법을 선택할 때는 ① 교육내용, ② 학습자, ③ 교육자원, ④ 조직의 기대 등의 네 가지 기준을 근거로 선택한다(Reay, 1994). 위의 네 가지의 기준을 근거로 교수방법을 선택할 때 고려해야 할 것들은 다음과 같다.

① 교육내용

- 학습내용의 성격이 지식, 스킬, 태도(또는 인지적 영역, 정의적 영역, 심체적 영역) 중 어느 것인지
- 학습내용이 정확한 답을 요구하는 것인지, 아니면 논쟁의 여지가 있는지 혹은 교육의 목적이 기준을 명확히 잡는 것인지, 아니면 보다 나은 해결책을 찾는 것인지에 따라

- 학습내용이 일반적인 수준의 학습만 하면 되는 것인지, 아니면 자세히 학습해야 하는 것인지에 따라

② 학습자(교육대상)

- 학습자의 학습 스타일이 적극적인지, 성찰적인지, 논리적인지, 실용적인지에 따라
- 학습자의 학습경험이 어느 정도인지
- 학습자의 수
- 학습자의 위치
- 교육이 계속적으로 필요한지 여부
- 학습자가 학습으로부터 얻고자 하는 기대의 정도

③ 교육자원

- 교육 스킬과 경험을 갖춘 사람을 요청할 수 있는지
- 얼마나 쉽게 새로운 학습자원들을 개발할 수 있는지
- 훈련을 실시할 장소가 있는지
- 시간의 제약이 있는지

④ 조직의 기대

- 조직이 어떤 학습방법을 선호하는지
- 조직이 원하는 구체적인 학습목표가 있는지
- 조직이 요구하는 특정한 평가나 측정의 방법은 무엇인지

[그림 2-4]는 지금까지의 내용을 도식화한 것이다.

[그림 2-4] 교수방법 선정의 기준

(3) 교수방법 선정의 경험적 원칙

일반적으로 교수방법의 선정을 위해서는 [그림 2-2]의 교수-학습 과정변인들과 [그림 2-3]에 Reay가 제시한 여러 기준을 가능한 한 고려해야 한다. 교수방법에서 전략결정, 전술결정, 매체결정에는 고려할 사항이 부분적으로 차이 날 수도 있다(Molenda, Pershing & Reigeluth, 1996). 특히 교수전략의 결정은 교수-학습에 대한 철학(발견학습, 수용학습), 학습집단의 단위(개별, 소집단, 대집단), 통제의 중심(교사주도, 혼합, 학습자주도), 환경(직무환경, 교실환경)과 같은 큰 규모의 이슈와 관련된다. 교수전술의 결정은 방법(강의, 개인지도, 토론, 자습, 실험실 등), 매체(인쇄물, 비디오, 컴퓨터이용 등)와 특정한 교수활동(시연/시범, 규칙제시, 연습제공, 피드백제공 등)이 관련된다. 교수매체를 선정할 때는 학습의 유형, 학습자의 특성과 같은 교수·학습의 상황뿐만 아니라 장비와 시설의 이용가능성, 개발자의 전문적 기능, 자료의 내구성과 비용효과성 등이 고려되어야 한다.

교수방법 및 전략과 교수기법 및 전술을 적절히 결합하여 구체화하는 일은 고려할 요소가 너무 많고 복잡하기 때문에 어디서부터 시작해야 할 것인지를 결정하기는 어렵다. 그러나 경험에 의한 몇 가지 원칙들이 교수방법과 전략, 교수기법과 전술, 교수매체의 선정에 지침이 될 수 있다(이화여자대학교 교육공학과, 1996; Molenda, Pershing & Reigeluth, 1996). 경험적으로 대개의 경우 교수방법과 전략에 대한 의사결정은 다음의 하나 혹은 그 이상의 요인들에 의해 단순화된다.

① 관련요인에 의하여

예를 들어, 이미 대집단 학습그룹을 선택하고 교사주도통제를 선택했다면, 교수-학습의 철학적 접근(발견학습 또는 수용학습), 환경, 방법과 매체에 대한 선정의 폭은 상당히 좁혀진다.

② 실제적인 제약으로 인하여

예를 들어, 40명의 소프트웨어 기술자들이 자기들의 별도의 작입현장에서 중앙 훈련센터로 동시에 모두 모이는 것은 비실제적이고 업무에 많은 영향을 줄 수 있으므로, 개별 학습형태로 컴퓨터에 의한 전달체제를 선택할 수 있다.

논의된 바와 같이, 교수방법과 교수전략은 학습과 교수에 대해 어떤 철학적인 입장을 취하느냐에 따라 설명적 접근(수용학습)과 경험적 접근(발견학습)으로 크게 구분할 수 있다. 설명적 접근은 교수자(교사)의 강의를 중심으로 하며 학습자 입장에서는 지식을 습득하고 수용한다. 경험적 접근은 학습자(학생)의 탐구 및 문제해결이 중심이 되어 학습자 입장에서는 발견학습이 된다. 학자에 따라서는 전자를 직접교수전략이라고 하고 후자를 간접교수전략이라고 하면서 수업의 실제 상황에서는 직접교수전략과 간접교수전략은 물론 이 두 가지 전략을 함께 사용하기도 한다(Borich, 2000, 2020). 주요 교수-학습 과정변인과 Reay의 선정 기준을 바탕으로 교수-학습상황에 적절한 교수방법을 〈표 2-3〉과 같이 예시할 수 있다.

물론 지금까지 논의된 내용보다 더 상세하거나 다른 각도에서 교수전략과 전술을 결정할 수도 있다(허희옥 외, 2001; Borich, 2000; Gagné, Briggs & Wager, 1992; Leshin, Pollock & Reigeluth, 1992; Reigeluth, 1999; Romiszowski, 1981).

〈표 2-3〉 교수학습 상황과 교수방법 선정(예시)

교수-학습 상황	교수방법
• 학습집단이 50명 이상 • 교실(학습공간)이 전통적임 • 교육내용이 개념과 원리 학습 • 새로운 지식 습득에 초점	설명적 접근, 강의법, 팀티칭
• 학습집단이 30~40명 • 학습공간이 융통성 있음 • 교육내용이 운동기능, 심체적 영역 • 새로운 지식 습득 및 숙달에 초점	시연/시범, 실습, 동료교수(학습)
• 학습집단이 30~40명, 소집단 구성 가능 • 학습공간이 융통성 있음 • 교육내용이 인지적 영역 • 새로운 지식의 창출, 탐구, 문제해결	소집단학습, 협동학습, 문제중심학습, 사례연구, 프로젝트기반학습
• 학습집단이 20명 이하 • 학습공간이 전통적임 • 교육영역이 태도, 정의적 영역 • 기존 지식의 이해/적용 강화	시뮬레이션(모의실험), 게임, 역할놀이, 토론
• 학습집단이 20명 이하 • 학습공간이 융통성 있음 • 교육내용이 개념 및 원리 학습 • 새로운 지식의 습득, 문제해결	발견적 접근, 탐구학습
• 개별화학습이 가능 • 학습공간이 융통성 있음 • 교육내용이 개념, 원리, 절차 학습 • 새로운 지식 습득에 초점	개인교수, 컴퓨터보조수업, 웹기반 수업

2) 전통적 교육훈련 및 테크놀로지 기반 교육훈련 방법의 비교

(1) 전통적 교육훈련 방법의 선정

Noe(2020)는 전통적 교육훈련 방법을 ① 발표(presentation), ② 직접 경험(hands-on), ③ 집단 구축(group building)으로 크게 구분하고 발표에는 강의와 비디오 수업을 포함시키고 직접 경험에는 현장직무훈련(OJT), 자기주도적 학습(SDL), 견습제도(apprenticeship), 사례연구(case study), 비즈니스 게임, 역할 연기, 행동 수정을 포함시키며 집단 구축에는 체험 학습, 팀 훈련, 실천학습(action learning)을 포함시켰다. 이 전통적 교육훈련 방법의 장단점을 파악하기 위한 선별 기준을 ① 학습성과(학습목표), ② 학습환경, ③ 전이, ④ 효과성으로 구분하고 학습성과는 언어정보, 지적 스킬, 인지전략, 태도, 운동 스킬로 구분하고 학습환경은 분명한 목표, 연습, 유의미성, 피드백, 관찰과 타인과의 상호작용으로 구분하며 비용에는 개발비와 유지관리비를 포함시켰다(표 2-4 참조).

(2) 테크놀로지 기반 교육훈련 방법의 선정

Noe(2020)는 테크놀로지기반 교육훈련 방법을 ① 온라인이러닝/웹기반이러닝, ② (인터넷 없는) 컴퓨터기반학습, ③ 원격학습, ④ 적응적 훈련, ⑤ 시뮬레이션/게임, ⑥ 증강현실(AR), ⑦ 모바일 러닝, ⑧ 소셜미디어, ⑨ 묵스(MOOCs) 등으로 구분하였다. 이 테크놀로지기반 교육훈련 방법의 장단점을 파악하기 위한 선별 기준을 ① 학습성과(학습목표), ② 학습환경, ③ 전이, ④ 효과성으로 구분하고 학습성과는 언어정보, 지적 스킬, 인지전략, 태도, 운동 스킬로 구분하고 학습환경은 분명한 목표, 연습, 유의미성, 피드백, 관찰과 타인과의 상호작용으로 구분하며 비용에는 개발비와 유지관리비를 포함시켰다(표 2-5 참조).

〈표 2-4〉 **전통적 교육훈련 방법의 선정 (Noe, 2017/2020을 바탕으로 구성함)**

선정기준 \ 방법		프레젠테이션		직접경험(Hands-On)								팀빌딩		
		강의	비디오 수업	OJT	자기주도적 학습(SDL)	견습 제도	시뮬레이션 (모의실험)	사례 연구	Biz 게임	역할 연기	행동 수정	체험 학습	팀훈련	실천 학습
학습 성과	언어정보	O	O	O	O	O	X	O	O	X	X	X	X	X
	지적 스킬	O	X	X	O	O	O	O	O	X	X	X	O	X
	인지전략	O	X	O	O	X	O	O	O	O	O	O	O	O
	태도	O	O	X	X	X	X	X	X	O	X	O	O	O
	운동 스킬	X	O	O	X	O	O	X	X	X	O	X	X	X
학습 환경	목표명료성	△	X	O	O	O	O	△	O	△	O	△	O	O
	연습	X	X	O	O	O	O	△	△	△	O	△	O	△
	유의미성	△	△	O	△	O	O	△	△	△	△	X	O	O
	피드백	X	X	O	△	O	O	△	O	△	O	△	△	O
	관찰/상호작용	X	△	O	△	O	O	O	O	O	O	O	O	O
교육훈련 전이		X	X	O	△	O	O	△	△	△	O	X	O	O
비용	개발비	△	△	△	X	X	X	△	X	△	△	△	△	O
	관리행정비	O	O	O	△	X	O	O	△	△	△	△	△	△
효과성(유효성)		O (언어 정보)	△	O (구조적 OJT)	△	O	O	△	△	△	O	X	△	O

* 범례: O(선정/추천), X(비선정/비추천), △(보통)

〈표 2-5〉 테크놀로지 기반 교육훈련 방법의 선정 (Noe, 2017/2020을 바탕으로 구성함)

선정기준 \ 방법			온라인/이러닝 웹기반러닝	(인터넷 없는) 컴퓨터기반학습	원격 학습	적응적 수업	시뮬레이션 /게임	증강현실(AR)	모바일 학습	소셜미디어	묵스(MOOCs)
학습 성과	언어정보		O	O	O	O	O	O	O	O	O
	지적 스킬		O	O	O	O	O	O	O	X	O
	인지전략		O	O	O	O	O	O	X	O	O
	태도		△	X	X	X	O	X	X	X	X
	운동 스킬		X	X	X	O	O	O	X	X	X
학습 환경	목표명료성		O	O	O	O	O	O	O	△	O
	연습		O	O	X	O	O	△	X	△	△
	유의미성		O	O	△	O	O	O	△	△	△
	피드백		O	O	X	O	O	O	X	O	△
	상호작용	학습자-내용	O	O	△	O	O	O	△	O	O
		학습자-교수자	△	X	△	O	△	△	X	△	△
		학습자-학습자	△	X	△	X	O	O	X	O	△
교육훈련 전이			O	△	△	O	O	O	△	△	△
비용	개발비		X	X	△	X	X	X	△	△	X
	관리행정비		O	O	O	O	O	O	O	△	O
효과성(유효성)			O	△	△	△?	O	△?	△?	△?	△?

* 범례: O(선정/추천), X(비선정/비추천), △(보통), ?(상황에 따라 다름)

탐구과제

1. 많은 교수방법들 중에서 교사중심의 방법과 학생중심의 방법의 대표적인 것을 구분하여 보세요. 왜 그 방법이 대표적인지 생각하여 봅시다.

2. 다양한 교수방법 중 본인이 경험한 가장 효과적이었던 교수방법 하나를 선정하세요. 어떤 이유에서 그 방법이 효과가 있었는지 생각해보세요. 그 방법에는 한계점이 없는가요? 있다면 어떻게 보완해야 할까요?

3. 상황에 적절한 교수방법을 선정하는 기준들이 있습니다. 여러분이 어떤 상황에서 교수방법 또는 교수전략을 결정할 때 반드시 고려할 기준에는 어떤 것이 있을까요? 그림 2-3, 표 2-3, 표 2-4, 표 2-5의 가치와 중요성을 논의해 봅시다.

참고문헌

강명희 외 (2017). 교육방법 및 교육공학. 교육과학사.

이화여자대학교 교육공학과 (1996). 교육방법 및 교육공학. 교육과학사.

한정선, 김영수, 강명희, 정재삼 (공역). Januszewski, A., & Molenda, M. 편저 (2008). 교육공학: 정의와 논평. 교육과학사.

허희옥, 안미리, 김미량, 김민경, 이옥화, 조미현 (2001). 컴퓨터 교육방법 탐구. 교육과학사.

Borich, G. (2000). *Effective teaching methods* (4th ed.). Upper Saddle River, NJ: Merrill.

Borich, G. (2022). *Effective teaching methods: Research-based practice* (9th ed.). Pearson.

Cruickshank, D., Bainer, D., & Metcalf, K. (1995). *The act of teaching*. New York: McGraw-Hill.

Gagne, R. M., Briggs, L. J., & Wager, W. W. (1992). *Principles of instructional design* (4th ed.). Harcourt Brace Jovanovich College Publisher.

Heinich, R., Molenda, M., Russell, J., & Smaldino, S. (2002). *Instructional media and the new technologies for learning*. Upper Saddle River, NJ: Pearson.

Leshin, C. B., Pollock, J., & Reigeluth, C. M. (1992). *Instructional design strategies and tactics*. Educational Technology.

Molenda, M., Pershing, J. A., & Reigeluth, C. M. (1996). Designing instructional systems. In R. Craig (Ed.), *Training and development handbook* (4th ed.). New York: McGraw-Hill.

Newby, T., Stepich, D., Lehman, J., Russell, J., & Ottenbreit-Leftwich, A. (2011). *Educational technology for teaching and learning* (4th ed.). Upper Saddle River, NJ: Pearson.

Noe, R. (2017). *Employee training and development*(8th ed.). McGraw Hill.

Noe, R. (2020). *Employee training and development*(9th ed.). McGraw Hill.

Reay, D. (1994). *Selecting training methods*. London: Kogan Page.

Reigeluth, C. M. (Ed.) (1999). *Instructional design theories and models: A new paradigm of instructional design theory* (Vol. 2). Routledge.

Romiszowski, A. (1981). *Designing instructional systems*. London, UK: Kogan Page.

Romiszowski, A. (2016). *Designing instructional systems*. NY: Routledge.

Smaldino, S., Lowther, D., & Russell, J. (2008). *Instructional technology and media for learning* (9th ed.). Upper Saddle River, NJ: Pearson.

제 3 장

학습이론

K 교사는 여름방학 동안 교사연수에 참여하였습니다. 그중 한 세션에서 자신의 교육철학을 이야기하는 시간이 있었습니다. 좋은 교육은 어떠한 가치를 추구해야 하는지, 교사와 학생은 어떠한 역할을 수행해야 하는지, 좋은 수업은 어떤 모습이어야 하는지 등에 대해 성찰할 수 있는 시간이었습니다. 이 과정에서 사범대 재학 중 배웠던 학습이론이 떠올랐습니다.

교육철학과 행동주의, 인지주의, 구성주의 학습이론은 어떠한 관계가 있을까요? 학습이론은 교사가 수업을 설계하는 데 있어서 어떤 역할을 수행할까요?

학습목표

3.1. 학습자는 행동주의, 인지주의, 구성주의 학습이론의 학습원리를 비교해서 설명할 수 있다.

3.2. 학습자는 행동주의, 인지주의, 구성주의 학습이론의 교육적 시사점을 설명할 수 있다.

3.3. 학습자는 행동주의, 인지주의, 구성주의 학습이론에 기반한 수업원리를 설명할 수 있다.

1장에서 논의되었듯이 교육공학[교육테크놀로지]의 목적은 두 가지, 학습(learning)의 촉진과 수행성과(performance)의 향상이다. 학습이란 학습자의 지식(knowledge), 스킬(skills), 태도(attitudes), 즉 KSA의 변화를 의미한다. 교육자들의 책무는 학습자들에게 생산적이고 실제 적용 가능하며 깊이 있는 학습을 촉진하는 데 있다. 여기서 수행성과 향상이란 학습자의 사용 가능한 능력/역량(KSA, capability, competency)을 현장이나 문제 상황에 사용하고 적용하여 생산성(목표달성, 문제해결)을 더 높이는 것을 의미한다. 교육테크놀로지는 개인과 조직의 학습 촉진과 수행성과 향상을 목적으로 한다.

1 학습과 학습이론

1) 학습의 주요 요인과 과정

Mayer(1982)에 의하면 학습은 경험의 결과로 인하여 어떤 개인의 지식, 행동, 또는 태도가 비교적 지속적으로 변화되는 것이다. 여기서 핵심적인 사항은 변화가 장기간이라는 점, 변화의 장소가 학습자의 지식구조 또는 행동이라는 점, 그 변화가 학습자의 환경에서의 경험으로부터 유래한다는 점이다. 전통적으로 성인이 어떻게 학습하는지보다는 아동이 어떻게 학습하는지, 아동이 어떻게 학습하는지보다는 동물이 어떻게 하는지가 더 익숙하다. 왜냐하면 학습의 연구가 변인 통제를 강조하는 실험심리학자들에 의하여 행하여졌기 때문이다. 이런 결과로 많은 학습의 과학적 이론은 동물과 아동 학습연구에서 유래되었다(Knowles et al., 2020).

학습이론(learning theory)은 학습자들이 어떻게 학습하는지에 대해 설명하는(descriptive) 이론이다. 학습이론들은 각 이론마다 학습을 설명하는 주요 요인이 다르지만, 공통적으로 두 가지 측면에서 학습을 정의하고 있다. 첫째, 학습을 인간의 수행(performance) 과정에서 나타나는 지속적인 변화로 가정하고, 둘째, 수행에서의 변화는 학습자와 환경의 상호작용에 따른 결과여야 한다는 것이다. 이러한 관점에서 학습이론이란 수행의 과정에서 나타나는 관찰될 수 있는 변화와 이들 변화가 나타나게 된 이유를 연결하는 일련의 구인(constructs)으로(Driscoll, 1994), 환경과 상호작용하는 과정에 관한 체계적이고 통합적인 견해라고 할 수 있다(Spector, 2012). 대부분의 학습이론은 다음의 세 가지 요소([그림 3-1] 참조)로 구성되는 특징을 지닌다(Driscoll, 1994).

[그림 3-1] 학습이론 과정의 속성

- **투입**(inputs): 무엇이 이들 과정을 발생하게 하였는가? 학습의 기반을 형성한 자원 혹은 경험은 무엇인가?
- **수단**(means): 결과를 야기한 과정들은 무엇인가?
- **결과**(results): 수행에 있어 어떠한 변화가 있었는지 설명할 수 있는가?

즉, 학습이론(learning theory)이 학습의 투입, 과정 및 결과로 이어지는 학습과정에 초점을 맞추고 학습자에게 일어나는 변화에 관심이 있는 반면, 교수이론(instructional theory)은 교수방법에 초점을 맞추고 교수자가 행하는 것에 관심이 있다. 교수이론은 학습이론을 교육실제에 적용하는 데 그 의의를 두기 때문에 처방적(prescriptive)인 특성을 가지고 있으나, 학습이론은 학습 현상을 기술하는 데 초점을 맞추어 서술적(descriptive)인 성격을 지닌다(Bruner, 1966). 교수이론에 대한 보다 상세한 논의는 4장에 포함된다.

2) 학습이론의 범주와 관점

이 분야 연구는 1885년의 Ebbinghause를 시작으로 Dewey, Thorndike, Pavlov, Watson 등이 초기에 기틀을 잡고 그 이후에 Tolman, Pressy, Skinner, Hilgard, Vygotsky, Lewin, Piaget, Maslow, Rogers, Cronbach, Bruner 등이 계속적으로 연구를 추구하였다. 1950년대 이후로 Bandura, Tyler, Bloom, Ausubel, Glaser, Gagné, Gage, Feire, Knowles 등을 거쳐 지금에 이른다. Hilgard와 Bower(1966)는 이 많은 학습연구와 학습이론을 결합주의(Thorndike), 고전적 조건형성(Pavlov), 근접 조건형성(Guthrie), 조작적 조건형성(Skinner), 체계적 행동주의(Hull), 목적적 행동주의(Tolman), 형태이론/장이론(Lewin), 심리역학(Freud), 기능주의, 수학적 학습이론, 정보처리모형 등의 11가지 범주로 나누었다. 이 학습이론들은 주로 요소주의적 **행동주의**(behaviorism) 이론과 총체주의적 **인지주의**(cognitivism) 이론으로 대별되지만 Bandura의 사회학습이론과 Tolman의 목적적 행동주의는 절충적인 성격을 가진다(Knowles et al., 2020).

지식이란 무엇이며 지식이 어떻게 형성되는가에 대한 인식론적 관점에는 객관주의와 주관주의(즉 구성주의)가 있다. 행동주의와 인지주의는 객관주의적 인식론에 바탕을 두고, 구성주의는 주관적인 인식론에 바탕을 둔다. 객관주의적 인식론에 의하면 교수자 역할은 이미 가지고 있는 지식을 학습자에게 전달하여 학습자들이 지식의 구조를 있는 그대로 반영하도록 돕는 일이다. 수업은 학습자에게 가장 효과적인 방법으로 지식을 전달하는 것이다.

행동주의의 경우 환경과의 상호작용, 즉 경험에 의한 관찰 가능한 행동의 변화로 학습을 설명한다. 행동주의 관점에서 학습은 관찰 가능한 외현적인 행동의 변화가 일어나야 하며, 이러한 행동의 변화를 일으키기 위해서 환경을 적절히 조절한다면, 행동의 변화도 의도된 대로 조절할 수 있다고 보았다. 행동주의 학자들은 자극(stimulus)－반응(response) 간의 연합으로 학습의 과정을 설명하는데, 자극(S)이란 학습자에게 제시되는 모든 환경을 의미하며, 반응(R)은 자극으로 발생하는 학습자의 행동을 의미한다. 따라서 교수자는 칭찬이나 긍정적 기대의 강화를 제공함으로써 목표행동을 조성할 수 있다. 이렇게 행동주의는 학습자의 자극(S)과 반응(R)의 결합(bond)을 통해서 객관적인 행동의 변화를 추구하는 입장이다.

반면, **인지주의**자들은 행동을 목적적인 것으로 보며, 인간의 내부에서 일어나는 능동적인 사고과정과 인간 내부의 인지구조(schema)를 중시한다. 행동주의 관점에서 학습자는 환경에 반응하는 수동적인 존재이지만, 인지주의 관점에서 학습자는 새로운 정보를 적극적으로 받아들이며 능동적으로 지식을 구성하는 존재인 것이다. 따라서 인지주의 관점에서 학습은 학습자의 인지구조의 변화, 즉 내적인 정보처리 과정을 통하여 인지구조를 변화시키는 것으로 정의하며, 교수자는 새로운 정보가 기존의 인지구조에 잘 흡수될 수 있도록 정보를 구조화, 계열화해야 한다. 또한 기억술(mnemonics) 등을 통해 학습내용을 약호화하여 기억에 오래 남게 제시하여야 한다. 이렇게 학습이론의 인지주의는 학습자와 환경 사이에서 학습자의 객관적인 인지구조(schema)의 형성을 추구하는 입장이다.

구성주의적 인식론에서 지식은 외부적으로 존재하는 것이 아니고 개인의 경험에 의하여 해석된다고 본다. 지식은 개인의 사전 경험과 사건을 해석할 때 구성된다. 수업의 목적은 학습자들에게 세상을 해석하는 방법을 보여주는 것이기 때문에 모든 학습환경은 학습자들이 문제를 해결하고 의미를 구성할 수 있는 학습자 중심의 환경이 설계되어야 한다. 구성주의에서 학습은 학습자 스스로 설계해나가는 능동적인 구성과정을 의미한다. 지식은 맥락적이며, 개인적 경험 및 사회적 협상을 통해 학습이 이루어진다. 따라서 교수자는 지식전달자가 아닌 개인의 경험을 촉진하는 촉진자의 역할을 해야 한다.

본 장에서는 학습의 관점을 행동주의, 인지주의, 구성주의로 구분한다. 전통적인 교수자 중심의 수업(예: 설명식 수업)과 학습자 중심의 수업(예: 발견식 수업)은 다른 철학적 접근에서 출발한다. 이렇게 행동주의, 인지주의, 구성주의 등 세 가지 관점으로 나누어 설명하는 이유는 각 관점에 따라 학습의 과정이 다르고 교수전략이 달라질 수 있기 때문이다. 이처럼, 학습이론에 따라 학습에 대한 정의나 학습을 설명하는 과정, 학습자와 교수자의 역할, 교수전략 등이 달라질 수 있기 때문에 교수설계에 앞서 각 관점을 이해하는 것은 중요하다.

2 행동주의 관점

행동주의는 '관찰 및 수량화가 가능한 학습자의 반응행동을 산출해야 한다'라는 원리에 초점을 맞추고 있으며, 교육공학 분야 초기에 시청각 교재를 설계하는 데 있어 적용되었다. 행동주의 이론은 티칭머신(teaching machine)과 프로그램 교수(programmed instruction) 개발을 위한 교수전략을 제공하여 교육공학[교육테크놀로지] 분야의 성장에 큰 영향을 주었다.

1) Skinner의 강화이론(Reinforcement Theory)

(1) 강화이론과 조작적 조건형성

Skinner(1904~1990)는 행동주의 심리학자로서 동물학습 연구를 통해서 조작적 조건형성(operant conditioning)에 기초한 강화이론을 제시하였다. 여기서 주요 변인은 자극(stimulus), 반응(response), 강화(reinforcement)이다. Skinner가 관심을 가진 것은 선행 자극에 의해 부득이 일어나는 반사적 행동으로서의 수동적 행동이 아니고 유기체가 자발적으로 반응하는 행동으로서의 '조작적 행동'이었다는 점에 의의가 있다(Bower & Hilgard, 1981).

Skinner는 조작적 행동의 결과에 수반되는 강화에 의해서 행동이 일어날 확률이 증가되는 것을 '조작적 조건형성'이라고 정의하였고, 교수의 과학화는 학습자의 바람직한 행동이 발생될 확률을 증가시키기 위해서 행동을 강화하는 조작적 조건형성에 기초되어야 한다고 주장하였다. 예컨대 아동에게 읽기를 가르치는 경우 아동이 시각자료에 반응한 결과에 따라 정(正) 혹은 오(誤)의 피드백을 통해 아동의 읽는 행동을 강화한다면 이때 조작적 조건형성이 일어난다고 말할 수 있다(Driscoll, 1994; Gredler, 2008; Saettler, 1990).

(2) 교육적 시사점

전통적인 학교수업에 대해 Skinner는 학생들에게 반감을 주는 자극이 지배적이고, 계열적 강화를 체계적으로 지원하는 프로그램이 결여되어 있다고 비판하였다. 즉 학습자의 행동과 강화 사이의 간격이 너무 떨어져 적절한 강화가 일어나지 않는다는 것이다. 따라서 Skinner는 조작적 조건화 이론에 기초하여 어떤 행동을 형성할 것인가, 어떤 강화인자가 사용 가능한가, 어떻게 하면 가장 효과적인 강화 스케줄을 작성할 수 있을까에 대해 학습 설계가 필요함을 주장하였다.

구체적으로, 정적 강화, 부적 강화, 벌을 타당하게 활용하면 대부분의 행동을 변화시킬 수 있다고 하였는데, 여기서 정적 강화란 자극을 제시함으로써 행동을 촉진하고자 하는 것이다. 반면 부적 강화는 자극을 제거하여 행동을 촉진하는 것이다. 즉 기대되는 행동을 수행했을 때 학습자가 좋아하는 자극을 제시하면 정적 강화, 학습자가 싫어하는 자극을 면해주면 부적 강화이다. 이 두 가지는 모두 기대되는 행동의 수행을 촉진하도록 도와주는 기제에 해당된다. 반대로 벌은 특정 행동을 억제하기 위한 것이다.

〈표 3-1〉 강화와 벌의 예시

	행동 촉진	행동 억제
자극 제시	정적 강화(보상) 예) 별도의 휴식시간	제시형 처벌 예) 방과 후 남아서 뒷정리
자극 제거	부적 강화 예) 싫은 일의 면제	제거형 처벌 예) 일주일간 TV 시청 금지

출처: Gredler, M. (2008). *Learning and instruction: Theory and practice*(6th ed.). Upper Saddle River, NJ: Prentice-Hall의 그림을 수정 보완함.

행동주의 이론을 기반으로 학습자가 효과적으로 학습을 통제하는 하드웨어로서 티칭머신(teaching machine)이 고안되었으며, 소프트웨어로서 프로그램 수업(programmed instruction)과 컴퓨터보조수업(Computer-assisted Instruction: CAI)이 개발되었다.

프로그램 수업은 작은 단위로 나뉘어 계열화된 학습 자료, 이에 대한 학습자의 반응 유도, 즉각적 피드백, 학습자에 의한 학습 속도 통제가 구현된 교수 처방이다(정재삼, 임규연, 김영수, 이현우, 2012; Richey, Klein, & Tracy, 2011). Gredler(2008)는 Skinner의 이론을 교실수업에 적용할 수 있는 두 가지 방안을 구체적으로 제시하였는데, 하나는 교실 수업에서 상호작용을 원활히 지원하는 긍정적인 교실 분위기 조성을 위해 강화의 원리를 사용하는 것이고 다른 하나는 조작적 조건화 원리에 기초하여 개별화 수업교재를 개발하는 것이라 하였다.

2) 행동주의 원리에 기초한 수업

행동주의 원리에 기초한 수업은 다음과 같은 특징을 지닌다.

첫째, 모든 수업은 학생들로부터 관찰 및 측정이 가능한 결과를 이끌어내도록 설계되어야 하며, 학습자에게 기대하는 바를 명백하게 진술한 목표에 근거해서 실시되어야 한다.

둘째, 학생들이 학습하는 동안 자신에게 필요한 정보에 접근하고 수집할 수 있도록 지원해야 하며, 피드백의 한 종류로 볼 수 있는 학습 관련 정보는 수업을 교정하고 학생의 진도를 추적, 관리하기 위해 사용되어야 한다.

셋째, 학습은 측정되어야 하며, 측정 결과 요구된 수준에 도달하지 못한 학생에게는 해당 수준에 도달할 때까지 동일한 또는 유사한 수업을 제공하여 계속 학습할 수 있도록 지원해야 한다.

3 인지주의 관점

수업 중에 학습자에게서 일어나는 내적 과정을 중시해야 한다는 인지주의 관점이 대두되면서 학습자의 내적 인지변화를 간과하는 행동주의 관점의 영향력이 약화되었다. 행동주의자들에 의해서 '관찰할 수 없는 검은 상자(black box)'로 간주되었던 인간의 마음(mind)으로 관심이 전환된 것이다(Spector, 2012). 인지주의 이론은 정보처리 과정, 즉 정보가 감각기관을 통해 뇌에 수용되어 조직되고, 기억장치에 저장되고, 인출되어 사용되는 과정을 토대로 학습과정을 개념화하였다. 즉 감각기억, 작동기억, 장기기억이 각각 서로 다른 기능을 하며 정보를 처리한다는 것이다. 한편 수업은 현존하는 학습자 인지구조인 스키마(schema)에 기초해야 한다고 보았다. 학습자 인지구조(cognitive structure)를 의미하는 스키마는 개인이 환경으로부터 지각한 것을 조직한 정신적 구조라 설명되기도 한다. 인지주의 이론가에 따르면, 학습자가 지식을 내적으로 어떻게 구성하고 조직하느냐에 따라 새로운 학습이 일어났는지의 여부가 결정되기 때문에, 학습내용은 학습자가 새로운 정보를 기존 지식에 의미 있게 연결할 수 있도록 조직되어야 한다고 주장하였다. 즉 학습자가 새로운 지식이나 상황을 만났을 때, 기존의 지식구조를 새로운 상황에 맞게 변화시키는 과정이 학습이라는 것이다. 덧붙여서, 인지과학자들은 교수설계 진행 초기에는 학습자 특성을 고려해야 함을 강조하며, 학습자의 직관, 동기, 학습에 대한 정신적인 준비 등을 주요하게 고려하여야 할 요인으로 간주하였다. 이러한 인지적 접근을 옹호한 학자들로는 Bruner, Ausubel 등을 들 수 있다.

1) Bruner의 발견학습(Discovery Learning)

(1) 지식의 구조

Bruner(1960; 1966)는 인지주의 관점의 영향을 받은 심리학자로서 그의 이론의 핵심은 "어떠한 발달단계에 있는 아동에게도 교과 내용을 지식의 근본적인 구조로 표현한다면 어떠한 지식도 가르칠 수 있다"라고 하는 그의 가설에서 찾아볼 수 있다. 여기서 '지식의 구조'란 해당 지식을 성립시키는 일반적 원리나 기본적 관념이라 부를 수 있는 것으로, 오늘날처럼 변화가 빠른 시대에는 곧 변화해 버릴 표면적 지식이 아니라 보다 근원적인 관념, 즉 교과 지식의 본질을 습득하는 것이 중요하므로 학교에서 가르칠 가치가 있는 것은 지식의 구조뿐이라고 주장하였다(Driscoll, 1994).

또한 어떻게 가르칠 것인가의 문제에 대해 Bruner는 해당 교과에 대한 지식의 구조를 제공해 주는 기초 원리들을 획득할 수 있는 가장 기본적인 이해를 토대로 교과과정이 결정되어야 한다고 설명하고 있다. 이는 학생들이 기본 원리들을 알게 되면 그 다음에는 교과 속의 문제들을 독자적으로 탐구하고 해결할 수 있게 되기 때문이라는 것이다. 즉 교사는 학생들 스스로 의미를 '발견'하게끔 교과를 제시해 주고 기본 개념들을 그들이 이해할 수 있는 언어로 학습할 수 있도록 하여 궁극적으로는 학생들이 문제 해결자가 되도록 도와주어야 한다. 따라서 Bruner(1960, 1966)의 교육의 목적은 학습자를 자율적이고 자가추진력(self-propelled)을 지닌 생각하는 사람(thinker)으로 만드는 데 있다.

(2) 표상양식

Bruner는 어린이의 각 발달단계에는 적합한 고유의 인지구조가 있다는 이론에 기초하여, 3단계의 표상양식, 즉 행동적 표상(enactive representation), 영상적 표상(iconic representation), 상징적 표상(symbolic representation)을 다음과 같이 제안하였다(Driscoll, 1994).

- **행동적 표상**(enactive representation): 인지발달에서 가장 기본이 되는 것으로, 학령 전기의 아동들은 이전의 사건을 적절한 행동이나 동작을 통해서 재현한다는 것이다. 예를 들면, 자신의 집에서 가게까지 가는 길을 친구에게

말로 설명할 수 없지만 직접 친구를 데려다줄 수는 있다는 것이다. 그러므로 이 시기의 어린이들에게는 행동에 의한 학습이 효과적일 수 있는데, 실제경험, 시범, 견학 등이 해당된다.

- **영상적 표상**(iconic representation): 초등학교 입학 전후의 정보의 재현 형태로서 어린이들은 사태를 지각과 영상의 선택된 조직에 의해서 요약하거나 공간·시간상의 구조와 이들의 변형된 이미지에 의해서 요약하게 된다. 예를 들면, 어린이는 집에서 가게까지 가는 길을 친구에게 그림으로 그려서 가르쳐 줄 수 있다. 이 단계의 어린이는 자신의 경험과 길을 찾아가는 과정에 대한 이해를 영상적 양식을 통해서 표현할 수 있게 된다. 그러므로 이 시기의 학습자에게는 이미지(image)에 의한 학습이 적절하다고 볼 수 있는데, 영화나 관련 TV 프로그램 시청 등이 해당된다.
- **상징적 표상**(symbolic representation): 초등학교 상급반의 10세에서 14세 전후의 어린이가 지니는 정보처리 체계로서, 자신의 경험을 언어 등의 기호에 의해서 표현할 수 있는 것을 말한다. 예컨대 어린이가 친구에게 길을 말로 설명해 주거나 수학 문제를 산술 기호를 이용해서 풀 수 있게 되는 것이다. 상징적 표상 단계에서 사용되는 단어는 사물과 사건 등을 지시하는 임의적인 표현으로서 그 기능을 하고, 단어의 조합을 통해서 영상이나 행위로 표현할 수 있는 것 이상을 생성해 낼 수 있다. 그러므로 이 시기에는 언어나 기호에 의한 학습이 가능하다.

Bruner는 어린이의 인지발달 과정이 행동적 표상으로부터 영상적 표상을 거쳐 상징적 표상으로 발전해 가므로 교수절차도 그와 동일하게 직접 경험, 구체적인 영상을 통한 경험, 언어나 기호를 통한 경험의 순으로 조직되어야 한다고 하였다. 그러나 학습자가 잘 발달된 기호 체계를 가지고 있다면 행동적, 영상적 표상 단계를 생략할 수 있으므로, 학습자의 선행지식과 지배적인 사고양식을 고려하여 적합한 표상양식을 선정해야 한다.

(3) 교육적 시사점

Bruner가 제시한 3단계의 표상양식은 학습자의 인지발달에 맞는 표상단계에 따라 교과내용을 재조직하고 강화해 나갈 수 있는 나선형 교육과정이 필요함을 시사한다. 또한 Bruner는 발견학습(discovery learning)을 효과적인 교수방법으로 제안하고 있는데, 발견이란 자기 자신의 지적 능력을 사용하여 스스로 지식을 획득하는 학습형태로, 문제해결을 통한 발견과정은 지적 발달에 크게 공헌하게 된다. 그러므로 성공적인 발견학습을 위하여 학습의 준비성, 교육과정 계열, 인지발달 단계, 지식의 구조 등을 고려하여 다음과 같이 제안하였다(Bruner, 1966; Saettler, 1990).

- **학습의 준비성**: 수업은 학습자의 경험과 특성을 고려하여 적절한 표상양식으로 구성해야 하며, 학습자들이 배우고 싶도록 설계해야 한다.
- **지식의 구조**: 지식체가 조직되어야 하는 방법을 구체화해야 한다.
- **계열**: 학습 자료를 제시하는 가장 효과적인 계열을 명세화해야 한다.
- **강화**: 보상의 속성과 빈도를 구체화하고 외적 보상에서 내적 보상으로 이전할 수 있도록 해야 한다.

2) Ausubel의 포섭이론(Subsumption Theory)

(1) 인지구조와 유의미 수용학습

Ausubel은 인지심리학적 배경을 가지고 있으면서도, 효과적 학습 방법에 관해서는 Bruner의 발견학습을 지지하는 인지 심리학자들과는 달리 유의미 수용학습(meaningful reception learning)을 지지한다. 그에 따르면, 유의미 학습은 학습자가 가진 인지구조에 새로운 지식을 연계시킬 때 일어난다는 것이다(Driscoll, 1994). 인지구조는 학습자의 의식 내부에 존재하는 조직화된 개념이나 아이디어의 집합체로 다음과 같은 특성을 지닌다. 학습자의 인지구조는 과거의 동화과정이나 경험의 산물로서, 새로운 학습과 파지, 즉 기억하고 이해하는 상태를 지속하는 정도에 결정적인 영향을 준다. 인지구조는 또한 위계적 관계를 갖는다. 즉 가장 일반적이고 포괄적이며 추상적인 개념이 최정점에 위치하고 아래로 내려갈수록 일반성, 포괄성, 추상성이 낮아져 특수한 개념이 위치하게 된다. 이러한 인지구조는 새로운 지식을 습득할 때 유의미한 학습을 촉진하며 포섭(subsumption)하는 매개적 역할을 한다. 이때에 포섭이란 새로운 명제나 아이디어가 학습자의 두뇌 속에 이미 조직되어 존재하고 있는 보다 포괄적인 인지구조 속으로 동화되는 과정을 말한다. Ausubel은 이러한 유의미 학습과정을 다음과 같이 세 가지 유형(종속적 포섭, 상위적 포섭, 병립적 포섭)으로 분류하여 설명하고 있다.

- **종속적 포섭**(subordinate subsumption): 포괄성이 낮은 과제가 포괄성이 높은 인지구조 속으로 포섭되는 것이다. 종속적 포섭방법으로는 이전에 학습한 명제나 개념의 실례인 사례를 단순히 추가하는 파생적 포섭(derivative subsumption)과 새로운 개념을 포섭하여 기존에 학습한 개념을 수정, 확대, 정교화하는 상관관계적 포섭(correlative subsumption)이 있다.
- **상위적 포섭**(superordinate subsumption): 포괄성이 높은 과제가 포괄성이 낮은 인지구조 속으로 포섭된다. 즉 기존의 아이디어를 통합하고 포괄할 수 있는 새로운 명제나 개념을 학습하는 것을 말한다.
- **병립적 포섭**(combinatorial subsumption): 새 학습과제와 인지구조 속의 관련된 정착개념(relevant anchoring idea)이 서로 수평적 관계를 유지하면서 서로가 서로를 포섭하는 것을 의미한다.

유의미 학습을 위한 포섭과 관련하여 Ausubel은 두 가지 교수 원리를 제시하고 있다. 즉 점진적 분화와 통합적 조정이다.

- **점진적 분화**(progressive differentiation): 가장 일반적이고 포괄적인 개념을 먼저 제시하고 점차 구체화하여 상위개념이 하위개념을 포섭한다.
- **통합적 조정**(integrative reconciliation): 개념 간의 중요한 유사점이나 차이점

을 인식하고 불일치점을 조정하여 개념을 상호 관련짓도록 하는 것이다. 통합적 조정은 점진적 분화가 이루어질 경우 자연적으로 발생한다.

(2) 교육적 시사점

Ausubel은 유의미 학습을 촉진하기 위해 선행조직자(advance organizer)라는 장치를 제안하였다. 선행조직자란 학습자의 인지구조의 조정을 위해 학습 이전에 미리 제공되는 일반적, 포괄적, 추상적인 도입자료로서, 새로운 자료와 이전 학습의 연결을 돕는다. 선행조직자는 흔히 진술문으로 제시되나, 질문, 이야기, 영화, 시범 등으로 제공될 수도 있다. 가장 효과적인 선행조직자의 제시는 적절한 실례나 비유를 학습자가 이미 알고 있는 개념, 용어, 명제와 연관시켜 사용하는 것이다. 선행조직자의 유형에는 설명조직자와 비교조직자가 있다.

- **설명조직자**(expository organizer): 학습자에게 생소한 학습 자료의 제시를 위해 주로 사용되며, 새로운 자료에 대해 상위적 포섭자의 역할을 하여, 자료에 대한 친숙성을 더하고 새로운 학습을 위한 연결다리를 놓는 역할을 한다.
- **비교조직자**(comparative organizer): 어느 정도 친숙한 자료일 때 사용되며, 기존 개념과 새로운 개념 간의 유사성으로 인한 혼동을 방지하기 위해서 이들 개념 간의 차이점과 유사점을 열거하여 통합과 변별력을 높여준다.

선행조직자를 고안하는 절차를 Driscoll(1994)은 다음과 같이 설명하고 있다. 첫째, 새로운 수업에 필요한 선수학습 지식을 조사한다. 둘째, 학습자들이 선수학습 지식을 알고 있는지 확인하고 필요하다면 다시 가르친다. 셋째, 새로운 수업에서 중요한 일반 원리나 아이디어들을 결정하고 정리한다. 넷째, 선행조직자를 작성하고 교재에서 조직자의 효과를 조사하고 난 후 모델로서 이를 사용한다. 다섯째, 수업을 구성하고 있는 주요 하위 주제들을 선행조직자 내에서 제시한 것과 동일한 계열로 제시한다.

3) 인지주의 원리에 기초한 수업

인지주의 이론은 수업 설계와 관련하여 다음과 같은 시사점을 제공한다(정재삼, 임규연, 김영수, 이현우, 2012; 한국교육공학회, 2016; Richey, Klein, & Tracy, 2011; Thompson et al., 1992).

- 학습자가 정보를 효과적으로 처리할 수 있도록 학습자의 수준과 능력에 맞추어 과제를 분석하고 제시해야 한다.
- 학습을 활성화하고 이를 유지시켜주며 일관성 있는 학습이 진행되도록 안내해야 한다.
- 학습자가 학습에 몰두하여 새로운 정보를 이전에 학습한 정보와 능동적으로 연결시킬 수 있도록 수업을 계획해야 한다.
- 수업을 설계할 때는 지식의 구조와 형태를 고려하여 학습할 자료를 최적의 방법으로 조직해야 한다.
- 수업자료의 계열화에 있어서는 정보를 처리하는 측면에서 학습자의 제한된 능력을 고려해야 한다.
- 새로운 정보는 이전에 학습된 정보에 유의미하게 연결되도록 제시되어야 한다. 따라서 본 수업 전에 선행조직자 등을 사용하여 이전에 학습한 개념과 연결하도록 돕는 것이 필요하다.

4) 행동주의와 인지주의 이론의 시사점

인지주의가 행동주의 심리학에 대한 반발로 시작되고 발전되긴 했지만, 행동주의와 인지주의 심리학은 근본적으로 같은 인식론적 관점을 가진다. 지식은 객관적으로 존재하기 때문에, 이를 어떻게 효과적, 효율적으로 전달할 것인가에 관심을 두는 것이다(한국교육공학회, 2016). 구체적으로 다음과 같은 교육적 시사점을 공통적으로 제시하고 있다. 첫째, 두 관점 모두 피드백(feedback)을 중요하게 다룬다. 피드백이란 교수-학습 과정에서 나타나는 학습자의 반응이나 결과를 확인할 수 있는 기회로서, 행동주의에서는 행동을 수정하기 위한 테크놀로지로 피드백을 사용하였고, 인지주의에서는 적절한 정신기능의 수행을 보조하는 장치로 피드백을 이용하려고 하였다. 둘째, 학습자의 특성을 측정함으로써 학습자에게 적절한 수업설계를 해야 함을 강조하고 있다. 인지주의 관점에서는 학습자의 인지구조를 파악하기 위하여, 학습자의 사전지식이나 학습자 특성을 파악하여 수업을 설계하지만, 행동주의에서는 학습자의 현재 학습 수준을 사전에 측정하여 학습자들이 수업할 준비가 되어 있는지를 결정하고 이에 대한 조처를 취하기 위한 방법으로 학습자 특성을 파악한다.

4 구성주의 관점

구성주의의 중요한 인식론적 가정은 인간이 외부 세상에 대한 독특한 경험과 믿음에 의해서 모든 외부의 실재를 다르게 받아들인다는 점이다. 그러므로 구성주의에서 학습은 학습자에 의해서 능동적으로 구성되며, 학습자가 외부 세계에 대한 의미를 직접 구성한다는 점에서 적극적이고 능동적인 학습자관을 택하고 있다. 따라서 교수, 학습의 중심은 당연히 구성의 주체인 학습자에게 있으며, 학습은 개인의 인지작용과 사회적 상호작용에 비추어 설명된다. 즉 기존의 행동주의와 인지주의(보통 객관주의로 통칭)가 지식을 개인의 의지와 관계없이 독립적으로 존재하는 고정된 실체로 보고, 보편타당한 절대적 진리와 지식 추구를 학습의 목표로 본 반면, 구성주의 이론에서는 학습을 지식의 획득과정이 아니라 능동적인 지식 구성 과정으로 본다. 그러므로 구성주의 관점에서 학습은 주어진 맥락에서 개인의 주관적 경험과 사회적 상호작용을 통하여 의미를 구성하는 과정이며, 학습의 최종 목적은 학습을 통해 맥락에 적합한 의미를 구성하여, 자신이 살고 있는 세상에 잘 적응하고, 필요에 따라 세상을 변화시킬 수 있는 역량을 배양하는 것이다. 그러므로 효과적인 교수는 인지적 도제법(cognitive apprenticeship) 등을 통하여 실제 문제를 현실적인 상황에서 다루고, 학습자의 상호작용을 통해 서로 협동하여 문제를 해결하도록 하는 것이다. 인지적 도제란 교사와 학생(도제)의 두 축을 중심으로 어느 특정한 사회집단에 참여하여 지속적으로 실질적 과제들을 해결해 나가는 과정을 의미한다.

Resnick(1989)은 구성주의가 지니고 있는 학습의 특성을 다음 세 가지로 설명하고 있다.

첫째, 구성주의에서 학습의 주체는 학습자이며, 효과적인 학습은 학습자가 정보를 잘 표상하고 구성할 때 일어난다.

둘째, 새로운 지식을 구성하기 위하여 현재의 지식을 사용하는데, 이러한 지식 형성과정은 학습자의 개인차, 즉 학습자의 일반적인 학습전략과 특정 영역에서의 선수지식 등에 영향을 받는다.

셋째, 구성주의에서 지식은 객관적으로 존재하는 것이 아니라, 맥락에 따라 달라질 수 있는 상대적인 특성을 지니므로, 관련된 실제 상황에서 연습할 수 있는 기회를 제공해야 한다.

다양한 구성주의 이론들은 지식을 구성하는 주요 요인으로 개인의 인지적 작용을 강조하느냐, 혹은 개인이 참여하고 속해 있는 사회, 문화, 역사적 상황에 주안점을 두느냐에 따라 인지적 혹은 사회문화적 구성주의로 분류된다. 인지적 구성주의는 학습이 능동적 인지 재구조화 과정이라는 기본 가정에 동의하면서 주요 관심을 개인의 심리과정에 두며, Piaget가 인지적 구성주의의 대표적인 이론가에 속한다. 많은 학자들이 Piaget를 구성주의의 시초로 본다. 이에 반하여, 사회문화적 구성주의는 학습자가 지식을 내부로 표상하여 자신의 경험적 해석을 통하여 구성해 가는 과정을 학습으로 본다(Bednar et al., 1995). 사회문화적 구성주의는 사회와 개인 간의 상호 밀접한 관계에서 출발하여 지식구성의 사회적 측면을 강조한다. 따라서 학습은 실제 세상을 반영하는 풍부한 맥락 속에서 상황화되어야 하고, 사회적 상호작용을 통해 이루어질 때 효과적일 수 있다. Vygotsky 이론이 대표적이다.

〈표 3-2〉는 인지적 구성주의와 사회문화적 구성주의를 비교한 것이며, 다음 항에서는 각 관점의 대표적인 이론가인 Piaget와 Vygotsky의 이론에 대해 구체적으로 알아보기로 한다.

〈표 3-2〉 인지적 구성주의와 사회문화적 구성주의 비교

	인지적 구성주의 (예 Piaget 이론)	사회문화적 구성주의 (예 Vygotsky 이론)
인지발달의 기원	개인의 두뇌 속	사회관계에 참여하는 개인
학습의 정의	적극적인 인지적 구조의 재편성	관련 공동체에서의 문화적 동화
최종목표	개인 경험의 사회문화적 타당성 검증	개인들 간의 활발한 상호작용에 의한 사회문화적 관습 습득
이론적 관심	개인의 인지적 발달 과정	사회문화적 동화 과정
분석 내용	사회적 상황에 의거한 인지적 재구성 과정	관련 공동체에의 참여를 통한 사회문화적 행동 양식 습득 및 동화 과정
수업 환경	교사와 학생 간의 문화 조사	공동체의 문화를 반영하는 학습 교육의 실태 조사
집단 간의 환경	상이성 강조	동질성 강조

1) Piaget의 인지발달이론

(1) 스키마와 인지발달

Piaget는 인지 발달에 대한 연구를 60여 년간 지속적으로 수행하며 '발생학적 인식론(genetic epistemology)'이라는 새로운 학문영역을 창조하였다. 주로 생물학과 철학(특히 인식론)에 대한 관심사로부터 출발한 그의 연구는 "지식이 어떻게 구성되는가?"와 "아동들이 어떻게 자신들의 세계를 알게 되는가?"에 초점이 맞추

어져 있다. 수년간의 연구는 Piaget로 하여금 "지적 발달은 유전적 요인과 환경적 요인의 교류에 의해 생기는 결과"라는 결론에 도달하게 하였다. 즉 아동이 성장하면서 끊임없이 자신의 환경과 교류하며, 이 과정에서 지식이 창조된다는 것이다. 인간은 경험을 통하여 자신의 지식을 쌓아 가고 경험이나 신념, 가치, 사회문화적 역사, 또는 기존 인식들을 인지구조의 한 단위인 스키마(schema)로 구성하며, 동화(assimilation)와 조절(accommodation)이라는 적응 과정을 통하여 스키마는 변화하고 확장되며 보다 정교해진다(Piaget & Inhelder, 1969). 즉 인간의 발달은 동화, 조절, 평형화의 세 가지 기본적 과정에 의해 영향을 받는다.

- **동화**(assimilation): 동화는 자기보존의 경향으로 환경 자극들을 이미 지니고 있는 개인의 행동이나 체제 속으로 흡수, 통합하려는 경향이다. 즉 새로운 사태를 기존의 인지구조에 통합시킴으로써 적응하는 것이다. 예컨대 학생은 교사의 강의 내용을 자신의 이해 수준에 맞추어 이해하는 것이다.
- **조절**(accommodation): 기존의 인식 틀로는 새로운 사물과 사건을 쉽게 해석할 수 없을 때, 기존의 인지구조를 수정하거나 재구성하여 새로운 지식을 습득하는 것이다. 예컨대 교사는 새로운 특성을 가진 학생집단을 만나면 그가 사용하였던 과거의 강의 방식을 바꾼다.
- **평형화**(equilibration): 평형화는 개인이 사회적, 물리적 환경에 적응함에 있어서, 동화와 조절이 균형을 이루도록 하는 과정이다. 인간은 자기 조절을 통해 평형화를 유지하려는 경향이 있기 때문에, 동화와 조절을 거쳐 인간의 인지구조는 변하게 되는 것이다.

인간의 인지발달은 인지구조의 질적인 변화과정으로 기존의 인지구조에 새로운 인지구조가 결합되면서 변화되는 것이며, 아동의 인지는 아래와 같이 감각운동기, 전조작기, 구체적 조작기, 형식적 조작기의 4단계를 거쳐 발달한다. 각 개인은 불변적인 4개의 발달단계를 거치지만, 개인차는 존재할 수 있다. 즉 각 단계는 순서가 바뀌거나 생략될 수 없이 일정하나 연령의 범위는 고정적이지 않다.

- **감각운동기**(sensorimotor period): 출생~18개월. 감각과 운동 능력에 있어서 빠른 성장을 보인다.
- **전조작기**(preoperational period): 약 18개월~7세. 논리적 사고와 문제해결에 대해 학습하지만, 논리의 일관성이 결여되고 자기중심적인 사고의 특징을 보인다.
- **구체적 조작기**(concrete operational period): 약 7세~12세. 분류, 배열, 작용과 반작용, 상호작용, 동일성 등의 인지 개념을 습득한다.
- **형식적 조작기**(formal operational period): 약 12세 이상. 상징의 추상적, 심리적 사고가 가능하다.

(2) 교육적 시사점

Piaget는 아동이 성장함에 따라 무엇을 알게 되고 어떻게 알게 되는가를 밝힘으로써 지식은 어떻게 구성되고 습득되는가에 대한 해답을 얻고자 하였으며, 다음과 같은 교육적 시사점을 제공한다.

- 아동의 인지구조나 발달수준에 알맞은 교과 내용을 선정하고 그 수준에 맞게 가르쳐야 한다.
- 동기는 운동이나 사고, 감정과 같은 모든 행동의 욕구에 대한 대답이고 이것은 곧 불균형의 표명이며 또한 욕구가 충족되면 평형상태도 다시 회복된다.
- 반복과 연습의 기회를 충분히 제공해야 한다. 반복이나 연습은 지식의 형성과 구성에 필수적인 요소이다.
- 탐색의 기회를 많이 제공해야 한다. 진정한 학습은 교사에 의해서 주어지는 것이 아니라 아동 자신이 탐색하는 과정에서 이루어진다.
- 학습계열을 결정하여 순서적으로 가르친다. 인지발달에서 연령에 따른 일반적 발달 순서는 심리학적으로 올바른 학습 활동의 순서를 결정하는 지침이 된다.

- 또래 상호작용이 중요하다. 학생들은 다른 학생들과의 상호교환으로 자신의 사고를 시험해 보고 다른 대안을 발견하여 학생 자신의 견해나 결론을 결정한다.

2) Vygotsky의 사회문화적 발달이론

(1) 사회적 학습과 개인적 언어

Piaget가 아동은 스스로의 세계를 구조화하고 이해하는 존재라고 생각한 반면에, Vygotsky는 아동이 타인과의 관계에서 영향을 받으며 성장하는 사회적 존재임을 강조하였다. 그에 따르면 아동은 언어를 통하여 사회의 보다 성숙한 구성원들과 상호작용하는 동안 자신의 문화에 적합한 인지과정이 형성된다고 보았다. 그러므로 학습에 있어서 사회문화적 측면에 초점을 두었고, 특히 그 수단으로 언어(speech)의 중요성을 강조하였다. Piaget는 전 조작기 아동의 개인적 언어를 '자기중심적 언어(egocentric speech)'로 자기중심적 사고의 경향을 드러내는 것으로 보았지만, Vygotsky는 오히려 개인적 언어의 사용이 문제 해결을 위한 사고의 도구라고 생각하였다. 또한 개인적 언어를 많이 사용하는 아동들은 복잡한 과제들을 더욱 효과적으로 학습한다고 보았다. 그러므로 Vygotsky는 아동의 지적 발달이 개인적 언어(private speech)와 사회적 언어 모두에 영향을 받는다고 주장하였다.

(2) 근접발달영역과 비계설정

Vygotsky는 인지적 과제를 수행하는 장면에서 아동이 타인의 도움이 없이 독자적으로 실행할 수 있는 수행수준을 '실제발달수준', 성인의 도움을 통해 실행 가능한 수행수준을 '잠재발달수준'이라고 하였다. 이 두 가지 수행수준 간의 차이를 가리켜 '근접발달영역(Zone of Proximal Development: ZPD)'이라고 한다. 학습이란 근접발달영역 내에서 일어나며 근접발달영역은 아동이 혼자서는 해결할 수 없지만 성인이나 뛰어난 동료와 함께 학습하면 성공할 수 있는 영역을 의미한다.

Vygotsky에 의하면 교육의 역할은 아동에게 그들의 근접발달영역에 있는 경험들을 제공하는 것이다. 따라서 교사의 역할은 아동을 근접발달 영역의 안에 있게 하거나 또는 그들에게 약간 높은 수준의 과제를 계속 주는 것이다(홍용희, 1995; Tharp & Gallimore, 1988). 교사가 아동에게 제공하는 이러한 도움을 Vygotsky는 비계설정(scaffolding)이라고 한다. 비계설정은 학습의 초기단계에 아동에게 많은 지지(조언)를 제공하고 단계적으로 지지를 감소시켜 아동이 독립적으로 수행하게 하는 것이다. 아동이 실패하지 않도록 초기에는 충분한 지지와 도움을 제공하지만 결국 아동이 독립적으로 수행할 수 있도록 도움을 제거해 가는 것이다. 교수 상황에서 어른들의 지도는 아동이 문제를 해결하는 과정을 협동적으로 이끌고 독립적인 문제해결을 위한 부분적인 지원을 제공한다. 따라서 비계설정은 복잡한 수행이나 초기 학습단계에서 실수나 실패의 경험을 줄일 수 있도록 도와준다.

(3) 교육적 시사점

아동의 인지발달에 대한 Vygotsky의 관점에서 학교는 학습자의 발달에 중요한 영향을 줄 수 있다. 주위의 사람들과 일상적인 상호작용과 대화, 학습활동 등 인간사회에서 일어나는 활동이 학습자의 인지발달에 지대한 영향을 미치며, 상호작용을 위해 필요한 언어는 사고와 문제해결양식을 전하는 수단이자 사고발달을 촉진하는 도구가 된다. 또한 교사의 역할은 아동에게 현재의 능력을 넘어서는 과제를 부여하고 조언과 도움을 줌으로써 그들의 지적 발달을 촉진하는 것이다. 따라서 교사는 학습자의 내적 발달과정을 분석하여, 근접발달 영역 내에서 인지발달을 촉진할 수 있도록 수업을 설계해야 할 것이다. 즉 현재의 발달 수준보다 조금 앞선 내용을 가르치고, 독립적으로 문제해결을 할 수 있도록 도움을 줄여나가는 비계설정이 적합한 교수전략이라 볼 수 있다.

다음 〈표 3-3〉은 지금까지 논의한 행동주의, 인지주의, 구성주의의 관점을 학자, 철학적 배경, 패러다임 초점, 학습, 학습자, 전이, 교수학습전략 등의 여러 차원에서 비교한 것이다.

〈표 3-3〉 행동주의, 인지주의, 구성주의 관점 비교

심리학적 조류 / 비교항목	행동주의	인지주의	구성주의
대표적 교수-학습이론	Skinner 이론	Bruner 이론, Ausubel 이론	Piaget 이론, Vygotsky 이론
철학적 배경	객관주의	객관주의	구성주의(주관주의)
패러다임 초점	교수 (teaching/instruction)	교수-학습	학습 (learning)
학습의 정의 (수업목적/교사역할)	외현적 행동의 변화 (바람직한 행동변화 유도, 정보 제시자)	인지구조의 변화(새로운 정보의 기존 인지구조에의 연결 활동 촉진)	주관적 경험에 근거한 개인적 의미 창출 (학습환경 조성자)
학습자관	수동적 인간 (환경적 자극에 반응)	적극적 인간(외현적 정보를 내재적으로 처리하여 인지구조를 변화시키는 적극적 학습자관)	적극적 인간 (주관적 내부세계를 구성)
학습의 생성	자극과 반응의 연결 및 강화	정보의 입수, 조직, 저장 및 인출 활동 강조	개인경험에 근거한 세계에 대한 새로운 의미 창조
학습의 영향 요인	외현적 자극 및 반응의 체계적 배열	정보처리활동을 촉진할 수 있는 학습자의 정신적 활동 강조	상황적 맥락, 학습 주체인 인간의 학습활동과 학습대상인 지식의 역동적 상호작용
전이	일반화의 결과	정보의 유의미한 조직	학습과제의 맥락화
효과적인 학습형태	변별, 사실의 기억, 개념의 획득 및 일반화, 적용	문제해결, 추론	복잡하고 비구조화된 학습과제 및 문제해결
교수-학습전략	외현적 교수전략	학습자 내적 사고전략, 교수자의 부호화 전략, 정보처리 전략	학습환경의 조성 및 상황적 맥락과 실제 과제 제공

탐구과제

1. 행동주의, 인지주의, 구성주의 학습이론의 기본 가정 및 주요 특징을 비교하되, 나 자신의 언어로 기술해봅시다.

2. 교사로 임용되기 위해 최종면접을 수행한다고 가정해봅시다. 교육자로서 어떠한 신념, 혹은 가치관을 갖고 있는지에 대해 답을 해야 합니다. 교육에 대한 나의 신념이나 가치관을 한 문단으로 적어보세요. 그 내용이 행동주의, 인지주의, 구성주의적 접근 중 어느 쪽에 가까운지 성찰해봅시다.

3. 다음 주제 중 한 가지를 선택한 후, 행동주의 학습이론을 적용한 수업, 인지주의 학습이론을 적용한 수업, 구성주의 학습이론을 적용한 수업이 각각 어떻게 전개될지 생각해봅시다. 즉 하나의 주제에 대하여 서로 다른 세 가지의 학습이론이 적용된 수업설계안을 간략하게 개발하되, 이때 학습자 및 내용의 범위 등 세부적인 사항은 자신의 교과 맥락으로 가정하면 됩니다.
   - 두 자리 수 덧셈하기
   - 농구 3점 슛하기
   - 분리수거하기

참고문헌

정재삼, 임규연, 김영수, 이현우 (역) (2012). Richey, R., Klein, J., & Tracy, M. 저 (2011). 교수설계 지식기반. 학지사.

한국교육공학회 (2016). 교육공학탐구. 박영사.

홍용희 (역). Berk, L. & Winsler, A. 저 (1995). 어린이들의 학습에 비계설정: 비고스키와 유아교육. 창지사.

Bednar, A. K., Cunning, D., Duffy, T. M., & Perry, J. D. (1995). Theory into practice: How do we link? In G. J. Anglin (Ed.) *Instructional technology: Past, present and future.* Denver, CO: Libraries Unlimited, 88-101.

Bower, G. H., & Hilgard, E. R. (1981). *Theories of learning* (5th ed.). Englewood Cliffs, NJ: Prentice Hall.

Bruner, J. S. (1960). *The Process of education*. Cambridge, MA: Harvard University Press.

Bruner, J. S. (1966). *Toward a theory of instruction*. Cambridge, MA: Belknap.

Driscoll, M. P. (1994). *Psychology for instruction*. Needham Heights, MA: Allyn & Bacon.

Gredler, M. (2008). *Learning and instruction: Theory and practice* (6th ed.). Upper Saddle River, NJ: Prentice-Hall.

Hilggard, E. R., & Bower, G. H. (1966). *Theories of learning* (3rd ed.). Appleton-Century-Crofts.

Knowles, M., Holton, E., Swanson, R., & Robinson, P. (2020). *The adult learner* (9th ed.). Routledge.

Mayer, R. E. (1982). Memory for algebra story problems. *Journal of Educational Psychology*, *74*(2), 199.

Piaget, J., & Inhelder, B. (1969). *The psychology of the child* (H. Weaver. Trans). New York: Basic Books.

Resnick, L. B. (Ed.). (1989). *Knowing, learning, and instruction: Essays in honor of Robert Glaser*. Hillsdale, New Jersey: Lawrence Erlbaum Associates.

Richey, R., Klein, J., & Tracy, M. (2011). *The instructional design knowledge base: Theory, research, and practice.* Routledge.

Saettler, P. (1990). *The evolution of american educational technology*. Englewood, Col.: Libraries Unlimited.

Spector, M. (2012). *Foundations of educational technology: Integrative approaches and interdisciplinary perspectives.* Routledge.

Tharp, R. G., & Gallimore, R. (1988). *Rousing minds to life*. New York: Cambridge University Press.

Thompson, A. D., Simonson, M. R., & Hargrave, C. P. (1992). *Educational Technology: A review of the research*. Washington, D. C.: Association for Educational Communications and Technology.

제 4 장

교수설계의 과정

우리들의 생활 주변에는 교육 프로그램을 포함하여 건강, 복지, 홍보, 정책 등 많은 종류의 프로그램들이 존재합니다. 프로그램이란 일정한 목적을 달성하기 위하여 사전에 치밀하게 조직화된 활동입니다. 즉 '교육' 프로그램이란 교육의 목적을 달성하기 위하여 미리 설계된 일련의 계획된 행동입니다. 이러한 교육 프로그램, 또는 교수체제를 설계하는 것을 '교수설계(instructional design)'라고 합니다. 수업 역시 교수설계의 대상입니다. 좋은 수업을 설계하기 위해서 교사는 무엇을 해야 할까요? 어떤 절차에 따라서 수업 또는 프로그램을 설계하는 것이 효과적일까요?

학습목표

4.1. 학습자는 서술적, 처방적 관점을 바탕으로 학습이론, 교수이론, 교수설계이론을 서로 관련지어 논의할 수 있다.

4.2. 학습자는 전통적 교수설계/교수체제개발의 과정을 보여주는 ADDIE 모형과 Dick & Carey 모형을 비교하여 설명할 수 있다.

4.3. 학습자는 자신의 교과 및 대상 학습자 맥락하에서 ADDIE의 세부 절차를 적용하여 효과적, 효율적인 수업을 설계할 수 있다.

1 교수설계의 개념

학습(learning)은 우연적이든 목표 지향적이든 항상 일어난다. 반면에 수업/교수(instruction)는 목표 지향적 활동이다. 수업은 학습자들이 구체적인 지식, 스킬, 태도를 습득할 수 있도록 학습 환경을 의도적으로 구조화시킨다. 수업/교수의 목적은 학습을 보다 효과적이고, 효율적이며, 열중하도록 만드는 것이다. Merrill(2013)에 의하면 교수설계의 목적은 수업 결과가 "e^3(effective, efficient, engaging)"의 학습이 되게 하는 데 있으며, 이를 바꾸어 말하면 교수설계는 학습목표 달성을 위해 효과적이고, 효율적이며, 매력적인 교수전략을 처방하는 활동을 의미한다(임규연, 김영수, 이현우, 정재삼, 2014).

교수설계(Instructional Design, ID)에는 두 가지 관점이 존재한다(정재삼, 1996; 정재삼, 임규연, 김영수, 이현우, 2012; Richey, Klein, & Tracy, 2011). 하나는 교수설계(ID)를 특정 산출물을 창출하기 위한 전략으로 이해하는 반면, 다른 하나는 전반적인 설계 과정을 실행하고 관리하는 것으로 보는 것이다. 전자는 ID를 구체적인 과목 내용과 학습자 집단에서 바람직한 지식, 스킬, 태도를 변화시키는 최적의 교수방법을 결정하는 과정으로 정의하는데(Reigeluth, 1983), 이는 교수설계이론(6장 참조)과 직접 연결된다. 반면, 후자는 학습과 교수의 원리들을 적용하여 효과적인 교육적 처방을 계획하고 개발하는 과정으로서 교수설계를 정의한다(Gustafson, 1981; Piscurich, 2006; Smith & Ragan, 2005). 즉 후자에서는 교수설계(ID)가 ADDIE(analysis, design, development, implementation, evaluation)와 같은 전통적인 교수체제개발(Instructional Systems Development, ISD)의 과정, 즉 ISD모형과 직접 연결된다(Dick & Carey, 1978; Dick, Carey, & Carey, 2009; Morrison, Ross, & Kemp, 2007).

1) 학습이론, 교수이론, 교수설계이론의 관계

Bruner(1966)에 의하면 3장에서 논의된 학습이론은 서술적(descriptive)이고 교수이론(instructional theory)은 처방적(prescriptive)이다. 학습이론이 학습의 투입요소, 과정 및 결과로 이어지는 학습과정에 초점을 맞추고 학습자에게 일어나는 변화에 관심을 두고 학습 현상을 설명하는 반면, 교수이론은 주어진 조건하에서 결과 성취에 최적인 교수방법(교수전략)에 초점을 맞추고 교수자가 행하는 것에 관심이 있다.

Reigeluth와 Merrill(1979)은 모든 교수이론에서 포함되어야 할 세 변인으로, 교수조건(C: conditions), 교수방법(M: methods), 교수결과(O: outcomes)를 제시하고 관련 하위변인을 분석하였다. 교수이론은 한마디로 주어진 조건(C)에서 원하는 결과(O: 효과성, 효율성, 매력성 등)를 어떤 방법(M) 또는 전략을 사용하여 성취할 것인가를 처방하는 처방적 이론이다. 즉 교수이론은 수업을 효과적으로 실시하기 위한 전략을 제공하는 이론이다.

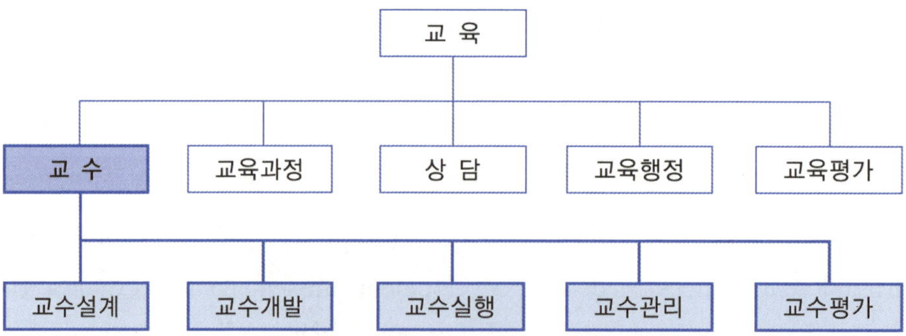

[그림 4-1] 교육학 내의 연구영역과 교수와의 관계

[그림 4-1]에서 제시한 바와 같이 교수(instruction)에는 다섯 가지 하위 연구영역(교수설계, 교수개발, 교수실행, 교수관리, 교수평가)이 있기에 교수이론에는 교

수설계이론, 교수개발이론, 교수실행이론, 교수관리이론, 교수평가이론이 있을 수 있는데 일반적으로 대부분의 교수이론은 교수설계에 있어서 언제, 어떠한 방법을 적용할 것인가에 대한 최적의 안을 제안하는 것에 초점을 둔다. 그래서 교수이론을 종종 교수설계이론이라고도 한다(Reigeluth, 1983, 1987).

2) 협의와 광의의 교수설계(과정/모형)

교수설계(ID)는 학습(learning)과 수행성과(performance)를 촉진하는 상황을 개발, 평가, 유지하기 위하여 상세한 명세서를 창출해내는 과학과 예술이다(정재삼 외, 2012; Richey, Klein, & Tracy, 2011). 교수설계는 수업의 효과를 증진할 수 있는 최적의 교수방법을 처방해주는 조직적인 절차로서, 체제이론에 바탕을 둔 체제적 설계의 관점을 따르고 있다. Seels와 Richey(1994)의 용어정의에 따르면, 체제적 설계는 "학습과정에 영향을 줄 수 있는 상황의 여러 국면을 동시에 그리고 창의적으로 고려하는 일"이다. 체제이론의 관점에서, Dick, Carey와 Carey(2009)는 교수과정은 학습이 일어나도록 하는 것을 목적으로 하는 하나의 교수체제로서 교사, 학생, 자료 및 학습환경 등의 여러 가지 요소로 구성되었다고 보고 있다. 그리고 이들 교수체제의 제 요소는 체제의 목적이 성취될 수 있도록 서로 상호작용하는 체제접근(systems approach)의 특징을 지니고 있다. 즉 교수설계(ID)란 체제접근에 의한 활동으로서 한 단계의 결과인 산출물이 다음 단계의 투입자료가 되어 처리되고, 이에 대한 피드백을 통해서 단계들이 보완·수정되고, 각 요소들은 최종 목표인 효과적인 교수를 창출하는 데 상호보완적인 관계 속에서 기능을 해낸다는 것이다. 대부분의 교수설계 모형들이 체제이론에 바탕을 두고 있어, 교수설계(ID)를 교수체제개발(ISD)의 의미로 호환하여 사용하기도 한다(Gustafson & Tillman, 1991). 그러므로 구체적 의미의 ID는 ISD의 주요 하위과정 중 하나인 설계를 지칭하기도 하지만, 넓은 의미의 ID는 ISD 모형의 분석(A), 설계(D1), 개발(D2), 실행(I), 평가(E) 등의 모든 단계를 포괄한다고 본다(Dick, Carey & Carey, 2009).

2 교수설계의 역사

교수설계의 역사를 태동기(1950년 이전), 초창기(1950~1960년대), 성장기(1970~1980년대), 성숙기(1990년대 이후)로 나눌 수 있다. 태동기는 미국 시카고대학교 심리학자들인 Dewey, Tyler 등의 활동 시기이고, 초창기는 Skinner, Bruner, Ausubel, Piaget, Vygotsky, Glaser, Gagné 등의 학습이론을 바탕으로 한 교수이론적 접근 시기이며, 성장기는 교수설계 모형과 이론이 등장하여 크게 확장해나간 본격적 교수설계 시기이고, 성숙기는 구성주의 철학이 널리 전파된 동시에 첨단 테크놀로지가 활용되기 시작한 시기이다.

1) 태동기(1950년 이전)

Dewey가 1899년 미국심리학회의 기조강연에서 학습연구와 학교현장을 연계하는 학문이 필요하다고 강조하였다. 비록 실제 용어는 1970년대에 등장했지만, 이 연계과학(linking science)의 아이디어가 오늘날의 '교수설계'의 시초 또는 출발점이라고 본다(Reigeluth, 1983). 그 이후 1930~1940년대에 시카고대학교의 Tyler가 교육과정-수업-평가를 연계하는 활동에 주력했는데 특히 Tyler(1949)의 "교육과정과 수업의 기초 원리"에서 정리된 교육목표 수립, 학습경험 선정, 학습경험 조직, 평가의 중요성 강조(이홍우, 2018)는 현재의 교수설계와 ADDIE의 바탕이라고 볼 수 있다. 제2차 세대 대전을 전후하여 Tyler, Skinner, Bruner, Gagné, Glaser 등의 심리학자들이 군대훈련과 행동연구에 크게 관여하였다.

2) 초창기(1950~1960년대)

1950년대에 와서는 행동주의 심리학자인 Skinner가 프로그램 수업(PI: Programmed

Instruction)을 고안하고, 군대훈련을 통해 '과제분석'이라는 개념이 대두되면서 교수설계 분석 및 개발의 기초가 발전되었다. 그 후 교육훈련 현장에서는 Tyler와 Bloom 그리고 Mager 등에 의한 수업목표, 형성평가, 교육목표 분류학이 사용되었다. 이 당시에는 행동주의에 반하여 인지주의와 구성주의적 관점을 가진 Bruner, Ausubel, Piaget, Vygotsky의 학습과 교수환경 연구에서 교수자와 학습자 역할이 강조되기 시작하였다. 또한 이때는 교수개발의 연구 활동이 활발히 된 시기로 1961년 미시간주립대의 Barson이 교수체제(instructional systems)라는 용어를 대학교육 프로젝트에 적용하면서 체제적 관점에서 교수의 구성요소가 다루어졌다. Glaser와 Gagné-Briggs 등이 교수체제 개념을 바탕으로 한 군대훈련 프로그램을 개발하여 교수설계 분야의 발전에 기여하였다.

3) 성장기(1970~1980년대)

1970년대는 교수설계 분야가 크게 성장된 시기로 다양한 교수설계모형이 개발되었는데, 그 최초의 모형이 1971년 UCIDT[8]의 IDI(Instructional Development Institute) 모형과 Kemp(1971)의 ID 모형[9]이다. 특히 일반체제이론에 바탕을 둔 가장 보편적인 교수체제개발 절차를 가진 ADDIE 모형은 1970년대 초에 개발된 것으로 미국의 공공부문과 군대훈련에 많이 활용되어왔다. 그 후 Dick과 Carey(1978)의 "체계적 교수설계(Systematic Design of Instruction)"를 포함하여 수많은 교수설계(ID) 또는 교수체제개발(ISD) 모형들이 등장했다.

이 시기에는 교수설계모형들과 더불어 대표적인 교수설계이론들이 등장했는데,

1) UCIDT(University Consortium for Instructional Design & Technology)는 IDI 프로젝트를 완성하기 위하여 참여한 6개 대학들(인디애나대학교, 미시간주립대학교, 남가주대학교, 시러큐스대학교, 미국국제대학교)의 컨소시엄. 체제적 교수개발을 전국 교육공학 프로그램에 보급함. IDI모형은 정의－설계－개발의 3단계(9세부단계)로 구성됨.

9) Kemp의 교수설계모형은 9가지 교수설계요소와 지속적 계획－설계－개발－평가를 도입한 독특한 비선형적 모형. 기록에 따르면 IDI모형과 함께 최초의 교수설계 모형임.

미시적 수준의 제1세대 교수설계이론이라고 불리는 Gagné-Briggs(1974)의 포괄적 교수설계이론과 Merrill(1979)의 처방적 요소전시이론(Component Display Theory, CDT)이 그 예이다. 거시적 수준의 교수설계이론인 Reigeluth(1979)의 수업의 정교화이론(Elaboration Theory of Instruction)과 동기설계이론인 Keller(1979)의 ARCS 이론도 이 시기에 등장했다.

4) 성숙기(1990년 이후)

기존의 철학적 인식론은 객관주의(행동주의, 인지주의)가 주를 이루었으나 성숙기에 접어들며 주관주의(구성주의)가 자리를 잡기 시작하였으며, 교수-학습에 첨단 테크놀로지가 사용되기 시작하였다. 교수설계모형도 보다 최근에는 구성주의적 접근에 따라 R2D2 모형과 4C/ID모형이 제안되었다. Willis는 구성주의에 바탕을 둔 교수설계 모형, 즉 R2D2 모형(Recursive, Reflective Design and Development Model)을 제시하였다. 이 모형은 분명한 시작과 끝이 없고 세 가지의 주요 초점(정의, 설계/개발, 확산) 간에 지속적인 상호작용이 이루어지는 순환반복적인 모형이다(Willis, 2000; Willis & Wright, 2000). Van Merriënboer는 인지과학적 구성주의를 기반으로 수행역량 중심의 4C/ID(Four-Component ID) 모형을 제안한다. 그는 이 모형에서 실제적이며 맥락적인 전체 과제를 바탕으로, 단순한 것에서부터 복잡한 것으로 수행 과제를 나열하여 학습할 수 있도록 한다. 이 모형은 현실세계의 문제해결을 위한 처방을 제시해 준다(Van Merriënboer, Clark, & Crook, 2002).

이러한 모형들 외에 전통적인 교수설계/교수체제개발의 대안으로 Lean ISD, Rapid ID, Rapid Prototyping, SAM(Successive Approximation Model), Agile Design, Design Thinking 등에 대한 논의도 있다. 한편 Merrill(2013)은 e3(effective, efficient, engaging) 교수설계이론인 '교수의 으뜸원리'를 구축하면서 e3 교수설계하기에서 [그림 4-2]와 같은 「Pebble-in-the-Pond 모형」을 제시했다. 이 모형에서는 먼저 문제 프로토타입을 설계하고 문제 전개를 설계하며, 내용(구성요소) 스킬에 대한 전략을 설계하고, 구조적 프레임워크와 동료 상호작용을 통한 증대 전략을 설계하며, 기능형 프로토타입을 완결하고, 마지막으로 평가를 설계한다.

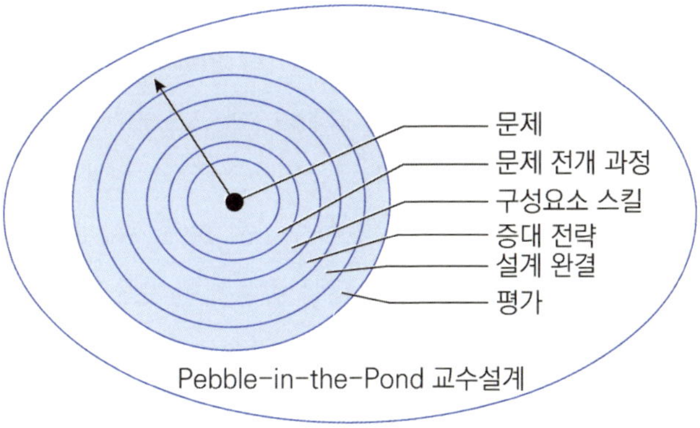

[그림 4-2] 연못속조약돌 모형

지식사회, 지능정보사회에서 더욱 중요한 것은 교수설계를 할 때에 그 과정이 보다 효율적이고 효과적이어야 한다는 것이다. 효율성과 효과성을 제고하기 위하여 교수설계(ID)의 과정을 단순화시키고 기간을 단축하는 노력을 보여주는 여러 가지 시도들이다.

이 시기의 대표적 교수설계이론은 Merrill의 '제2세대 ID이론'(교수교류이론)과 최근의 '교수의 으뜸원리'(First Principles of Instruction)이다. 지금까지의 교수설계 역사와 발전사를 살펴보면, 새로운 테크놀로지와 교수-학습이론의 발전을 어떻게 수용하는가에 따라 그 방향과 패러다임이 변화해왔다(Reigeluth, 1996, 1999; Reigeluth & Carr-Chellman, 2009).

3 교수설계 · 교수체제개발 모형

다양한 교육·훈련 상황을 대상으로 많은 교수설계 또는 교수체제개발 모형이 개발되었고 이들 모형은 학습과정에 대한 연구와 적용을 바탕으로 지난 수십 년에 걸쳐 성장해왔다(Dick, Carey, & Carey, 2009). 교수설계 모형들을 분석한 연구들에 의하면, 교수설계 모형들은 모형이 적용되는 상황과 설계전략 및 검증 측면에 있어 다소간의 차이점을 지니고 있으나(Branson, 1991; Gustafson, 1981), 절차에 있어서는 분석, 설계, 개발, 실행, 평가 등의 공통적인 요소를 포함하고 있다(이화여자대학교 교육공학과, 1996; Molenda, Pershing, & Reigeluth, 1996).

ADDIE 모형 외에도 교과단원 또는 단위시간수업(lesson)이나 교육프로그램을 설계하는 데 적용될 수 있는 교수설계 모형으로는 Kemp(1971, 1985)의 체제적(systemic) 모형, Dick과 Carey(1978, 2009)의 체계적(systematic) 모형 등이 있다. 이 모형들의 바탕이 되는 것이 ADDIE이다. Dick과 Carey의 체계적 교수설계 모형은 1978년 첫 출판 이후 수정이 거듭되어 왔다. 또한 ASSURE 모형(9장 참조)은 매체를 활용하여 원하는 교수목적을 달성하기 위해서는 어떻게 교육의 구성요소들을 체계적, 체제적으로 조직해야 하는가에 초점을 두고 개발된 것이다. 본 절에서는 우선 모든 교수설계 및 교수체제개발 모형의 기본인 ADDIE 모형, Dick과 Carey의 체계적 모형, 래피드 프로토타이핑을 개관한다.

1) ADDIE 모형

1970년대 초중반에 사용된 초기의 ADDIE 모형은 직선형의 접근(linear waterfall approach)이었지만, 나중에는 순환반복형의 과정(iterative and cyclical process)으로 수정되었다. [그림 4-3]과 같이 ADDIE 모형은 분석, 설계, 개발, 실행, 평가의 주요 과정으로 구성되어 있고, 체제적이며, 순환성을 지원하여 매우 유연하다.

이 다섯 가지 요소들은 어떤 ID/ISD 모형에서도 발견되는 핵심적인 활동이며 각 모형의 뿌리 및 기초 개념으로 인식되고 있다.

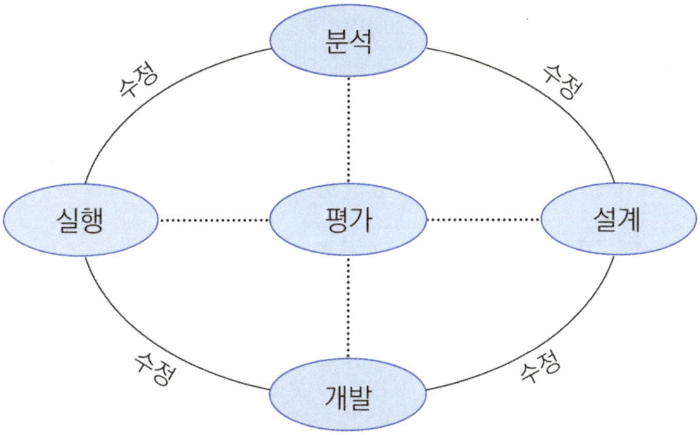

[그림 4-3] ADDIE 모형

① **분석**(A): 분석과정에는 요구, 학습자, 환경, 과세(내용)의 분석이 포함된다. 분석과정 전체를 "요구분석 또는 전단분석[10)]"이라고도 한다. 분석과정에서는 'what to do'(학습과제, learning task)를 결정한다.

② **설계**(D_1): 설계는 분석과정에서 나온 산출물(학습과제)을 창조적으로 종합하는 일이다. 설계과정에는 수행목표의 명세화, 평가도구의 설계, 프로그램의 구조화 및 계열화, 교수전략과 매체의 선정이 포함된다. 설계과정에서는 교육훈련의 전체 모습인 'how to do', 즉 설계명세서(blueprint)를 창출한다.

③ **개발**(D_2): 개발은 설계명세서(또는 수업청사진)[11)]에 명시된 교수자료를 실제로 개발하고 제작한다. 개발과정에는 먼저 교수자료의 초안(draft) 또는 시제품(prototype)을 개발하여 형성평가[12)](또는 pilot test)를 실시하고 프로그

10) 前端分析(Front-End Analysis, FEA)
11) 수업청사진(blueprint): 수업의 전체 모습을 그린 상세한 계획. 수업설계도.
12) 교육 프로그램 개발 도중에 목표달성 및 품질향상을 위해 계속적으로 실시하는 평가활동

램을 수정한 뒤에 마지막으로 최종 산출물, 즉 완제품을 제작하는 일이 포함된다.

④ **실행**(I): 실행과정에서는 설계되고 개발된 교육 프로그램을 실제의 현장에 사용하고 이를 교육과정(curriculum)에 설치하며 계속적으로 유지하고 변화 관리하는 활동이 포함된다.

⑤ **평가**(E): 평가과정에서는 교육훈련 프로그램의 가치를 판단하는 '총괄평가'가 이뤄진다(평가의 다른 축인 형성평가는 프로그램 개발의 전 과정에서 실시된다고 볼 수 있다).

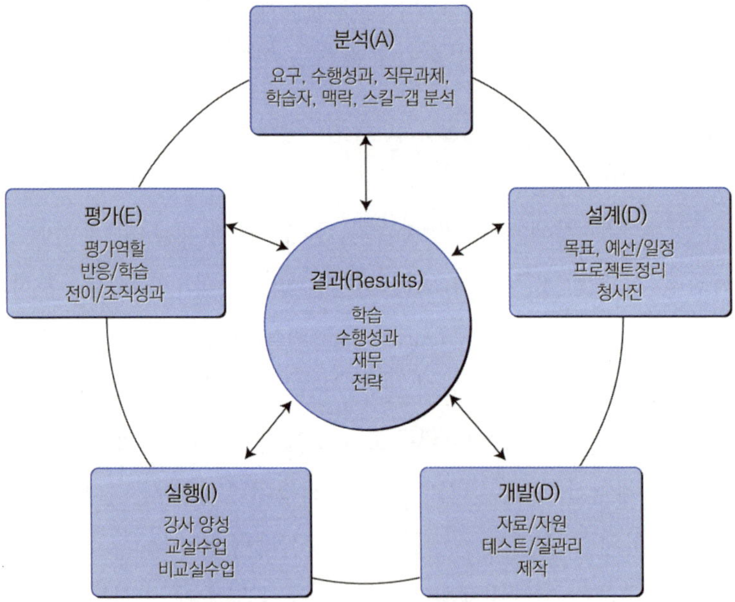

[그림 4-4] 결과기반의 ADDIE 모형

출처: Ford, D. (1999). *Bottom-Line Training*. Houston: Gulf Publishing. p. 3.

이 모형은 공공부문과 민간부문에 적용되어 수많은 새로운 모습으로 변모하면서 양질의 학습경험을 창출하는 효과적인 교수체제개발(ISD)과 인재개발(HRD)의 기틀이 되어왔다. [그림 4-4]는 ADDIE 모형이 기업조직의 훈련프로그램 설계에 적용된 결과기반모형이다.

2) Dick과 Carey의 체계적 모형

Dick과 Carey의 체계적(systematic) 교수설계 모형은 [그림 4-5]와 같이 10단계로 구성되어 있다.

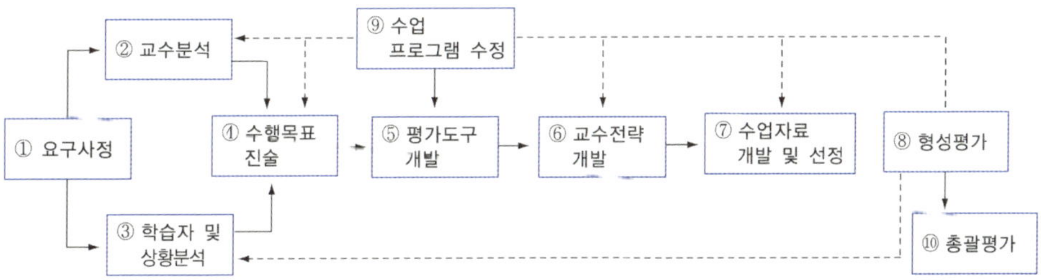

[그림 4-5] Dick과 Carey 모형(Dick, Carey & Carey, 2009)

분석(Analysis):

① **요구사정**: 이 모형의 첫째 단계는 수업을 모두 끝마쳤을 때 학습자가 할 수 있기를 바라는 것이 무엇인지, 즉 최종 목적(goal)을 설정하는 단계이다. 이 수업목적(instructional/learning goal)은 학습자의 요구분석이나 교육과정 분석을 통하여 파악되고 설정된다.

② **교수분석**(목적분석+하위스킬분석): 최종 학습목적(goal)을 성취하기 위해 학습자가 배워야 할 학습의 유형을 결정하고, 학습자가 그 학습과제(learning task)를 학습하기 위해서 필요한 하위스킬 및 그 학습을 하는 데 필요한 학습 절차 등이 분석되고 결정된다.

③ **학습자 및 상황분석**: 수업이 시작될 때 그 특정 학습을 하기 위해 학습자가 반드시 갖추고 있어야 할 선수지식, 즉 출발점 행동과 교수활동을 설계하는 데 중요하게 고려해야 될 학습자의 특성을 규명한다.

설계(Design):

④ **수행목표 진술**: 학습과제(learning task) 분석의 결과와 학습자 특성의 분석 결과에 기초하여 학습자들이 수업이 끝났을 때 성취해야 할 학습/수행목표들(learning/performance objectives)을 구체적으로 진술한다.

⑤ **평가도구 개발**: 앞 단계에서 설정된 학습목표들에 대응하는 평가문항을 개발함으로써 학습자의 성취수준 또는 학습결과를 측정할 수 있도록 준비해야 한다.

⑥ **교수전략 개발**: 수업을 전개할 방법과 절차를 개발하고 교수매체의 활용에 대한 계획을 세우는 단계로서 교수전략에는 동기유발 전략, 학습내용 제시 전략, 연습, 피드백 등이 고려된다. 그리고 교수전략은 그동안의 학습에 관한 연구결과와 학습과정에 대한 현재의 지식 그리고 가르쳐야 할 내용, 수업을 받을 학습자들의 특성에 기초를 두고 개발한다.

개발(Development):

⑦ **수업자료 개발 및 선정**: 앞 단계에서 개발한 교수전략에 따라서 교수프로그램을 실제로 만드는 단계이다. 이 교수프로그램이란 수업활동에 활용될 모든 자료를 말하며 교사 안내서와 기타 필요한 수업자료 그리고 교수매체도 학습목표와 내용, 학습자의 특성을 고려하여 선정 또는 개발한다. 새로운 자료의 개발 여부는 목표별 학습유형, 기존의 관련 자료의 이용가능성 등에 따라 결정된다.

⑧ **형성평가**: 앞 단계까지 개발이 완료된 교수프로그램은 형성평가를 통해서 그 결과를 검토하고 필요한 곳을 수정・보완한다. 형성평가는 보통 세 종류

의 평가가 이루어지는데, 일대일 평가(one-to-one evaluation), 소집단 평가(small-group evaluation), 현장평가(field testing) 등이다. 이 형성평가의 목적은 개발된 교수프로그램의 수정·보완에 있다.

⑨ **교수프로그램 수정**: 형성평가 결과에 의하여 학습목표를 달성하는 데 있어서 학습자가 곤란을 겪은 점을 확인하여 수업상의 잘못된 곳을 수정한다. 또한 이 평가결과를 기반으로 하여 학습과제 분석의 타당성과 학습자의 출발점 행동 및 학습자 특성에 대한 가정을 재검토하고 학습목표가 적절히 진술되었는지 그리고 평가문항이 타당하게 개발되었는지 또한 교수전략이 효과적이었는지를 통합적으로 검토하고 수정함으로써 더욱 효과적인 교수프로그램을 이룬다.

평가(Evaluation):

⑩ **총괄평가**: 형성평가에 의해 충분히 수정·보완된 교수프로그램은 마지막으로 총괄평가를 실시하는데, 이 총괄평가는 개발된 교수프로그램의 효과를 검증하는 것이 목적이다. 총괄평가는 보통 교수설계자와 그 팀 구성원 이외의 외부 평가자에 의해서 실시된다. 그러므로 엄격히 말해서 이 총괄평가는 교수설계 전 과정 밖에 있다고 할 수 있다.

위에서 논의된 두 가지의 전통적인 교수설계 또는 교수체제개발 모형들을 〈표 4-1〉과 같이 해당 모형의 등장 시기, 발표자, 특징, 주요 과정 측면에서 비교할 수 있다.

〈표 4-1〉 전통적 교수설계(교수체제개발) 모형 비교

		ADDIE	Dick & Carey
시기		1970년대 초 시작	1978년
발표자		미상 (Branson 추정)	Walter Dick Lou Carey
특징		선형→비선형(iterative) 체계적→체제적(systemic)	선형(linear) 체계적(systematic)
주요 과정	분석 (A)	요구 직무과제 학습자 환경	요구 교수분석 (목적/하위기능) 학습자 상황
	설계 (D_1)	수행목표 평가도구 내용구조화/계열화 교수전략/매체선정	수행목표 평가도구 교수전략
	개발 (D_2)	교수자료 초안 프로토타입 파일럿 테스트 제작	수업자료 및 매체개발 교사안내서
	실행 (I)	현장 적용 교육과정 설치 유지 및 변화관리	(없음)
	평가 (E)	형성평가 총괄평가	형성평가 프로그램 수정 총괄평가

3) 대안적 모형으로서 래피드 프로토타이핑

래피드 프로토타이핑(Rapid Prototyping)의 개념은 설계공학 분야에서 발생된 것이지만, 교수설계를 포함한 거의 모든 설계과정에서 유용하게 쓰이고 있다. 기본적으로 이 방법론은 교육 프로그램의 한 요소(예: 하나의 학습 모듈)를 분석부터

평가까지 따로 떼어내어 우선적으로 진행해보는 과정이다. 래피드 프로토타이핑을 적용할 경우 하나의 완결된 프로그램을 개발해 낼 때까지 새로운 요소를 지속적으로 추가하면서 평가하는 계속적인 과정을 거치게 된다(Piskurich, 2000; Tripp & Bichelmeyer, 1990).

전통적인 교수설계모형을 적용하다 보면 각 단계를 밟아갈 때마다 각종 중간산출물을 만들게 되며, 이들은 최종산출물에 대한 추상적인 기술(description), 즉 설계안의 형태로 개발된다(Allen & Merrill, 2018). 실제 수업 혹은 교육프로그램 콘텐츠는 모든 분석과 설계 절차를 거친 뒤에야 개발이 시작된다. 이러한 절차는 설계자 1인 혹은 교수자 1인이 전체 과정을 담당하는 경우에는 크게 문제가 되지 않는다. 그러나 내용전문가, 교수설계자, 개발자, 교수자 등 여러 명이 각자의 역할을 구분하여 프로젝트에 참여하는 경우에는 설계안을 실물로 구현하는 과정에서 커뮤니케이션 오류가 발생할 가능성이 높다. Allen과 Merrill(2018)은 실제적으로 기능하는 프로토타입(functional prototype), 즉 제안하고자 하는 교수전략이 반영되고, 최종 산출물의 형태를 적용한, 작동 가능한 모크업(mock-up)을 일부 우선적으로 개발하여 테스트할 것을 제안하였다. 프로토타이핑의 목적 자체가 설계의 타당성, 적합성, 기능성 등에 대해 답하기 위해 제한된 버전의 제품을 만들어 내는 것임을 고려하면, 이러한 기능적 프로토타입의 적용을 통해 학교교육 수업설계나 기업의 인재개발 프로그램에 오히려 시간과 비용을 절약할 수도 있다(이현우, 임규연, 정재삼, 허희옥, 2020).

4 ADDIE 모형의 세부 단계

앞서 간략히 논의한 A(분석)−D_1(설계)−D_2(개발)−I(실행)−E(평가)의 과정을 상세히 기술하면 다음과 같다.

1) 분석: 학습과제/내용('What to teach') 결정

분석에는 요구, 학습자, 환경, 학습과제(내용)의 분석이 포함된다. 이러한 분석 과정 전체를 '요구분석'이라고도 한다. 또한 이 분석들은 교수설계 과정 중 가장 앞서 진행되므로 **전단분석**(front-end analysis, FEA)이라고도 부른다. 분석 활동의 결과는 이후에 이루어지는 교수설계 활동의 방향과 범위를 결정하는 데 사용된다. 분석 관련 내용은 본서의 5장 '요구분석'에서 보다 자세하게 다루고 있다.

(1) 요구분석

요구(needs)란 바람직한 상태(what should be: "desired" states)와 현재 상태(what is: "current" states)의 차이(gap)로서 정의되며, 현재의 **문제**(problem)뿐만 아니라 미래의 **기회**(opportunity)를 모두 포함할 수 있다. 요구의 수준도 국가나 지역사회, 조직, 이해관계자가 누구인가에 따라서 매우 다를 수 있다. 요구분석은 요구(차이)가 존재하는지, 그리고 그 차이의 근본 원인이 무엇이며, 그 원인을 해결할 수 있는 방안(program, intervention, solution 등)이 무엇인지를 찾아내는 것이 핵심이고, 요구분석의 결과로 수업 또는 교육 프로그램의 목적(goal)이 도출된다.

요구분석의 일반적 절차는 다음과 같다.

① 관심의 대상이 되는 체제(system)를 정의한다. 이 체제는 목표를 중심으로 하위요소들이 상호의존적으로 작동하는 구조를 말하므로, 목표(학업성취도, 동기, 테크놀로지 활용 등)가 무엇인가에 따라 이 체제는 달라질 수 있다.

② 수행성과(performance)상의 결함, 퍼포먼스 문제를 규명한다. 이 단계에서 교사는 바람직한 수준과 현재 수준을 규명하고 그 차이를 진술하게 된다. 퍼포먼스의 결함은 대개 수업의 대상이 되는 학생 집단(특정 학급 또는 학년)을 대상으로 이루어지지만, 때로는 개별 학생 또는 소집단(학습 부진아, 특수

아, 영재 등)별로 이루어지기도 한다.

③ 퍼포먼스 문제의 근본원인(root cause)이 동기문제인지, 아니면 지식과 스킬의 부족에 있는지를 판단한다. 지식과 스킬이 퍼포먼스의 원인이라면 통상적인 학습활동을 설계해야 하지만, 동기가 원인이라면 개별 면담이나 보상-처벌을 설계해야 할 것이다.

④ 해결해야 할 문제를 진술한다. 퍼포먼스 문제를 측정 가능한 수준으로 상세하게 작성한다. 이는 향후 평가 문제와 방법을 개발하는 데 지침으로 활용할 수 있다.

⑤ 비용수익(cost-benefit)을 추정한다. 교사가 수업에 투입할 수 있는 시간과 노력은 무한하지 않다. 이렇게 제한된 교수-학습 자원을 최적 활용하기 위해서는 수업 준비-실행-평가에 필요한 인적, 물적, 시간적 비용과 기대되는 수익(개선된 학업성취도, 고취된 학업 동기 등)을 상호 비교하고, 이를 기초로 **우선순위**를 설정하여야 한다.

(2) 학습자분석

효과적인 교수설계를 위해서 학습자에 대한 보다 세부적인 정보가 필요하다. 학습자의 배경, 경험, 적성, 동기, 학습 및 인지양식 등 학습자 특성은 교수설계자가 효과적·효율적 수업을 설계하는 데 중요한 고려요인이 된다.

학습자의 중요한 특성을 네 가지로 분류하면, 인지적(일반 및 특수), 생리학적, 정서적, 사회적 특성으로 나뉜다(Smith & Ragan, 1999). 이 중에 인지적 특성은 유사점/차이점과 변동성/고정성 등 두 개의 차원을 가지며, 이들은 교수설계자들에게 각기 다른 질적인 요소와 함축성을 지니고 있다. 또한 학습자특성 중 학습자의 선수지식은 가르쳐야 할 수업 범위와 예습 분량을 결정하는 데 있어 결정적인 영향을 미친다.

(3) 환경분석

환경 분석은 이용 가능한 자원과 제약사항들을 미리 분석함으로써, 교수설계의 산출물이 실행 가능하도록 하는 데 의의가 있다. 일반적으로 환경 분석은 학습 환경, 수행 환경, 개발 환경에 대한 분석을 포함한다.

학습 환경이란 학습자들이 새로운 지식, 스킬, 태도를 습득하는 학습현장의 환경을 의미한다. 여기에는 학습자의 수, 강의실의 크기, 책상 수, 활용 가능한 수업매체, 시설, 학습시간 등이 포함된다. 이에 비해 수행 환경이란 습득한 지식, 스킬, 태도를 활용하게 되는 실생활 환경을 의미한다. 학습 환경과 수행 환경이 유사하거나 동일할 때, 학습의 전이도(transfer), 즉 현실 생활에의 활용도가 높아질 수 있다. 그리고 개발 환경은 특정의 교육프로그램이 설계되고 개발되는 환경을 의미한다. 예를 들어 시간, 예산, 장비, 인적 자원을 포함하는 자원상의 제약, 그리고 교육관, 미션, 정책을 포함하는 학교 내부의 교육 문화의 특성은 수업지도안의 개발 기간, 사용될 교수전략과 매체, 강의가 진행될 시간과 장소에 영향을 미치게 된다. 직무 수행 중심인 기업이 아닌 교실 상황을 전제로 이루어지는 수업지도안 개발 시에는 주로 교실 환경을 분석하게 된다.

효과적이고 실천 가능한 수업지도안 개발을 위해서는 교수 목표 실현을 위해 요구되는 도구와 장비, 시설 등이 구비되었는지를 먼저 확인해야 한다. 오늘날 가장 일반적인 교수-학습 도구는 아마도 컴퓨터랩이나 프로젝터 등 멀티미디어 지원 장비를 포함하는 ICT환경일 것이다. 최근에는 디지털교과서, u-Learning 등 학습자 개인이 활용할 수 있는 첨단 장비가 보급된 교실도 점차 늘어나고 있다. 이러한 교육 장소의 조건들은 교사로 하여금 협력학습, 프로젝트기반 학습, 자원기반 학습, 탐구학습 등 예전에는 시도하기 어려웠던 교수-학습 활동을 가능하게 해 준다.

학교가 위치한 지역사회의 고유한 특성 또한 넓은 의미의 교육환경으로 활용될 수 있다. 농어촌 지역 학교라면 자연을 직접 관찰하면서 현장 학습을 폭넓게 활용할 수 있고, 도시 지역 학교의 경우에는 지역사회의 정치·경제 현상에 대한 실질적 체험 기회를 제공하는 기관 방문을 시도해 볼 수 있다. 테크놀로지를 활용할 수 있는 교실 환경을 갖추고 있다면, 도시-농어촌 학교 학생들로 하여금 서로의 체험을 공유하게 하는 확장된 경험 학습을 시도해 볼 수도 있을 것이다.

(4) 과제분석(내용분석, 교수분석)

과제분석이란 학습의 결과로 획득하게 되는 수행능력의 다양한 유형들을 확인하고 구조화된 학습내용의 요소들이나 단위들을 계열화하는 절차이다. 적절한 과제분석이 이루어지지 않으면 교사는 학생들에게 무엇을 가르쳐야 할 것인지를 정확하게 파악할 수 없을 뿐만 아니라, 최적의 교수전략도 수립할 수 없게 된다. 그러므로 과제분석은 교수설계를 효율적으로 수립하는 데 필수조건이다. 과제분석 단계는 다음의 두 가지 활동, 즉 최종 교수목적 분석과 하위스킬 분석을 포함한다.

① 최종 교수목적(Instructional Goal) 분석

과제 분석의 첫 번째 단계인 최종 교수목적 분석은 다음의 두 가지 과정으로 이루어진다. 첫째는 설정된 교수목적(내용)이 언어정보, 지적 스킬, 운동 스킬, 태도 중의 어떤 학습영역에 속하는지를 분류하는 일이다. 둘째는 그 교수목적을 성취시키기 위하여 요구되는 주요 단계(main steps)를 분석하는 일이다. 교수목적(내용)이 어떤 학습영역에 속하는지를 분류하는 이유는 교수목적이 속하는 학습유형에 따라서 목적 분석방법이 달라지기 때문이다.

② 교수목적의 하위스킬 분석

최종 교수목적의 성취를 위해 요구되는 각 행동 단계를 수행할 수 있기 위해서는 각 단계의 선수 하위스킬들이 학습되어야만 한다. 왜냐하면 학습자들이 최종 목적의 각 단계를 학습하는 데 있어서 필수적인 스킬을 학습하지 못한다면 그 최종 목적을 달성하기가 어렵고, 결국 설계된 교수프로그램은 효과가 없는 것이

되고 말기 때문이다. 그러므로 선수학습인 하위스킬의 분석은 매우 중요하다. 하위스킬 분석 방법은 교수목적의 학습영역에 따라서 각기 다르며, 이 방법들에는 위계 분석, 절차 분석, 군집 분석 그리고 이들을 통합한 통합적 분석 등이 있다.

2) 설계: 프로그램 청사진('How to teach' 결정)

설계에는 학습목표(퍼포먼스 목표) 진술, 평가 계획/전략 수립, 교수-학습 전략/방법/매체 선정 등이 포함된다(6장, 7장 참조).

(1) 학습목표(수행목표) 진술

교수-학습의 맥락에서 목적(goal)은 프로그램이 의도하는 방향을 일반적인 수준에서 포괄적으로 나타낸 것이다. 목표(objectives)는 이와는 달리 성취해야 하는 목적을 구체적 수준에서 측정 가능하고 관찰 가능하게 진술한 것, 즉 목적을 구체화한 것이다. 목적은 요구분석의 결과로 도출되며 흔히 프로그램목적, 교육목적 등으로 불린다. 목표는 학습자 및 환경분석, 주로 직무 및 과제분석의 결과를 종합하여 불필요한 부분을 제외한 순수한 학습과제(learning task)를 바탕으로 도출된다.

학습(learning) 목표 또는 퍼포먼스(performance) 목표는 교수·학습의 과정 또는 ISD의 맥락에서 아래와 같은 중요한 역할을 한다.

- 설계과정과 그 이후의 교수체제개발의 방향을 제시한다.
- 교수-학습의 계획, 활동, 활동결과에 대한 의사소통을 촉진하여 효과성과 효율성을 제고한다. 교수자(강사)는 목표를 통하여 전체 교수활동의 일관성을 유지하고, 학습자는 목표를 인식하여 필요한 준비를 한다.
- 교수-학습 평가(준거참조평가)의 내용, 절차, 방법에 준거를 제공한다.
- 교육내용, 교수·학습전략과 매체의 선정의 지침이 된다.

학습목표(수행목표)에는 기본적으로 내용과 행동이 포함되어야 한다. 학습목표에 청중(A), 행동(B), 조건(C), 준거(D)만 명시되면 학습목표로서의 필요한 요건들이 모두 갖추어지는 것은 아니다. 학습목표에는 학습내용(content of learning)이 반드시 포함되어 있어야 한다. 목표진술의 기본요건 중에서 내용과 행동은 모든 학습목표에 반드시 진술되어야 할 항목이기 때문에 흔히 목표진술의 필수요건이라 하고 청중, 조건, 준거는 경우에 따라서는 진술할 수도 있고 진술하지 않을 수도 있는 항목이므로 부대요건이라 한다.

목표를 진술하려면 무엇보다 먼저 진술방식을 결정해야 하고 그런 다음 목표를 진술하기 시작한다. 목표의 진술방식은 다양하지만, 많이 사용되고 있는 대표적인 진술 방식은 Tyler(1949), Gagné(1965), Gronlund(1984), Mager(1975, 1984)의 진술방식이다. 목표를 진술할 때는 평가목적과 내용에 비추어 네 가지 진술방식 중에 어떤 진술방식을 택할지를 결정하면 된다.

(2) 평가계획 및 전략 수립

학습목표(또는 수행목표)가 결정되면 이 학습목표가 달성되었다는 것을 확인할 수 있는 평가의 전반적인 계획이 필요하다. 언제 평가할 것인가? 누가 평가할 것인가? 어디서 평가할 것인가? 무엇을 평가할 것인가? 어떻게 평가할 것인가? 등을 전반적으로 고려하여야 한다. 요구분석에서 나온 프로그램 **목적(goal)**과 구체화된 학습/**수행 목표(objectives)**가 평가의 수준과 준거가 된다. 설계과정에서 전반적인 평가전략이 설정되고, 개발과정에서 평가도구가 개발되고 형성평가가 이뤄지며, 평가과정에서 평가자료가 수집되고 분석되어 프로그램의 효과성을 확인하는 총괄평가가 수행된다.

(3) 교수-학습 전략/방법/매체 설계

평가계획이 수립되면 효과적인 학습경험(learning experience)을 선정하고 조직해야 한다. 효과적인 학습경험은 학습목표/수행목표를 구체화할 수 있는 것이다. 목표달성에 직결되는 구체적인 학습경험(내용)을 선정하고 조직하는 데에는 거시적 수준과 미시적 수준이 있다(6장, 7장, 8장 참조). **거시적 설계**(macro design)는 프로그램 전체(curriculum, course, module/unit)의 학습경험을 구조화하고 계열화하는 것이다. 이를 설명하는 대표적인 이론이 Reigeluth(1983)의 "교수 정교화 이론" (Elaboration Theory of Instruction)이다.

즉 교수 정교화 이론을 바탕으로 프로그램 전체를 어떤 내용, 규모, 순서로 설계할 것인지를 결정한다. 예를 들어 학습목표가 20개라면 1개의 목표(objective)가 1개의 모듈(module)이 되어 20개의 모듈이 어떤 순서로 짜일 것인지, 전반적인 교수－학습의 전략/방법/매체는 무엇인지를 결정한다. 그런 후에 각 단위시간수업(lesson)에서는 구체적으로 어떤 수업활동을 어떤 방법으로, 어떤 자료로 할 것인지를 결정하는 것이 **미시적 설계**(micro design)이다. 이를 설명하는 대표적인 이론(6장 참조)이 "9가지의 교수활동"(Gagné, 1985; Gagné, Wager, Golas, & Keller, 2005) 그리고 "교수의 으뜸원리"(Merrill, 1994, 2013) 등이다.

거시적, 미시적 차원의 교수－학습지도안(Lesson Plan) 등 교수설계 결과물은 교사가 정상적으로 학습자 집단과 함께 이용할 수 있는 전략을 다수 포함하고 있다. 교수설계 시에는 학습의 과정을 촉진하기 위해 지금까지 공부한 교수설계 이론과 모형을 최대한 사용하여 **종합적인 교수전략**(즉 청사진, blueprint)을 개발해야 한다.

지금까지 요구분석(학습자, 환경, 과제/내용 분석 포함)을 통해 기본적으로 누구에게 무엇을 가르칠 것인가(what to teach)와 어떤 순서로 가르칠 것이라는 수업의 계열화 구조를 작성할 수 있었다. 이제 어떻게 가르칠 것인가(how to teach)에 관한 질문에 답해야 할 단계에 이르렀다.

교수전략에는 일반적으로 내용(학습경험)을 연결시키고 조직하며, 수업에 포함되는 학습 요소를 기술하고, 수업이 진행되는 동안 학습자들을 어떻게 동기 부여할 것인지, 학습 목표 특성에 따라서 개인교수, 토의법, 발견학습법, 협력학습법 및 컴퓨터를 활용한 반복학습법 등 다양한 교수전략 중 어떤 방법을 활용할 것인지, 수업 전달을 위한 매체를 선택하는 등 일련의 활동이 포함된다. 이는 사전 교수 활동, 내용 제시 및 학습 안내, 후속 활동 등 3단계로 구성된다.

① 사전 교수 활동

실제 수업을 시작하기에 앞서 세 가지 사항을 고려하여야 한다. 이 요소들은 학습자들에게 동기를 부여하고, 무엇을 배워야 하는지 알려주고, 그들이 수업 전에 알아야 할 관련 지식과 스킬을 확인하는 것이다.

- **동기 부여**: 학교 수업에 대한 전형적인 비판 중 하나는 학습자에게 흥미와 호소력이 부족하다는 것이다. 체제적인 방식으로 이 문제를 해결하려고 시도했던 대표적인 학자는 John Keller(1983)이다. 그는 동기에 관한 심리학적 근거를 바탕으로 ARCS이론을 개발하였다. 이론을 구성하는 네 속성은 주의 집중(Attention), 관련성(Relevance), 자신감(Confidence), 만족감(Satisfaction)이다. 학습자에게 동기를 부여하는 수업을 만들기 위해서는 이러한 네 가지 속성이 수업지도안 설계를 통하여 일관되게 고려되어야 한다(ARCS이론에 대한 상세한 내용은 6장 참조).
- **목표 제시**: 사전 교수 활동의 두 번째 내용 요소는 학습자들에게 수업 목표를 알려주는 것이다. 학습자들에게 목표를 제시하는 이유는 학습자들이 기대되는 학습 결과에 맞추어 학습 전략을 스스로 개발할 수 있도록 도와야 하기 때문이다. 학습자들은 자칫 모든 내용을 다 알아야 한다고 생각하기 쉬우나, 이 경우 집중적 학습을 위한 우선순위 설정이 어렵게 되고, 결국 핵심 학습 목표에 도달하지 못한 채 지엽적인 다수의 지식만을 얻게 될 가능성이 생긴다. 따라서 교사가 의도하는 학습 목표를 명확히 제시함으로써 학습자들이 효율적인 학습 전략을 구사할 수 있으며, 다양한 수업 내용들 간의 관련성을 파악하는 데 도움을 받게 된다.
- **선수 지식 상기**: 사전 교수 활동의 세 번째 구성 요소는 학습자들에게 수업을

듣기에 앞서 요구되는 선수 학습(prerequisite) 수준에 대한 정보를 알려주는 것이다. 그 목적은 첫째, 학습자들이 수업 중에 배우게 될 새로운 내용과 이미 알고 있는 지식 간의 관계에 대해 초기부터 명확히 파악할 수 있도록 해주는 것이며, 둘째, 수업 내용이 통합될 수 있도록 학습자가 능동적으로 사전 지식과 기능을 기억해내고 이와 관련 있는 상황을 상기토록 해 줌으로써 의미 있는 학습이 이루어질 수 있도록 하는 것이다.

② 내용 제시 및 학습 안내

이 단계는 학습자에게 제시되어야 할 정보, 개념, 원리를 결정하는 단계이다. 즉 해당 단원이 기본적으로 무엇에 관한 내용인지를 알려주는 것이다. 내용 제시 전략은 대개 연역적 방법과 귀납적 방법으로 분류될 수 있다. **연역적 방법**은 교재, 교사, 매체 기반 자료가 학습자에게 새롭게 학습할 내용의 부분들을 알려주고, 더 나아가 이 부분들이 전체 내용과 일관성 있는 관계 구조를 형성하고 있는지를 보여주는 것이다. 반면 **귀납적 방법**은 학습자에게 안내를 제공하거나 학습자 스스로 주도하는 발견학습과 유사한 것으로 부분적인 것들을 모아 전체의 일관성 있는 구조적 관계로 구축하는 데 필요한 자료를 수집하는 경험을 통해 학습이 이루어진다. 좋은 교수-학습지도안은 대부분 연역적 방법과 귀납적 방법을 혼용하여 사용하고 있다. 대표적인 연역적 방법으로는 강의법이 있고, 귀납적 방법에는 토의법, 발견-탐구학습, 협동학습 문제중심학습이 있다.

③ 후속 활동

해당 수업의 성공적 수행을 통해 학습목표가 달성된 이후에도 학습 내용을 지속적으로 유지시키기 위해(파지), 그리고 다음 수업 또는 실생활과 연결시키기 위해(전이) 적절한 마무리 활동이 교수-학습 지도안의 중요한 일부로 포함되어야 한다.

- **파지 지원**: 교수목표를 고려할 때에 학습자가 반드시 기억하고 있어야 할 내용은 무엇인지, 기억할 필요는 없지만 필요시 참고할 자료나 자극이 무엇인지

를 파악해야 한다. 만약 외부 자극 없이 즉시 기억해내야 할 내용이라면 이를 수업 말미에 다시 한 번 반복 학습할 기회를 제공해야 한다. 그러나 기억을 위해 소요되는 학생의 인지 부하 및 수업 시간의 연장이라는 문제를 고려할 때, 필요시 쉽게 참고하여 수행에 연결시킬 수 있는 체크리스트를 제공하거나 인터넷 학습자원의 know-where를 알려 주는 것도 기억에 대한 의존을 줄이면서도 수행을 개선하기 위한 방법이 될 수 있다.

- **전이 지원**: 전이는 학습한 내용을 활용하는 것을 말한다. 학습의 목적이 인간 수행의 변화에 있다고 할 때, 전이는 수업에서 달성해야 할 궁극의 목적이라 할 수 있다. 학교 수업에서 장기적인 전이는 학습 내용을 학생들의 현재 및 미래 생활에 활용토록 하는 데 있으며, 단기적 전이는 다음 단원 수업의 효과적 수행을 위해 필요한 선수지식으로 활용될 수 있는 가교적 역할을 한다. 전이가 잘 이루어지기 위해서는 수업 상황이 이후에 일어나는 수행 상황과 유사해야 한다. 따라서 수업을 설계할 때 학습 내용이 실생활 및 이후 관련 수업에 어떻게 연결될 수 있을 것인지를 고려하고 이를 수업 마지막에 전이 지원을 위해 적극적으로 활용하여야 한다. 그러나 근본적으로 수업 상황과 현실 상황 간의 완벽한 일치는 불가능하다. 따라서 학습은 상황 의존적이고 교사는 전이가 되지 않는 학습의 경향을 잘 알고 그것을 촉진하기 위해 가능한 수단을 사용할 줄 알아야 한다. 또한 교과 내용 이외에도 학습자들에게 전이의 상황에서 어떻게 새로운 기능을 사용할 것인지를 구체적으로 계획하고 개발하도록 요구하는 것도 필요하다.

3) 개발: 교수-학습자료 실물화

이미 설계과정을 통하여 수업의 설계 명세서, 즉 청사진을 마련하였고 개발과정에서 이를 실물로 만들어야 한다. 실제 교수-학습 환경에서 교수자나 학습자가 사용할 매뉴얼, 학습자료, 핸드아웃, 평가도구, 매체들의 초안을 만들고 이 초안을 개발평가하여 수정한 후에 완성본을 제작해야 한다. 개발 단계에서는 분석-설계 결과에서 얻은 정보를 바탕으로 수업 장면에 직접 활용할 수 있는 구체적인 결과물을 만들어내는 작업이 이루어진다(8장, 9장 참조).

전통적인 교실 수업의 경우, 개발 단계의 최종 결과물은 1) 분석 및 설계 결과의 개요(교육과정 및 학습자분석, 학습 목표 등)와 교사의 수업 실행 및 평가 과정을 단계별로 상술한 수업지도안, 그리고 2) 수업에 활용한 각종 수업 자료 및 매체 등 두 가지로 구분된다. 오늘날과 같이 테크놀로지 기반 환경이 일반화된 교실에서 수업 매체의 주류는 컴퓨터를 기반으로 하고 있다.

학교 수업을 위해서는 세부적인 수업지도안 또는 학습지도안을 개발할 필요가 있다. 이때는 최소 기본단위시간(예를 들면 50분) 수업을 중심으로 계획을 수립하기 때문에 이를 단시수업(lesson)[13]이라고 한다. 학습지도는 교실수업 외에 자율학습지도나 가정학습지도를 포함하겠으나 여기에서는 교실수업을 중심으로 논의한다. 교실수업을 위해서 먼저 교사의 수업계획과 학생의 학습지도 계획을 실물로 개발해야 한다. 수업지도안 작성에 대한 상세한 내용은 본서의 8장에서 다룬다.

수업지도안이 작성된 이후에는 작성된 지도안에 따라 필요한 교수·학습자료를 준비해야 한다. 교수·학습자료는 경우에 따라 교수자(강사, 교사)가 이를 직접 제작할 수도 있다. 그러나 최근 우리나라 교실에 폭넓게 확산되어 있는 테크놀로지 기반 교실 환경을 고려할 때, 교사의 역할은 점차 자료 개발자에서 다양한 학습자료를 탐색하고 자신의 수업 맥락에 맞는 적절한 미디어를 선별하는 활동으로 변화되고 있다. 예컨대 ICT 기반 교실 환경은 교사용 컴퓨터와 프로젝터, 실물화상기, 전자칠판의 활용은 물론, 에듀넷 등 교육용 콘텐츠 포털에 탑재되어 있는 다양한 전문적 콘텐츠의 선택적 활용을 가능케 하고 있다. 나아가 u-러닝 환경은 개별 학습자들에게 태블릿 PC 및 모바일 디바이스를 공급함으로써 더욱 폭넓은 학습 전략의 수용이 용이하게 되었다.

13) lesson을 단위시간수업 또는 차시수업이라고도 함.

교수-학습자료의 선택 및 제작은 효과적인 수업의 운영을 위해 중요한 과제가 된다. 이 과정에서 교수자는 창의력을 발휘하여 영상매체, 신문 자료, 각종 예화자료 등을 준비하고, 컴퓨터 기반 매체를 탐색할 필요가 있으며, 동료 교수자나 관련 책임자와의 협의 및 온라인 교사 공동체에의 참여를 통해 보다 효과적인 자료에 대해 의견을 공유하고 함께 연구할 필요가 있다.

다음으로 교수-학습자료를 준비하고 필요시 파일럿 테스트(개발평가, 형성 평가)를 실시한 후에 수정하고 제작 완성해야 한다.

4) 실행: 실제 환경에서 프로그램 활용

수업의 실행은 개발된 프로그램을 실제 환경에서 사용해 보는 일이다(10장 참조).

(1) 수업의 전개

수업의 전개란 작성된 수업지도안에 따라 실제로 수업을 실시하는 것을 지칭한다. 수업의 전개는 기본적으로는 사전에 작성된 수업지도안에 따라 이루어지는 것이 바람직하겠지만 실제 수업에 있어서는 예측하지 못한 여러 상황을 고려하여 이를 적절하게 수정해야 할 필요가 있다. 교과목의 성격 등에 따라 차이가 있겠으나 수업 전개의 과정에서 고려되어야 할 점은 다음과 같다.

① 실제 수업이 수업지도안의 계획에 따라 충실하게 진행되었는가?

- 수업내용 및 방법과 계획의 일치성
- 교수-학습 자료 활용과 계획의 일치성
- 평가와 계획의 일치성

② 수업내용(학습경험)은 적절하였는가?

- 교과(단원)별 주요 학습내용 영역의 포괄 여부

- 학습내용 영역별 시간 배당의 적절성
- 학습내용 조직의 계열성과 적절성
- 학습내용 영역별 학습내용의 깊이 및 난이도 수준의 적절성
- 학습자의 능력 수준 및 흥미를 고려한 학습량 및 속도의 조절 여부

③ 적절한 교수-학습 자료가 다양하게 사용되었는가?

- 교과서 이외의 교수-학습 자료 활용 여부
- 사용된 교수-학습 자료의 효율성 여부

④ 교과의 특성에 맞는 교수방법이 다양하게 사용되었는가?

- 고등사고능력 개발을 위한 노력의 정도(토론식 수업 등)
- 학습스킬 함양을 위한 노력의 정도
- 컴퓨터 등 매체 및 기자재 활용의 다양성
- 실험실습의 활용 정도
- 학습자의 수업 참여의 활발성 정도

⑤ 학습자의 개인차를 고려하기 위한 적절한 방안이 사용되었는가?

- 개인차를 고려하기 위한 계획과 실천의 일치 정도
- 수준별 교육과정의 실천 정도(학습량의 조절, 학습속도의 조정 등)
- 우수아 및 부진아에 대한 특별지도 여부

(2) 유지 및 변화관리

장기적인 유지에 주의를 기울이지 않으면 교수-학습 자료의 질과 생명은 쇠퇴하게 된다. 시간이 지남에 따라 개정 혹은 대체할 필요가 있다.

5) 평가: 효과성 및 가치 확인

평가 관련한 내용은 본서 11장에서 자세히 다루고 있다. 대략적으로 평가 절차를 기술하면 다음과 같다.

(1) 전반적인 평가계획 재확인

설계과정에서 계획된 전반적인 평가 전략을 미리 확인한다. 특히 평가목적에 기반한 평가수준(준거)과 평가대상을 분명히 한다.

(2) 계획된 평가도구로 자료 수집 및 분석

개발과정에서 준비된 평가도구를 사용하고 예정된 대상자로부터 정해진 시기와 장소에서 평가 데이터를 수집하여 분석한다.

(3) 평가결과 보고

평가의 계획에 있던 학습목표의 달성 여부를 확인하여 그 가치를 이해관계자에게 보고한다. 교수-학습 상황에서의 평가는 학습자 평가와 수업(수업자료, 프로그램) 평가에 초점을 둔다. 학습자 평가란 학습자가 의도한 것을 학습했는지, 학습자가 배운 것을 일반화하거나 새로운 상황에 전이하는 것을 도와주려면 무엇이 필요한지 등을 확인하는 것이다. 반면 수업평가란 학습자가 수업이 재미있고 가치있다고 느끼는지, 수업방법 및 매체 등이 학습목표 달성에 효과적이었는지, 수업을 어떻게 개선해야 하는지 등을 다룬다.

탐구과제

1. 교수설계란 무엇인지, 교사 또는 교육전문가의 입장에서 왜 필요한지를 생각해 봅시다.

2. 교수설계의 기본 절차에 따라서 실제의 수업이나 교육프로그램을 설계해봅시다.

참고문헌

이현우, 임규연, 정재삼, 허희옥 (역). Richey, R. C. 편 (2020). 교육공학 용어해설. 학지사.

이화여자대학교 교육공학과 (1996). 교육방법 및 교육공학. 교육과학사.

임철일, 연은경 (2015). 기업교육 프로그램 개발과 교수체제설계. 교육과학사.

정재삼, 임규연, 김영수, 이현우 (역). Richey, R., Klein, J., & Tracy, M. 저 (2012). 교수설계 지식기반. 학지사.

Allen, M. W., & Merrill, M. D. (2018). SAM and Pebble-in-the-Pond: Two Alternatives to the ADDIE Model. *Trends and Issues in Instructional Design and Technologies*. Pearson, 31-41.

Branson, R. K. (1991). Instructional systems development in the military and industry. In L. J. Briggs, K. L. Gustafson & M. H. Tillman (Eds.). *Instructional design principles and applications*. Englewood Cliffs, NJ: Educational Technology Publications.

Bruner, J. S. (1966). *Toward a theory of instruction*. Cambridge, MA: Belknap.

Dick, W., & Carey. L. (1978). *The systematic design of instruction*. Glenview, Ill: Scott, Foresman & Co.

Dick, W., Carey, L., & Carey, J. (2009). *The systematic design of instruction* (7th ed.). New York: Longman.

Ford, D. (1999). *Bottom-line training: How to design and implement successful programs that boost profits.* Houston: Gulf Publishing.

Gagné, R. M. (1985). *The conditions of learning* (4th ed.). New York: Holt, Rinehart & Winston.

Gagné, R. M., & Briggs, L. J. (1974). *Principles of instructional design*. New York: Holt, Rinehart & Winston.

Gagné, R. M., & Wager, W. W., Golas, K., & Keller, J. M. (2005). *Principles of instructional design* (5th ed.). Belmont, CA: Thompson Wadsworth.

Gustafson, K. L. (1981). *A survey of instructional development models*. Syracuse, NY: ERIC Clearinghouse on Information Resources, Syracuse University. ERIC: No. ED 211097.

Gustafson, K. L. & Tillman, M. H. (1991). Introduction. In L. J. Briggs, K. L. Gustafson & M. H. Tillman(Eds.). *Instructional design: Principles and applications*. Englewood

Cliffs, NJ: Educational Technology Publications.

Keller, J. (1987). Motivational design of instruction. In C. Reigeluth(Ed.), *Instructional design theories and models*. Lawrence Erlbaum.

Kemp, J. (1971). *Instructional design: A plan for unit and course development.* Fearon Publishers.

Kemp, J. P. (1985). *The instructional design process*. New York: Harper & Row.

Mager, R. F. (1975). *Preparing instructional objectives*. Palo Alto, CA: Fearon Publishers.

Mager, R. F. (1984). *Preparing instructional objectives* (2nd ed.). Belmont, CA: Lake Publishing.

Merrill, M. D. (1994). *Instructional design theory.* Englewood Cliffs, NJ: Educational Technology.

Merrill, M. D. (2013). *First principles of instruction: Identifying and designing effective, efficient, and engaging instruction.* San Francisco: Pfeiffer.

Molenda, M., Pershing, J., & Reigeluth, C. (1996). Designing instructional systems. In R. Craig(Ed.), *Training and development handbook* (4th ed.). New York: McGraw-Hill.

Morrison, G. R., Ross, S. M., & Kemp, J. E. (2007). *Designing effective instruction* (5th ed.). John Wiley & Sons.

Piskurich, G. (2006). *Rapid instructional design: Learning ID fast and right* (2nd ed.). San Francisco: Pfeiffer.

Reigeluth, C. M. (Ed.) (1983). *Instructional design theories and models: An overview of their current status*. Hillsdale, NJ: Lawrence Erlbaum Associates.

Reigeluth, C. M. (1987). *Instructional theories in action: Lessons illustrating selected theories and models*. New Jersey: Lawrence Erlbaum Associates.

Reigeluth, C. M. (1996). A new paradigm of ISD? *Educational Technology, 36*(6), 4-11.

Reigeluth, C. M. (Ed.) (1999). *Instructional design theories and models: A new paradigm of instructional theory* (Vol. 2). Routledge.

Reigeluth, C. M., & Carr-Chellman, A. (2009). *Instructional design theories and models: Building a common knowledge base.* New York, NY: Routledge.

Reigeluth, C. M. & Merrill, M. D. (1979). Classes of instructional variables. *Educational Technology*, *19*(3), 5-24.

Richey, R., Klein, J., & Tracy, M. (2011). *The instructional design knowledge base:*

Theory, research, and practice. Routledge.

Seels, B. B., & Richey, R. C. (1994). *Instructional technology: The definition and domains of the field*. Washington, DC: AECT.

Smith, P. L. & Ragan, T. J. (1999). *Instructional design*. New York: Wiley.

Smith, P. L. & Ragan, T. J. (2005). *Instructional design* (3rd ed.). New York: Wiley.

Tripp, S., & Bichelmeyer, B. (1990). Rapid prototyping. *ETR&D, 38*(1), 31-44.

Tyler (1949). *Basic principles of curriculum and instruction*. University of Chicago.

제 2 부

교수의 분석과 설계

교사와 교육전문가는 기대되는 학습목표(수행목표)를 효과적, 효율적으로 달성하기 위하여 최적의 수업과정(교수-학습의 경험)을 처방해야 한다. 이러한 최적의 수업과정을 처방하기 위한 절차가 바로 교수설계이다. 1부의 교수설계의 과정(4장)을 바탕으로, 2부에서는 요구분석의 결과로 학습과제(learning task)와 프로그램 목적(instructional goal)을 도출하고(5장), 교수설계의 이론과 원리를 터득한 후 전통적인 직접교수는 물론(6장), 구성주의적 학습자 중심 수업도 설계하는(7장) 등의 핵심적인 분석과 설계 활동을 경험한다.

5장 **요구분석**: 본 장에서는 요구분석을 통하여 교수적 해결책(프로그램)을 제안하고 학습자, 환경, 과제/내용의 분석을 바탕으로 진정한 학습과제(learning task, 즉 what to teach/learn)를 파악한다.

6장 **교수설계의 기초 이론**: 본 장에서는 전통적 교수설계이론인 Gagné의 포괄적 교수설계이론과 Merrill의 교수의 으뜸원리, 그리고 Keller의 동기설계이론(ARCS)을 다룸으로써 전통적인 교수자 중심의 직접교수 준비를 가능하게 한다.

7장 **학습자 중심 수업 설계**: 본 장에서는 학습자 중심 수업과 구성주의적 학습환경을 논의하고 학습자 중심의 간접교수전략들(토론, 프로젝트, 문제, 사례, 게임기반 학습)을 다룬다.

6장과 7장을 공부함으로써 교수자 중심의 직접교수뿐만 아니라 학습자 중심의 간접교수 환경에도 효과적이고 효율적인 교수 · 학습전략(how to teach/learn)을 사용하는 데 자신감을 갖게 될 것이다.

제 5 장

요구 분석

서울의 한 중학교에서 근무하고 있는 김이화 선생님은 항상 새로운 교수법과 학습 테크놀로지에 관심이 많고, 새로운 시도를 두려워하지 않는 경력 3년 차의 수학 선생님입니다. 김이화 선생님에게 대학교 시절부터 지속적으로 관심을 가지고 있었던 개발도상국 교육봉사의 기회가 찾아왔습니다. 아프리카의 한 나라의 작은 마을에서 수학 교육 봉사를 하게 된 김이화 선생님은 첫날부터 큰 고민에 빠지게 되었습니다. 본인이 자신 있고 도움이 되고 싶었던 교수방법은 웹 기반 수학 비디오 강의를 이용한 개별화 학습인데, 정작 본인이 필요한 정보가 너무 없다는 것을 깨달았기 때문입니다. 학생들의 학습 동기는 어떤지, 기존 수학 수준은 어떤지, 비디오 강의 경험은 있는지, 학교에 인터넷은 연결되어 있는지, 멀티미디어 환경은 어떤지, 학생 가정의 테크놀로지 수준은 어떤지, 학생들이 익숙한 교수법은 어떤 것인지 등의 정보가 하나도 없었고, 그런 정보를 얻기 위해서는 어떻게 해야 하는지 막막하기도 하고, 학생들의 수학 성취도 저하가 과연 학교 수업의 문제 때문인지조차 확신하기 힘들어졌습니다.

학습목표

5.1. 학습자는 요구란 무엇인지 설명할 수 있고, 요구사정과 요구분석을 구분할 수 있다.

5.2. 학습자는 요구분석의 과정을 설명할 수 있다.

5.3. 학습자는 교수설계 시의 다양한 분석 활동들(요구분석, 학습자분석, 환경분석, 과제/분석 등)을 구별하고 그 관계를 설명할 수 있다.

1부의 4장에서 우리는 교수설계(instructional design)는 2가지의 관점, 즉 전략 결정으로서의 교수설계인가 아니면 전반적인 설계 과정으로서의 교수설계인가를 구분하여야 한다고 살펴보았다. 처방적 교수설계이론은 주어진 상황에서 최적의 교수 방법(전략)을 결정하는 것이지만 체제적인 교수설계(즉 교수체제개발, instructional systems development, ISD)는 효과적인 교수프로그램을 개발하는 과정(process)이다. 2부와 3부는 체제적 교수설계, 즉 교수체제개발 과정의 5개 요소인 분석(A)－설계(D_1)－개발(D_2)－실행(I)－평가(E)를 전반적으로 다룬다([그림 5－1] 참조).

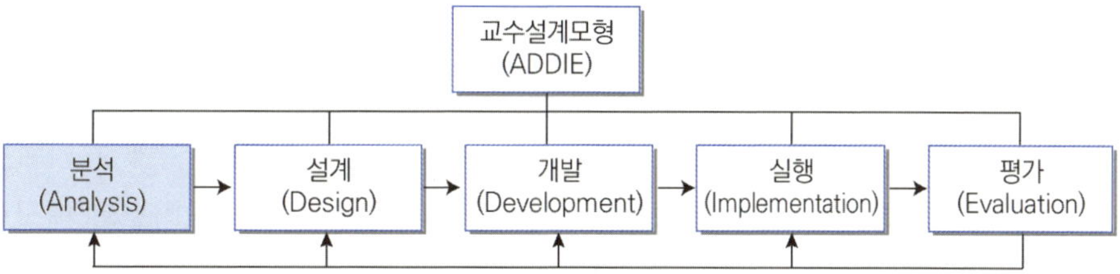

[그림 5-1] 분석(A)과 교수설계의 과정

ADDIE에서 분석(A)의 목적은 구체적 학습과제 즉 'what to teach/learn'을 찾아내는 것이고, 다음의 설계(D_1)의 목적은 도출된 학습과제(learning task)를 지도하는 방법, 즉 'how to teach'를 찾아내는 일이다.

교수설계 관점에서 보면 수업은 교수자의 내용 전달 이벤트가 아니라 학습자의 학습적 문제를 해결하는 도구이며, 도구의 효과는 설계 과정의 체계성과 충실도에 의해 결정된다. 일종의 문제해결 절차인 ADDIE 모형의 기본 원리는 이론적 특성, 임상적 조건, 구체성의 정도에 따라 다양하게 변화되어 왔다. 5장의 요구분석은 교수설계(교수체제개발) 과정의 시작이다. 분석은 교수설계(ID) 프로젝트를 본격적으로 시작하기에 앞서 필요한 데이터를 모으고 정보로 가공하여 의사결정을 내리는 과정이다. 그러나 한 가지 유의할 점은 요구분석은 교수설계를 위해서만 수행되는 것은 아니라는 것이다. 예를 들어 기업이나 정부기관, 병원, 학교 등 다양한 조직에서 요구분석은 개인과 조직의 퍼포먼스(performance, 수행성과) 향상을 위해서도 사용된다. 5장에서는 학습과 퍼포먼스 향상을 위한 요구분석의 의미와 과정에 대해 알아보고 특히 교수설계에서 필요한 학습자분석, 환경분석, 과제/내용에 대해 차례로 논의한다.

1 요구분석의 의미와 과정

우리는 생활 속에서 "니즈(needs)"라는 말을 자주 접한다. 예를 들어, '10대 학생의 니즈에 맞춘 캐릭터 상품 출시'라든지, '저희 회사는 고객의 니즈에 부합하는 서비스를 제공하기 위해 노력하고 있습니다'와 같은 말들을 생활 속에서 어렵지 않게 접할 수 있다. 따라서 니즈라는 용어를 막연하게 상품이나 서비스의 대상이 되는 집단(예: 소비자, 학습자 등)이 원하는 것, 필요로 하는 것이라고 생각하지만 실제 원하는 것과 필요로 하는 것은 니즈가 아닌 그 니즈에 대한 해결책(solution)인 경우가 많다. 이번 장에서는 요구(needs)란 구체적으로 무엇이고 우리 분야에서 어떻게 정의되는지, 흔히 혼재되어 사용되는 요구사정(needs assessment)과 요구분석(needs analysis)은 어떤 차이점이 있는지 살펴보도록 하겠다.

1) 요구(Needs)의 정의

요구란 바람직한 상태와 현재 상태 사이의 차이(gap)를 의미한다(Kaufman & English, 1981; Witkin & Altschuld, 1995). 예를 들어 교사가 일차방정식에 대해 가르친 후 성취도 평가에서 학생의 80%가 80점 이상을 획득하는 것을 목표로 했을 때 실제 60%만이 80점 이상을 획득했다면 여기서 발생한 20%의 차이는 학습 성과에 대한 요구가 발생했다고 할 수 있다. 또 학부모들이 학교에서 제공하는 방과 후 교육프로그램에 불만족하여 개선을 원하는 경우, 현재 프로그램이 제공하는 가치와 개선된 프로그램이 제공할 이상적인 가치 이 두 상태 사이의 간극을 우리는 요구라고 한다. 따라서 많은 경우 요구는 해결해야 할 문제나 과제로 인식된다. 그러나 학부모들이 현재 교육 프로그램에 만족하고 있지만 더 좋은 프로그램을 기대하는 경우 혹은 학생의 80%가 80점 이상 점수를 획득했지만 90%가 80점 이상의 점수를 획득하도록 목표를 상향 조정하는 경우 어떤 문제가 발생한 상황은 아니지만 더 좋은 방향으로 나아가기 위해 생성된 현재와 이상적인 상태의 차이(gap) 역시 요구라고 할 수 있다.

2) 요구사정(Needs Assessment)과 요구분석(Needs Analysis)

학문적으로도 요구사정과 요구분석이라는 용어를 구분 없이 사용하는 경우가 종종 있지만 두 개념 사이에는 엄연히 차이점이 존재한다. 요구사정이 바람직한 상태와 실제 현 상태 사이의 차이를 찾아내고 확인하는 것이라면 요구분석은 그러한 차이의 본질이나 근본 원인이 무엇인지 밝혀내고 이해하는 것을 의미한다(Kaufman & Guerra-López, 2012; Stefaniak, 2020). 따라서 시간적 순서로 보면 요구사정이 먼저 이루어지고 그 다음으로 요구분석이 이루어진다.

대부분의 경우 요구가 발생하면 그것을 해결하고자 하기 때문에 단순히 현 상태와 이상적인 상태의 차이를 확인하는 요구사정 단계에서 끝나는 일은 찾아보기 힘들다. 많은 경우 다양한 데이터 수집을 통해 요구를 사정한 후, 자연스럽게 갭이 생긴 근본 원인을 파악하고(root cause analysis), 근본 원인을 해결하기 위한 방안을 찾고 제시하는 방향으로 진행되는 것이 일반적이다. 따라서 요구사정과 요구분석은 별개의 활동이지만 연속성이 있다(Stefaniak, 2020).

3) 요구분석의 과정

일반적으로 요구분석은 교수적 접근방식과 퍼포먼스 테크놀로지(HPT: human

performance technology)적 접근방식으로 구분된다. 교수적 접근방식에서 요구분석은 "교육(훈련) 요구분석"을 의미한다. 반면에 HPT 접근방식에서의 요구분석은 좀 더 포괄적이며 교육에 한정되지 않는다. HPT에서의 요구분석은 이상적인 퍼포먼스 수준과 현재 수준 사이의 갭을 밝혀내고(여기까지가 요구사정 또는 퍼포먼스 분석), 그 근본 원인을 파악한 다음(이 부분은 원인분석), 해결책을 제시하는데 해결책은 교육뿐만 아니라 모든 수단에 개방적인 입장을 취한다. 아래 [그림 5-2]는 HPT 접근방식이 요구분석 절차의 시작부터 마무리에 이르는 과정을 도식화하고 있다.

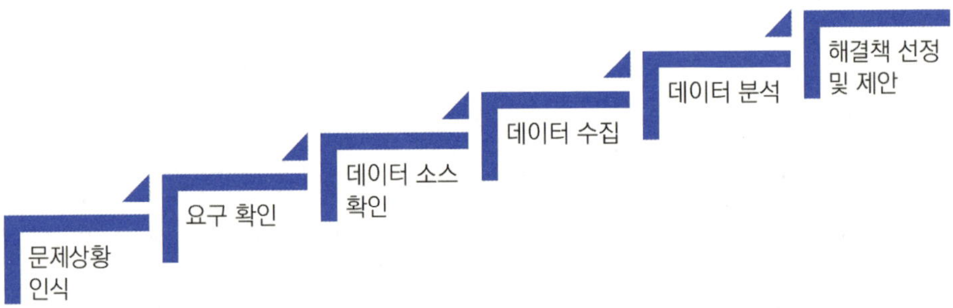

[그림 5-2] 요구분석의 과정

(1) 문제상황 인식

요구분석 과정의 첫 번째 단계는 문제 상황을 인식하는 단계이다. 요구분석은 보통 그것을 필요로 하는 어떤 문제상황이나 사건이 동력이 되어 시작된다(Pershing, 2006). 예를 들어 학생들의 학업성취도 평균이 갑자기 하락한다면 교사는 이를 문제상황이라고 인식할 것이다. 또한 예상치 못하게 발생한 코로나19 팬데믹 상황에서 비대면 교육 실시와 같은 이슈가 발생할 경우 요구분석이 시작된다.

문제상황 인식 단계에서는 문제를 인식한 개인이나 조직(클라이언트)이 컨설턴트에게 요구분석을 의뢰하면서 더욱 구체화된다. 컨설턴트는 해당 조직의 내부자일 수도 있고 외부자일 수도 있다. 학교의 경우, 학생의 학업 성취도가 낮은 문제 상황에 대해 학년주임 선생님이 클라이언트가 될 수 있고, 연구부장 선생님이 컨설턴트의 역할을 수행할 수도 있다. 물론 해당 학급 담임 선생님이 본인 학급 학생들의 학업 성취도 하락에 대해 클라이언트와 컨설턴트의 역할을 동시에 수행하는 경우도 있을 수 있다.

최초 미팅에서 클라이언트는 일반적으로 문제 상황에 대한 대략적인 설명과 함께 문제상황을 해결하고자 하는 의지와 관심을 드러내게 되고 이는 결과적으로 요구분석 프로젝트의 목적을 정립하는 데 도움이 된다.

(2) 요구 확인

다음 단계는 요구를 확인하는 단계이다. 대부분의 클라이언트는 문제 상황을 인식하고 있다. 그러나 명확하게 요구(needs)를 설명할 수 있는 클라이언트는 많지 않다. 만약 요구에 대해 명확하게 알고 있는 클라이언트라면 컨설턴트에게 문제 상황과 요구에 대해 정확한 정보를 전달할 것이다. 그러니 클라이인트의 요구사항이 명확하지 않은 경우 컨설턴트는 많은 질문을 통해 조직의 현재 상태와 향후 목표로 하는 상태에 대해 알아내어 클라이언트의 요구를 파악하는 것이 중요하다. 클라이언트가 자신의 요구를 정확하게 알고 있든 잘 모르고 있든 최초에 컨설턴트가 확인하는 요구는 클라이언트가 인식하거나 느끼는 것이다. 따라서 컨설턴트는 이후 다양한 소스의 데이터를 바탕으로 최초 확인된 요구들이 실제로 퍼포먼스 문제상황과 관련된 요구들인지 확인해야 한다.

(3) 데이터 소스 확인

요구분석이 목적이 정해지고, 최초 요구에 대해 클라이언트와 컨설턴트가 상호 동의를 하면 다음 단계는 그 요구를 확인하기 위해 필요한 정보들은 어떤 것들이 있을지 파악하는 일이다. 요구분석 프로젝트에서 최초의 요구가 데이터 수집과 분석 이후까지 수정되지 않고 그대로 가는 경우는 드물다. 그만큼 문제상황과 관련된 데이터를 수집하고 분석할수록 클라이언트들이 인식하는 것과는 다른 새로운 요구들이 발견되는 일이 빈번하다. 이 단계에서는 일단 각 요구분석을 위해 필요로 하는 데이터 소스들에는 어떤 것들이 있는지 리스트를 작성하고, 클라이언트나 해당 조직의 담당자와 함께 검토하면서 리스트의 데이터 소스들 중 어떤 데이터가 이미 확보되어 있고 어떤 데이터를 수집해야 하는지, 조직 내부에 존재하는 데이터라면 그 데이터에 접근이 가능한지 파악하여 정리하는 작업이 필요하다.

(4) 데이터 수집

필요한 데이터 소스와 사용 가능한 도구들이 결정이 되면 다음 단계는 실제 데이터를 수집하는 단계이다. 데이터 수집에 필요한 시간은 프로젝트별로 다르겠지만, 클라이언트와 데이터 수집에 필요한 전체적인 타임라인과 절차에 대해 협의하는 것이 중요하다. 왜냐하면 특정 데이터는 접근이 가능한 기간이 정해져 있으며(예: 반기보고서) 개인정보를 포함하고 있기 때문이다. 따라서 협의를 통해서 클라이언트의 협조를 이끌어 내는 것이 중요하다. 또한 데이터 수집 시에 예상하지 못한 지체가 발생할 수 있음을 고려해서 타임라인을 만들 때 여유 기간을 포함하는 것이 현실적인 문제에 대처할 수 있는 방법이다. 요구분석을 수행하는 주체(예: 컨설턴트)는 대상이 되는 조직과 상황에 대해 정확한 이해를 바탕으로 해야 하고, 이를 위해서는 데이터 수집에 있어 상황을 다양한 시각에서 바라보고 다수의 출처를 통해 데이터를 수집하여 가능한 한 객관적인 시각을 유지하도록 해야 한다. 데이터 수집을 위해 다양한 데이터 수집 도구들을 사용하게 되는데 가장 일반적으로 사용되는 도구들(직접관찰, 문서분석, FGI, 인터뷰, 설문조사 등)을 간단하게 요약하면 다음과 같다.

① **직접 관찰**(Direct Observation)

직접 관찰은 개인이 다른 개인들을 자연스러운 맥락 속에서 관찰하는 데이터 수집 도구를 의미한다(Creswell, 2015). 관찰자는 직접 관찰을 통해서 특정 환경 안에서 일어나는 일들에 대해 직접적인 정보를 얻을 수 있고, 대상자들이 어떤 행동을 하고 상호작용을 하는지 등의 정보를 실시간으로 확인할 수 있어 퍼포먼스가 일어나는 실제 맥락에 대한 이해에 큰 도움이 될 수 있다.

② **문서 분석**(Document Analysis)

데이터 수집의 다른 형태로는 기존에 생성된 문서(문헌)를 분석하는 문서 분석이 있다. 문서 분석은 요구분석에 정보를 제공할 수 있는 기존재하는 방대한 자료를 검토하는 작업이다. 문서 분석의 대상이 되는 자료의 예로는 조직의 문제를 분석할 때는 조직의 규정집, 경영전략 보고서, 연간 운영 보고서 등이 있으며, 학교에서 학생과 관련한 문제를 분석할 때는 학생이 제출한 과제물, 학사기록 등이 있다.

③ **초점집단 면접조사**(Focus Group Interview, FGI)

초점 집단 면접조사는 한 주제에 대해 다수의 개인들로 하여금 자유롭게 토론할 수 있는 기회를 제공하는 데이터 수집형태이다. 관련 연구에서는 초점 집단 면접조사에 참여하는 모든 참여자들이 활발하게 토론에 참여할 수 있게 참여자 그룹의 규모는 6에서 8명으로 제한하도록 권유하고 있다(Plummer-D'Amato, 2008). 초점 집단 면접조사를 진행할 때는 참가자들이 발언을 할 때 말을 끊지 않거나, 모든 참가자들이 발언을 할 수 있도록 허용하고, 또 비밀유지를 위해 조사에서 참가자들이 발언한 내용들을 조사 이후 다른 사람들에게 공개하지 않는 등 가이드라인을 정하고 그에 맞춰 진행하는 것이 중요하다.

④ **인터뷰**(Interview)

인터뷰는 요구 상황과 직접적으로 연관이 있는 사람들과 일대일로 만날 수 있는 기회를 제공하고, 그들로 하여금 요구 상황과 관련된 본인들의 경험을 자세히 들어볼 수 있는 기회가 제공된다. 뿐만 아니라 인터뷰 진행자가 상황을 좀 더 확실히 파악할 수 있게 추가적인 질문을 할 수 있는 기회가 주어진다. 인터뷰는 미리 계획된 질문들의 정도에 따라 구조적 인터뷰, 반구조적 인터뷰, 비구조적 인터뷰로 구분될 수 있다. 구조적 인터뷰는 인터뷰에서 물어볼 질문들을 미리 계획하고 모든 인터뷰 참가자들에게 공통된 질문을 함으로써 일관성을 유지하고, 질문자로 하여금 편견이 인터뷰에 개입할 여지를 주지 않는다. 비구조적 인터뷰는 이와 반대로 정해진 질문들이 아닌 보다 자연스러운 대화와 같은 형식으로 인터뷰가 흘러가는 방향에 따라 자연스럽게 추가 질문을 결정하는 등 유동적으로 진행된다. 반구조적 인터뷰는 구조적 인터뷰와 비구조적 인터뷰의 중간 단계로 일부 미리 준비한 질문들로 인터뷰를 진행하되 필요한 경우 자유롭게 추가 질문을 하며 인터뷰를 진행하는 방식이다.

⑤ 설문조사(Qustionnaire/Survey)

설문조사는 데이터 수집에서 가장 보편적으로 사용되는 도구 중 하나이며(Creswell, 2015), 특정한 주제에 관한 인식이나 태도, 감정, 또는 행위에 대한 정보를 수집하는 데 유용한 도구이기도 하다. 설문조사는 크게 횡단조사(cross-sectional survey)와 종단조사(longitudinal survey)로 나눌 수 있다. 횡단조사는 한 시점에서 개인들의 태도나 의견을 살펴보는 형태인 데 반해 종단조사는 특정 기간에 걸쳐 개인들에게 여러 번의 설문을 실시하는 형태이다. 종단조사의 장점은 시간의 흐름에 따라 참여자들이 인식이나 태도, 행위에 있어 변화를 겪었는지 또한 그들이 속한 환경 내에서 특정한 변화에 의해 영향을 받지는 않았는지 추적이 가능하다는 데 있다. 그리고 설문 문항을 만들 때 참여자들이 보편적으로 이해할 수 있는 명확한 표현을 사용해 효과적으로 답변을 할 수 있도록 해야 한다. 특히나 두 가지를 한번에 질문하거나, 유도질문 혹은 모호한 질문 등을 피하도록 재차 확인해야 한다.

요구분석을 수행하는 컨설턴트들은 요구상황을 설명하기 위해 데이터를 수집할 때에 향후 데이터에 기반한 결정을 내릴 수 있도록 어떤 데이터가 필요한지 어떻게 그 데이터를 수집할 것인지에 대한 계획을 가지고 있어야 한다.

(5) 데이터 분석(Data Analysis)

앞선 단계에서 서술한 것처럼 각 요구 상황을 설명하는 데 필요한 데이터를 다양한 출처와 도구를 통해 수집한 이후 데이터 분석이 이루어져야 한다. 먼저 수집된 데이터들을 통해 프로젝트의 시작단계에서 확인된 요구 상황이 실제 니즈인지 확인할 수 있고, 요구사정에서 요구분석으로 넘어가면서 어떤 요소들이 이상적인 상태와 현 상태의 간극을 초래하는지 알아보아야 하는데, 이렇게 근본 원인을 찾는 과정을 원인분석(cause analysis)이라고 한다. 일단 원인이 특정되면, 요구분석을 수행하는 컨설턴트는 '문제 상황을 해결할 수 있는 가능성이 있는가?', '퍼포먼스의 문제나 간극을 해결할 수 있는 해결책들로는 어떤 것들이 있는가?', '비용을 고려했을 때 문제상황을 굳이 해결할 가치가 있는가?'의 질문을 스스로에게 던져 보아야 한다. 특히 문제를 해결하는 네 드는 비용과 문제가 해결되었을 때의 효용을 비교해보고 비용이 현저하게 클 경우 과감하게 문제해결을 포기하는 결단도 필요하다.

데이터 수집과 분석 단계에서 행해지는 것 중에 맥락적 분석(contextual analysis)이 있다. 맥락적 분석은 글자 그대로 조직 내에서 퍼포먼스에 기여하거나 퍼포먼스를 저해하는 맥락적 요소들에 대해 탐구하는 과정이다. 요구 상황을 해결하기 위한 해결책이 어떤 것이 제시되든지 간에 맥락적 분석에서 확인된 요소들을 고려하고 나온 것이어야 한다. 만약 맥락적 요소들이 고려되지 않은 해결책이라면 실행되었을 때 그 지속성이나 성공을 담보할 수 없을 것이다. 맥락적 분석은 교수설계에서도 중요하게 생각되는 영역으로 교수설계에서의 맥락의 종류들을 요구분석 내에서의 맥락적 분석에 적용하는 것도 가능하다. 교수설계 분야 맥락분석의 대표적인 문헌에서는 교육훈련의 맥락을 기원맥락(orienting context), 학습맥락(instructional context), 전이맥락(transfer context), 이렇게 3가지 종류로 분류했다(Tessmer & Richey, 1997). 기원맥락은 학습자들이나 조직원들이 조직 내에서 업무를 수행하는 데 관련된 맥락적 요소들로 예를 들어 인구통계학적 특성이라든지 퍼포먼스를 뒷받침하는 조직의 인프라나 조직문화 등이 있을 수 있다. 학습맥락은 학습해결책이 적용되는 환경을 의미한다. 예를 들어, 학습에 이용하는 플랫폼이라든지, 교수자의 역할, 훈련을 마쳤을 경우 인센티브 등이 학습맥락의 요소라 할 수 있다. 그리고 전이맥락은 개인이 요구분석의 결과 추천된 안을 어디서 어떤 식으로 적용하여 변화에 적응해나갈 수 있을지를 의미한다. 이와 더불어, 환경맥락(Environmental context)이 추가될 수 있는데 환경맥락적 요소들로는 경제, 법적 활동, 정치, 사회적 책임, 테크놀로지 기여 등을 찾아볼 수 있다.

(6) 해결책 선정 및 제안

원인분석을 통해 퍼포먼스 문제 상황을 야기하는 원인들에 대해 알아보고, 맥락분석을 통해 해결책을 적용하기 위해 필요한 맥락적 정보도 어떻게 확인할 수 있는지 전 단계들을 통해 알아보았다. 마지막 단계로 데이터 수집과 분석 단계를 통해 얻은 정보를 바탕으로 또 맥락 분석의 결과를 바탕으로 적용했을 때 현재 퍼포먼스 문제 상황을 해결할 수 있는 해결책들(solution, intervention, program)이 무엇인지 생각해보고 가장 중요하고, 바람직하고, 알맞은 해결책부터 해결책 리스트를 작성할 수 있다.

앞서 언급했던 바와 같이 요구가 존재하는 상황은 바람직한 퍼포먼스와 실제 퍼포먼스 사이에 괴리가 있는 상황으로 해결하고 싶은 문제 상황으로 인식되는 경우가 대부분이다. 따라서 요구분석을 통해 퍼포먼스의 차이를 초래하는 원인들에는 어떤 것들이 있는지 파악한 후 문제 상황을 해결할 수 있는 해결책들을 고안하게 된다. HPT 분야에서는 이렇듯 퍼포먼스를 증진하기 위한 과정에서 적용 가능한 해결책을 **교수적 해결책**(instructional intervention)과 **비교수적 해결책**(non-instructional intervention)으로 분류하고 있다. 예를 들어 자동차를 생산하는 라인이 있는 공장에서 이상적인 안전사고 발생률이 월평균 2건 미만인데 실제 안전사고 발생률은 월평균 5건인 상황을 가정해보자. 이때 안전사고 발생률을 낮추기 위한 해결책으로 생산라인 근무자들을 위한 안전교육 프로그램을 만들어 교육훈련을 실시하는 것은 학습(교수적) 해결책의 예가 될 것이고, 라인별로 안전사고 발생률에 따른 인센티브를 제공하는 것은 비학습(비교수적) 해결책의 한 예가 될 수 있을 것이다.

퍼포먼스 문제 상황을 타개하기 위한 해결책을 고안해 내는 데 있어, 개인이나 조직이 흔히 착각하는 부분이 바로 교수-학습/교육/훈련을 통해 퍼포먼스 문제 상황을 해결할 수 있다는 믿음이다. 과거에서부터 퍼포먼스에 문제가 있을 때 가장 쉽게 또 보편적으로 접근했던 방식이 교육훈련이었기 때문에 제대로 된 요구분석 과정을 거치지 않고, 퍼포먼스 문제가 있을 경우 습관적으로 교육훈련이 필요하다고 성급하게 결론을 내리는 것이다.

조직 내에서 구성원들의 퍼포먼스 문제 상황은 일차원적인 단순한 것이 아니라 체계 안에서 복합적인 상황이 맞물려 발생하는 것이기 때문에 적절한 요구분석 과정을 거쳐 근본 원인을 파악하고 맥락 및 특수한 조건에 부합하는 해결책이 도출되어야 한다. HPT 분야에서는 퍼포먼스 문제상황의 해결책으로 학습을 처방하는 성급한 결론을 경계하고, 비학습 해결책의 가능성을 항상 염두에 둘 것을 강조하고 있다. 실제 현장에서는 많은 경우, 학습(교수적) 해결책과 비학습(비교수적) 해결책이 복합적으로 적용되는 경우가 대부분이다.

〈퍼포먼스 문제 상황에 대한 비학습 해결책의 일화〉

미국 중서부 한 주립 대학교의 기숙사 건물에는 각 층마다 공동부엌 공간이 있어서, 그 층에 거주하는 기숙사 학생들이 간단한 조리나 식사 준비를 할 때 공동으로 이용할 수 있게 하였다. 그런데 이 기숙사를 관리하는 부서에서는 고민거리가 하나 있었다. 바로 한 달에 한 번꼴로 공동부엌에서 학생들이 칼에 손이 베이는 안전사고가 발생한다는 것이었다. 살짝 손가락을 베인 정도로 끝나는 경우가 많았지만 가끔씩은 크게 베여서 출혈 과다가 생기는 위험한 상황도 발생했다. 기숙사를 관리하는 부서에서는 너무도 당연하게 같은 대학교의 교육공학과 P교수에게 도움을 요청해 기숙사생들을 위한 공동부엌 사용 시 안전 교육을 개발해달라고 부탁했다. 도움 요청을 받은 교수는 클라이언트가 교육 솔루션을 요청했음에도 불구하고 성급한 결론을 내리지 않고 여러 데이터를 모으고 분석하기 시작했다. 과거 수개월 동안 공동부엌에서 안전사고를 당한 학생들을 인터뷰하며 당시 상황에 대한 정보와 사고를 당했던 과정 등의 정보를 수집하였고, 실제 공동부엌에 가서 며칠에 걸쳐 학생들이 공동부엌을 사용하는 패턴 및 용도, 자주 하는 작업 등에 대한 정보도 수집하였다. 또한 과거 안전사고 발생 시 작성되었던 사고보고 리포트들도 살펴보고 놓친 정보들은 없는지 파악하였다. P교수는 데이터 분석을 통해 그동안 일어났던 안전사고들에서 공통적인 부분을 발견할 수 있었다. 싱크대 개수대 볼 하나에 항상 물이 채워져 있었고, 감자 껍질과 같은 부유물이 떠있어 그 안에 무엇이 있는지 확인하기 힘든 상황에서 개수대 안의 컵이나 용기를 꺼내기 위해 손을 넣었다가 그 안에 있던 칼에 베이는 사고를 당한 것이었다. 학생들이 감자를 깎으면서 칼을 이용하고 껍질이 떠있는 개수대 볼에 칼을 그대로 넣어 둔 후 다음에 개수대 볼을 이용하는 학생들이 칼을 보지 못하고 손을 베이는 사고를 당한 것이 가장 큰 원인이었다. P교수는 이 문제 상황을 해결하기 위해, 근처 마트에서 개수대 옆에 고정하여 설치할 수 있는 감자껍질 벗기는 기계를 20달러에 구매해 설치하였고, 클라이언트가 원했던 안전교육을 위한 시간, 인력, 자원의 불필요한 낭비 없이 20달러 투자만으로 공동부엌의 안전사고는 혁신적으로 감소하였다. 실제 일어났던 이 일화는 퍼포먼스 문제 상황에서 성급하게 학습 해결책만이 답이라는 결론을 내리지 않고, 적절한 요구분석 절차에 따라 가장 적합한 해결책, 이 경우에는 비학습 해결책을 통해 효과적이고 자원의 낭비를 막을 수 있는 효율적인 문제해결의 과정을 잘 보여준다.

앞서 요구 상황을 해결할 수 있는 해결책으로 학습/교수적 해결책과 비학습/비교수적 해결책이 있음을 살펴보았다. 학교 교육은 퍼포먼스의 문제 상황(요구)이 대부분 학생들의 학업성취도와 관련이 있고 해결책 역시 교수적 해결책(instructional intervention)으로 한정되는 특수한 상황이다. 따라서 앞으로 기술될 부분은, 앞서 설명한 교수적 접근방법에서의 요구분석에 대해 살펴보도록 하겠다. 다시 말하면 학교든, 기업이든, 공공부문이든 간에 학습/교육훈련의 요구가 확인되었을 때 학습자분석, 환경분석, 과제/내용분석 등의 분석 활동(넓은 의미의 요구분석)이 계속되는 것이다. 이후에는 학습을 설계, 개발 또는 기존 학습을 수정해야 하는 상황에서 어떤 분석들이 이루어져야 하는지 알아보도록 하겠다.

교사가 되어 학교 교육에 몸담을 독자들을 위해 요구분석의 결과로 편의상 학습 해결책이 선정되었다고 가정하지만, 앞서 강조했던 바와 같이 중학생의 2차 방정식 학업 성취도의 괴리는 학습만이 해결책이 아니라 평가환경의 변화(예: 연습용지 배포, 평가 시간 10% 증가 등), 평가문항의 재조정(예: 잘못 해석될 수 있는 애매한 문구의 대체) 등 비교수적 해결책(non-instructional intervention)이 있을 수 있음을 명심해야 한다. 그리고 이러한 적절한 해결책의 판별과 선정은 전체요구분석 과정에서 수합하고 분석한 데이터들에 기반한다는 사실도 잊지 않아야 할 것이다.

2 학습자 분석

일반적으로 학습의 대상인원은 나이, 학년, 과목, 주제 등의 용어를 이용해서 표현된다. 예컨대, 이 학습은 '중학교 2학년 수학과목의 일차방정식에 대한 학습이다'와 같은 식이다. 하지만 같은 나이의 중학생 2학년 학습자라고 해도 실제 학습의 효과나 몰입도 등에 영향을 미칠 수 있는 다양한 요소들을 학습자별로 다르게 가지고 있고, 학습자 분석을 통해 그런 다양성을 파악하고 교수설계에 적용함으로써 학습의 효과 및 몰입도 증진을 도모해야 한다. 학습자 특성을 나타내는 지표들에는 어떤 것들이 있는지 또 각 지표들이 얼마만큼의 중요성을 가지는지 일괄적으로 적용하는 것은 불가능하지만, 일반적으로 살펴보아야 할 학습자 관련 지표들은 다음과 같다(Dick, Carey, & Carey, 2015).

1) 출발점 스킬(Entry Skills)

학습을 시작하기 전, 학습자들은 해당 학습목표와 관련하여 기습득한 특정 스킬을 가지고 있기 마련이다. 쉬운 예로, 곱셈을 배우기 위해서는 덧셈을 먼저 할 줄 알아야 하는 식이다. 교수설계 과정에서 출발점 스킬에는 어떤 것들이 있는지 파악되어야 하고, 학습자들이 학습에 임하기 전 이 출발점 스킬 관련 현 상태는 어느 정도인지 확인하는 작업이 선행되어야 한다.

2) 주제 영역에 대한 사전지식(Prior Knowledge)

학습을 시작하기 전 학습자들이 주제 영역에 대해 가지고 있는 사전 지식을 정확하게 파악하는 것이 중요하다. 예를 들어, 곱셈에 대해 처음 학습하는 경우 곱셈에 대한 어떤 기존 지식이 있는지 파악하는 것이다. 출발적 스킬의 개념과 혼동되기 쉽지만, 출발점 스킬은 곱셈을 하기 전에 필수적으로 습득하여야 하는 기술(예: 덧셈 능력)을 의미하고, 기존 지식은 곱셈에 관해 알고 있는 혹은 경험해 본 지식들을 의미한다(예: 구구단을 알고 있다든가 2단을 외울 수 있다 등). 흔하지 않긴 하지만 학습자들이 주제 영역에 대해 거의 알지 못할 수도 있고, 부분적으로 알고 있거나 또는 주제에 대해 잘못된 이해를 하고 있을 수도 있다. 학습자들은 기존에 알고 있던 지식을 바탕으로 연관 지어 새로운 학습 내용을 해석하며 자신만의 학습을 구성해나간다. 그러므로 학습자들이 주제 영역에 대해 알고 있던 기존 지식의 범위와 성격을 파악하는 것은 매우 중요하다.

3) 내용과 학습전달 체제에 대한 태도

학습자들은 학습할 내용과 학습이 전달될 방식에 대해 나름대로의 인상이나 태도를 가지고 있을 것이다. 예를 들어, 예술가가 되고 싶은 학생은 수학자가 되고 싶은 학생과 비교해 이차방정식 학습에 관심이 덜할 것이고, 학습이 온라인으로 진행이 된다고 하면 기존 온라인 학습 경험이 좋았던 학생과 좋지 않았던 학생들은 서로 상이한 태도를 보이게 될 것이다. 내용과 학습전달 체계에 대한 태도와 더불어 교수설계자는 학습자들이 학습전달에 대해 기대하는 바도 파악하는 것이 중요하다.

4) 학습 동기(Academic Motivation)

성공적인 학업을 위해 가장 중요하게 여겨지는 것 중 하나가 학습 동기이다. 이 책에서는 6장에서 Keller의 ARCS 이론을 통해 학습 동기에 대해 자세히 다루고 있다. 학습자들이 학습내용에 대해 관심이 있을 것이고, 학습을 본인들의 관심사에 관련이 있다고 생각하며, 학습에 대해 자신감이 있고 만족할 것이라고 섣불리 가정하는 것은 위험하다. 그들이 어떻게 느끼는지 학습을 설계하기 전에 파악하는 것이 매우 중요하다.

5) 교육/능력 수준

학습자들의 전반적인 교육 수준, 능력 수준을 파악하는 것도 중요하다. 학습자들이 기존에 어떤 학습 경험을 해왔는지, 어떤 형태의 학습이 주가 되었었는지 파악하면 아예 새롭거나 기존과는 다른 학습에 대한 접근을 마주했을 때 적응을 잘 할 수 있을지 판단할 수 있다.

6) 전반적인 학습 선호

대상 학습자들의 일반적인 학습에 대한 선호를 파악하는 것도 중요하다. 예를 들어, 학습자들이 일방향 강의 형태를 선호하는지, 강의와 토론 조합, 소그룹 문제

해결 학습, 자기주도적 온라인 학습 등에 대한 선호는 어떤지, 자신이 선호하는 형태 이외의 새로운 형태의 학습에 대해 받아들임은 어느 정도인지 파악하는 것이다. 흔히 말하는 학습유형에 대한 정보도 여기에 해당된다. 학습에 있어, 시각 학습자인지, 청각 학습자인지 등의 정보 역시 교수설계 과정에 중요한 정보를 제공할 수 있다.

위와 같이 학습자 분석 단계에서 고려할 수 있는 요소들에 대해 살펴보았는데, 이러한 학습자 관련 요소들은 학습목표를 선정하고 개발하는 것뿐만 아니라 학습 전략 요소를 결정하는 데 큰 영향을 끼칠 수 있다. 또한 학습자들의 학습동기를 유발할 수 있는 전략을 선정하고, 학습 전달 방식에 관한 결정에도 유용하게 쓰일 수 있다.

3 환경 분석

요구분석을 통해 학습 해결책의 필요성과 타당성이 확인되면, 다음으로는 개발 완료 후 수업이 실제로 실행될 수업 환경에 대한 환경 분석이 필요하다. 이때 초점은 수업을, 교사와 학생이 진공(vacuum) 상태에서 떠도는 일시적 이벤트가 아니라, 학습 및 적용 환경과 맞물려 작동하는 학습시스템의 일부(system component)로 인식하는 것이다. 학습시스템은 개발하려는 수업 외에 학습자와 학부모, 국가 테크놀로지 인프라, 교사 집단의 수준, 시설 및 장비, 조직 문화와 제도, 다른 수업과 커리큘럼의 특성 등으로 구성된다. 개발할 수업이 효과를 발휘하려면 수업 자체의 특성뿐 아니라 학습 환경과의 생태적 적합성을 가져야 한다(Richey & Tessmer, 1995).

예컨대 국내에서 효과성을 인정받은 인터넷 기반 문제기반학습 수업이라 하더라도 그 운영 환경이 아프리카라면 무용지물이 될 수 있다. 교실 내 테크놀로지 수준, 국가 인터넷 인프라, 기술인력 등 기술적 환경뿐 아니라, 교사가 주도하지 않는 학습자 중심 수업에 대한 동료 교사, 학부모의 인식, 학습자의 자기주도학습 및 집단 활동 스킬 수준 등 우호적 환경이 조성되어 있지 않다면 수업은 그 효과를 발휘할 수 없다. 학습환경 분석은 조직, 구성원 문화 및 역량, 기존 교육 체계, 테크놀로지 수준, 교실의 물리적 구조, 교육 제도 및 정책, 학교와 공동체의 교육 가치관 등 환경 요인을 다룬다. 수업을 상위시스템 속에서 작동하는 하위시스템으로 보는 체제적 교수설계 관점에서 볼 때 학습환경 분석은 핵심 분석 대상이다. 요구분석 단계에서 이루어지는 맥락적 분석(context analysis)에서 얻어진 정보들 또한 학습환경분석 단계에서 그대로 이용될 수 있다는 장점도 있다.

그리고 학습환경을 분석하기 위해서는 기존 교육체제와의 호환성, 테크놀로지의 수준, 교육시설의 특성, 교육제도와 정책, 교육가치관 등의 여러 요인들을 고려해야 한다.

1) 기존 교육 체계와의 호환성

새로이 개발될 수업의 내용, 교수전략, 평가 방법 등은 기존 교육과정의 틀 속에서 다른 수업과 호환성을 유지하지 않으면 생태적 부조화를 일으켜 자칫 도태될 수 있다. 특정 수업을 구성하는 내용은 그 자체로도 체계성을 갖추어야 하지만, 동시에 이전 수업에서 배운 내용과 이후 수업에서 배울 내용을 연결시켜주는 다리의 역할도 해야 한다. 따라서 교육과정 전체(상위시스템)의 내용 구조를 파악하지 않으면 특정 수업(하위시스템)에 포함될 내용을 결정할 수 없다.

2) 테크놀로지 수준

오늘날 우리나라만 하더라도 컴퓨터, 태블릿, 인터넷, 프로젝터 등 테크놀로지 활용 수업이 크게 확산되어 자연스럽게 여겨지고 있다. 그러나 국가, 지역, 학교별로 그 확산 정도에는 차이가 있기 마련이다. 국내 시범학교에는 가상현실 장비가 설치되어 있는 반면, 방글라데시 교실은 낮에는 교실에 전기가 들어오지 않는 경우가 많다.

하드웨어뿐 아니라 소프트웨어에서도 격차가 심하다. 파워포인트가 없다면 프로젝터와 컴퓨터가 있어도 강의 자료를 제대로 만들 수도, 스크린에 띄울 수도 없다. 인력자원도 고려해야 한다. 설비를 유지관리하고 문제가 생기면 즉시 도와주는 지원인력이 없다면 값비싼 하드웨어와 소프트웨어도 능력을 발휘하지 못한다.

3) 교육 시설의 특성

교육 시설의 개수와 규모도 수업 설계 시 고려해야 한다. 교실이 부족하다면 수준별 분반 수업이 불가능하다. 실험 실습실, 소규모 모둠 활동실, 도서자료실은 탐구학습, 문제기반학습, 역할극, 자원기반 자율학습 등의 학습자 중심 수업 방식을 적용하기 전에 반드시 확인해야 할 학습환경 요인들이다. 소규모 모둠 활동을 설계한다면 한 교실에서 진행할 것인지, 그렇다면 여러 모둠들의 개별 활동을 수용할 충분한 공간이 있는지, 모둠 활동실을 이용할 계획이면, 충분한 모둠 활동실이 있는지 확인해야 한다. 숙박 시설 유무에 따라 야간 자율학습이나 장기 연속 연계 수업이 불가능할 수도 있다.

4) 교육 제도 및 정책

수업 시간, 입시 정책, 평가제도 등 법적 규제는 교수설계 활동의 제약 조건으로서 반드시 분석해야 한다. 수업 시간이 '50분 수업, 10분 휴식, 하루 6시간, 주 5일' 등으로 규정되어 있고 한 학년이 진행되는 일 년 동안 다루어야 할 수업목표가 정해져 있는 학교 환경에서, 3개월간 모둠 활동을 바탕으로 협력적으로 진행되는 장기 과제중심 교육을 도입하는 것은 현실적으로 불가능할 수 있다.

수업을 대하는 학습자의 동기 유형은 평가제도와 관련성을 보이는 경우가 많다. 평가 제도상의 차이로 인해, 표준화된 시험에서의 상대평가 점수 향상이 학습 동기가 될 수도, 학습을 통한 역량 향상이 학습 동기가 될 수도 있다. 입시 정책이 전국 단위 표준화 시험 점수 위주인지 이전 학교 재학 중 개인이 작성한 포트폴리오 위주인지에 따라 수업 방식이 영향을 받는다. 특히 교육이 승진과 연계된 성인 직무교육 환경에서 평가제도에 따른 동기 요인은 수업 설계에 영향을 미친다.

5) 교육 가치관

교수와 학습의 의미, 학습자와 교수자의 역할에 대한 이해 당사자, 즉 교사, 학습자, 학부모, 경영자의 가치관도 교수전략 선택에 영향을 미친다. 교수에 비해 학습이, 교수자에 비해 학습자가 부각되고 있는 것이 최근의 추세이다. 교육의 의미를 학습 그 자체에 두는 경우와 수행 향상의 도구로 보는 견해 차이도 고려해야 한다. 일반적으로 학교에 비해 기업은 도구적 견해를 갖고 있으며 이럴 경우 기업교육 교수 설계 시에는 현장 성과와 수업 간의 전이를 극대화시키는 방향으로 설계할 필요가 있다(Smith & Ragan, 2005). 그러나 이러한 일반론이 특정 개인이나 집단에 항상, 같은 정도로 적용되는 것은 아니라는 사실을 인식해야 한다. 따라서 특정 학습 대상이 결정되면 그들을 대상으로 정보를 수집하고 분석해야 한다.

문화와 종교가 교수설계에 영향을 주는 경우도 있다. 어떤 국가에서는 진화론을 수업에서 언급하는 것이 금지되고 교사의 역할이 가부장적-권위적이어야 한다고 믿는다. 이슬람 문화권에서는 남-여 혼합 수업이 불법 행위일 수도 있다. 무슬림에게 부과되는 하루 5회 기도 원칙 때문에 수업 중 갑자기 학생들이 교실에서 사라지는 경우도 고려해야 한다.

4 과제분석(내용분석, 교수분석)

요구분석(NA)의 결과는 요구(needs, performance gap)를 충족시키는 교수적/비교수적 해결책(solution, intervention, program)을 구체적으로 제시하는 것이다. 요구분석(NA) 또는 **전단분석**(FEA)의 결과로 교수적 해결(instructional intervention)이 추천된다면 **교수프로그램의 목적**(instructional goal)과 내용이 제안되어야 한다. ADDIE의 분석(요구분석, 학습자분석, 환경분석, 과제분석)은 조직의 목적과 환경에 부합하고 조직 구성원/개인에게 필요한 학습과제(learning task)를 구체화하는 것이다. 예를 들면, 학교의 목적과 학습환경에 부합하고 학생/학습자에게 필요한 학습내용을 구체적으로 파악하는 것이 전체 분석활동이다. 요구(needs)가 다양할 경우에는 조직의 합당한 기준에 따라서 **우선순위**(priority)를 정하게 된다. 교수설계(ID) 또는 인재개발(HRD) 프로젝트의 요구분석 결과보고서에는 교육(학습, HRD) 프로그램의 일반적 목적, 구체적 학습목표와 학습내용(과제)이 제시되어야 한다.

과제분석(내용분석, 교수분석)은 교수프로그램의 내용을 구성하고 절차를 조직화하기 위한 핵심적 활동이다. 과제분석(교수분석)은 요구분석의 결과에서 나온 교수적 해결책인 프로그램의 목적분석(goal analysis)과 하위스킬(subordinate skills) 분석으로 구분된다.

1) 목적분석(Goal Analysis)

목적분석은 요구분석(NA) 또는 전단분석(FEA)에서 도출된 프로그램의 교수목적(instructional goal)을 (1) 어떤 유형의 학습이 일어날 것인가(학습영역, learning domain)를 분류한 후에, (2) 그 프로그램 목적을 실행하는 데 필요한 주요 단계들(main steps)로 분해하는 것이다. 목적을 실행하는 데 필요한 주요 단계들을 정하는 데 있어서 하나의 단계 크기를 얼마나 크게 해야 할지, 그 단계에 얼마나 많은 행동이 포함되어야 하는지 학습자와 상황에 따라 결정하기가 쉽지 않아 '정신적 로드맵'을 구성할 필요가 있다.

학습 영역 분류는 과제 수행에 필요한 역량을 유형별로 분류하는 작업이다. 학습 영역의 분류는 Bloom(1956)의 **교육목표분류학**(인지적, 정의적, 심체적 영역)과 Gagné(1985)의 **학습분류체계**(learning taxonomy)로 가능하다. Gagné는 학습된 역량 또는 학습 영역을 언어정보, 지적 스킬, 인지전략, 태도, 운동 스킬 등 다섯 가지 범주로 나누었다.

(1) 언어정보(Verbal Information)

사실에 대한 것(knowing what)을 언어정보라 한다. 선언적 지식 목표는 사실, 목록, 이름, 조직된 정보를 회상하도록 요구한다. 획득한 지식을 적용하도록 요구하는 것이 아니라 단순히 기억하고 진술할 수 있다면, 언어정보 유형의 학습 목표가 달성된 것이다.

(2) 지적 스킬(Intellectual Skills)

지적 스킬은 이전에 경험하지 못한 사례에 규칙을 적용하는 능력이다. 기억이나 선언적 지식과 비교할 때 방법에 대해 아는 것(knowing how)으로 다양한 일상적 과제 수행에 폭넓게 활용된다. 지적 스킬에는 변별(discrimination), 개념 획득(concept acquisition), 원리(principles), 문제해결(problem-solving)과 같은 4가지 하위 범주가 있다.

① 변별은 어떤 것이 다른 것과 일치하는지 혹은 다른지를 인식하는 능력으로서 지적 스킬 중 가장 낮은 수준이다.

② 개념 획득은 개별 현상을 하나의 범주로 묶는 지적 스킬이다. 개념은 다시 구체적 개념과 추상적 개념(정의된 개념)으로 나뉜다. 와인, 개 등 구체적

사물의 범주화를 '구체적 개념'이라 한다. 한편 '추상적 개념'은 범주화의 대상이 추상적, 이론적 현상인 경우를 말한다.

③ 원리(또는 규칙)는 서로 다른 두 현상 간의 인과적 관계를 이해하는 것이다. 두 가지 현상 중 먼저 발생하는 현상은 원인(cause)이고 나중에 발생하는 현상은 결과(consequence)이다. 원리는 "if A, then B" 형태의 조건문으로 표현된다. 원리에 대한 학습은 현실 문제를 해결하거나 대비하는 데 있어 유용하다. 인과적 원리의 경우, 원인을 알면 결과를 예측할 수 있고, 결과를 보면 그 원인이 무엇인지를 추론할 수 있기 때문이다.

④ 문제해결(problem solving)은 다양한 규칙 중 최적의 대안을 선택하고 이를 적용하여 결과를 얻어내는 과정이다. 이러한 종류의 학습은 원리, 절차뿐 아니라 영역구체적 지식(domain specific knowledge)을 필요로 한다.

(3) 인지전략(Cognitive Strategies)

인지전략은 학습자가 주의 집중, 학습, 기억, 사고 등 자신의 내적 과정을 조정하는 스킬을 뜻한다. 인지전략은 그 자체로 고차 학습의 핵심 목표이자, 동시에 다른 범주의 학습을 지원한다. 따라서 학습심리학자의 주요 연구 대상이 되어 학습전략(Weinstein & Mayer, 1986), 학습방법의 학습(Smith & Ragan, 1999), 학습산출행동(Rothkopf, 1970), 자기통제 행동(Skinner, 1983) 등의 이름으로 지속적으로 연구되어왔다.

(4) 태도(Attitudes)

태도란 개인의 행동 선택에 영향을 주는 내적 상태이다. 태도는 정의적 요소, 인지적 요소, 행동적 요소로 이루어져 있다고 본다. 또한 태도에 영향을 주는 내적 상태들은 지적, 정서적 측면을 모두 가지고 있다. 인간의 행위는 태도에 의해 영향을 받는다. 무엇을 학습할 것인지, 공부를 지속할 것인지 미루고 게임을 할 것인지, 규정에 따라 업무를 수행할 것인지 아니면 편법을 쓸 것인지 등과 같이 학습과 수행에 관한 모든 실천적 행동들은 태도와 관련된다.

(5) 운동 스킬(Motor Skills)

운동 스킬은 유연하고 정확하게 타이밍이 맞는 균형 잡힌 근육의 움직임이며 보통 계열성을 지닌 동작들로 구성되어 있다. 학습자는 운동 스킬의 절차적 계열을 학습해야만 한다. 운동 스킬의 개별 부분들은 부분스킬로서 개별적으로 학습될 수 있지만, 모든 부분들이 학습되고 난 후에 부분 스킬을 결합해야 한다. 운동 스킬 학습을 위한 가장 중요한 외적 조건은 연습할 시간을 제공하는 것이다. 운동 행위의 계열들은 피드백 또는 결과에 대한 지식 등이 제공되는 것과 동시에 계속적으로 반복되어야 한다.

2) 교수목적의 하위스킬 분석(Subordinate Skills Analysis)

프로그램 목적(goal)의 성취를 위해 요구되는 각 행동 단계(main step)를 수행할 수 있기 위해서는 각 단계의 선수 하위기능들이 학습되어야만 한다. 학습자들이 프로그램 목적의 각 단계를 학습하는 데 있어서 필수적인 기능을 학습하지 못한다면 그 목적을 달성하기가 어렵고, 결국 설계된 교수프로그램은 효과가 없는 것이 되고 말기 때문이다. 그러므로 선수학습인 하위스킬의 분석은 매우 중요하다.

하위스킬 분석 방법은 목적의 학습영역에 따라서 각기 다르며, 이 방법들에는 **위계 분석**(hierarchical analysis), **절차 분석**(procedural analysis), **군집 분석**(cluster analysis) 그리고 이 세 가지를 통합한 **통합적 분석**(combining instructional analysis) 등이 있다. 프로그램 목적의 각 학습영역에 따른 하위스킬 분석방법을 보면 〈표 5-1〉과 같다(Dick & Carey, 1996; Dick, Carey, & Carey, 2001).

〈표 5-1〉 학습영역과 하위스킬 분석방법

목적의 학습영역	하위스킬 분석 방법
지적 스킬	위계 분석
운동 스킬	절차 분석
언어정보	군집 분석
태도	위계적, 절차적, 군집 분석방법의 통합적 적용

(1) 위계 분석

위계 분석은 지적 스킬의 목표를 분석하는 데 사용한다. 위계 분석을 할 때, 교수설계자는 목적의 각 단계에 대한 하위스킬을 분석하면 된다. 그리고 학습자가 목적의 첫 번째 단계를 학습하기 위해서 이미 알고 있어야 할 것(선수지식)이 무엇인지를 밝혀냄으로써 각 단계의 여러 가지 하위스킬들을 찾아낼 수 있다.

위계 분석 방법은 Gagné가 제시한 지적 스킬의 위계를 따라서 분석할 수 있다. 즉, 학습자가 문제해결을 수행할 줄 알기 위해서는 그 문제해결에 필요한 원리를 적용할 줄 알아야 하며, 원리학습은 그 원리를 이루고 있는 구성 요소들, 즉 개념들을 분류해낼 줄 아는 능력이 있어야 한다. 그러므로 학습목적이 문제해결 학습이라면 이와 관련된 원리, 개념, 변별이 하위스킬이 되며, 그것이 원리학습이라면 이와 관련된 개념들과 변별이 하위스킬이 될 것이다.

(2) 절차 분석

절차 분석은 운동 스킬 목적의 하위스킬을 분석하기 위한 것이다. 목적의 성취행동 단계를 분석한 후에 학습자가 각 단계를 수행할 때 무엇을 하게 되는지를 밝혀냄으로써 활동들을 분석해 나간다.

운동 스킬 목적의 절차 분석은 각 운동기능 단계별로 이루어져야 하며, 이렇게 분석된 활동들은 하위스킬이라기보다는 목적에서 의도하는 스킬들을 보다 상세화한 것이라고 할 수 있다. 그러므로 운동 스킬 분석을 하기 위해서는 목적에 대한 성취 행동 단계에 대해서 학습자들이 그 단계를 잘 해낼 수 있기 위해서 무엇을 알거나 할 수 있어야 하는가를 밝혀내야 한다. 즉, 이것은 운동 스킬을 수행하는 데 있어서 그 단계가 단일 스킬일 수도 있고, 또는 지적 스킬일 수도 있다(Dick, Carey, & Carey, 2009).

(3) 군집 분석

언어정보 영역의 목적을 분석하는 최선의 방법은 그 언어정보의 목적이 의도하는 주된 정보를 찾아서 군집 분석을 하는 것이다. 언어정보 영역의 목표는 그 목표에 논리적 구조가 없기 때문에 지적 스킬과 같은 분석을 할 수 없다. 그러므로 위계적 목표 분석 대신에 언어정보의 목표를 성취하는 데 필요한 정보를 직접 찾는 방법을 도입해야 한다. 예를 들어 사람의 뼈를 인체의 머리, 팔, 손, 다리, 발 몸통 등의 신체적 부위로 묶어서 분석한다.

(4) 통합적 분석

태도를 학습하는 목적은 학습자가 어떤 지적 스킬이나 운동 스킬을 선택하도록 학습시키는 것이다. 그러므로 태도는 운동 스킬 또는 지적 스킬이 그 하위스킬로 분류되며, 이들 스킬들의 보조적 기능으로서 언어정보가 위계에서나 절차에서 필요할 수 있다. 따라서 태도 목적을 분석하는 데는 여러 가지 분석 방법들을 함께 사용하는 통합적 분석 방법이 적용된다. [그림 5-3]은 태도영역의 요소를 포함한 운동 스킬의 프로그램 목적(instructional goal)이 하위스킬로 지적 스킬과 언어정보를 가지고 있는 통합적 분석을 나타낸다.

출발점 스킬(entry skills)은 교수프로그램으로 학습하기 전에 이미 알고 있어야 하는 것이다. 과제분석(교수분석)의 하위스킬 분석에서 주의해야 하는 것은 출발점 스킬을 정확하게 찾아내는 일이다. 어떻게 찾아낼 것인가? 출발점 스킬을 규명하는 방법은 하위스킬 분석과 연관된다. 위계분석을 하면서 '학습자가 이 스킬을 학습하기 위해서 알아야 할 필요가 있는 것이 무엇인가?'와 같은 질문을 계속하다 보면 위계의 맨 아래는 매우 기초적인 스킬까지 포함하게 된다. 출발점 스킬을 정하는 것은 중요하지만 상당히 위험하기도 하다. 학습자가 학습해서 알아야만 하는 것과 이미 알고 있는 것을 과제분석가(또는 교수설계자)가 추정해야 하고 그러다 보면 오류를 범할 수 있다. 너무 높게 잡으면 학습자의 노력이 허사가 되고 프로그램은 비효과적이 되고, 너무 낮게 잡으면 학습자들의 시간낭비를 초래할 수 있다.

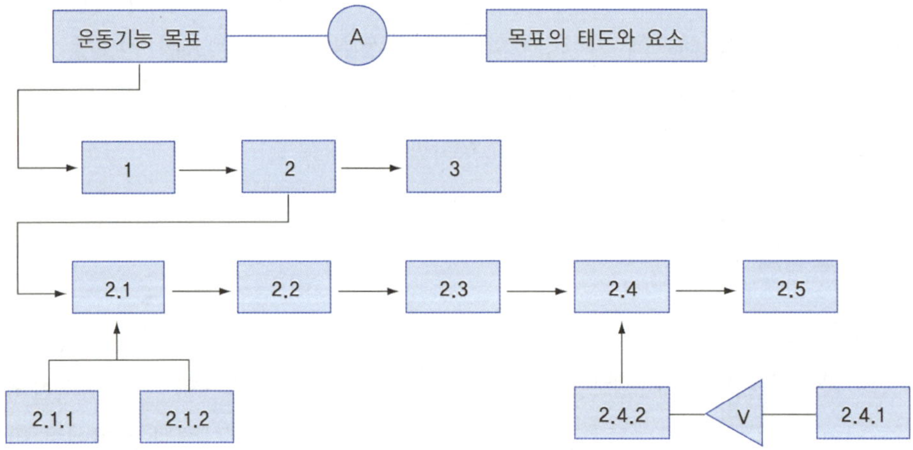

[그림 5-3] 통합적 분석(Dick, Carey, & Carey, 2009)

5 분석 결과의 활용

ADDIE에서 분석(Analysis, 즉 요구분석) 단계를 통하여 구체적 학습과제, 즉 'what to teach/ learn'을 찾을 수 있다. 요구사정(퍼포먼스 분석)에서 지식과 스킬의 차이(gap)이 확인되어 교수적 해결책으로 교육프로그램을 제안하고 프로그램의 **목적(goal)**이 도출되면, 과제분석의 **목적분석**(goal analysis)을 통하여 그 목적의 학습영역을 파악하고 목적의 주요 단계(main steps) 분해로 각각의 **하위스킬분석**을 실시한다. 학습자분석을 통하여 학습자의 **출발점 스킬**과 선수지식이 확인되면 교육 프로그램에 포함될 구체적인 학습과제(내용)들의 세트가 결정될 수 있다. 즉 'what to learn/teach'의 내용이 나온다.

그러면, ADDIE의 다음 단계인 설계(Design)에서는 분석단계(넓은 의미의 요구분석)에서 도출된 구체적인 핵심 내용/과제를 바탕으로 **학습목표**(learning objectives)를 진술하게 된다. 보통 목표가 한 개면 하나의 모듈(module)의 프로그램이 되지만 목표가 많아지면 여러 개의 모듈로 구성된 프로그램이 필요하다. 그러므로 목표의 수에 따라서 분석결과로 나온 프로그램 목적(instructional goal)은 구체화되면서 1개의 **최종목표**(terminal objective)와 여러 개의 **중도목표들**(하위목표들)로 나뉠 수 있다. 최종목표 수에 따라 프로그램의 크기가 달라질 수 있다[일반적으로 1개의 terminal objective는 1개의 module(unit)이 됨]. 이와 같이 학습자가 경험할 학습내용이 결정되면 다음에는 그 내용을 어떻게 가르칠 것인가 또는 어떻게 배울 것인가(how to teach/learn)를 결정하는 종합적인 설계(design)가 진행된다. 물론 요구분석, 학습자분석, 환경분석, 과제분석(내용분석)을 통하여 파악된 여러 가지 사실, 데이터, 증거가 여기 설계단계에 긴요하게 활용된다. 학습목표는 물론, 평가전략, 학습경험의 조직과 계열화, 교수전략과 교수매체를 결정하는 데 핵심 자원이 된다. 정확하고 철저한 분석(요구분석)이 효과적이고 효율적인 설계를 가능하게 한다.

5장의 분석(특히 요구분석), 교수설계, 교수체제개발, 교육프로그램개발의 시작이다. 요구분석으로 퍼포먼스의 차이(요구)가 존재하는지, 그 차이의 원인이 무엇인지, 문제상황 해결을 위해 교수적 해결책이 필요한지, 교수목적(instructional goal)은 무엇인지를 규명한다. 이어 과제분석을 통해 학습목적 달성을 위해 학습자가 거쳐야 할 정신적 과제들과 절차적 관계를 파악하고 학습유형 분류와 하위스킬 분석을 통하여 학습내용을 구체화한다. 여기에 환경분석과 학습자분석을 통해 파악한 물리적, 제도적, 사회적, 심리적 조건에 관한 정보가 추가되면 효과적-효율적-몰입되는 E^3 교수설계를 위한 많은 증거를 갖출 수 있다. 이 정보들은 이후 ADDIE의 설계-개발-실행-평가 과정에 걸쳐 필요한 합리적 증거기반 의사결정을 내리는 데 기여한다. 학습자가 누구이든, 어떤 환경에서 무슨 내용을 가르치든 분석의 과정을 통하지 않고서 양질의 수업을 창조해 낼 수 없을 것이다.

이제 본 장의 서두에 제시했던 사례로 돌아가 보자. 교사 김이화 선생님이 겪고 있는 문제는 체제적 교수설계 절차, 그중에서도 요구분석을 위시로 한 분석 활동을 통해 많은 부분이 해결될 수 있을 것이다. 이해의 편의를 위해 다소 극단적인 경우를 묘사하기는 했으나, 모든 교수설계 상황이 본질적으로는 이 사례로부터 일반화할 수 있는 문제를 포함하고 있다. 좋은 해답은 좋은 질문으로부터 시작된다. 체계적인 분석 과정을 거치고 분석의 결과로 얻어낸 정보들 간의 관련성을 파악한다면 후속 설계 단계의 의사결정에 필요한 체계적인 답을 찾아낼 수 있을 것이다.

탐구과제

1. 학습자로서 본인의 경험을 반추해보며 다음을 생각해봅시다.
   - 본인이 참여했던 학습활동 중에서 교수자나 교수설계전문가에 의한 분석활동이 선행되었던 학습활동이 있었나요? 있었다면, 어떤 분석활동이었나요? 분석활동이 선행되었던 학습경험은 효과적이었나요?
   - 과거 아쉬웠던 학습경험 중에 보다 체계적인 분석활동이 이루어졌다면 어떤 점에서 더 효과적-효율적이 될 수 있었을지 생각해봅시다.

2. 퍼포먼스 문제 상황이 학습해결책이 아닌 비학습해결책으로 해결되었던 경험이 있었다면 어떤 상황이었으며 그 해결책은 어떤 것이었나요?

3. 학교 선생님으로서 실제 현상에서 사용하기 좋은 분석활동에는 어떤 것이 있을까요? 또한 학교 상황에서 분석활동을 하는 데 걸림돌이 되는 것들에는 무엇이 있을지, 그 해결책에는 어떤 것들이 있을지 동료들과 같이 토론해보세요.

참고문헌

Creswell, J. W. (2015). Revisiting mixed methods and advancing scientific practices. *The Oxford handbook of multimethod and mixed methods research inquiry*. Oxford University Press.

Dick, W. & Carey, L. (1996). *The systematic design of instruction* (4th ed.). New York: Harper Collins.

Dick, W., Carey, L., & Carey, J. O. (2001). *The systematic design of instruction* (5th ed.). New York: Addison-Wesley.

Dick, W., Carey, L., & Carey, J. O. (2009). *The systematic design of instruction* (7th ed.). Pearson.

Dick, W., Carey, L., & Carey, J. O. (2015). *The systematic design of instruction* (8th ed.). Pearson.

Gagné, R. M. (1985). *The conditions of learning* (4th ed.). New York: Holt, Rinehart & Winston.

Kaufman, R. A., & English, F. W. (1981). *Needs assessment: Concept and application*. Educational Technology.

Kaufman, R., & Guerra-López, I. (2013). *Needs assessment for organizational success*. American Society for Training and Development.

Noe, R. (2020). *Employee training and development*(9th ed.). McGraw Hill.

Pershing, J. A. (2006). Human performance technology fundamentals. In J. A. Pershing (Ed.). *Handbook of human performance technology* (pp. 5-34). Pfeiffer.

Plummer-D'Amato, P. (2008). Focus group methodology part 1: Considerations for design. *International Journal of Therapy and Rehabilitation*, *15*(2), 69-73.

Richey, R. C., & Tessmer, M. (1995). Enhancing instructional systems design through contextual analysis. In B. B. Seels (Ed.), *Instructional design fundamentals: A Reconsideration* (pp. 189–199). Englewood Cliffs, NJ: Educational Technology Publications.

Rothkopf, E. Z. (1970). The concept of mathemagenic activities. *Review of educational research*, *40*(3), 325-336.

Skinner, B. F. (1983). Intellectual self-management in old age. *American Psychologist*,

38(3), 239.

Smith, P. L., & Ragan, T. J. (1999). *Instructional design*. New York: Wiley.

Smith, P. L., & Ragan, T. J. (2005). *Instructional design* (3rd ed.). New York: Wiley.

Stefaniak, J. E. (2020). *Needs assessment for learning and performance: Theory, process, and practice*. Routledge.

Stefaniak, J. E. (2020). *Needs assessment for learning and performance: Theory, process, and practice*. Routledge.

Tessmer, M., & Richey, R. C. (1997). The role of context in learning and instructional design. *Educational technology research and development, 45*(2), 85-115.

Weinstein, C. E., & Mayer, R. E. (1983). The Teaching of Learning Strategies. In *Innovation abstracts* (Vol. 5, No. 32, p. n32).

Werner, J. (2022). *Human resource development*. Cengage Learning.

Witkin, B. R., Altschuld, J. W., & Altschuld, J. (1995). *Planning and conducting needs assessments: A practical guide*. Sage.

제 6 장

교수설계 기초 이론

K 교사는 수업을 마친 후 마음이 무겁습니다. 임용된 지 얼마 되지 않아서 그런지, 수업이 생각보다 쉽지 않습니다. 자신의 블로그에 다음과 같이 적은 K 교사에게 어떤 조언을 해줄 수 있을까요?

"내 수업을 듣는 학생들이 정말 뭔가 배웠으면 좋겠다는 생각으로 열심히 준비했다. 그런데 결국 내가 혼자 이야기를 하는 수업이 되어버렸다. 지도안을 짤 때는 내가 학생들에게 질문을 던지고 학생들이 여기에 대답하는 시간을 자주 가지려고 했기 때문에 나름대로 활발한 수업이 될 것이라 예상했고, 실제로 수업에서 질의응답은 잘 진행되었다. 그런데도 왠지 나만 일방적으로 떠드는 느낌이 들었다. 나는 열심히 했는데, 그럼에도 불구하고 학습목표는 달성을 못 한 것 같다. 학생들이 내가 수업한 부분에 대한 적용 문제를 풀 수 있을지 모르겠다. 학생들이 직접 문제를 풀어보도록 하기에는 시간이 부족할 것 같아서 그냥 내가 문제풀이 과정을 보여주기만 했는데, 지금 생각하니 좀 아쉽다. 사실 수업 시작한 지 20분쯤 지난 뒤부터 학생들 표정이 지루해보여서 내 마음이 더 불안했다. 문제풀이를 보여줄 때는 분위기가 더 산만했다. 내가 질문을 하면 학생들이 주의를 기울였지만 금방 또다시 지루한 얼굴이 되었다. 그렇다고 해서 웃긴 이야기만 할 수도 없고."

학습목표

6.1. 학습자는 Gagné-Briggs가 제안한 학습의 영역 및 Gagné의 9가지 교수 활동을 적용하여 적절한 교수처방을 제안할 수 있다.

6.2. 학습자는 Merrill의 '교수의 으뜸 원리'들을 적용하여 향후 본인이 담당할 교과 수업에 혹은 교육프로그램에 대해 적절한 교수처방을 제안할 수 있다.

6.3. 학습자는 Keller의 동기설계 이론(ARCS)을 바탕으로 학습자의 학습동기 상태를 점검하고 학습동기를 촉진할 수 있는 방안을 수립할 수 있다.

6.4. 학습자는 교수자 중심의 직접교수를 위하여 Gagné, Merrill, Keller의 원리를 적용할 수 있다.

교수설계 분야에서 대표적인 이론을 구축한 학자는 Robert Gagné, David Merrill, John Keller와 Charles Reigeluth이다. Gagné는 인간의 학습을 위해 요구되는 효과적인 내적, 외적 학습조건을 처방하는 포괄적인 교수설계이론을 제시하였으며, Merrill은 오랜 시간 수많은 교수설계이론과 모형을 검토하여 공통적으로 중요하게 강조되는 사항을 '교수의 으뜸 원리'로 도출하였다. John Keller는 학교 수업의 문제를 동기의 관점에서 체제적, 체계적인 방식으로 해결하고자 ARCS이론을 제시하였다. Charles Reigeluth는 교육과정의 매크로 차원의 교수설계이론인 교수정교화이론(Elaboration Theory of Instruction, ETI)을 제시했는데, 이 이론은 학습과제와 내용분석을 바탕으로 어떻게 학습내용의 단위를 계열화할 것인가에 초점을 둔다. 본 장에서는 단위시간수업(lesson)인 마이크로 차원의 교수설계이론인 Gagné, Merrill, Keller의 이론을 중심으로 논의한다.

1 포괄적(조건기반) 교수설계 이론

Gagné-Briggs(1979)가 제시하고 있는 교수설계 이론은 인간학습에 관한 지식의 탐구, 그리고 교수설계 시 이들 지식을 어떻게 조직하고 어떤 절차에 의해서 적용할 것인가에 초점을 맞추고 있다(Briggs, 1977; Gagné, 1985; Gagné & Briggs, 1979; Gagné et al., 2005).

1) 학습의 범주

앞서 5장에서 논의한 바와 같이, Gagné는 Bloom(1956)의 인지적, 정의적, 심체적 영역으로 구성된 교육목표 분류체계를 발전시켜 인간학습을 다섯 가지 범주(영역)로 분류하였다. 즉 언어정보(verbal information), 지적 스킬(intellectual skills), 인지전략(cognitive strategies), 태도(attitudes) 및 운동 스킬(motor skills)의 영역으로 분류하였다(〈표 6-1〉 참조). 이들 다섯 가지 학습범주는 인간의 학습된 능력, 즉 학습 결과를 크게 다섯 유형으로 나눌 수 있다는 데에 근거를 두고 상정된 것으로 Gagné-Briggs 교수설계이론의 토대가 되었다(Driscoll, 1994; Gredler, 2001; Reigeluth, 1983).

〈표 6-1〉 학습의 다섯 가지 범주

Bloom의 교육목표	Gagné의 학습된 능력	수 행
인지적 영역	언어정보	정보를 진술함.
	지적 스킬	문제해결을 위하여 개념이나 규칙(원리)을 활용함. 구체적인 사례를 회상하고 학습자극에 변별적으로 반응함.
	인지전략	문제에 관한 새로운 해결방안을 모색; 자신의 사고 및 학습 과정을 통제하기 위해 다양한 방법을 활용함.
심체적 영역	운동 스킬	신체적 운동을 유연하고 적절한 계열에 따라 실행함.
정의적 영역	태도	특정한 방식으로 행동할 것을 선택함.

Gagné에 의하면 학습이란 학습자가 어떤 과제를 수행하기 위해 특정한 능력을 획득하였을 때, 그 결과로서 일어나는 것이다. '학습된 능력', 즉 학습결과 그 자체는 관찰 가능한 행동이어야 한다. 예를 들면, 태도 영역의 경우 특정한 방식으로 행동하는 것이 관찰되는 경우 학습이 달성되었다고 보았다. Gagné는 이들 다섯 가지 범주의 학습된 능력은 각각 서로 다른 '학습 결과'를 가져오며 이들 학습 결과가 수업계획 시 교수목표로서 진술된다고 설명하고 있다.

2) 교수전략: 학습의 조건과 수업의 계열화

(1) 학습의 조건

Gagné에 의하면 다양한 유형의 학습결과들을 위해서는 다양한 학습조건, 유형별로 적절한 학습조건, 즉 교수전략을 설정하여야 한다. Gagné는 학습의 조건을 내적 조건과 외적 조건으로 분류하고 있다(표 6-2 참조).

〈표 6-2〉 학습의 유형에 따른 학습의 조건(Gagné & Briggs, 1979)

학습의 유형		내적 조건 (선수학습능력)	외적 조건
언어 정보	명칭	언어연쇄를 기억함	(학습자에 의한) 명칭을 영상이나 의미 있는 문장에 연결시킴으로써 기호화함
	사실	의미 있는 정보의 맥락을 기억함	보다 큰 정보의 맥락 속에 사실을 귀속시킴
	조직적 지식	관련된 정보의 맥락을 기억함	새로운 지식을 관련된 정보의 맥락 속에 귀속시킴
지적 스킬	변별	S-R결합을 기억함	동일한 자극과 상이한 자극을 제시하는 상황을 반복하며 피드백을 제공함
	구체적 개념	관련된 대상의 특징분류에 관하여 기억함	대상의 관련성 없는 특징을 바꾸어 가면서 개념의 여러 가지 예를 제시함. 학습자가 개념의 예를 파악하도록 함
	정의된 개념	구성개념들을 기억함	개념의 구성요소를 제시하거나 개념의 정의를 언어적으로 나타냄. 학습자가 개념을 나타내보도록 함
	규칙(원리)	구성개념들 또는 하위원리들을 기억함	원리를 언어적으로 나타냄. 학습자가 원리를 적용해보도록 함
	고차적 원리 (문제해결)	관련된 하위원리를 기억함	새로운 문제를 제시함. 문제해결을 위한 새로운 원리를 제시함
인지전략		관련된 원리와 개념들을 기억함	해결방안이 구체화되지 않은 새로운 문제상황을 연속적으로(장기간에 걸쳐서) 제시함. 학습자가 문제해결을 하도록 기회를 제공함
운동 스킬		구성·운동연쇄들을 기억함	실행의 하위단계(원리)들을 확립하거나 기억함. 운동 스킬을 전체적으로 연습함
태도		개인행동들과 관련 있는 정보와 지적 스킬을 기억함	사람, 대상물, 사건 등에 대해 긍정적인 감정을 확립하거나 기억함. 직접경험 혹은 역할모형의 관찰에 의한 간접경험을 통해 보상함

내적 조건이란, 현행 학습에 필수적이거나 보조적인 것으로서 학습자가 이전에 습득한 선수능력들의 회상이나 획득을 말한다. 또한 외적 조건이란, 학습자 외부의 교수활동을 통해서 학습자의 내적 인지과정을 활성화시켜 주고 보조해 줄 수 있는 다양한 방법들을 말한다. 〈표 6-2〉에서는 학습 유형별로 학습에 요구되는 필수적 내적 조건과 외적 조건을 제시하고자 한다.

(2) 선수학습능력과 학습위계

수업의 계열화에서는 무엇보다도 학습자가 본 학습을 위해 필요한 선수학습능력을 습득할 수 있도록 하는 것이 중요하다. 선수학습능력에는 두 가지 유형이 있다. 첫째, 필수적 선수학습능력(essential prerequisites)이란 학습자가 설정 목표에 도달할 수 있도록 사전에 반드시 학습하여야 하는 하위스킬들(subordinate skills)을 말한다. 둘째, 보조적 선수학습능력(supporting prerequisites)은 학습을 촉진하는 데 유용하나 학습에 반드시 필수적인 것이 아닌 것들을 말한다. 그러나 보조적 선수학습능력을 갖추게 되면 보다 쉽고 빠르게 교수목표를 성취할 수 있다.

학습유형별로 요청되는 선수학습능력을 파악하는 것은 교수설계에 있어서 매우 중요하다. 다음 〈표 6-3〉에서 교수설계 시 지침이 될 수 있도록 다섯 가지의 학습목표 영역에 따라 필수적 선수학습능력들과 보조적 선수학습능력들을 제시하였다. Gagné에 의하면 지적 스킬의 영역(즉 변별, 구체적 개념, 정의된 개념, 원리, 고차적 원리)에는 필수적 선수학습능력들과 능력들 간의 상호관계가 학습위계(learning hierarchy)의 형태로 나타난다. 고차적 원리학습의 선수학습능력(prerequisites)은 원리이며 원리학습의 선수학습능력은 개념이다. 또 개념학습의 선수학습능력은 변별이다. 이처럼 지적 스킬의 하위요소들은 위계적 구조를 이루고 있으며, 보조적 학습능력으로 태도, 인지전략, 언어정보 등이 해당된다.

〈표 6-3〉 학습유형에 따른 필수적, 보조적 선수학습능력

학습유형	필수적 선수학습능력	보조적 선수학습능력
언어정보	유의미하게 조직된 일련의 정보	언어스킬, 인지전략, 태도
지적 스킬	지적 스킬의 단순한 구성요소(원리, 개념, 변별)	태도, 인지전략, 언어정보
인지전략	특수한 지적 스킬	지적 스킬, 언어정보, 태도
운동 스킬	부분 스킬(필요한 경우) 절차적 규칙(필요한 경우)	태도
태도	지적 스킬(필요한 경우) 언어정보(필요한 경우)	기타 태도, 언어정보

이와 같이 선수학습능력 및 학습위계가 강조되는 이유는 학습에 대한 Gagné의 신념 때문이다. Gagné에 의하면 "행동의 발달은 학습의 누적된 효과로부터 기인"하기 때문에(Gagné, 2000, p. 40), 이전 학습을 기초로 하여 새로운 학습이 형성되는 과정이 필수적으로 수반된다.

(3) 교수 활동[1](Events of Instruction)

다양한 학습상황에서 소정의 목표를 달성하기 위해서는 학습의 외적, 내적 조건이 충족되어야 한다. Gagné는 다양한 학습 상황에서 학습의 외적 조건을 제공하는 일련의 절차를 교수 이벤트 또는 활동(instructional events)이라고 부른다. Gagné가 제시한 9가지 교수 활동에 앞서 살펴본 학습자의 내적 인지과정에 기초한 외적 조건을 제공할 수 있도록 한다. 따라서 교수 활동은 수업을 계획하거나 교육·훈련 프로그램을 개발하는 교수설계자에게 설계를 위한 처방을 제공해 줄 수 있다. 학습상황에서 필요한 9가지 교수 활동, 즉 외적 조건을 순서에 따라 제시하면 다음과 같다.

1) Events of Instruction을 '교수 사태'로 번역하기도 하지만, 사태라는 단어는 부정적인 뉘앙스를 가질 수 있기 때문에 본서에서는 '교수 활동'으로 번역한다.

① 주의 획득

모든 수업에서 실시할 첫 번째 일은 학습자의 주의를 획득하여 후속 학습활동이 원만하게 이루어지도록 하는 것이다.

② 학습목표 제시

학습자에게 수업의 목표를 제시하는 목적은 학습자가 수업이 끝난 후 자신이 학습한 것을 확인할 수 있고 학습자가 지니고 있는 수업에 대한 기대에 부응하기 위해서이다. 학습자가 학습목표를 소리 내어 읽어보는 것으로 본 활동을 마무리하는 경우가 많으나, 이는 목표 제시라는 외적 조건을 충실히 갖추었다고 보기 어렵다. 단순히 소리 내어 읽는 것만으로는 학습자가 학습목표를 충분히 이해할 수 없기 때문이다.

③ 사전지식의 재생 자극

본 학습을 위해 필수적으로 요구되는 사전지식은 새로운 학습을 실시하기 전에 재생되어야 한다. 사전지식의 재생은 교사가 학습자에게 사전에 학습한 것을 상기시켜 줌으로써 이루어질 수 있다. 이때 주의할 것은 지난 시간에 학습한 내용과 오늘 학습에 필요한 사전지식이 동일할 수도, 다를 수 있다는 점이다. 따라서 지난 시간에 학습한 내용만을 기계적으로 언급하기보다는, 오늘 제시될 새로운 정보와 관련된 사전지식을 충실히 활성화시켜 주어야 한다.

④ 자극자료 제시

자극자료, 즉 수업에서 다룰 내용의 범위는 교수목표의 범위만큼이나 다양하다. 자극자료의 예로는 언어정보의 진술형태, 개념의 예들, 운동 스킬의 시범 등이 있다.

⑤ 학습 안내 제공

학습 안내를 제공하는 것은 학습자가 목표에 명세화된 특정 능력을 보다 용이하게 습득할 수 있도록 돕기 위해서이다.

⑥ 수행 유도

학습자가 특정 능력을 습득했는지를 확인하기 위해서는, 학습자에게 해당되는 행동을 수행하도록 요구하는 것이 필요하다. 교수자는 학습자의 반응을 유도하기 위한 질문을 하거나 행동을 하도록 지시할 수 있다.

⑦ 수행의 정확성에 관한 피드백 제공

학습결과에 대한 정보로서 피드백의 제공은 꼭 필요하다. 가장 효과적인 피드백은 정보적(informative)인 피드백이다. 예컨대 반응에 대한 정오 판단에 그치는 피드백보다는 오답인 경우 이를 수정할 수 있는 보충 설명을 해주는 피드백이 보다 효과적이다.

⑧ 수행평가

학습자가 설정한 학습목표를 달성했는지의 여부를 확인하는 것과 의도한 기능을 일관성 있게 수행하는지의 여부를 확인하는 것이 수행평가에서 해야 할 일이다.

⑨ 파지 및 전이의 향상

교수활동은 수행평가로 끝나서는 안 되고 학습한 것의 파지와 전이를 일부분으로 포함하여야 한다. 지적 스킬 학습의 파지와 전이를 위해서는 일정한 간격으로 복습을 하게 하는 것이 효과적이다. 언어정보 학습의 파지와 전이를 위해서는 이전에 학습한 언어정보들과 연관을 시켜주는 것이 바람직하다.

9가지 교수 활동은 [그림 6-1]과 같이 학습 정보를 처리하는 학습자의 내적 인지과정과 관련하여 이해할 수 있다. 교수 활동은 학습의 내적 인지과정을 활성화시키는 데 필요한 학습의 외적 조건을 제공한다. 이상 살펴본 Gagné-Briggs의 교수설계이론에서는 학습의 유형별 학습조건을 확인하였고 학습위계를 통해서 선수학습능력이 어떻게 계열화되어야 하는지를 알려주고 있다. 또한 학습자의 내적 인지과정을 촉진할 수 있도록 외적 조건을 제공하는 일련의 교수활동을 처방적으로 제시해 주고 있다.

Gagné-Briggs가 제시한 일련의 교수 활동들은 제시된 순서대로 따르는 것이 일반적이다. 예를 들어 주의 획득이 되지 않으면 새로운 정보의 전달이 의미 없어지며, 수행을 유도하지 않은 상태에서 피드백을 제공할 수 없기 때문이다. 그러나 Gagné에 의하면 모든 수업에서 반드시 이 순서에 따라 모든 활동을 적용해야 하는 것은 아니다(정재삼, 임규연, 김영수, 이현우, 2012; Gagné et al., 1992). 교수자 혹은 설계자들은 주어진 조건과 맥락을 고려하여 위 활동들을 타당하게 적용해야 할 것이다.

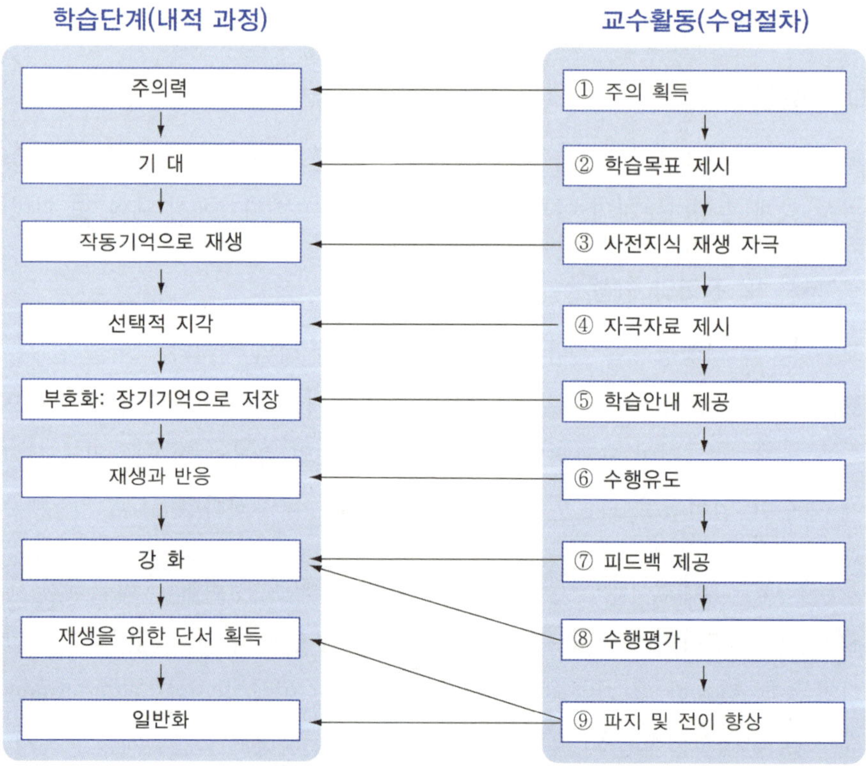

[그림 6-1] 학습단계와 교수활동의 관계

2 교수의 으뜸 원리

Merrill(2013)은 E3, 즉 효과적(effective), 효율적(efficient), 몰입되는(engaging) 수업을 설계하고 개발하기 위해 수많은 기존의 이론과 원리를 검토하였다. 그 결과 다양한 교수학습 맥락에 적용할 수 있는 5대 핵심 원리를 '교수의 으뜸 원리'(First Principles of Instruction)로 명명하였다. 본 절에서는 먼저 Merrill이 제안한 으뜸 원리를 소개한 후, 이러한 원리들을 적용한 교수 전략의 4가지 수준에 대해 논의한다.

1) 5대 으뜸 원리

Merrill에 의하면 문제 중심(problem-centered)으로 학습할 때 가장 효과적이며, 사전경험 활성화(activation), 지식과 스킬에 대한 시연(demonstration), 지식과 스킬의 적용(application), 그리고 실제 활동에서 이러한 지식과 스킬을 통합(integration)하는 단계를 거쳐야 한다. 바로 이 다섯 가지가 교수의 으뜸 원리이며, 이를 시각적으로 구조화한 것이 [그림 6-2]이다. 활성화부터 시계방향으로 전개되며, 문제 중심 원리를 가운데에 배치하여 모든 원리들이 실제 세계의 문제해결을 지향하는 맥락에서 가장 효과적으로 적용될 수 있음을 표상하였다. 이 프레임워크에서 문제(problem)란 해결책을 결과물로 요하는 전체 문제(whole problem)와 산출물을 도출해내야 하는 복잡한 과제(task)를 포괄한다.

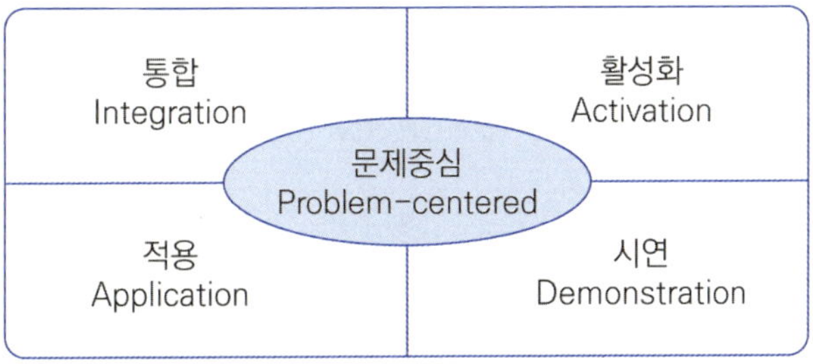

[그림 6-2] 교수의 으뜸원리(Merrill, 2013, p. 22)

교수의 으뜸 원리 및 각각의 하위 원리는 다음과 같다(임규연, 김영수, 김광수, 이현우, 정재삼, 2014; Merrill, 2002, 2013, 2020).

- 문제 중심 원리: 학습은 학습자가 실제 세상의 문제 혹은 과제에 대한 맥락 속에서 문제해결 전략을 통해 지식과 스킬을 습득할 때 촉진된다.
  - 문제의 전개(problem-progression): 단순한 것에서 복잡한 것의 순으로 계열화된 일련의 문제들을(a sequence of increasingly complex problem instances) 해결할 수 있는 스킬을 습득할 때 비로소 문제를 해결할 수 있게 된다.

- 활성화 원리: 학습은 학습자가 새로운 지식에 대한 기초가 되는 기존 지식과 스킬의 멘탈 모형을 활성화할 때 촉진된다.
  - 프레임워크(framework): 학습자가 새로운 지식을 조직화하기 위한 프레임워크나 구조를 회상하거나 습득하였을 때 학습이 촉진된다. 이때 프레임워크는 시연 단계에서의 학습안내, 적용 단계에서의 코칭, 통합 단계에서의 성찰에 있어 기반이 되어야 한다.

- 시연 원리: 학습은 학습자가 배워야 할 지식과 스킬에 대한 시연을 관찰할 때 촉진된다.
  - 일관성(consistent): 학습자가 수업에서 학습하게 될 내용 유형에 부합하는 방식의 시연을 관찰할 때 학습이 촉진된다(예: 개념을 가르치는 경우 예시와 비예시를 시연하고 절차를 가르치는 경우 각 단계를 시연하는 등).
  - 학습안내(guidance): 시연을 통한 학습은 학습자로 하여금 일반적인 정보를 구체적인 사례와 연결 지어 생각할 수 있도록 안내할 때 그 효과가 높아진다.
  - 관련된 미디어(relevant media): 학습은 멀티미디어를 활용하여 사전에 처방된 교수 활동을 적절히 실행할 때 촉진된다. 단순한 흥미 유발이나 주의 집중을 위한 이벤트성으로 활용할 경우 오히려 학습을 방해한다.

- 적용 원리: 학습은 학습자가 문제를 해결하기 위해서 새로 습득한 스킬을 적용할 때 촉진된다.
  - 일관성(consistent): 학습자가 새로 습득한 지식과 기술의 유형에 부합하는 방식으로 적용을 수행할 때 학습이 촉진된다(예: 절차를 가르치는 경우 각 단계를 직접 적용하는 등).
  - 피드백(feedback): 적용을 통한 학습은 학습자 자신이 적용한 것에 대한 내재적(intrinsic) 혹은 교정적인 피드백을 받아야만 효과적이다.
  - 코칭(coaching): 적용을 통한 학습은 학습자가 코칭을 받을 때, 그리고 이 코칭이 후속 문제가 제시됨에 따라 점진적으로 소거될 때 그 효과가 높아진다.
- 통합 원리: 학습은 학습자가 자신들이 새로 습득한 지식과 스킬에 대해 성찰하고 토론할 때 촉진된다.
  - 동료 협력(peer-collaboration): 학습자들이 소그룹으로 모여 함께 문제해결을 하며 상호작용하는 형태의 학습이다.
  - 동료 비평(peer critique): 학습자들이 동료학습자의 문제해결 활동을 평가하고 개선을 위한 피드백을 서로 주고받으며 상호작용하는 형태의 학습이다.

2) 교수전략의 수준(level)

교수는 학습자가 특정 지식이나 스킬을 습득할 수 있도록 학습 환경을 구조화하는 의도적인 노력이므로 목표지향적인 속성을 지닌다. Merrill(2013, 2020)에 의하면 이러한 교수는 적용되는 전략에 따라 그 수준(level)을 0에서 3까지로 구분할 수 있다(〈표 6-4〉 참조).

'만일 으뜸원리를 모두 적용하기 어렵다면 어떤 접근을 취해야 하는가'라는 질문에 대하여 Merrill은 고차적 수준으로 올라갈수록 교수전략의 효과성 역시 높아진다는 점을 고려하여 의사결정해야 한다고 하였다. 정보 제시에 시연 원리를 적용하는 방식(1 수준)보다는 정보 제시에 시연 원리 및 적용 원리를 더하는 방식(2수준)이 더 바람직하다. 여기에 문제중심 원리를 적용하면(3수준) 효과성이 향상되며, 이에 더해 활성화 원리 및 통합 원리를 적용함으로써 교수의 효과성을 더욱더 개선할 수 있다.

〈표 6-4〉 교수전략의 수준(level)

수준	교수 전략	비고
0수준	• 정보 제시 (information-only) • *Tell-Ask*	정보 제시가 전부인 방식은 사실 교수전략이라고 하기 어렵다. 정보 제시에 단순한 회상(recall), 즉 제시된 정보를 기억하는지 확인하는 것이 포함된 교수 역시 0수준에 해당한다.
1수준	• 정보 제시 • 시연 • *Tell-Show*	0수준의 정보 제시에 시연을 더한 전략이다. 이는 단지 정보를 제시만 하는 것이 아니라 해당 정보를 특정 상황에서 활용하기 위해서는 무엇을 해야 하는가를 학습자에게 보여주는 전략이다.
2수준	• 정보 제시 • 시연 • 적용 • *Tell-Show-Do*	1수준의 정보 제시 및 시연에 적용을 더한 전략이다. 여기서 적용이란 정보를 단순히 기억하는 것이 아니라 지식과 스킬을 활용하는 것이다.
3수준	• 문제중심 정보 제시 (problem-centered information) • 시연 • 적용	2수준의 교수전략을 적용하되, 문제 중심 전략을 그 바탕으로 삼는 것이다. 따라서 전체 문제(whole problem)를 제시하고, 이를 해결하는 데 필요한 지식과 스킬을 가르치고, 새로운 문제에 이러한 지식과 스킬을 적용할 수 있도록 설계한다.

출처: Merrill, D. (2013). *First principles of instruction*. Pfeiffer. 임규연, 김영수, 김광수, 이현우, 정재삼(역) (2014). 교수의 으뜸원리. 학지사.

Merrill은 2020년 개정판에서 학습자가 콘텐츠와 상호작용하는 방식을 네 가지의 교수 활동(instructional event)으로 정리하였다.

- *Tell*: 학습자에게 정보를 제공함(*Tell* information). 교수자의 목소리, 오디오, 비디오, 문자 등 다양한 방식을 활용할 수 있음.
- *Show*: 특정 대상이나 상황에 대한 예시를 제공함(*Show* portrayal). 그래픽, 비디오, 애니메이션 등을 활용할 수 있으며, 정보가 아닌 묘사(portrayal)를 보여주는 접근을 취함.
- *Ask*: 학습자로 하여금 정보를 회상하거나 인지하도록 요구함(*Ask* information). 다지선다, 단답형 등 다양한 형식을 취함.
- *Do*: 학습자로 하여금 정보를 적용하도록 요구함(Do apply information to portrayal). 예시를 파악하는 *Do-id*(identify), 절차를 실행하는 *Do-ex*(execute), 결과를 예측하는 *Do-cq*(consequence), 누락된 혹은 잘못된 조건을 찾아내는 *Do-cd*(condition)의 네 가지 유형이 있음.

이를 교수전략의 수준(level)과 연결하여 생각해보면, 0수준, 즉 단순히 정보를 제시하는 수준은 *Tell*과 *Ask* 활동으로 구성되며, 시연 원리가 중심이 되는 1수준은 *Tell*과 *Show*가 연계될 때 효과적이다. 2수준은 적용 원리가 더해지기 때문에 *Tell*과 *Show*에 *Do*가 추가된다.

이러한 상호작용 활동의 결과로 습득하게 되는 **내용(구성요소 스킬)**의 유형(types of skill)은 관계 기억하기(remember associations), 부분 파악하기(identify parts), 개념 분류하기(classify concepts), 절차 실행하기(execute procedures), 과정 이해하기(comprehend processes)의 다섯 가지이다. 예를 들어 특정 항목과 관련된 정보를 회상해내는 관계 기억하기 스킬의 경우, 관계를 제시하고(*Tell*), 이를 질문하는(*Ask*) 활동을 통해 효과적으로 습득할 수 있다. 특정 항목의 부분을 인지하고 위치를 찾는 부분 파악하기 스킬을 습득하고자 한다면, 이름을 제시하고(*Tell*), 위치를 보여준 후(*Show*), 이름과 위치를 질문하는(*Ask*) 활동을 진행한다. 특정 항목의 속성을 인지하는 개념 분류하기 스킬은 해당 항목의 속성을 제시하고(*Tell*), 예시와 비예시를 보여준 후(*Show*), 예시를 파악해내는(*Do-id*) 활동을 통해 학습한다. 이때 속성에 대해 질문하는(*Ask*) 활동을 *Do-id* 활동 직전에 추가로 수행할 수 있다.

이상에서 알아본 네 가지의 교수 상호작용 활동과 다섯 가지의 스킬 유형을 고려하여 교수전략을 수립할 수 있으며, 이 모든 근간에 교수의 으뜸원리가 반영되어 있다(임규연 외, 2014). Merrill의 5가지 으뜸원리는 직접교수는 물론 구성주의적 환경의 간접교수에도 융통성 있게 적용할 수 있다. 하지만, Gagne의 9가지 교수활동은 전형적인 직접교수에만 적용가능하다.

3 동기설계 이론

1) ARCS 이론의 배경

학습자의 학업 능력은 학습자의 특성과 교수 활동뿐만 아니라 그들의 동기 수준과도 밀접한 관련이 있다. 동기를 폭넓게 정의하면 인간이 원하고(desire), 행동하기로 선택하고(choose to do), 실제로 수행하는(commit to do) 것과 관련이 있다(Keller, 2010). 학습의 결과는 학습자들이 학습 상황에 보다 의미를 부여하고 보다 흥미를 느낄 때 더 높은 성취도를 보일 수 있다. Keller의 이론은 학습동기의 중요성을 체계적으로 제시하고자 하는 시도로 학습동기 설계 및 개발의 구체적 전략들을 밝혀내기 위한 기본적인 틀을 제공하며, 다음과 같은 특성을 지닌다.

- ARCS 이론은 인간의 동기를 결정지을 수 있는 여러 가지 다양한 변인들과 그에 관련된 구체적 개념들을 통합한 네 개의 개념적 범주, 즉 주의(Attention)－관련성(Relevance)－자신감(Confidence)－만족감(Satisfaction)을 포함한다.
- ARCS 이론은 교수－학습 상황에서 동기를 유발하고 유지하기 위한 구체적이고 처방적인 전략들을 제시하고 있다.

• ARCS 이론은 교수설계 모형들과 병행하여 적용할 수 있는 동기설계의 체제적 과정을 보여준다.

2) ARCS 이론의 요소

Keller의 ARCS 이론은 동기에 관한 기존의 각종 이론 및 연구들을 종합하여 체계화시킨 것으로 교수-학습 상황에서 학습동기를 유발하고 유지시키기 위한 동기설계 전략들을 제공하고자 하였다. 이 이론은 주의(Attention), 관련성(Relevance), 자신감(Confidence), 만족감(Satisfaction)의 앞 자를 따서 만든 것으로 각 요소마다 세 가지 하위 범주를 밝히고 각 동기요소들을 유발, 유지하는 데 필요한 구체적 전략을 제시하였다.

(1) 주의(A)

학습동기의 첫 번째 요소는 주의(Attention)이다. 거의 모든 학습 이론들이 학습에 있어서 주의의 중요성을 강조하고 있다. 학습이 일어나기 위해서는 적어도 학습자가 학습 자극에 흥미를 가지고 주의를 기울여야 한다. 학습동기가 유발, 유지되기 위해서는 주어진 학습 자극에 학습자가 지속적으로 주의를 기울여야 하는데, 이러한 주의는 학습자의 호기심, 주의환기, 선호하는 감각 등과 연관되어 있다고 한다(Keller, 1983). Keller는 학습자의 주의를 끌고 주의를 유지하기 위한 구체적인 방법으로 지각적 주의환기, 탐구적 주의환기, 다양성의 세 가지 하위 전략을 제시하였다.

• 지각적 주의환기: 학습자의 관심을 끌기 위해서 무엇을 해야 하는가?
• 탐구적 주의환기: 어떻게 호기심을 자극할 수 있을까?
• 다양성: 어떻게 학습자들의 주의를 유지할 수 있을까?

(2) 관련성(R)

두 번째 주요한 동기유발 요소는 관련성이다. 일단 주의를 기울이고 나면 학습자들은 "왜 이 과제를 공부해야 하는가"에 의문을 갖게 되고 학습에 대한 개인적 필요를 지각하려고 한다. 관련성의 원리란 이 과제가 나의 개인적인 흥미나 목적과 어떻게 관련되는가에 대한 해답을 찾아보고자 하는 노력으로 해석된다. 관련성을 높이기 위한 전략으로 친밀성, 목적 지향성, 필요 또는 동기와의 부합성 전략 등이 있다.

- 친밀성: 수업을 학습자의 경험과 어떻게 연결할 수 있을까?
- 목적 지향성: 어떻게 하면 학습자들의 요구를 최대한 충족시킬 수 있을까?
- 필요 또는 동기와의 부합성 강조: 언제, 어떻게 수업을 학습자들의 학습유형이나 개인적 관심과 연결시킬 수 있을까?

(3) 자신감(C)

동기유발 및 유지를 위해서 학습자는 학습에 재미와 필요성을 느껴야 하는데 이에 덧붙여 성공의 기회가 있다는 것을 인식할 수 있어야 한다. 즉 학습에 대한 자신감을 가져야 한다. 항상 100%의 성공이 보장되지는 않더라도 적정 수준의 도전을 하게 하면서 노력에 따라 성공할 수 있다는 자신감을 심어주는 것이 높은 동기유발 및 유지의 요소가 된다. 자신감을 높이기 위해서는 다음 세 가지 전략을 제시하고 있다.

- 학습의 필요조건 제시: 학습자들이 성공에 대한 긍정적인 기대감을 갖도록 하기 위해서 어떤 도움을 줄 수 있을까?
- 성공의 기회 제공: 학생들이 자신의 능력에 대한 확신을 갖도록 도와주기 위해서 어떤 학습 경험을 제공할 것인가?
- 개인적 조절감 증대: 자신의 성공이 노력과 능력에 기초한다는 것을 어떻게 확신하게 할 것인가?

(4) 만족감(S)

ARCS 이론의 네 번째 요소는 만족감이다. 동기의 한 요소로 만족감이 강조되는 이유는 학습자의 노력의 결과가 그의 기대와 일치하고 학습자가 그 결과에 대하여 만족한다면 학습동기는 계속 유지될 것이며 학습자의 학업수행에도 영향을 미치게 되기 때문이다. 만족감은 일단 유발된 동기를 계속 유지시키는 역할을 한다. 만족감을 높이는 구체적 전략은 다음과 같다.

- 자연적 결과 강조: 학생들의 학습경험을 통한 내적 만족도를 어떻게 하면 격려하고 촉진할 수 있을 것인가?
- 긍정적 결과 강조: 자신의 성공에 대하여 어떤 보상을 제공할 것인가?
- 공정성 강조: 어떻게 하면 학습자들이 결과가 공정했다고 생각할 수 있는가?

3) ARCS 이론을 적용한 교수설계 및 개발

ARCS를 적용한 수업개발의 과정은 정의, 설계, 개발 및 평가의 4단계로 이루어진다.

첫째, 정의 단계에서는 해결해야 할 동기문제를 분석하고, 동기문제를 더욱 구체화하여 알아보기 위해서 학습자분석을 하며, 학습자분석 후 동기 목표를 설정한다.

둘째, 설계 단계에서는 매 목표마다 브레인스토밍 과정을 거쳐 가능한 동기 전략들을 많이 창출해 내고 그중에서 실제로 사용될 동기 전략을 추출한다.

셋째, 개발 단계에서는 동기목표를 달성하기 위한 구체적 자료를 개발하고 개발된 자료를 교수 과정 속에 통합한다. [그림 6-3]은 수업과정에서 ARCS 이론이 교수전략과 어떤 관계가 있는지를 보여준다.

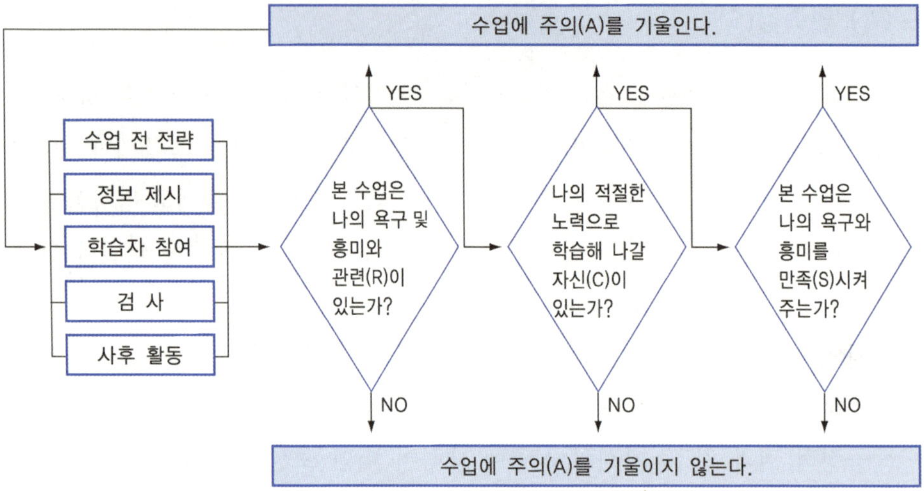

[그림 6-3] 수업전략 요소와 ARCS의 관계

보다 최근 Keller는 ARCS에 V를 더한 **ARCS-V** 모형을 제안하였다(Keller, 2010). 여기서 V는 Volition, 즉 **의지**를 의미한다. Keller에 의하면 특정 과제에 대한 동기 수준이 높은 학습자는 꾸준히 노력하여 목표를 달성할 것이나, 동기 수준이 낮은 학습자는 여러 가지 요인에 의해 중간에 포기하게 된다. 이 두 집단 간의 차이를 설명하기 위한 요인이 바로 의지이며, 이는 자기조절(self-regulation)과도 일맥상통한다고 하였다(Keller, 2010, 2016).

〈표 6-5〉 동기설계 시 고려사항

구분	교수자의 자가분석(self-analysis)	교수자의 학습자에 대한 분석
A	이 학습 경험은 나에게도 즐거운가? 어떻게 더 흥미롭게 만들 수 있을까?	학습자들은 이 학습 경험에 대해 흥미를 갖고 있는가? 어떤 전략을 사용하면 학습자의 호기심과 흥미를 더욱 자극할 수 있을까?
R	이 학습 경험이 나의 학습자들에게 가치 있을 것이라 믿는가?	학습자들은 이 학습경험을 가치 있다고 믿을 것인가? 이 경험이 중요하다고 믿게 하려면 어떻게 해야 하는가?

구분	교수자의 자가분석(self-analysis)	교수자의 학습자에 대한 분석
C	나는 이 학습 경험을 효과적으로, 흥미롭게 이끌어 갈 자신이 있는가?	학습자들은 이를 학습하기 위한 자신의 능력에 대해 자신감을 갖고 있는가? 학습자들이 자신감을 갖게 하려면 나는 무엇을 도와주어야 하는가?
S	나는 이 학습 경험에 대하여 긍정적인 느낌을 갖게 될 것이라 기대하는가?	학습자들이 학습 경험에 대해서 긍정적인 느낌을 갖고 계속 학습을 하게 하려면 나는 무엇을 도와주어야 하는가?
V	나는 학습 활동의 과정 내내 학습자에게 효과적인 지원과 지지를 제공할 수 있는가?	학습자들이 학습 활동의 과정에서 자신의 동기를 유지하고 과제에 지속적으로 주의를 집중하도록 하려면 나는 무엇을 도와주어야 하는가?

출처: Keller, J. (2016). Motivation, learning, and technology: Applying the ARCS-V motivation model. *Participatory Educational Research, 3*(2), pp. 1-13.

동기전략을 설계할 때 교수자는 다음과 같은 질문을 스스로 던져볼 필요가 있다(Keller, 2016). 〈표 6-5〉에 제시된 '교수자의 자가분석'은 교수자가 학습자에게 가르치고자 하는, 혹은 함께 하고자 하는 학습 활동에 대하여 스스로 어떠한 인식을 가지고 있는지 동기적인 측면에서 스스로 점검을 하는 측면에 가깝다. '교수자의 학습자에 대한 분석'은 기존의 ARCS 이론이 제안한 핵심 질문을 재정비하고, 여기에 V요소를 추가한 질문이다.

학습동기 설계에 대한 보다 상세한 정보는 Keller와 송상호(1999), 보다 최근 자료로는 조일현, 김찬민, 허희옥, 서순식이 번역한 Keller의 2010년 저서 Motivational Design for Learning and Performance에 제시되어 있다.

4 교수자 중심 직접교수 전략

전통적인 교수설계이론들, 특히 Gagné와 Merrill의 이론은 2장에서 논의한 교수자의 강의 중심의 직접교수 전략과 연결된다. 이 이론들이 직접교수에 어떻게 적용되는지 논의할 필요가 있다.

1) Gagné 이론에 기반한 레슨의 직접교수 전략

먼저 Gagné-Briggs의 포괄적 (조건기반) 교수설계이론은 〈표 6-2〉와 같이 다섯 가지의 학습영역에 따라서 각기 다른 교수전략(학습의 내적 조건과 외적 조건)을 제시하여 준다. 그리고 단위시간수업(lesson)을 위해서 [그림 6-1]과 같이 9가지의 교수 활동(event)이 사용될 수 있다.

아래의 〈표 6-6〉은 지금까지 논의된 5가지의 학습영역에 따른 교수활동(instructional events)을 보여준다. 내적 학습단계에 따른 외적 교수활동은 [그림 6-1]과 같이 전체적으로 일관성이 있지만 그 일관성이 각 학습영역(언어정보, 지적 스킬, 인지전략, 태도, 운동 스킬)에 확연히 다른 부분이 존재함에 유의해야 한다.

〈표 6-6〉 학습영역에 따른 교수활동(Instructional Events)

교수 활동	학습 영역				
	언어정보	지적 스킬	인지전략	태도	운동 스킬
1. 주의획득	자극 변화를 도입한다. 감각적 양식으로 변화 시도한다.				
2. 학습자에게 목표 제시	대답해야 할 언어적 질문의 종류를 알려준다.	기대 수행의 설명과 예를 제공한다.	예상되는 해결책의 일반적 특성을 명료화한다.	목표로 선택된 행동의 예들을 제공한다.	기대하는 수행의 시범을 제공한다.
3. 선수학습 회상의 자극	조직된 정보의 맥락에 대한 회상을 자극한다.	하위개념과 규칙의 회상을 자극한다.	과제 전략과 연합된 지적 스킬의 회상을 자극한다.	관련된 정보, 스킬, 인간모형 확인의 회상을 자극한다.	부분 스킬의 회상을 자극한다.

교수 활동	학습 영역				
	언어정보	지적 스킬	인지전략	태도	운동 스킬
4. 자극자료 제시	명제의 형태로 정보를 제시한다.	개념이나 규칙의 예를 제시한다.	새로운 문제를 제시한다.	개인적 행위의 선택을 보여주는 인간 모형을 제시한다.	도구와 기구를 포함하고 있는 수행을 위한 외재적 자극을 제공한다.
5. 학습안내 제공하기	보다 의미 있는 맥락에서 언어적 결합을 제공한다.	조합된 계열에 따라 언어적 단서를 제공한다.	새로운 해결책에 대한 암시와 단서를 제공한다.	모형행위선택을 관찰하고, 모형이 수용한 강화를 관찰한다.	수행성취에 대한 피드백과 함께 연습 기회를 제공한다.
6. 수행유도	말을 바꾸거나 학습자 자신의 정보를 요구한다.	학습자에게 규칙/개념을 새로운 예에 적용하도록 요구한다.	문제해결을 요구한다.	학습자에게 실제/모의상황에서 행동선택을 지적할 것을 요구한다.	직접 수행해 보도록 요구한다.
7. 피드백 제공	성보진술의 정확성을 확인한다.	규칙/개념의 적용에 대한 징확성을 확인한다.	문제해결의 독창성을 확인한다.	행위선택에 대한 직접적/간접적 강화를 제공한다.	수행의 정확성과 적시성에 대한 피드백을 제공한다.
8. 수행평가	학습자가 말을 바꾼 형태로 정보를 재진술한다.	학습자가 규칙/개념의 적용을 시범해 보인다.	학습자가 문제해결책을 창안해낸다.	학습자가 실제/모든 상황에서 바람직한 개인적 행위를 선택한다.	학습자가 전체 스킬을 직접 실행한다.
9. 파지 및 전이 향상	정보 복잡성에 대하여 언어적 연결고리를 제공한다.	다양한 예를 포함하여 주기적으로 복습 내용을 제공한다.	다양한 새로운 문제해결의 사례를 제공한다.	엄선된 행위 선택에 다양한 부가적 상황을 제공한다.	학습자가 스킬 연습을 계속한다.

출처: Gagné & Briggs(1979). *Principles of instruction design*(2nd ed.). Holt, Rinehart and Winston.

Gagné-Briggs의 포괄적(조건기반) 교수설계 이론이 교수자 중심의 직접교수에 효과적으로 활용되려면 무엇보다도 레슨의 목표가 어떤 학습영역(언어정보, 지적 스킬, 인지전략, 태도, 운동 스킬)에 해당되는지를 먼저 분류하고(표 6-1 참조), 다음에는 그 학습영역에 적절한 내적/외적 학습조건을 파악해야 한다(표 6-2 참조). 마지막에는 그 학습영역에 적절한 9가지 교수 활동(instructional events)을 결정할 필요가 있다(그림 6-1, 표 6-6 참조).

예를 들면 학습영역이 태도인 경우 학습의 세 가지 요소(획득되어야 할 퍼포먼스, 학습에 필요한 내적 조건, 학습자에게 자극을 주는 외적 조건 등)를 고려할 필요가 있다. 태도 학습을 위한 세 가지 요소는 〈표 6-7〉과 같다.

〈표 6-7〉 태도의 학습 조건

수행 (퍼포먼스)	태도는 개인적 행위의 선택에 의해 드러난다. 이러한 행위는 어떤 사물, 사건, 사람 등에 대한 긍정적 또는 부정적 경향을 보이는 것에 의해 분류될 수 있다.
내적 조건	학습자는 인간 본보기(모형)를 존경하고 식별해야 한다. 그렇지 않다면 존경과 식별부터 형성되어야 한다. 더불어 그 행동을 모방하도록 하려면 학습자는 그 행동과 관련된 선수적인 인지적 기능과 지식을 갖고 있어야 한다. 예컨대, 해로운 약을 사용하지 않는 선택을 하려면 그러한 약의 이름을 알아야 하고, 그러한 약이 있을 만한 상황을 알아야 한다. 선수 지식은 그 자체가 태도를 좌우하지 않는다는 점을 주의해야 한다.
외적 조건	다음 단계들을 통해 형성된다. 1. 본보기(모형)를 매력적이면서 믿을 만하게 제시한다. 2. 학습자는 적절한 선수 지식(대안적 선택과 잠정적인 결과)을 회상한다. 3. 본보기는 개인 행위의 바람직한 선택을 알려주거나 보여 준다. 4. 본보기는 그 행동의 결과에서 기쁨 또는 만족감을 얻었음을 보여 줌으로써 목표 행동의 대리적 강화를 이끈다.

출처: Gagné, Wager, Golas, & Keller(2005). Principles of instruction design(p. 98).

다음 〈표 6-8〉은 태도 학습의 레슨의 보기이다. 여기에서는 9가지 수업 활동과 각 교수활동에 적절한 교수 매체뿐만 아니라 수업 처치나 전략을 보여주고 있다. 앞에서 논의된 바와 같이 태도 학습은 언어정보, 지적 스킬, 인지전략, 또는 운동 스킬의 레슨과는 크게 다르다는 것을 확인할 수 있다.

〈표 6-8〉 태도 레슨의 예

목표: 학습자가 콜레스테롤 수준을 낮게 유지하기 위해서 칼로리가 낮고 지방이 낮은 음식을 먹는 것을 선택할 것이다(주의: 이 강의는 어린이를 위한 것이 아니다. 높은 콜레스테롤을 걱정하는 성인에 적절하다. 이 수업은 교수활동 6, 7, 8이 매주 제시되는 연속적인 수업이다).

교수 활동	방법/매체	수업 처치/전략
1. 학습자 주의 획득	비디오 또는 애니메이션	동맥이 막힌 인간 심장 이미지를 지방이 높은 음식(버터, 아이스크림, 페이스트리)과 함께 제시하고, 반대로 동맥이 막히지 않은 심장을 지방이 낮은 음식(콩, 셀러리, 물고기)과 함께 제시하라. 그리고 "어떤 심장을 가지고 싶은가?" 질문을 하라.
2. 학습목표 안내	간호사의 이야기가 담긴 비디오테이프	"이 워크숍의 목적은 우리가 칼로리나 지방이 낮은 음식을 먹음으로써 콜레스테롤 수준을 낮추는 방법을 이해하는 것이다." (숨겨진 계획은 학생들이 그렇게 하기를 선택하도록 하는 데 있음)
3. 선수기능 재생 자극	동일	학생들에게 일반적인 음식의 칼로리와 지방 내용물을 회상(또는 가르침)하도록 하라. 칼로리와 지방이 높은 음식과 그렇지 않은 음식을 언급하라. 다이어트와 운동의 균형을 강조하라.
4. 자료 제시	강사 또는 비디오	레슨 내용은 적절한 영양을 섭취한 모델이 될 수 있는 사람에 의해 전달되어야 한다.
5. 학습 안내 제공	강사 또는 비디오	모델은 믿을 만한 사람이어야 한다. 모델은 음식선택의 변화, 몸무게의 변화, 그리고 결과로 만족함을 보여주어야 한다. 모델에 의해 전달되는 메시지는 "내가 할 수 있다면, 여러분도 할 수 있다"가 될 수 있다.
6. 수행 유도	OHP, 파워포인트, 슬라이드, 활동지	학생들에게 지난 한 주 동안 먹은 음식을 보고하도록 하라. 이 보고서는 어떤 음식을 선택하였는지를 (식사시간이나 식사시간 사이) 포함하여야 한다.
7. 피드백 제공	강사	음식에 대한 자기 보고서에서 바람직한 선택에 대한 긍정적인 피드백을 제공하라. 피드백은 바람직한 선택(바람직한 행동으로의 변화)을 칭찬과 지원으로 해야 한다.
8. 수행평가	강사	태도는 은연중에 측정을 하여야 한다. 학생들이 몇 주 동안 이상적인 체중 증가는 없었는지, 그리고 그들의 음식 선택에 대한 긍정적인 말을 하는지를 관찰하라.
9. 파지와 전이 촉진	활동지	태도는 환경으로부터의 지원에 의해 강화된다. 개인적인 노력들이 지원 그룹의 미팅을 통해 도움을 받을 수 있다.

출처: Gagné, Wager, Golas, & Keller(2005). Principles of instructional design(p. 254).

2) Merrill 이론에 기반한 레슨의 직접교수 전략

본 장 2절에서 논의된 Merrill의 '교수의 으뜸원리'가 교수자 중심의 직접교수에 효과적으로 활용되려면 무엇보다도 레슨의 내용(구성요소 스킬)이 무엇인가를 먼저 파악해야 한다. 다시 말하면, 레슨의 내용에 교수의 으뜸원리를 적용할 때는 반드시 내용(구성요소 스킬)을 파악해야 한다. 내용(구성요소 스킬)이 '~에 대한 정보(언어정보 1)', '~의 부분(언어정보 2)', '~의 종류(개념)', '~에 대한 방법(절차)', '~의 결과예측(과정/원리)' 등의 5가지 중에서 어디에 해당하는가를 확인하고(표 6-9 참조), 그런 후에 그 내용에 적절한 교수적 상호작용(교수형태, 교수전략)을 결정할 필요가 있다(표 6-10 참조). 각 내용(구성요소 스킬)에는 〈표 6-9〉와 같이 각각 해당하는 정보와 표상의 요소가 있다.

〈표 6-9〉 내용에 대한 정보와 표상의 요소

내용 \ 요소		정보(Information)	표상(Portrayal)
언어정보 1	~에 대한 정보	사실, 연상(관계)	(없음)
언어정보 2	~의 부분	명칭, 설명	특정한 전체와 관련하여 부분의 위치
개념	~의 종류	정의(정의된 속성의 목록)	사례들(속성을 표상한 구체적 예시와 비예시)
절차	~에 대한 방법	단계(연속적인 순서)	절차에 대한 구체적인 예시
과정(원리)	~에 대한 결과 예측	조건과 결과	과정에 대한 구체적인 예시

각 내용(구성요소 스킬)에는 〈표 6-10〉과 같이 구체적인 교수전략들이 있다.

〈표 6-10〉 내용(구성요소 스킬)에 대한 교수전략

교수전략 / 구성요소 스킬		프레젠테이션 정보-말하기 (Tell)	연습 정보-질문하기 (Ask)	시연(시범) 보여주기 (Show)	적용 실행하기 (Do)
언어 정보1	~에 대한 정보	명칭-정보	명칭-정보	(없음)	(없음)
언어 정보2	~의 부분	명칭-정보	명칭-정보	명칭-위치	명칭-위치
개념	~의 종류	정의	정의	예시와 비예시	예시 분류하기
절차	~에 대한 방법	단계-계열화	단계-계열화	과제 시연하기	과제 수행하기
과정 (원리)	~에 대한 결과 예측	조건과 결과에 대한 if-then 진술	조건과 결과에 대한 if-then 진술	과정 시연하기	결과 예측하기 또는 조건 찾기

나지막으로 본 장의 2절에서 논의한 바와 같이 다양한 교수학습맥락에 적용할 수 있는 5가지 핵심 원리(문제중심 원리, 활성화 원리, 시연의 원리, 적용의 원리, 통합의 원리)를 고려해야 한다(그림 6-2 참조). 이 원리들은 [그림 6-1]에 있는 Gagné의 9가지 교수활동과 비교되는 Merrill의 보다 간결한 수업절차라고 볼 수 있다. 문제중심(P)의 원리를 바탕에 두고 4가지 절차인 활성화(A)-시연(D)-적용(A)-통합(I)의 원리가 순서대로 사용되는 것이 좋다. Merrill은 5가지 원리 중에서 시연의 원리, 적용의 원리가 가장 중요하다고 보고 교수전략의 수준을 0에서 3까지 제시한다(그림 6-2, 표 6-5 참조).

교수의 으뜸원리는 4가지의 주요 제시방식(말하기/Tell, 질문하기/Ask, 보여주기/Show, 실행하기/Do)이 있다. 이 4가지 제시방식은 교수적 상호작용(교수전략)에 관한 커뮤니케이션을 촉진한다. 교수의 으뜸원리는 시연(demonstration)에 말하기, 보여주기, 멀티미디어, 학습안내가 포함된다. 또한 교수의 으뜸원리는 적용(application)에 질문하기, 실행하기, 피드백, 코칭이 포함된다. 〈표 6-11〉은 시연과 적용에 사용되는 교수적 상호작용(교수전략)을 보여준다.

〈표 6-11〉 교수적 상호작용(교수전략)

<table>
<tr><td rowspan="2">시연</td><td>말하기(Tell)</td><td>보여주기(Show)</td><td>멀티미디어</td><td>학습 안내</td></tr>
<tr><td>정보를 제공</td><td>표상을 제공</td><td>교수활동을 실행</td><td>적절한 특성에 주의 집중하도록 안내</td></tr>
<tr><td rowspan="2">적용</td><td>질문하기(Ask)</td><td>실행하기(Do)</td><td>피드백</td><td>코칭</td></tr>
<tr><td>정보의 회상이나 인지 요구</td><td>문제를 해결하기 위해 정보 사용</td><td>결과에 대한 올바른 정보 제공</td><td>과정에 대한 안내 제공</td></tr>
</table>

탐구과제

1. Gagné가 제시한 9가지 교수 활동(events of instruction) 가운데 상대적으로 더 중요하다고 생각되는 활동은 무엇인지 또 그 이유는 무엇인지 생각해 봅시다.

2. 여러분 학습자로서 경험했던 수업을 돌아봅시다. Merrill이 제안한 으뜸원리가 적용되었던 수업이 있었나요? 어떤 원리가 어떻게 적용되었는지 구체적으로 설명해 봅시다.

3. 학습자의 동기를 유발, 유지하기 위해서 고려해야 하는 요소는 무엇인가요? 자신의 전공 교과와 관련하여 특정 학습 맥락(학습자, 학습목표, 학습내용 등)을 상정한 후, 동기 전략의 구체적인 예를 들어봅시다.

4. Gagné, Merrill, Keller의 아이디어를 수업지도안(lesson plan)에 구체적으로 어떻게 반영할 수 있는지 논의해봅시다.

참고문헌

임규연, 김영수, 김광수, 이현우, 정재삼(역) (2014). 교수의 으뜸원리. 학지사. Merrill, M. D. (2013).*First principles of instruction: Identifying and designing effective, efficient, and engaging instruction*.

정재삼, 임규연, 김영수, 이현우 (역). Richey, R., Klein, J., & Tracy, M. 저 (2012). 교수설계 지식기반. 학지사.

조일현, 김찬민, 허희옥, 서순식 (역). Keller, J. M. 저 (2010). 학습과 수행을 위한 동기설계: ARCS 모형 접근. 아카데미프레스.

켈러, 송상호 (1999). 매력적인 수업설계. 교육과학사.

Briggs, L. J. (Ed.) (1977). *Instructional design: Principles and applications*. Englewood Cliffs, NJ: Educational Technology Publications.

Briggs, L., Gustafson, K., & Tillman, M. (Eds.) (1991). *Instructional design: Principles and applications*. Englewood Cliffs, NJ: Educational Technology Publications.

Driscoll, M. P. (1994). *Psychology for instruction*. Needham Heights, MA: Allyn & Bacon.

Gagné, R. M. (1985). *The conditions of learning* (4th ed.). New York: Holt, Rinehart & Winston.

Gagné, R. M., & Briggs, L. J. (1979). *Principles of instructional design* (2nd ed.). New York: Holt, Rinehart & Winston.

Gredler, M. (2001). *Learning and instruction: Theory and practice* (4th ed.). Upper Saddle River, NJ: Prentice-Hall.

Keller, J. M. (1983). Motivational design of instruction. In C. M. Reigeluth (Ed.), *Instructional design theories and models: An overview of their current status*. Hilsdale, NJ: Lawrence Erlbaum Associates.

Keller, J. M. (2016). Motivation, learning, and technology: Applying the ARCS-V motivation model. *Participatory Educational Research, 3*(2), pp. 1-13.

Merrill, M. D. (2002). First principles of instruction. *Educational Technology Research and Development, 50*(3), 43-59.

Merrill, M. D. (2020). *First principles of instruction(revised edition)*. AECT.

Reigeluth, C. M. (Ed.). (1983). *Instructional design theories and models: An overview of their current status*. Hillsdale, NJ: Lawrence Erlbaum Associates.

제 7 장

학습자 중심 수업 설계

새로 임용된 교사 A 씨는 학습자 중심의 간접교수 전략을 자신의 수업에 적용해 보고자 합니다. 예비교사 시절 A 씨를 매료시켰던 구성주의적 학습환경의 이미지는 학습자 중심으로 문제를 스스로 해결하고 토론하는 바람직한 수업의 모습이었습니다. 그러나 정작 수업 준비를 하면서 몇 가지 문제에 봉착하게 됩니다. 첫째, 학습자 중심의 간접교수 방법에는 어떤 것이 있는지 파악하기 어렵습니다. 둘째, 토론기반학습, 프로젝트기반, 문제기반학습, 사례기반학습, 게임기반학습은 어떻게 다른지도 모호하게 느껴집니다. 셋째, 이러한 간접교수 방법들이 적용된 수업절차는 어떻게 이루어지는지에 자신이 없습니다. 넷째, 이러한 간접교수 방법들이 과연 학습효과 향상에 도움이 되는지에 관해서도 궁금합니다. 마지막으로, 현실적으로 가장 중요한 우려로 과연 혼자서 30명 학생들에게 필요한 튜터링을 해 줄 수 있을까라는 걱정이 큽니다. 교사 A 씨는 큰 고민에 빠져들고 있습니다. 어떻게 해야 할까요?

학습목표

7.1. 학습자는 구성주의적 학습환경을 구축하기 위하여 고려해야 할 6가지 요소를 구체적으로 논의할 수 있다.

7.2. 학습자 중심의 간접교수 전략들의 장단점과 차이점을 논의할 수 있다.

7.3. 디지털 교육의 환경에서 학습자 중심의 간접교수 전략들이 어떻게 활용될 수 있는지 논의할 수 있다.

1 학습자 중심 수업과 구성주의 학습환경

1) 학습자 중심 수업의 인식론적 논의

학습자 중심의 수업은 전통적인 교수자 중심의 수업과는 다른 철학적 접근에서 출발한다. 지식이란 무엇이며 지식이 어떻게 형성되는가에 대한 인식론적 관점에는 객관주의와 주관주의(즉 구성주의)가 있다. 본 교재 3장에서 논의한 학습의 관점을 행동주의, 인지주의, 구성주의로 구분하였다. 행동주의와 인지주의는 객관주의적 인식론에 바탕을 두고, 구성주의는 주관주의적 인식론이다.

객관주의에서는 인간의 외부에 실재가 존재하며 그 실재는 인간의 경험과는 독립적으로 존재한다고 본다. 지식은 개인과 독립적으로 외부에 존재하여 외부에서 인간 내부로 전달되기 때문에 정도의 차이는 있지만 모든 사람들이 본질적으로 같은 이해, 같은 지식을 가지게 된다고 가정한다. 객관주의적 인식론에 의하면 교수자 역할은 이미 가지고 있는 지식을 학습자에게 전달하여 학습자들이 지식의 구조를 있는 그대로 반영하도록 돕는 일이다. 학습자는 전달된 지식을 수동적으로 받아들이는 것이다. 수업은 학습자에게 가장 효과적인 방법으로 지식을 전달하는 것이다(Bedner et al., 1991).

이에 반하여 구성주의적 인식론에 의하면 지식은 외부적으로 존재하는 것이 아니고 개인의 경험에 의하여 해석된다고 본다. 지식은 개인의 사전 경험과 사건을 해석할 때 구성된다. 학습은 학습자가 지식의 내적 표상을 구축하는 과정이기 때문에 절대적이고 객관적인 지식은 존재하지 않고 개인에 따른 다양한 의미가 존재할 수 있다고 본다. 수업의 목적은 학습자들에게 세상을 해석하는 방법을 보여주는 것이다. 의미가 경험에 바탕을 두기 때문에 학습을 위해 경험을 함께 설계하는 것이 중요하다. 학습이 전이되기 위해서는 실제의 맥락을 반영하는 풍부한 맥락을 제공하여야 한다. 모든 학습환경은 학습자들이 문제를 해결하고 의미를 구성할 수 있는 학습자 중심의 환경이 설계되어야 한다(Duffy & Jonassen, 1991).

이를 바탕으로 구성주의적 관점에서는 학습자 중심의 학습환경, 실제적 과제와 맥락 강조, 문제해결 중심의 학습, 코치와 촉진자로서의 교수자 역할, 협력학습(collaborative learning)의 중요성, 과정중심의 평가 등의 구성주의적 교수-학습 환경의 설계를 강조한다.

2) 구성주의 학습환경 설계

구성주의 설계이론에서 '교수설계' 대신 '학습환경 설계'라는 용어를 사용하는 이유는 구성주의 이론에서는 전통적인 의미의 교수/수업 설계의 비중이 약화되고 학습자 학습경험(즉 학습지원 환경)의 설계가 보다 강화되기 때문이다. Jonassen (1999)은 구성주의 학습환경(CLEs: Constructivist Learning Environments)을 통해 학습환경 설계에서 고려되어야 할 요소들과 학습환경을 정교화하는 방안을 포괄적으로 제시하였다.

(1) 구성주의 학습환경 설계 시 고려요소

Jonassen은 구성주의 학습환경을 설계할 때에 고려할 요소들을 [그림 7-1]과 같이 문제, 관련 사례, 정보자원, 인지도구, 대화도구, 사회적 및 맥락적 지원 등 6가지로 설명했다.

① 문제/프로젝트(problem/project)

구성주의 학습환경의 가장 큰 특성은 '문제(problem)'가 학습을 주도한다는 점이다. 학습자들은 학습한 내용을 적용하기 위해 문제를 해결하는 것이 아니라 문제를 해결하기 위해서 영역내용을 학습하며 문제해결과정에서 통합적으로 맥락적인 지식을 구성하게 된다. 문제를 학습자에게 제시할 때에는 문제상황 및 맥락

(context), 문제의 제시방법(representation), 문제해결을 위한 작동공간(manipulation space) 등을 갖추도록 설계자의 충분한 고려가 필요하다.

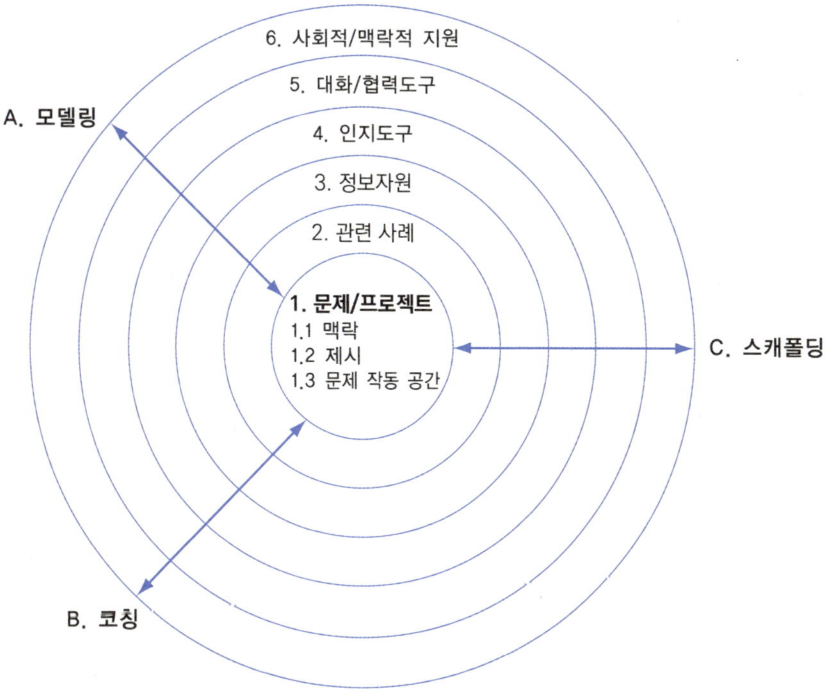

[그림 7-1] 구성주의 학습환경의 설계

② **관련 사례**(related cases)

구성주의에서는 개념과 원리의 직접적인 암기/이해보다는 다양한 사례를 접함으로써 지식구조를 점진적으로 확장하고, 정교화해 나가는 과정을 의미 있는 학습과정으로 본다. 그러므로 구성주의 학습환경에서는 제시된 문제와 직접, 간접적으로 관련이 있는 사례들을 충분히 제공함으로써 학습자의 기억을 촉진할 뿐 아니라 인지적 융통성을 높이는 등 학습과정을 지원하도록 한다.

③ **정보자원**(information resources)

구성주의 학습환경에서는 학습자들이 문제를 해결하는 데 필요한 충분한 정보를 제공하여야 한다. 학습자들은 정보를 활용하여 문제해결을 위한 가설을 세우고, 가설을 검증하는 동시에 자신들의 지식구조를 정교화해 나간다.

④ **인지도구**(cognitive tool)

구성주의 학습환경에서는 학습자들이 주어진 문제를 원활하게 해결할 수 있도록 학습자의 인지활동을 지원하는 인지적 도구를 제시해야 한다. 시각화 도구, 수행지원도구, 정보수집 도구 등이 유용한 인지도구로서 제공될 수 있다.

⑤ **대화/협력 도구**(conversation/collaboration tool)

구성주의 학습환경은 학습자 간 대화와 협력을 위한 학습커뮤니티를 포함한다. 학습자들은 커뮤니티 활동을 통해 동료학습자나 교수자로부터 모델링(modeling), 코칭(coaching), 스캐폴딩(scaffolding)을 제공받을 수 있다.

⑥ **사회적/맥락적 지원**(social/contextual support)

구성주의 학습환경에서 가장 강조되고 있는 것은 학습의 환경적, 맥락적 요소이다. 그러나 지금까지의 많은 구성주의 학습 프로젝트들은 환경/맥락적 요인들이 적절히 다루어지지 않아 좋은 성과를 얻지 못해왔다. 앞서 제시한 바와 같이 특정 맥락 속에 내재된 실제적 문제의 제시, 그리고 학습 커뮤니티 등 사회적 지원을 포함하는 학습환경을 갖추는 것은 구성주의 학습환경의 중심 전략이라 할 수 있다.

(2) 구성주의 학습환경의 정교화 방안

구성주의 학습환경에서 학습자의 주요 활동은 탐구(exploration), 의미의 명료화(articulation), 성찰(reflection) 등으로 정리된다. 탐구는 목표를 세우고 자신의 수행을 관리하는 활동을 설명하고, 의미의 명료화와 성찰은 수행과정에서 학습자가 자신의 활동을 명확히 이해하고, 이를 반추함으로써 수행을 발전시키는 것을 의미한다. 이러한 구성주의 학습은 교수자의 모델링(modeling), 코칭(coaching), 스캐폴딩(scaffolding)을 통해 보다 정교화될 수 있다.

① 모델링(modeling)

학습자 수행을 지원하는 방안으로 모델링이 있다. 유형으로는 기대되는 수행을 외현적으로 보여주는 '행동 모델링(behavior modeling)'과 문제해결과정의 내면적인 추론과정, 의사결정 과정을 설명해주는 '추론 명료화(articulate reasoning)' 방법이 있다.

② 코칭(coaching)

학습자 수행의 각 세부 단계는 코칭에 의해 구체적으로 향상될 수 있다. 좋은 코치는 학습자의 동기를 향상시키고, 학습자의 수행을 모니터하고 조절하며, 성찰을 야기하며 잘못된 정신적 모형(mental model)을 수정할 수 있도록 적절한 질문을 던진다.

③ 스캐폴딩(scaffolding)

모델링이 전문가의 수행을 보여주는 것에 초점을 두고, 코칭이 학습자의 수행을 조절하는 데 초점을 두고 있다면 스캐폴딩(scaffolding)은 학습자가 수행하는 과제(task)에 초점을 두고 있다. 이는 학습자가 자신의 능력 이상의 학습과 수행을 할 수 있도록 임시적인 틀을 제공하는 것이다. 스캐폴딩(scaffolding)의 구체적인 방법으로는 문제난이도 조절, 과제의 재구조화, 대안적인 평가의 제공 등이 있다.

2 학습자 중심 간접교수 전략

2장에서 논의한 바와 같이 학습자 중심의 간접교수 방법에는 토론기반학습, 프로젝트기반학습, 문제계반학습, 사례기반학습, 그리고 게임기반학습이 포함된다. 이러한 간접교수전략들은 본장의 3절에서 논의될 디지털 교육 환경에 통합되어 보다 효과적으로 사용될 수 있을 것이다.

1) 토론기반학습(Discussion-Based Learning)

(1) 토론기반학습(DBL)의 개념과 특징

토론기반학습 또는 토의기반학습은 수업을 진행하는 과정에서 학습자와 학습자, 교사와 학습자 간 서로의 아이디어와 의견을 교환하는 논쟁·논박과 토의·토론의 활동으로 운영된다.

논쟁(debate, dispute)이란 특정한 주제에 대해 찬성과 반대로 나누어 서로 의견을 나누며 자신의 주장을 받아들일 수 있도록 상대방이나 청중을 설득하는 것을 말한다. 토의 또는 토론(discussion)은 어떠한 문제를 가진 사람들이 모여 가장 좋은 문제 해결 방법을 얻기 위해 협의하는 것이다. 논쟁과 토의(토론)는 개념상 분명한 차이가 있지만 실제 수업에서는 분리되지 않고, 혼재되어 진행되는 경우가 많다(정문성, 2015). 이처럼 경쟁학습이나 개별학습보다는 협동학습으로 협력적 의사결정을 하고, 혼자 결정하기보다는 여러 사람이 협의하고 논의하는 과정을 통해(김은주, 2018) 논쟁이 이루어지고 논쟁의 내용이 자연스럽게 토론(토의)으로 연결된다.

토론(토의)은 학습목표에 따라 소집단 또는 대집단으로 편성하여 다양한 형태로 운영될 수 있으며, 잘 운영되면 흥미롭고, 학습자에게 주제에 대한 생각을 하도록 동기부여를 할 수 있으며, 강의에 비해 다수의 학습자들이 의견을 개진할 기회를 갖는다는 이점이 있다. 그러나 토론(토의) 시간에 제약이 있는 경우는 모든 학습자 참여가 용이하지 않을 수 있고, 사전지식의 부족으로 토론(토의)을 위한 질문이 어려운 경우는 의견 개진이 활발하지 않을 수 있다(설양환 외, 2002; Cruickshank et al., 1995; Heinich et al., 2002; Newby et al., 2000; Smaldino et al., 2008).

제2장에서 설명한 바와 같이 교수-학습과정에서 도입할 수 있는 토론(토의)의 유형은 매우 다양하며 그 예로는 원탁토의, 배심토의, 대담토의, 공개토의, 단상토의, 분담토의(buzz session method), 브레인스토밍(brainstorming), 세미나 등이 있다(한정선 외, 2008). 다양한 형태로 진행되는 토론기반학습이 가진 장·단점은 다음과 같다.

〈표 7-1〉 토론기반학습의 장·단점

구분	내용
장점	• 구성원들과 함께 주제를 탐구하고 해결하며 협업 능력 신장 • 합의점을 찾아가는 과정에서 서로의 의견을 존중하고 배려하는 태도를 신장할 수 있음. • 고차원적 사고(분석적 사고, 비판적 사고, 의사소통 능력)를 습득할 수 있음. • 서로의 의견을 나누는 과정에서 자신의 생각을 명료화하고 타당함을 검증하는 기회를 가져 학습의 심층적 이해가 가능함.
단점	• 지식의 체계적인 학습이 곤란함. • 많은 시간이 소요되며, 직접 참여할 수 있는 인원이 제한적임. • 소수의 학생에 의해 주도된다면 나머지 학습자들은 방관하거나 무관심할 수 있음. • 토의의 초점을 잃거나 방향을 잃게 되면 무의미한 결과를 초래할 수 있음.

(2) 토론기반학습의 목표

토론기반학습(DBL)은 목표에 따라 소집단 또는 대집단으로 구성되어 상호 의사소통을 통해 다양한 형태로 운영될 수 있다. 또한 학생들은 서로 의견을 교환하는 과정을 통해 학습의 주제에 대한 생각을 하며 동기부여할 수 있으며, 직접교수를 통한 학습보다 자신의 의견을 나눌 수 있는 학습경험을 얻을 수 있다. 수업에서의 토론 교육은 문제에 대한 비판적 분석과 합리적인 해결능력을 기르는 것에 목적을 갖거나(박삼열, 2012), 의사결정력, 메타인지력 등의 고차원 사고력 신장에 도움을 준다(곽재호, 이경화, 2017; 정문성, 2015)는 장점이 있다.

첫째, 학습자들은 토론기반학습을 통해 자연스레 비판적 사고력을 향상하게 된다. 비판적 사고 역량은 인간의 활동에 효과적으로 참여할 수 있게 해주는 필수적인 지적 능력으로, 토론은 과거부터 현재까지 가장 효과적인 학습 방법과 비판적 사고 원칙을 적용하는 최고의 방법 중 하나였다(Freely, 1990). Colbert와 Biggers(1986)가 진행한 토론 관련 연구에서는 비판적 사고 능력과 토론학습의 상관관계를 입증하였으며, 브렘벡(1949)의 연구 및 콜버그(1987)의 연구에 의하면 토론학습을 받은 학생들이 그렇지 않은 학생들에 비해 훨씬 높은 비판적 사고 점수를 받았다고 밝혔다.

둘째, 학습자들은 특정 주제에 대한 자신의 주장 입증을 위해 자료조사 능력(research Skills)을 함양하게 된다. 토론에서 요구하는 주제에 대한 사전지식 함양을 위해 토론 전, 통계 자료 검색, 인터넷 검색, 도서관 이용, 책 읽기 등 다양한 리서치가 요구된다. 토론을 위해서는 인문, 사회과학, 과학 방법론을 숙지해야 하며, 토론 논거 과정에서는 주장과 이유 그리고 명확하고 설득력 있는 근거가 분리될 수 없다.

셋째, 학습자들은 자신의 의견을 구조적으로 논증하는 과정에서 의사소통(oral communication) 능력이 증진된다. 규칙이 정해져 있는 토론기반학습은 제한된 시간 안에 효율적으로 자신의 의견을 설득력 있게 전달하는 과정에서 자연스레 논리의 조직과 배열 능력이 증진된다. 이때, 자신의 의견 표현에서 끝나는 것이 아니라 상대방의 입장을 주의 깊게 듣고 반박을 시도하며 동료 학생과 교수자의 피드백을 통해 상대방의 입장을 완전하게 이해하고 경청하는 태도도 습득하게 된다.

그러나 시간의 제약이 있거나 사전지식의 부족으로 인해 토론(토의)을 위한 질문에 어려움을 겪을 수도 있고(김미선, 2016, 박삼열, 2012), 활동이 학습자 중심으로 이루어지기 때문에 충분히 훈련되어 있거나 구조화되어 있지 않으면 수업목표를 달성하기 힘들다(정문성, 2015).

(3) 토론기반학습의 절차

토론기반학습의 절차는 주제 및 유형 등에 따라 달라질 수 있지만, 일반적인 토론 절차를 제시한 한국교육과정평가원의 모형에서는 '목표 제시 및 준비–토론 시작–토론 전개–토론 정리'의 순서로 토론기반학습 절차를 제안한다. 먼저 목표 제시 및 준비 단계에서는 토론이 갖는 의의를 파악하도록 토론의 목적에 맞는 상황을 제시한다. 이때 토론의 방법과 참여의 규칙을 학생에게 알려주는 것이다. 이 과정에서 토론의 유형이 결정되며, 협의된 주제 및 내용에 따라 모둠 편성 및 역할분담이 이루어진다. 이렇게 토론의 방식, 토론집단의 구성, 역할 등이 결정되면 토론에 필요한 물품을 구비함으로써 토론의 구체적인 절차를 학습하는 과정이 진행된다.

토론 시작 단계는 토론 활동이 실제로 실행되는 단계로, 집단별 구체적인 문제 상황 및 공통 경험을 제시하고 확인한다. 그중에서도 초점이 될 질문을 하는 것이 토론의 시작인 셈이다. 토론 전개 단계에서는 목적을 향하여 토론을 진전시켜야 한다. 이때 할 일은 초기 질문에 대한 후속 질문을 하는 것이다. 도입 부분에서 발견한 쟁점에 대한 입장을 대상으로 모두가 각 입장을 지지하는 논리 및 증거를 찾아 발표하는 과정이다. 교사는 이 과정에서 논의의 진척 정도를 요약해줌으로써 의사소통을 원활히 하고 또한 토론이 어디로 흘러갈지 예상하고 중요한 질문과 가능한 학생의 반응 그리고 교사의 참여방식을 계획해야 한다. 토론이 진행되는 동안에는 사고를 확장시킬 적절한 질문을 하는 것 외에도 학생의 반응을 위해 기다려주고, 경청하며 고루 참여할 수 있게 조정하는 노력도 수반되어야 한다.

토론의 정리 단계에서는 토론을 통해 깨닫게 된 정보나 의미 그리고 현재까지 논의된 내용을 요약하면 된다. 마무리까지 하고 나면 학생들에게 토론이 어떠했는지, 편안하고 열린 분위기에서 진리를 탐구했는지, 토론의 목적은 달성했는지 등을 물어보고 후속 토론에서 다룰 주제나 질문 및 개선점을 정리한다. 토론은 학습 내용을 정교화하려면 반드시 필요한 과정으로, 토론의 방법을 익히고 부단히 교육에 응용할 필요가 있다.

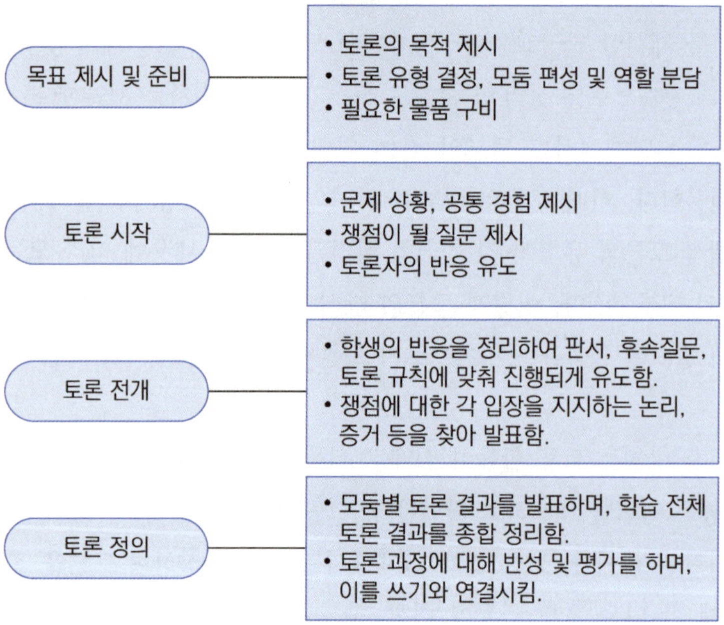

[그림 7-2] 토론기반학습 모형(출처: 한국교육과정평가원, 2015)

(4) 토론기반학습 적용 시 유의사항

① 수업 연계 차원

토론기반학습은 나름대로 목적을 가지고 진행되어야 한다. 토론기반학습의 목적은 단순히 학생의 발표력 증진에서부터 학업에 대한 흥미 유발, 그리고 학업 성취나 관련 태도 및 의식 변화, 주어진 문제에 대한 해결 능력 증진, 그리고 토론이라는 과정을 통한 민주적 능력을 증진하는 것까지 다양하다. 달성하고자 하는 명확한 목적에 따라 체계적이고 계획적인 절차를 구성해야 한다. 이를 위해서는 교사가 토론수업 모형을 고려하면서 토론내용(주제)이나 토론절차를 잘 연계시키고 학습자가 충분히 토론에 참여하도록 구성해야 한다.

또한, 토론기반학습에서 주어지는 수업내용은 다뤄지는 내용에 관계된 모든 관심에 대하여 충분한 의사교환이 이루어지도록 함으로써 학습자들이 토론 절차를 통해 학습내용을 충분히 익힐 수 있도록 해야 한다. 토론기반학습은 집단의 구성원 모두가 참여하기에 적극적인 학생 참여를 유도하는 다양한 장치가 필요한 것은 물론 이를 위하여 각 단계별로 적절한 활동을 하도록 토론기반학습 과정이 드러날 수 있는 학습구조여야 한다(권낙원, 1997).

② 학급 운영 차원

토론기반학습은 어떤 문제에 대해 자신의 의견을 다른 사람들에게 표현하고 또한 다른 사람들의 의견을 예의 있게 듣고 이를 종합하여 결론에 도달하는 것이다. 이 과정에서 절차로서 합의를 중심으로 하는 민주주의적 원리와 자신과 다른 사람의 의견의 상이함을 통해 지식과 정보에 대한 상대주의적 관점을 배우게 된다. 어떤 논점에 대하여 학습자들이 다양한 제안을 검토하는 상호작용이 활발하게 이루어지는 반면, 이 과정에는 분명한 대립과 합의의 과정이 있어야 한다. 그러므로 토론기반학습의 핵심은 토론을 통해 다루어질 문제로서 주제와, 이를 해결하기 위한 활발한 의견교환이라고 볼 수 있다. 따라서, 교수자와 학습자가 상호작용하면서 만들어내는 교실 수업환경은 다른 수업환경에 비해 토론수업의 실제적인 운영에 더 영향을 미칠 것이다. 이런 점에서 토론기반학습을 위한 교실 수업환경은 상당히 중요하다(구정화, 2001). 그 외, 토론기반학습으로 수업을 운영할 때 유의할 사항은 아래와 같다.

- 학습자 모두에게 발언할 수 있는 기회를 적절히 제공하여 소외되는 참여자가 없도록 해야 한다.
- 제한된 토론 시간 내에 원활한 절차 진행을 위한 교사의 철저한 사전 준비가

수반된다.

- 토론 주제 관련 자료 준비와 공부가 충분히 이루어져야 토론의 깊이가 있으므로 학습자에게 사전에 충분한 자료를 제공하거나 토론과 관련한 자료의 출처를 알려주어 충분히 공부하도록 해야 한다.
- 토론 주제에 대한 깊이 있는 공부를 위해 브레인스토밍 혹은 마인드맵 그리기 등 사전준비활동을 유도하는 것도 매우 효과적이다.

(5) 토론기반학습의 예시

토론기반학습(DBL)을 적용한 현장 수업 예시 중 초등학교 4학년 사회 교과 〈우리 지역 문제 해결하기 수업〉을 살펴보고자 한다. 본 수업의 학습 목표, DBL의 전개과정, 수업지도안, 학습자활동을 정리한 지도 전략은 다음과 같다.

〈표 7-2〉 토론기반학습의 예시

<table>
<tr><td>수업단원</td><td colspan="2">[찬반토론] 사회 4학년 1학기 3. 새로워지는 우리 시 · 도</td></tr>
<tr><td>학습목표</td><td colspan="2">우리 지역 문제를 이해하고 해결하는 방법을 찾을 수 있다.</td></tr>
<tr><td>학습 단계</td><td colspan="2">교수 · 학습 활동</td></tr>
<tr><td rowspan="2">브리핑
(Briefing)</td><td>학습목표
확인</td><td>다음은 무엇일까?
쓰레기로 넘쳐나는 화면 제시
조사된 아파트 쓰레기 양의 조사결과를 봅시다.
이 많은 쓰레기의 처리는 어떻게 해야 할까요?
쓰레기 해결을 위해 매립지를 조성해야 하는데 어려움에 처했습니다.
지역사회의 입장과 주민들의 입장 제시
이번 시간에 토론할 내용은 무엇인가?
우리 지역 문제를 이해하고 해결하는 방법을 찾을 수 있다.</td></tr>
<tr><td>토론주제
결정</td><td>우리 고장의 쓰레기 매립장 건설에 대한 토론하기</td></tr>
<tr><td>활동
(Activity)</td><td colspan="2">지역 문제를 보고 토론해야 할 주제에 대하여 설명한다.
토론하기 전에 상황을 보고 자신의 생각을 간략히 발표하게 한다.</td></tr>
</table>

	토론 준비	인터넷 검색을 통하여 다이옥신, 환경오염 등 쓰레기 문제의 심각성, 처리문제, 매립지의 선정에서의 오류 등을 찾으면서 주민들의 주장과 지역자치단체의 주장을 구체화하게 한다.
	찬반의 결정	결정된 사항을 수업자료를 통해 토론 학습지에 기재하되 주장한 근거를 분명하게 명시하도록 한다.
	토론방향 제시	토론 주제 게시판에 명시 토론의 규칙 정하기
	토론의 전개	자기의 생각을 타당한 근거를 밝히면서 주장하도록 한다. 타인의 의견을 존중하는 자세로 토론하도록 한다. 입론, 논증, 질의응답, 논박을 통한 최종 입장 정리
디브리핑 (Debriefing)	토론 결과 정리 발표/전체토론 자기 생각과 토론 과정에서의 느낌을 학습지에 기재 및 발표 찬성과 반대의 결과 확인 결과의 상황제시와 제반되는 문제점과 해결점 이야기하기 (지역의 문제를 해결할 수 있는 방법 제시)	
	토론평가 주장 세우기 질문 및 피드백 진행	

출처: 신인경 · 이철환(2003), 토론학습 모형 기반 ICT 교수학습모형의 구안 및 활용방안 (p. 416 일부 참고함.)

2) 프로젝트기반학습(Project-Based Learning)

(1) 프로젝트기반학습(PBL)의 개념과 특징

프로젝트기반학습(PBL)은 전통적인 교사 주도의 주입식 수업에서 탈피하여 학습활동을 학습자 자신이 계획하고 전개해 나가는 학습방법이다. 구성주의 교수전략에 속한 프로젝트기반학습은 학습자 중심적이고 실제적인 비구조화 과제 수행을 수반하여 협력학습에 크게 의존하는 특성을 보인다. BIE(Buck Institute of Education)는 프로젝트기반학습을 문제 혹은 도전 과제에 대해 오랜 기간 집중적인 탐구 과정을 통하여 학습자가 지식과 기술을 학습하게 하는 체계적인 교수 전략이라고 정의한다. 즉, 단순히 책을 통한 지식 습득의 개념이 아니라 실제적인 문제 상황에 직면하여 오랜 시간의 프로젝트 수행을 통해 학습 주제를 깊이 탐구하고 해결책을 찾는 고도의 사고능력을 개발하는, 학습자 중심의 능동적이고 참여적인 교수 학습 방법을 의미하는 것이다(Kwon, & Kan, 2013; Ryu, 2015).

반면 프로젝트기반학습에서 핵심은 문제의 해결이 아니라 최종 산출물(end product)의 창출이라는 점에 주목할 필요성이 있다. '프로젝트'라는 실제에 근접한 과제를 달성하기 위하여 단계를 밟아나가는 '결과' 중심의 목표지향적 학습이다. 학습자가 중심이 되어 스스로 계획을 세우고 구체적인 실천에 옮기는 유기적인 상호작용 기반 최종산출물에 주안점을 두며, 학습자가 적극적으로 지식을 구성해 나가는 학습을 기대할 수 있다. 또한, 구체적인 산출물을 만들어내야 하는 프로젝트기반학습의 성패는 학습자의 투입(input)의 질과 양에 크게 의존한다. 따라서, 학습자의 주도적 역할이 더욱 강조되며 이런 이유로 프로젝트기반학습은 분야별 전문성을 갖춘, 성숙한 학습자에게 적합하다.

프로젝트는 크게 네 가지 유형, 즉 지식을 배우기 위한 지적 프로젝트, 능력이나 기술의 숙련을 위한 프로젝트, 구체적인 생산 활동을 주로 하는 프로젝트 및 미적 감상 등의 흥미 있는 프로젝트 등이 있다. 다양한 프로젝트를 중심으로 진행되는 프로젝트기반학습이 가진 장단점은 다음과 같다.

〈표 7-3〉 프로젝트기반학습의 장 · 단점

장점	• 학습자는 설계하는 단계부터 원하는 성과를 만들고 평가하는 단계에 이르기까지 주도성을 가질 수 있음. • 교수자를 비롯한 주변으로부터 필요한 조언과 도움을 받으며 깊이 있는 학습이 가능함.
단점	• 교수는 수업의 기획부터 공유의 단계까지 지속해서 이루어져야 함. • 여건과 상황에 영향을 많이 받아 많은 시간과 노력이 필요함. • 학습자의 무임승차 문제 및 평가의 객관화 문제를 고려해야 함.

(2) 프로젝트기반학습의 목표

협력을 기반으로 하는 프로젝트기반학습(PBL)은 학습자들이 능동적이고 주체적으로 문제를 탐색하고 해결해나가기에 해당 주제에 관련하여 보다 심도 있고 의미 있는 학습을 하게 된다(이영미, 2013; Collis, 1997; Garrison, 2007). 학습자들은 궁극적으로 문제해결, 협력, 자기 관리 등에 대한 역량을 기를 수 있어 보다 의미 있는 학습을 할 수 있다.

첫째, 학습자들은 다른 학습자들과 함께 실제적인 과제를 해결해 나간다. Heo 외(2010)는 John Dewey가 제시했던 학습의 사회적 측면, 즉 다른 이들과의 협력적 행동 및 공유된 경험을 통해 지식과 경험이 재구성된다는 개념을 프로젝트기반학습의 시작이라고 언급한 바 있다. 다시 말해, 다른 학생들과 팀을 이뤄 협력함으로써 의사소통스킬과 관련 지식 습득 등 더욱 긍정적인 학습결과를 기대할 수 있다(이영미, 2013; Heo, Lim & Kim, 2010).

둘째, 이러한 과정을 기반으로 프로젝트 산출물이라는 결과를 도출해낸다. 주어진 문제의 해결방안, 즉 최종 결과물이 바로 학습이 어떠했는지를 내번하는 산물이다(Shadiev, Hwang, & Huang, 2015). 이러한 프로젝트 산출물은 학습자들이 스스로 성찰하는 것을 돕고, 교수자로 하여금 실제적인 평가를 가능케 한다는 특징을 갖고 있다(Blumenfeld et al., 1991; Laffey et al., 1998).

셋째, 학습자들은 이를 통해 학습에 대한 주도권을 가지고 적극적으로 참여하게 된다. 교수자는 학습을 주도한다기보다는 촉진자의 역할을 수행하며, 학습자들이 학습의 주체가 되어 주도적으로 학습을 이끌어나간다는 것이다(Bell, 2010; Ching & Hsu, 2013; Grant, 2002). 즉, 학습자들이 아이디어와 해결안을 계획 및 실행시키는 데 책임감과 자율권을 가지고 있기 때문에, 실제로 수행해봄으로써 학습한다는 John Dewey의 주장이 적용된 학습방법이라고 볼 수 있다(Koh et al., 2010).

결과적으로, 실제적인 문제를 통해 학습자들은 기존의 지식을 실제 맥락에 적용함으로써 이론과 실제의 통합을 시도할 수 있다.

(3) 프로젝트기반학습의 절차

프로젝트기반학습은 교수자와 학습자가 하나의 학습공동체가 되어 공동 주도하에 〈표 7-4〉와 같이 준비하기(팀빌딩 및 주제 결정하기)-도입활동/탐구질문(프로젝트 계획 수립하기)-탐구하기(자료수집 및 과제 해결하기)-표현하기(결과물 개발하기)-프로젝트 평가(평가하기)의 다섯 단계를 거치는 활동과정이다. 먼저 준비하기 단계는 교수자가 학습자에게 가이드를 제공하면 학습자들은 능동적으로 팀을 구성하고, 다양한 아이디어를 중심으로 자기주도적 학습 활동을 진행한다. 일반적으로 학교에서 활용하는 프로젝트기반학습은 4~5명으로 팀을 편성하여 실행되고, PBL 수업에서는 학습자들이 목적에 따라 스스로 구체적이고 실천적인 계획을 세우고 학습을 진행하므로, 능동적인 학습자 중심의 탐구학습(inquiry-based learning), 경험학습(experiential learning)과 동등한 것으로 여겨지기도 한다(Markham, Larmer, & Ravitz, 2003).

프로젝트 계획 수립하기 단계에서는 팀별로 선정한 주제 및 탐구 수행에 필요한 지식과 스킬을 습득하고 활동 계획을 세운다. 그렇게 탐구하기 단계까지 오면 실제로 탐구를 진행하게 되는데, 이 과정에서 학습자는 조사, 탐구, 토의를 하며 탐구과정과 결과를 기록함으로써 다양한 방법으로 표현을 시도한다. 이로써 마무리 단계에 다다르면 프로젝트 결과물을 발표하고 전시하는 과정에서 정보를 함께 공유하고 평가를 진행한다. 이때, 평가 방법으로는, 작품 분석, 일화 분석, 개인 및 집단 반성, 체크리스트, 면접 등 다양한 방법을 활용한다.

한마디로, 프로젝트기반학습에서 가장 중요한 핵심은 학습에 참여하는 교수자와 학습자가 모두 프로젝트 최종 결과물을 분명하게 인식해야 한다는 것이다. 교수자는 프로젝트의 방향이 목표하는 쪽으로 향할 수 있도록 촉진하고, 학습자는 보다 능동적이고 적극적인 태도로 학습에 임하게 된다.

〈표 7-4〉 프로젝트기반학습의 단계

프로젝트의 단계	학습활동
1단계 준비하기	팀빌딩 및 주제 결정하기 • 프로젝트 팀 구성과 개요 설명 • 자기소개 및 아이스브레이킹 • 주제 정하기, 역할분담, 기본 규칙 정하기
2단계 도입활동 및 탐구질문	프로젝트 계획 수립하기 • 제작 준비 • 제작 기획서 및 스토리보드 작성 • 수행 일정 계획 수립
3단계 탐구하기	자료 수집 및 과제 해결하기 • 팀별 조사 · 탐구 협의 · 토의 • 자료수집 · 분석 및 공유 • 수집자료분석 및 결과 도출 • 프로젝트 초안 작성
4단계 표현하기	결과물 개발하기 • 활동 결과물 제작 • 결과보고서 작성 • 발표자료 개발
5단계 프로젝트 평가	평가하기 • 전시 및 발표 • 자기평가 • 동료평가 • 교수자평가

(4) 프로젝트기반학습 적용 시 유의사항

① 과제 제시 차원

학생들의 능동적인 참여와 활동을 유도할 수 있는 의미 있는 PBL을 구현하기 위해서는 열린 과제 제시로부터 학습을 출발해야 한다. 열린 과제라는 것은 쉽게 말해, 답이 미리 결정되지 않거나 한 가지로 제한될 수 없는 과제를 말한다. 즉,

지식과 기능들이 실제 상황의 여러 가지 복잡한 요소들을 다루는 과제들에 내재한 형태로 제시되어야 하는 것이다. 이로써, 학습자들은 주어진 과제를 해결하기 위해서 다양한 영역의 지식과 기능을 복합적으로 활용하게 되며 자신의 학습에 대해 책임을 지고 여러가지 방법들과 자원들을 활용하여 과제의 요구를 생각할 수 있는 힘을 기를 수 있다(조미현, 1999).

한편, 학습자들은 스스로 과제를 선택하여 해결할 수 있는 기회가 제공되면 자신의 호기심을 따라서 복잡하고 현실과 밀접히 관련된 과제들을 선택하는 경향이 있다(Share & Rogers, 1997). 그러한 학습자의 특성과 경향을 반영해 실제 상황과 밀접하게 연관된 주제를 제공함으로써 학생 중심의 교육 환경을 제공하는 노력이 필수적이다.

② 시 · 공간적 운영 차원

중등교육에서 진행되는 프로젝트기반학습은 주로 교실이나 학교 내에 있는 세미나실에서 이루어지는 경우가 많으며, 지역사회의 많은 자료와 도움을 실제적으로 지원받기는 어려운 실정이다. 지역사회와의 연계가 부족하고 학교에서 지역사회의 지원을 부담스러워하는 경우가 많아 환경적 제약이 존재한다. 반면, 시간 운영상의 어려움도 존재한다. 교과 수업시간에 활용하기에는 프로젝트기반학습의 장기적 활동 기간 제약으로 의미 있는 학습 효과를 달성하기 어렵다. 결국, 방과 후 및 특강의 형식으로 학습이 진행되어야 하는데 이 또한 학습자들에게는 학습에 있어 부담을 제공하기도 한다.

이에 중등교육에 종사하는 교수자들은 프로젝트기반학습의 필요성을 인식하고 있으나 직접 실행하기에는 현실적인 어려운 점이 많다. 현시대의 교육과정에서 가치 있는 지식은 단편적인 지식을 많이 외우고 있는 것이 아니라 학습자 스스로 필요한 지식을 재구성하여 능동적이고 통합된 지식이라고 할 수 있다. 이를 위해 교수자는 교육과정을 통합된 지식의 내용으로 적절히 조직하고 학생들의 수준과 능력에 맞게 제한적인 기간 내에 수행할 수 있는 통합된 교육과정으로 '재구성'해야 한다. 시공간적 운영 효율성과 함께 교육과정 재구성 시 학습자의 수준과 특성을 반영하는 노력이 필요하다(길형석, 2004). 그 외, 프로젝트기반학습으로 수업을 운영할 때 유의할 사항은 아래와 같다.

- 학습자 자신에 의해 이루어지는 학습이기 때문에 높은 동기 수준과 자기주도성이 요구된다.
- 활동에 초점을 둔 창의적 방법이라는 장점을 살려, 학습자의 창의성을 이끌어내도록 기획하여야 한다.
- 철저한 사전 준비가 없으면 시간을 낭비할 우려가 크다.
- 프로젝트 활동에 필요한 자료 확보가 미비하면 실패할 가능성이 높다.
- 그룹 프로젝트를 실시할 경우, 개인의 능력에 따라 프로젝트에 동참하지 못하는 학습자가 나타날 수 있다.
- 학습자 스스로에 의해 이루어지는 학습이기 때문에 무질서해지기 쉽다.
- 자신의 평가와 다른 학습자의 평가를 살펴봄으로써 상호평가를 할 수 있도록 한다.
- 교사는 학습자의 프로젝트 활동에 대한 일방적 평가 태도를 피하고 조언을 통해 학습자 스스로 자신의 활동을 평가하도록 지도해야 한다.

(5) 프로젝트기반학습의 예시

PBL을 적용한 현장 수업 사례 중 중학교 3학년 미술 교과 〈공공미술 창작 수업〉을 살펴보고자 한다. 본 수업의 학습 목표, PBL의 전개과정, 수업지도안의 회차, 학습자활동을 정리한 지도 전략은 〈표 7-5〉와 같다.

〈표 7-5〉 프로젝트기반학습의 예시

프로젝트 주제	공공미술 벽화 환경 개선 탐구	
학습목표	시지각문화를 통해 삶의 환경에 관심을 가지고 문제를 인식하며 환경을 변화시키는 주체자로 미감수성을 향유할 수 있다.	
회차	프로젝트 전개과정	학습자 활동
1주	학습자 사전경험, 배경지식 조사	설문지 작성
2주	탐구과제 소개 및 탐색 • '공공미술 벽화 환경 개선 탐구' • 실제 학급 주변 환경 개선 부분 탐구 • 주변환경 시각문화 둘러보기	탐구과제 이해 및 조사활동
3주	프로젝트기반학습 소개 • PBL 필요성 및 절차	프로젝트기반학습 이해
4주	탐구과제 이해 및 팀빌딩 • 팀원 만나기, 규칙 정하기, 탐구과제이해	팀 계약서 작성
5주	프로젝트 준비 및 진행과정 설계 • 자원탐색과 정보수집 및 분석 • 탐구주제 및 기본방향 설정 • 아이디어 구체화 확산 도안 드로잉	팀 활동계획서 작성
6~8주	과제 해결을 위한 개별 및 협력학습 • 주요 활동 및 핵심 내용 선정 • 벽화 작업 시행	팀 활동보고서 작성
9주	진행과정 보고 및 중간발표 • 개요발표 & 동료피드백 제공	중간발표 및 동료피드백
10~ 11주	성찰 및 평가 • 동료피드백 반영한 수정 · 보완	중간 개별 성찰일지 작성 중간 팀 성찰일지 작성
12주	프로젝트 마무리 • 교수자 피드백 반영한 수정 · 보완	팀 활동보고서 작성 최종 개별 성찰일지 작성
13~ 14주	학습자 사전경험, 배경지식 조사 • 팀/개별 성찰일지 작성 및 공유	최종발표/동료피드백 제공 최종 팀 성찰일지 작성 자기평가 및 팀원평가

출처: 김고은(2020). 프로젝트기반학습에 참여한 예비 유아교사의 협력학습 경험에 대한 질적 탐구 (p. 111 일부 참고함)

3) 문제기반학습(Problem-Based Learning)

(1) 문제기반학습(PBL)의 개념과 특징

문제기반학습 또는 문제중심학습(PBL)은 실생활과 연계된 문제를 제시하고, 이를 해결해 가는 과정을 통해서 문제해결 능력이 향상되는 교수법이다(한정선 외, 2008). PBL은 1950~60년대 캐나다의 McMaster 대학교 의과대학에서 시작되었다. 의과대학생들은 생리학, 해부학, 생화학 등 주제 기반 교과목을 수강하면서 점차 학습 동기를 상실하는 경우가 많았으며, 이는 언젠가 임상의가 될 자신에게 이 과목들이 어떻게 활용될 것인지 몰랐기 때문이다. 이 문제를 해결하기 위해 의대 교수들이 고안한 방법은 실제 임상의가 해결해야 할 실제적 문제를 수업 초기 단계에 제공하는 것이었다(Barrow, 1985).

과거에도 임상 사례를 가르치는 경우는 있었으나 McMaster 의과대학 교수전략의 혁신성은 문제의 선행성, 즉 주제 기반 교과목을 가르치기 전에 문제를 제시한다는 점, 그리고 문제의 중심성, 즉 문제를 강의, 개별학습, 토론학습 등 모든 여타 수업 활동의 뿌리로 활용한다는 점에 있다. 문제기반학습에 대한 설명은 다양하지만, 대체로 PBL이 종전의 강의법보다는 문제를 기반으로 학습을 시작하는 학습자 중심의 교수설계라는 데는 뜻을 같이한다(Barrows, 1985; Duffy & Cunningham, 1995; Savery, 2006). 과학적 탐구방법을 기초로 하는 문제기반학습이 가진 장단점은 〈표 7-6〉과 다음과 같다.

〈표 7-6〉 문제기반학습의 장 · 단점

장점	• 학습자는 실세계의 학습경험에 능동적으로 몰입할 수 있음. • 학습자는 문제상황의 복잡성을 통제할 수 있어 핵심문제와 관련 이슈에 초점을 맞출 수 있음.
단점	• 교수자는 문제기반학습에 적합한 양질의 문제를 창출하기 어려움. • 학습자는 문제에 대한 해결책 모색에 어려움을 느낄 수 있음. • 많은 시간이 소요됨. • 학습자의 연령과 경험수준에 따라 교사의 통제가 보다 많이 요구될 수 있음.

(2) 문제기반학습(PBL)의 목표

문제기반학습(PBL)은 포괄적이고 유연한 지식 기반 구축, 협력적이고 생산적인 소통 스킬 개발, 문제해결 스킬 개발, 내재적 학습 동기 함양, 자기주도학습 능력 개발 등의 학습 목표 달성에 효과적이다.

첫째, 포괄적이고 유연한 지식 기반은 현실 문제를 해결하는 데 필요한, 풍부하고도 잘 조직화된 스키마(schema)를 의미한다. 개인별 자기주도학습(self-directed learning, SDL)과 소그룹별 토론/협력학습(collaborative learning)을 통해 문제를 기반으로 다양한 주제 문제 지식들이 점진적으로 쌓이고 조직화된다.

둘째, 소그룹 활동을 준비, 실행, 성찰하는 과정을 통해 대인관계 형성 및 소통능력을 쌓을 수 있으며, 명료하고 논리적인 발표력, 타인 견해 촉구, 이견 조율 방법을 터득하게 된다.

셋째, 문제로부터 시작하여 해결책을 찾는 과정을 통해 수업에서 다루는 주제 문제의 해결뿐 아니라 다른 주제 문제해결에도 응용할 수 있는 일반화 가능한 문제해결력을 키울 수 있다. 오늘날 우리가 직면하는 문제는 난이도가 점점 증가하는 경향이 있다. 그 대표적인 경우는 문제의 본질상 최적해법의 논리적 귀결이 불가능한, 따라서 상호주관적·잠정적 합의 외에는 그 해결책이 있을 수 없는 어려운 문제이다. 예컨대 이해관계자 간의 갈등 조정이 필요한 경제 정책의 수립, 소비자의 변덕스러운 취향을 사로잡을 신형 스마트폰의 개발은 '나름대로 일리가 있는 여러 주장'이 대립하는 난해한 문제들이다. 각자의 이해관계와 가치판단 방식을 이해하고 타인에게 설명할 수 있는 기회를 제공하는 협력적 소그룹 활동을 통해 이러한 문제해결에 필요한 스킬을 얻을 수 있다.

넷째, PBL이 추구하는 잠재적 학습 목표 중 하나는 문제해결 과정을 인식함으로써 학습자의 내재적 학습동기를 유발하는 것이다. Keller의 동기설계이론(ARCS) 중 가장 강력하고 지속적인 효과를 발휘하는 관련성(relevance) 동기는 PBL에서 다루는 '문제'가 학습자의 추구 가치와 일치할 때 극대화된다. 시험 점수 향상을 추구하는 성취 동기, 보상과 처벌에 의한 외적 동기에 비해 내재적 학습 동기의 함양은 문제해결력과 자기주도학습 능력 향상에 필수적인 몰입 에너지를 공급한다.

다섯째, 자기주도학습(SDL)능력은 학습목표의 달성뿐 아니라 전문가로서의 수행성과 유지 및 향상을 위해 평생 필요한 역량이다. 문제기반학습 과정에서 경험하는 시간 및 목표관리, 자기통제 및 전략적 메타인지 경험은 자기주도학습(SDL) 능력 함양에 효과적이다.

(3) 문제기반학습(PBL)의 절차

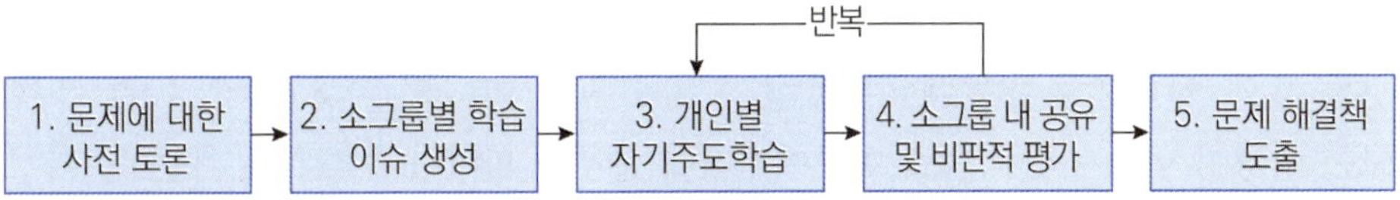

[그림 7-3] 문제기반학습 운영 절차

PBL은 "하나 또는 여러 개의 관찰 가능한 현상 또는 사태를 묘사하는 복잡하고 비구조화된(ill-structured) 문제"(강명희 외, 2017; Schmidt, 1983)로부터 시작한다. 학습자들은 '수업 내용이 제시되기 전'에 이 문제를 분석해야 하기 때문에, PBL이 시작될 때 적절한 수준의 선수학습지식을 먼저 갖추고 있어야 한다. 이후 소그룹 활동을 통해 문제를 깊이 이해하고 이 문제 현상을 설명하거나 해결하기 위한 잠정적 가설을 수립한다(그림 7-2 참조).

보유하고 있는 선수학습지식 수준은 문제를 이해하는 수준에 불과하기 때문에 이를 만족스럽게 해결하기 위해서는 개인별로 자기주도적 학습을 통해 필요한 지식과 스킬을 축적해야 한다. 자기주도학습 과정에서 학습자는 필요한 자료나 논문을 찾아 소화하면서 다음 소그룹 활동을 위해 보다 개선된 설명 또는 해결책을 스스로 구성한 후 이를 소그룹 활동을 통해 동료들이 준비한 다양한 대안들과 비교-평가하면서 집단지성을 수렴해 간다.

이러한 문제 제시(수업 차원) · 자기주도학습(개인 차원) · 협력학습(소그룹 차원)이 학습자를 중심으로 순환, 반복되는 과정에서 학습자는 다양한 유형의 학습 과제(learning task)를 수행한다. 이 과정에서 교수자와 튜터는 전문적 지식과 촉진 스킬을 활용하여 학습자 개인과 소그룹 활동에 개입하고 촉진하는 역할을 수행한다. 촉진의 정도는 학습자의 주도성을 손상하지 않는다는 최소 안내 원칙하에 이뤄져야 한다. 필요할 경우 특강을 실시할 수 있으나 주제 문제를 커버하는 교수자 중심 강의는 최소화한다.

이러한 과정을 통해 결과적으로 PBL은 학생들이 문제에 대해 자신의 생각을 정리하고, 깊이 성찰하는 과정에서 자발적인 학습 및 성찰이 이루어진다. 소그룹 활동을 통해 함께 문제를 해결하는 과정에서 각자의 견해를 공유하고, 비판적 평가를 통해 해결안을 절충해감으로써 협력적 학습 환경을 조성할 수 있다. 이런 모든 과정이 학습자 중심으로 이루어지기에 문제를 파악하고 해결해 가는 전 과정과 결과에 대한 책임이 전적으로 학습자에게 있다고 볼 수 있다.

(4) 문제기반학습(PBL) 적용 시 유의사항

① 맥락의 특수성

PBL은 적절한 선수지식을 갖춘 학습자로 하여금 고차적 학습목표 달성을 위해 협력학습과 튜터링을 제공할 수 있는 '특수한' 수업 맥락에 최적화된 하나의 교수 전략으로 문제기반학습이 등장하였다. 의과대학 교실은 이러한 특수성을 잘 갖추고 있는 수업 맥락을 제공한다. 따라서 문제기반학습이 주효하다. 반면 일반 학교 교실의 경우 학습자의 선수지식, 자기주도학습 역량의 개인차가 매우 큰 것이 현실이다. 또 달성해야 할 수업목표도 단순 암기에서부터 창조력에 이르기까지 다양하다. 문제기반학습이 갖고 있는 이러한 맥락 특수성은, 일반 학교 교실에서의 대규모 확산에 제약점이 될 수 있다.

체제적 교수설계 관점에 따르면 교수전략 중에서 만병통치약은 없다. 질환의 종류와 환자의 상태에 따라 처방약이 달라지듯 학습 과제의 유형과 학습자 특성에 따라 교수전략도 달라져야 한다. PBL은 고차원적인 학습 목표, 선수지식을 갖춘 학습자, 내용 전문성과 퍼실리테이션 스킬을 갖춘 튜터라는, 엄격한 조건이 충족되는 수업상황에 최적화된 교수전략이다. 따라서 요구분석(needs analysis), 학습자 분석, 학습 환경분석 등 전단분석(front-end analysis)을 거친 후 문제기반학습의 적용 여부를 결정할 필요가 있다.

② 운영의 효율성

문제기반학습이 최소 개인주의 수업설계 모형의 문제를 극복하고 기대하는 학습효과를 달성하기 위해서는 정교한 개입, 즉 스캐폴딩이 필요하다. 이는 곧 교수자와 튜터의 전문성, 기간, 노력이라는 비용의 증가를 수반한다. 문제기반학습이 전통적 직접 교수에 비해 효과적이라 하더라도, 과도한 비용이 든다면 문제기반학습의 현장 적용성은 떨어지기 마련이다. 주차별로 다뤄야 할 수업 내용이 정해져 있고 학교 현실에서 교사는 소위 진도 나가기 위해서 자칫 스캐폴딩이 충실히 제공되지 못할 수 있다. 튜터링과 스캐폴딩이 충실하게 이루어지지 않을 경우, 문제기반학습은 방목형 수업으로 전락할 수 있다(Handelsman, Egert-May, Beichner, Bruns, Change, & DeHaan, 2004).

문제기반학습을 일반 교육 현장에 확대하려면 학습자 특성 제약과 운영 효율성 제약은 반드시 고려되어야 한다. 그 외, 문제기반학습으로 수업을 운영할 때 유의할 사항은 아래와 같다.

- 시간이 많이 소요되므로 다루어야 할 내용의 양을 배정된 시간에 맞추어 선정한다.
- 문제해결 상황을 만들 때 학습자의 능력이나 흥미, 경험 등을 고려하여야 한다.
- 가능한 한 다양하고 다각적인 문제 상황에 접하도록 교육과정을 구성한다.
- 학습자의 태도가 적극적이지 않을 경우 효과가 적다.
- 학습자가 생각할 시간과 기회를 충분히 갖도록 배려한다.
- 자율적인 학습 분위기를 형성하도록 한다.

(5) 문제기반학습(PBL)의 예시

PBL을 적용한 현장 수업 사례 중 중학교 2학년 음악 교과 〈리듬 창작 수업〉을 살펴보고자 한다. 본 수업의 학습 목표, PBL의 학습 단계, 수업지도안의 차시, 교수-학습 활동을 정리한 지도 전략은 〈표 7-7〉과 같다.

〈표 7-7〉 문제기반학습의 예시

문제	리듬 창작: 난타 이벤트에 응모하세요	
학습 목표	박자와 빠르기의 변화에 알맞은 다양한 리듬을 창작하고, 개성 있게 연주할 수 있다.	
차시	학습단계	교수 · 학습활동
1차시	수업 소개 단계	PBL 수업방식 소개 소그룹 구성하기
2차시	문제 제시 단계	사물놀이와 난타공연에 대한 이야기로 흥미 유발 문제 제시 및 학습 목표 소개 소그룹별로 문제 파악 후 사전 토론
	문제해결 시도 단계	참가곡 동무생각, 뱃노래, 나무의 노래의 음악적 특징 파악하기 소그룹별 참가곡 정하기 (학습 이슈 생성) 개별 학습 과제 선정 및 학습 계획서 제출
2~3차시 사이	자기주도적 학습 단계	개인별 자기주도학습 각자 정한 개별 학습 과제 해결하기
3차시	협동학습 단계	소그룹별 개별 과제 토의 및 정리 다양한 리듬꼴 만들기 참가곡의 음악적 특징에 알맞은 리듬꼴 배열하기 (문제 해결책 도출) 참가곡에 맞추어 리듬 연습하기
4차시	결과 발표 단계	소그룹별 난타 발표 및 설명
	정리 및 평가 단계	학습내용 정리 및 평가하기 (성찰저널, 자기평가, 모둠원 평가, 모둠별 평가)

출처: 김미현(2016). PBL을 적용한 중학교 음악 창작 지도방안 (p. 40 일부 참고함)

4) 사례기반학습(Case-Based Learning)

(1) 사례기반학습(CBL)의 개념과 특징

사례기반학습(CBL)은 적절한 맥락과 의미 있는 문제를 제공하는 실제의 사례에 대한 분석과 논의에 학습자를 참여시키며(Merseth, 1991), 현재 직면한 문제를 해결하기 위해 고차원적인 인지 과정을 거치며 지식을 습득하고 학습하는 교육방법이다. 1870년대 Harvard Law School의 Langdell 교수가 자신의 수업에 사례연구법(case method)을 적용하고 사례를 활용한 교육을 바탕으로 시작되었다(Patterson, 1951). 사례기반학습은 구성주의에 기반하고 있으며 현실의 상황의 맥락을 강조하고 있으므로 학습자가 추상적인 관계를 개념적으로 이해할 필요가 있을 경우에 적합하다. 따라서 전통적 수업에서 문제기반학습으로 전환해가는 중간 단계에서 사례기반학습을 폭넓게 활용할 수 있다. 사례기반학습은 해답이 없는 문제 상황에 대해 학습자 개개인의 구체적인 맥락으로 해석하고 토론과 의견 공유를 통해 가장 적합한 해결방법을 찾아가는 학습자 중심의 과정중심 교수학습방법이다. 사례기반학습은 사례, 협력학습, 성찰의 특징을 갖는데, 사례는 실제 있었던 일이어야 하고, 해결해야 할 문제를 포함해야 하며, 실생활의 상황과 사건에 기초해 이야기 형식으로 제시되어야 한다. 학습자들은 협동을 통한 사례분석 및 문제해결과정을 경험하고, 탐구결과에 대한 발표와 성찰을 한다. 이러한 사례를 중심으로 진행되는 사례기반학습이 가진 장·단점은 〈표 7-8〉과 같다.

〈표 7-8〉 사례기반학습의 장·단점

구분	내용
장점	• 학습자의 분석력, 문제해결력, 의사 결정력과 같은 고등사고 능력 향상 • 실제 사례를 기반으로 하여 유사상황으로의 전이 촉진됨 • 개별탐구와 팀별 활동의 반복으로 지속적인 학습과정의 참여가 가능하며 학습자의 동기유발 및 의사소통 능력 향상
단점	• 수업에 적합한 사례를 작성하거나 찾기 어려움 • 시간과 노력과 더불어 전문성이 필요하며 시간이 많이 소요됨 • 학습자의 능동적인 참여를 이끌어내지 못할 경우, 기대하는 성과를 내기 어려움

(2) 사례기반학습(CBL)의 목표

사례기반학습은 다음의 목표를 달성하는데 교육적 효과가 있다. 첫째, 하나의 상황 안에 제시된 문제로 개별탐구 및 팀별 활동의 토론을 진행한다. 이를 통해 다양한 방식으로 문제에 접근하고 해결하는 과정을 통해 학습의 효과를 확인할 수 있다. 둘째, 사례를 중심으로 학습내용을 구성하여 진행하기 때문에 학습자들은 사례를 통해 학습 내용, 개념, 원리들을 더 잘 기억할 수 있다. 셋째, 사례에서 제시되는 맥락은 학습자의 몰입을 돕고 문제해결력과 협력의 능력도 높일 수 있다.

(3) 사례기반학습(CBL)의 절차

사례기반학습은 사례선정－사례보기－사례분석－개별탐구 및 팀별활동－결론제시－평가의 과정을 포함한다(표 7－9 참조).

〈표 7-9〉 사례기반학습의 단계

사례기반학습 단계	학습활동
1단계 사례선정	구체적 학습 활동 전 필요사항을 준비하는 단계 사례 학습을 통해 학습자의 성취 학습목표와 사례 주제 선정
2단계 사례 보기	사례 내에서 분명하지 않은 용어나 개념에 대해 팀원들 간의 질의응답 정리
3단계 사례분석	무엇에 관한 사례인지, 어떠한 요소들이 포함되어 있는지 명확하게 정리하는 단계
4단계 개별탐구 및 팀별 활동	문제를 해결하기 위해 계획을 수립하는 단계 개별 탐구 단계에서 계획된 해결안을 팀별 활동을 통해 검증하고, 개별 탐구활동 및 팀활동을 반복하여 결론 도출
5단계 결론제시	개별탐구와 팀별 활동을 통해 도출한 탐구결과 발표 및 성찰
6단계 과정 및 결과평가	학습과정과 결과, 그리고 자신과 팀원 간의 평가를 하는 단계

출처: 강명희 외(2006) 참고

(4) 사례기반학습(CBL) 적용 시 유의사항

사례기반학습으로 수업을 운영할 때 유의할 사항은 다음과 같다.

- 사례기반학습에서 학습자들은 문제를 사례 형태로 부여받아 소그룹 활동을 시작하기 전에 사례 연구 및 사전 학습을 완료해야 한다.
- 학습과정에서 실제 사건이나 가상된 사건을 다루는 것이 교육적인 측면에서 효과를 증진할 수 있다는 판단 및 확신이 있어야 한다.
- 학습자 중심의 학습이 중시되는 사항이어야 한다.
- 사례를 분석하면서 사고를 촉진하는 것이 중요하며 학습자들이 기본적인 이해, 분석, 토론, 평가, 상호 피드백 능력 등을 가지고 있어야 한다.
- 사례기반학습이 많이 활용되지 못하는 이유로는 교육적으로 활용될 수 있는 좋은 사례를 찾아내고 이를 교육용 자료로 만드는 데 시간과 노력이 많이 소요되는 점이 있다. 그래서 교수자들은 사례연구를 수행할 충분한 시간이 있어야 한다.

(5) 사례기반학습(CBL)의 예시

도덕과목에 적용된 초등환경교육의 사례기반학습의 보기는 〈표 7-10〉과 같다.

〈표 7-10〉 도덕과 사례기반학습의 예시

학습주제	법과 규칙을 지키려는 마음 가지기
학습목표	쓰레기를 함부로 버리지 않고 분리 배출하려는 마음을 가지고 실천할 수 있다.
학습활동	쓰레기를 무단 투기하고 분리배출을 하지 않는 사례를 분석하고, '감성메시지'를 만들어 교실 환경 곳곳에 전시하여 교실 환경을 깨끗이 하려는 마음을 가지고 실천하기
학습자료	PPT(사진), 뉴스영상, 사례분석활동지, 생각나누기활동지, 색도화지, 컬러매직

단계	교수 · 학습활동
1단계 사례선정	동기유발: 교실에 떨어진 쓰레기 사진을 보며 이야기 나눈다. - 교실에서 쓰레기는 어떻게 처리하나? 학습문제 제시: 쓰레기를 함부로 버리지 않고 분리 배출하려는 마음을 가지고 실천해보자.
2단계 사례 보기	[활동1] '쓰레기를 무단 투기하고 분리배출을 하지 않는 사례' 뉴스영상 보기 • 뉴스영상을 보고 무슨 일이 일어났는지 이야기 나누어 본다. - 어떤 문제에 대하여 이야기하고 있는가? - 쓰레기 배출은 어떻게 해야 하나?
3단계 사례분석 (개별탐구)	[활동2] 사례분석 활동지 정리하기 • 뉴스 영상을 보고 자신의 생각을 활동지에 정리한다. - 어떤 문제에 대하여 이야기하고 있는가? - 쓰레기 배출은 어떻게 해야 하나? - 사람들은 왜 쓰레기를 무단 투기할까? - 쓰레기 무단 투기가 근절되지 않는 이유는 무엇일까? - 쓰레기 무단 투기를 막고 분리배출을 하려면 누가, 어떻게 노력을 해야 하나? - 쓰레기 무단 투기 규제를 위한 제도에는 어떤 것들이 있나? - 만약 시민들이 계속 쓰레기를 무단 투기하고 분리 배출을 하지 않는다면 어떤 결과가 예상되는가?
4단계 해결방안탐색 (팀별 활동)	[활동3] 모둠 토의하기 • 모둠 친구들과 아래 질문에 대한 의견을 나누어 적어본다. - 법과 규칙을 지키는 것은 왜 중요한가? - 법과 규칙을 알지만 지키지 않는 이유는 무엇인가? - 법과 규칙을 잘 지킬 수 있는 마음을 기르기 위한 방법에는 무엇이 있을까?
5단계 결론제시	[활동4] 교실 환경 개선을 위한 '감정메시지' 제작하기 • 쓰레기 불법 투기 근절을 위한 경산시의 자료를 보여준다. • 모둠끼리 교실에서 쓰레기를 함부로 버리지 않는 마음이 들기 위한 '감정메시지'를 만들어 본다.
6단계 과정 및 결과평가	[정리] 발표 및 전시하기 • 모둠이 만든 '감정메시지'를 친구들과 공유하며 문구의 내용을 살펴본다. - 가장 인상적인 문구는 어떤 것이 있을까? • '감정메시지'를 교실이나 복도 곳곳에 전시한다.

출처: 구은경 · 이상원(2018). 사례기반학습을 활용한 초등환경교육 교수 · 학습 방안(p. 188 일부 참고함)

5) 게임기반학습(Game-Based Learning)

(1) 게임기반학습(GBL)의 개념과 특징

게임기반학습은 학습 목표에 도달하는 데 도움이 될 수 있는 게임을 활용하여 학습하는 방법을 의미한다(Prensky, 2007). 게임은 교육적이고 학습자들에게 높은 동기 수준을 유지하게 할 수 있는 환경을 제공할 수 있다(Malone & Lepper, 1987). 게임기반학습을 설계하기 위하여 게임의 특성과 교수 설계를 일치시켜야 하며, 이는 학습자의 흥미를 끌고 상호작용할 수 있는 수업설계를 지원하는 유용한 도구이자, 학습 환경이다(Iverson, 2005; Hays, 2005). 게임기반학습은 몰입을 가져올 수 있고, 상호작용을 촉진하며, 다양한 형태로 학습이 가능하고, 문제를 해결하는 여러 방법이 존재하여 문제해결능력을 향상시킬 수 있다(Prensky, 2001, 2007). 디지털 게임기반학습에서 활용되는 게임들이 학습자들에게 여러 분야의 지식을 탐색할 수 있는 기회를 제공하며, 학습활동을 지원하기 위해 체계적으로 설계된 게임은 학습자들에게 지식을 기억하는 수준을 넘어 이해를 요구하는 한 차원 높은 수준의 과제를 부여하여 학습자의 동기를 유발할 수 있다(Squire & Jenkins, 2003). 게임기반학습에서는 학습자가 게임을 통해 얻어지는 성취감, 발전, 게임수준상승, 배움 등의 경험으로 도전을 통해 성공이나 실패를 경험하며 학습을 진행할 수 있어야 한다(백영균, 2006). 게임기반학습의 장단점은 〈표 7-11〉과 같이 정리할 수 있다.

〈표 7-11〉 게임기반학습의 장 · 단점

장점	• 학습자의 학습동기를 촉진하고, 유지함 • 게임의 방식을 통해 반복 학습이나 적응형 학습 가능 • 팀기반의 게임활동을 통해 자기조절 및 협력적 자기조절 가능
단점	• 게임에 관해 관심이 없는 교사의 적용이 어려울 수 있음 • 학습의 목표와 게임의 불일치로 교육 목표가 산만해질 수 있음 • 디지털 디바이스나 교수자의 준비 등 비용적 요소가 필요

(2) 게임기반학습의 목표

학습자 중심의 교육방법에 따라 가르치지 않고, 게임을 통해 학습경험을 제공하는 방법이 필요하다. 게임을 통해 학습자 스스로 배우는 자세를 갖도록 도우며, 실패를 통한 배움의 긍정적인 효과를 얻을 수 있다(백영균, 2006). 게임기반학습이 주는 학습경험, 상호작용 및 협력, 학습동기 및 진로나 사회적 관계 형성 등의 효과와 게임기반학습이 추구해야 하는 목표는 다음과 같다.

첫째, 게임기반학습은 교수(tutoring), 탐구(exploring), 스킬실습(practicing skills), 오락(entertainment), 태도 변화(attitude change)와 같은 다양한 학습경험을 제공한다. 학습에 게임을 적용하여 학습의 실제 내용을 상기하거나 토론을 위한 기반을 제공하는 등의 구체적인 학습결과를 만들 수 있다(Dempsey et al., 1996).

둘째, 학습자들이 게임 활동을 통해 상호작용이 가능하고, 전략적 맥락(strategic context) 기반으로 협력하고 경쟁하면서 행동하도록 격려한다(Filipczak, 1997; Gee, 2003). 게임 후 의미 있는 토론을 지속할 수 있으며(Kirriemuir, 2002), 학습자들이 서로 다른 방식으로 의미를 구성할 수 있도록 하여 전이의 기초가 된다(Greenfield et al., 1994).

셋째, 학습을 위한 게임에는 흥미 요소, 게임 참여 목적 및 동기유발 요소가 있으며 이와 같은 학습자의 몰입을 통해 높은 학습동기를 유발할 수 있다(윤경로, 2001).

넷째, 게임은 새로운 사회적 관계 형성을 돕고, 교육에 강력하고 긍정적인 영향을 준다(Upitis, 1994; Jayakanthan, 2002).

(3) 게임기반학습(GBL)의 절차

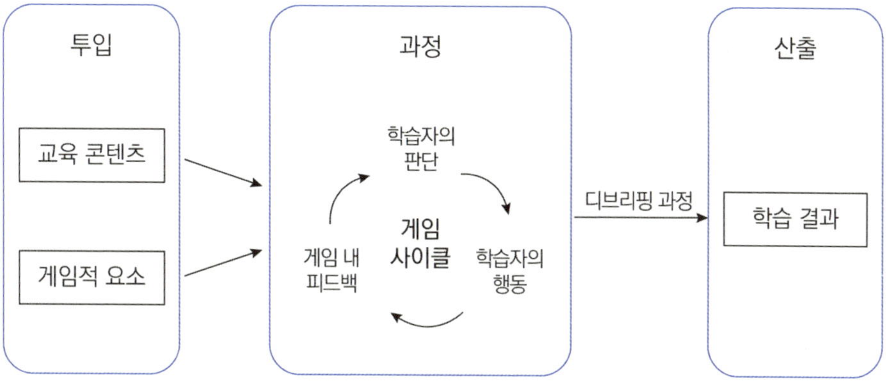

[그림 7-4] Garris et al.(2002)의 투입-과정-산출 모형

게임을 교수학습의 환경으로 활용하기 때문에 학습자가 학습목표를 인지하고, 학습내용을 습득하고, 평가를 받는 활동이 모두 게임 속에서 이루어진다. Garris et al.(2002)의 게임기반학습 투입(Input)－과정(Process)－산출(Output) 모형은 교육 콘텐츠와 게임적 요소의 투입을 바탕으로 게임의 과정을 통해 학습자의 판단, 게임 내 피드백, 학습자의 행동 연결을 통한 학습경험을 생성한다. 이후, 디브리핑을 통해 학습 결과 산출의 과정까지 제시하였다(그림 7－4 참조).

(4) 게임기반학습(GBL) 적용 시 유의사항

교수학습의 차원에서 게임기반학습을 적용할 때 유의사항과 함께 여러 가지가 고려되어야 한다(백영균, 2006).

- 게임은 학습 목표로서의 가치가 있어야 하고, 재미있어야 하며, 게임의 목표(승리)는 학습목표를 강화해야 한다.
- 학습자들에 대한 이해가 선행되어야 하며, 게임의 방법이 진행하고자 하는 학습에 적합한지 검토되어야 한다.

- 게임기반학습의 각 퀘스트(Quest)는 학습목표를 달성할 수 있도록 구성해야 한다.
- 게임기반학습을 진행하기 위한 규칙이 필요하며, 현실 속의 규칙을 차용하거나 가상의 규칙을 만들 수도 있다.
- 경쟁을 통해 내적, 외적 동기가 부여되어야 하며, 경쟁상대는 게임 속의 대상이나 동료 학습자일 수도 있다.
- 도전적인 과제를 통해 도전의식을 고취하여 적극적으로 참여할 수 있도록 해야 한다.
- 게임 활동의 몰입을 위해 재미있어야 한다.
- 학습자가 게임을 하는 동안 학습 목표에 도달할 수 있도록 교수자는 지속적인 안내와 도움을 제공해야 한다.

(5) 게임기반학습(GBL)의 사례

① 미국의 공립학교 퀘스트 투 런(Quest to Learn)

뉴욕시 교육국이 빌게이츠 재단과 협력하여 "공부를 게임처럼, 미션을 달성하면서"라는 목표를 가진 학교이다. 수업, 과제, 교수법 등 모든 것을 게임화시켜 마치 게임처럼 학생들은 수업 시간마다 적절한 역할을 부여받고, 과제를 해결해 나가며 학습한다. 학교생활을 충실히 하면 누구나 레벨업을 할 수 있는 방식으로 운영되며 퀘스트라고 불리는 과제에서 낮은 점수를 받더라도 다른 퀘스트 수행을 통해 점수를 높일 수 있다.

② 마인크래프트

게임 요소를 결합한 SW 교육으로 게임을 통해 다양한 분야의 지식을 확장할 수 있다. 예를 들어, 역사수업을 한다면 학생에게 마인크래프트 게임으로 불국사의 석가탑을 건설하는 과제를 주고 사전학습을 한다. 불국사와 석가탑의 위치,

특징 및 구조도 학습한다. 학습을 통해 역사, 건축, 기술 등 다양한 분야의 지식이 선행되면 해당 프로젝트를 완성할 수 있다.

③ 사이언스 레벨업

한국과학창의재단의 '사이언스 레벨업'(sciencelevelup.kofac.re.kr)에서는 내진 설계를 통한 지진 실험이나 증강현실을 이용한 빛 굴절 실험 등을 해볼 수 있는 소프트웨어게임을 통해 초등·중학 과정의 수학·과학 게임 자료를 제공한다.

④ 펭톡

교육부와 한국방송공사가 개발한 인공지능 영어 말하기 연습시스템이다. 학생들은 영어 단어나 말하기를 기반으로 한 게임을 하거나 AI기술을 이용한 발음 교정 서비스도 받을 수 있다.

지금까지 논의한 학습자 중심의 간접교수 방법들을 비교정리하면 〈표 7-12〉와 같다.

〈표 7-12〉 학습자 중심 간접교수 방법의 비교

구분	토론기반학습	프로젝트기반학습	문제기반학습	사례기반학습	게임기반학습
발생 배경	고대 아테네 시민들의 아고라 토론(민주주의)	Dewey의 철학사상, Kilpatrick(1918)의 프로젝트방법	1970년대 Barrows의 의과대학교육의 문제점 개선모형	1870년 Langdell 교수(Harvard Law School)	1950년대 세계 최초게임 '테니스 포 투'(브룩헤븐 국립연구소의 히긴보섬이 개발)
학습의 시작점	토론 쟁점	목적, 과제, 탐구	문제(problems)	사례(case), 다른 도구	경쟁적, 도전적인 요소
학습 목표	문제 비판적 분석, 합리적인 해결능력 배양, 고차원적 사고력 신장	문제해결, 탐구, 호기심, 만족감 경험. 지식, 스킬 및 현장 이해의 체계 배양	문제해결 과정을 통해 고차원적 인지적 사고(유연성)의 경험	학습목표 관련 사례 탐구를 통해 고차원적 인지적 사고의 경험	학습에 대한 흥미 제고. 학습몰입을 통한 학업성취.

구분	토론기반학습	프로젝트기반학습	문제기반학습	사례기반학습	게임기반학습
학습 전략	사고함으로써 학습	행함으로써 학습 (문제해결 활동 경험)	사고와 행함으로써 학습(문제해결 과정 경험)	사고함으로써 학습 (실제 행함이 아닌 관찰 혹은 분석)	행함으로써 학습
과제 선정	찬/반이 나뉘는 쟁점	비구조화된 문제	실제적 문제 (authentic problem)	구조화된 사례 (case)	실제적 환경과 과제
과제 해결 프로 세스	• 목표 제시 및 준비 • 토론 시작 • 토론 전개 • 토론 정리	• 준비하기 • 도입활동 및 탐구 질문 • 탐구하기 • 표현하기 • 프로젝트 평가	• 문제에 대한 사전토론 • 소그룹별 학습이슈 생성 • 개인별 자기주도 학습 • 소그룹 내 공유 및 평가 • 문제 해결책 도출	• 사례 제시 • 사례 읽기 • 사례분석 • 토론 • 마무리	• 문제 설정 • 목표 설정 • 게임전략선정 • 게임모형 개발 • 학습자 역할 설정 • 규칙, 사건, 승리 조건설정 • 게임지원 자원개발 • 다른 수업방법 비교평가 • 평가결과 기반 게임 수정
평가 요소	학습자는 토론쟁점에 대한 자신의 생각을 다른 학습자에게 논리적으로 피력하여 설득하였는가?	학습자는 예정된 초기과제를 성공적으로 완료하였는가?	학습자는 전문가들이 실제 현장에서 하는 방식으로 전체적인 문제해결 과정을 밟았는가?	학습자는 전문가의 임상적 추론에서 결정적인 사례의 본질을 논리적으로 이해하였는가?	학습자는 과제를 해결하기 위해 다양한 방법을 시도함으로써 궁극적으로 목표에 도달하였는가?
교수자 역할	쟁점 제공자, 토론 진행자, 관리자, 학습촉진자	프로젝트 수행의 관찰자, 상호조정의 협력자, 평가자	단계적 스캐폴딩 제공자, 학습 코치(튜터), 가이드, 문제상황 제시, 모니터, 문제해결과정에서 탐구자로서 함께함.	사례의 그룹토론을 위한 관리자, 코치, 가이드, 평가자 (가시적 스캐폴딩 제공)	촉진자, 통제자, 비계와 피드백 제공자

3 디지털기반 교육 환경

1) 디지털기반 교육의 개념과 특징

디지털기반 교육은 학생들에게 시간, 장소, 경로 및/또는 속도에 대한 통제 요소를 제공하는 기술로 촉진되는 학습으로 정의할 수 있다. 디지털 학습은 새로운 디지털 도구를 사용하여 학습자가 대면, 원격 학습(비동기 또는 동기) 또는 혼합 학습 등 다른 방식으로 학습할 수 있도록 하는 교육 방법이다. 이것은 교육 콘텐츠를 디지털화하는 문제가 아니라 일련의 교육 방법의 문제라고 할 수 있다. 이처럼 디지털기반 교육은 가장 넓은 의미에서 테크놀로지를 사용하는 모든 유형의 교육을 의미하며, 즉 디지털 기술(technology)과 도구를 혁신적인 방식으로 사용하여 가르치고 배우는 것이다.

학습자에 의한 디지털 플랫폼, 도구, 시스템 및 응용 프로그램과 관련된 모든 것은 디지털 학습과 관련된다. 학습에서의 온라인 과정, 인터넷 조사 수행, 온라인 비디오 시청, 기존 교실에서 교사와 대면하는 디지털 도구 및 장치 사용 모두 "디지털기반 교육"이라고 할 수 있다.

디지털 테크놀로지를 통해 교수자는 다양한 과정에서 매력적인 학습 세션을 설계할 수 있으며, 이를 통해 학습자들은 전 세계 어디에서나 집에서 편안하게 학습할 수 있다. 기존의 교육시스템이 시험의 성적과 점수에 초점을 맞추었다면 디지털기반 교육은 기술뿐만 아니라 지식을 효과적으로 전달하고 학습자의 학습 경험을 제공하는 데 중점을 둔다. 디지털기반 교육은 학습 과정 및 평가 모두에 혁신을 제공하고 있으며 학습자들의 학습경험을 이동성, 참여도 및 상호작용적인 측면으로 변화시킨다.

2) 디지털기반 교육의 목표

디지털 테크놀로지를 바탕으로 학습전략을 사용하는 목적은 테크놀로지를 통해 학습을 지속하는 것뿐만 아니라 학습을 향상시키는 것에 있다. 디지털기반 교육을 통해 학생들은 노트북, 태블릿, 크롬북 등과 같은 기술 또는 인터넷 연결 장치를 사용하며, 대부분의 커리큘럼이 매력적인 대화형 플랫폼을 통해 온라인으로 학생들에게 제공된다. 교육 분야의 디지털 기술로 인해 오늘날의 교육환경은 더 나은 방향으로 변화했다. 디지털기반 교육은 학생들의 문제해결, 사고구조 생성 및 프로세스 이해와 같은 전문적인 수행이 필요한 능력을 개발하는 데 도움이 된다. 또한 학생들이 테크놀로지를 통해 습득한 자질과 능력은 예측 불가능한 미래를 대비할 수 있게 돕는다.

이러한 교육 리소스와 디지털 도구는 교실 분위기를 개선하여 교수-학습 과정을 더욱 매력적으로 만든다. 교육 기관이 학생의 요구 사항에 따라 커리큘럼의 유연성과 맞춤화 제공이 가능하다. 디지털기반 교육은 테크놀로지를 사용하여 전체 커리큘럼을 수행하고 학생들이 빠르게 학습할 수 있도록 하는 학습전략이다. 학생들은 이러한 디지털 테크놀로지를 활용하여 더 적극적으로 수업에 참여할 수 있다. 웹을 통해 디지털 리소스를 제공받고, 학생 스스로 콘텐츠를 만들거나 공유할 수도 있다. 또한 디지털 테크놀로지를 통해 협업하고, 서로의 학습 내용 및 활동을 평가할 수 있으며, 공동작업을 할 수 있다. 이를 통해 ① 교육과정에 대한 공정하고 일관된 접근을 가능하게 한다. ② 원격 학습이 촉진된다. ③ 신체 또는 학습장애가 있는 학생들이 디지털 도구를 사용하여 더 적극적인 학습을 할 수 있다. ④ 포용적인 학습환경을 통해 학습의 동등한 기회를 제공하고, 교사가 학생 성과에 대한 데이터를 수집할 수 있다. ⑤ 디지털 테크놀로지를 사용하여 학습을 개인화하기 위한 커리큘럼과 지원 자료를 구축하여 혁신적인 수업전략의 개발이 가능하다. ⑥ 테크놀로지의 향상으로 접근과 방법이 유연해져 학습기회를 확장시킨다. ⑦ 학생들은 디지털 테크놀로지와 도구의 사용을 통해 자기 주도적인 학습

능력을 기를 수 있다. 이러한 능동적인 학습은 학생들이 더 많이 참여하고 학습할 수 있는 동기를 촉진한다. ⑧ 학습의 격차를 해소하고 각 학생들은 자신의 속도와 경로에 따라 학습할 수 있다. 디지털기반 교육의 장점은 다음 [그림 7-5]와 같이 정리할 수 있다.

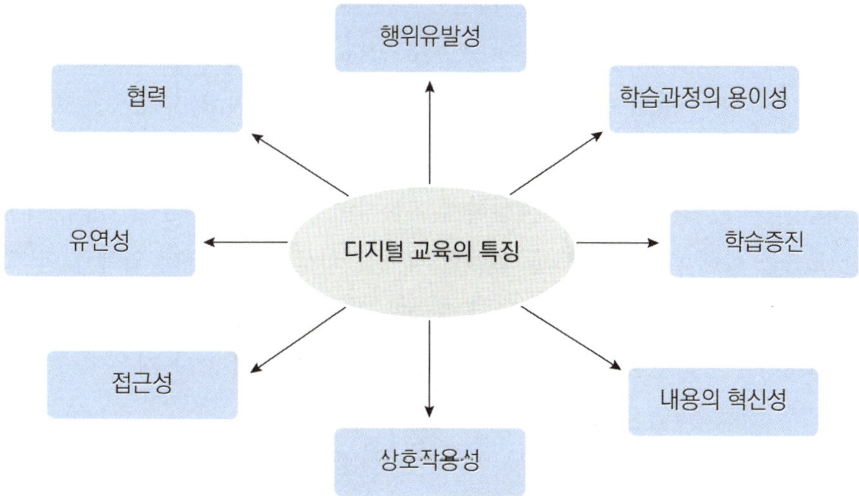

[그림 7-5] 디지털기반 교육의 8가지 특징

출처: Haleem, A., Javaid, M., Qadri, M. A., & Suman, R. (2022). *Understanding the Role of Digital Technologies in Education: A review*. Sustainable Operations and Computers.

이러한 디지털 교육전략을 통해 학습자 중심의 간접교수 방법인 토론기반학습, 프로젝트기반학습, 문제기반학습, 사례기반학습, 게임기반학습 등을 교육환경에 [그림 7-5]와 같이 연결하여 학습자들의 자발적인 참여와 더불어 교육의 효과를 높일 수 있다.

3) 디지털기반 교육 시 유의사항

디지털기반 교육에 관한 긍정적인 요소나 장점이 많지만, 반면에 유의해야 할 사항도 있다. 첫째, 인터넷 연결 및 디지털 도구에 관한 문제이다. 아주 기본적인 요소이지만 안정적인 인터넷 연결이 없이는 학생이 교사와 의사소통을 하거나 수업에 참여하기 어렵다. 또한, 모든 가정에 학습에 필요한 컴퓨터나 태블릿과 같은 장비가 없다면 수업에 참여시도조차 할 수 없다. 둘째, 디지털기반 교육이 매우 흥미롭지만 대면수업의 중요한 장점인 친구들과 교사와의 직접적인 상호작용이 상대적으로 부족하다. 학생들의 사회성 발달에는 상호작용과 서로 배움이 중요한 요소로서 부족한 부분은 좀 더 세심하게 고려하여 보완하여야 한다. 셋째, 디지털기반 교육을 통해 다양한 학습을 설계할 때에는 학생들이 컴퓨터 앞에 앉아 집중하며 학습할 수 있어야 하므로 스스로 동기를 부여해야 한다. 그러므로, 교수자나 교수 설계자들은 학생들의 특성이나 환경을 세심하게 살펴 보다 나은 학습경험을 제공할 수 있도록 도전하고 노력해야 한다.

4) 디지털기반 교육의 사례

• 가상 교실

전통적인 동시 교육 원칙에 기반한 가상 수업을 통해 트레이너와 학습자는 예를 들어 화상 회의 중에 같은 가상 장소에 모일 수 있다.

• 실감 게임

다양한 형태(시뮬레이션, 게임화 등)로 구성되어 재미있고 때로는 집단적으로 노하우를 습득할 수 있다.

• MOOC(Massive Open Online Course)

가장 잘 알려진 교육 방법으로 동영상, 다운로드 가능한 문서, 퀴즈 등을 통한 교육용 플랫폼 사용을 기반으로 한다.

• SPOC(Small Private Online Course)

MOOC와 유사하게 이 대화형 교육 과정은 소규모 학습자를 대상으로 하여 강사와의 상호작용을 장려하고 학습자가 후속 조치를 받을 수 있다.

• 모바일 학습

이름에서 알 수 있듯이 스마트폰을 통한 교육이 포함된다. "언제 어디서나" 학습 경험을 제공받을 수 있다.

• 소셜 학습(사회적 및 협력적 학습)

그룹 내 경험의 교환 및 공유를 기반으로 하는 이 보다 비공식적이고 협력적인 학습 방법은 하이브리드 또는 대면 교육의 맥락에서 보완적인 방식으로도 사용된다.

• 적응형 학습

이 개념은 각 학습자의 요구에 적응하기 위한 특정 교육 과정(특정 모듈 및 워크숍, 적응형 교육 과정 등)의 초맞춤형을 의미한다.

탐구과제

1. 교수자 중심 직접교수와 학습자 중심 간접교수 전략이 왜 필요한지 논의하고 비교해 봅시다.

2. 구성주의 학습환경을 정교화하기 위하여 modeling, coaching, scaf olding을 사용하는 방안을 구체화해봅시다.

3. 문제중심학습(PBL)에서 자기주도학습(SDL)과 협력학습(collaborative learning)이 중요한 이유를 논의해 봅시다.

4. 하나의 레슨(lesson)에 적용되는 학습자 중심의 간접교수전략과 한 단원이나 여러 주에 걸친 학습자 중심의 간접교수 전략 사용 시 주의할 점이 무엇인지 생각해보자.

참고문헌

강명희 외 (2017). 교육방법 및 교육공학. 교육과학사.

강명희, 강인애, 송상호, 조일현, 임철일, 최수진, 허희옥 (2006). e-러닝 콘텐츠 설계. 서울: 서현사.

곽재호, 이경화 (2017). 하브루타식 토론수업이 초등학생의 창의적 문제해결력 향상에 미치는 효과. 교육방법연구, 29(3), 467-488.

구은경, 이상원 (2018). 사례기반학습을 활용한 초등환경교육 교수·학습 방안. 학습자중심교과교육연구, 18, 165-199.

구정화 (2001). 초등학교의 수업환경이 토론수업에 미치는 영향. 시민교육연구, 33, 23-48.

권낙원 (1997). 토의 수업의 이론과 실제. 現代教育出版.

김고은 (2020). 프로젝트 기반 학습에 참여한 예비 유아교사의 협력학습 경험에 대한 질적 탐구. 영유아교육: 이론과 실천, 5(2), 105-131.

김미선 (2016). 대학생의 대인관계 향상을 위한 의사소통 교육. 한민족어문학, 73, 203-233.

김은주 (2018). 학습자 참여 중심 수업을 위한 토의·토론 수업에 대한 교사의 인식과 실행실태. 교육연구논총, 39(2), 79-111.

박삼열 (2012). 토론식 수업에서의 교수자 전략. 교양교육연구, 6(4), 237-262.

백영균 (2006). 게임기반학습(Game Based Learning) 활성화의 전제조건에 대한 고찰. 정보과학회지, 24(2), 45-50.

설양환 외 (2002). 교육공학과 교수매체. 서울: 피어슨 에듀케이션 코리아.

신인경, 이철환 (2003). 토론학습 모형 기반 ICT 교수·학습 모형의 구안 및 활용방안. 한국스쿨넷학회 학술발표 논문집, 411-418.

안미리, 염주영, 김선용, 정지연 (2020). 국내 게임기반학습과 교육 게이미피케이션 설계 연구에 대한 체계적 문헌분석. 교육정보미디어연구 26(3): 425-454.

이영미 (2013). 공과대학 팀 기반 프로젝트 학습 관련 요인 탐색. 학습자중심교과교육연구, 13, 351-375.

정문성 (2015). 초등 사회과에서 디지털교과서를 활용한 토의, 토론 수업의 양상 연구. 시민교육연구, 47(4), 217-240.

조미현 (1999). 인터넷을 활용한 프로젝트중심학습방법(NetPBL)의 활용 유형과 절차. 교육공학연구, 15(3), 3-24.

한국교육과정평가원 (2015). 창의적 수업을 위한 토론·협력학습 활성화 방안(연구보고 RRI

2015-1).

Barrows, H. S. (1986). A taxonomy of problem-based learning methods. *Medical Education, 20,* 481–486.

Bedner, A., Cunningham, D., Duffy, T., & Perry, J. (1991). Theory into practice: How do we think? In G. Anglin (Ed.), *Instructional technology* (pp. 88-101). Libraries Unlimited.

Bell, S. (2010). Project-based learning for the 21st century: Skills for the future. *The clearing house, 83(2),* 39-43.

Colbert, K. R., & Biggers, T. (1986). Why should we support debate? Journal of the American Forensics Association, 21, 237-240.

Cruickshank, D. R., Jenkins, D. B., & Metcalf, K. K. (1995). *The act of teaching* (p. 409). New York: McGraw-Hill.

Dahlgren, M. A. (2000). Portraits of PBL: course objectives and students' study strategies in computer engineering, psychology and physiotherapy. *Instructional Science, 28,* 309-329.

Dempsey, J. V. (1996). *Instructional Applications of Computer Games.*

Dolmans, D. H. J. M., Janssen-Noordman, A., & Wolfhagen, I. H. A. P. (2006). Can students differentiate between PBL tutors with different tutoring deficiencies? *Medical Teacher, 28,* E156-E161.

Duffy, T. M. & Jonassen, D. H. (1991). Constructivism: New implications for instructional technology. *Educational Technology, 31(5),* 7-12.

Duffy, T. M., & Cunningham, D. J. (1996). Constructivism: Implications for the design and delivery of instruction. In D. J. Jonassen (Ed.), *Handbook of research for educational communication and technology* (pp. 170-198). New York: McMillan.

Filipczak, B. (1997). It Takes All Kinds: Creativity in the Work Force. *Training, 34 (5),* 32.

Gee, J. P. (2003). What video games have to teach us about learning and literacy. *Computers in entertainment (CIE), 1*(1), 20-20.

Grant, J. (2002). Learning needs assessment: assessing the need. *Bmj, 324(7330),* 156-159.

Greenfield, P. M., DeWinstanley, P., Kilpatrick, H., & Kaye, D. (1994). Action video games and informal education: Effects on strategies for dividing visual attention.

Journal of applied developmental psychology, 15(1), 105-123.

Haleem, A., Javaid, M., Qadri, M. A., & Suman, R. (2022). *Understanding the role of digital technologies in education: A review*. Sustainable Operations and Computers.

Handelsman, J., Egert-May, D., Beichner, R., Bruns, P., Change, A., DeHaan, R., Gentile, J., Lauffer, S., Stewart, J., Tilghman, S. M., & Wood, W. B. (2004). Scientific teaching. *Science, 304(5670),* 521-522.

Heo, H., Lim, K. Y., & Kim, Y. (2010). Exploratory study on the patterns of online interaction and knowledge co-construction in project-based learning. *Computers & Education, 55(3),* 1383-1392.

Hmelo-Silver, C. E. (2004). Problem-based learning: What and how do students learn? *Educational Psychology Review, 16,* 235–266.

Jayakanthan, R. (2002). Application of computer games in the field of education. *The electronic library, 20(2)*, 98-102.

Jeong, H., & Hmelo-Silver, C. E. (2010). Productive use of learning resources in an online problem-based learning environment. *Computers in Human Behavior, 26*, 84-99.

Jonassen, D. H. (1999). Designing constructivist learning environments. *Instructional design theories and models: A new paradigm of instructional theory*, *2*, 215-239.

King, P. M., & Kitchener, K. S. (1994). *Developing reflective judgment: Understanding and promoting intellectual growth and critical thinking in adolescents and adults.* San Francisco: Jossey-Bass.

Kirriemuir, J. (2002). Video gaming, education and digital learning technologies. *D-lib Magazine, 8*(2), 7.

Kirschner, F., Pass, F., & Kirschner, P. A. (2009). Individual and group-based learning from complex cognitive tasks: Effects on retention and transfer efficiency. *Computers in Human Behavior, 25(2)*, 306-314.

Krajcik, J. S., & Blumenfeld, P. C. (2006). *Project-based learning* (pp. 317-34). na.

Kwon, M. S., & Kan, J. S. (2013). University's the UCC Project Teaching and Learning Model Development and its Application. *Journal of Fisheries and Marine Sciences Education, 25*(4), 937-957.

Laffey, J., Tupper, T., Musser, D., & Wedman, J. (1998). A computer-mediated support system for project-based learning. *Educational technology research and development, 46,* 73-86.

Larmer, J., Markham, T., & Ravitz, J. (2003). *Project-based learning handbook.* Oakland, CA: Wilsted and Taylor.

Loyens, S. M. M., Magda, J., & Rikers, R. M. J. P. (2008). Self-directed learning in problem-based learning and its relationships with self-regulated learning. *Educational Psychology Review, 20,* 411-427.

Malone, T. & Lepper, M. (1987). Making learning fun: A taxonomy of intrinsic motivations of learning. In R. E. Snow & M. J. Farr (Eds.), *Aptitude, learning, and instruction: Vol. 3. Conative and affective process analyses* (pp. 223-253). Hillsdale, NJ: Lawrence Erlbaum.

Moust, J. H. C., van Berkel, H. J. M., & Schmidt, H. G. (2005). Signs of erosion: Reflections on three decades of problem-based learning at Maastricht University. *Higher Education, 50,* 665-683.

Otting, H., & Zwaal, R. (2006). Critical task characteristics in problem-based learning. *Industry & Higher Education, 10,* 347-357.

Patterson, E. W. (1951). Case method in american legal education: Its origins and objectives. *Journal of Legal Education, 4*(1), 1-24.

Prensky, M. (2001). *Digital natives, digital immigrants part 2: Do they really think differently?* On the horizon.

Prensky, M. (2007). How to teach with technology: Keeping both teachers and students comfortable in an era of exponential change. E*merging technologies for learning, 2(4),* 40-6.

Remedios, L., Clarke, D., & Hawthorne, L. (2008). The silent participant in small group collaborative learning contexts. *Active Learning in Higher Education, 9,* 201-216.

Rittel, H., & Webber, M. (1973). Dilemmas in a general theory of planning. *Policy Sciences, 4,* 155-169.

Savery, J. R. (2006). Overview of problem-based learning: Definitions and distinctions. *The Interdisciplinary Journal of Problem-Based Learning*, 1, 9-20.

Schmidt, H. G. (1983). Problem-based learning: Rationale and description. *Medical Education, 17(1),* 11-16.

Schmidt, H. G., Loyens, S. M., Van Gog, T., & Pass, F. (2007). Problem-based learning is compatible with human cognitive architecture: Commentary on Kirschner, Sweller, and Clark. *Educational Psychologist, 42(2),* 91-97.

Shadiev, R., Hwang, W. Y., Huang, Y. M., & Liu, T. Y. (2015). The impact of supported and annotated mobile learning on achievement and cognitive load. *Journal of Educational Technology & Society, 18(4),* 53-69.

Silén, C., & Uhlin, L. (2008). Self-directed learning: A learning issue for students and faculty! *Teaching in Higher Education, 13*, 461-475.

Squire, K., & Jenkins, H. (2003). Harnessing the power of games in education. *Insight, 3(1),* 5-33.

Verkoeijen, P. P. J. L., Rikers, R. M. J. P., te Winkel, W. W. R., & van den Hurk, M. M. (2006). Do student defined learning issues increase quality and quantity of individual study? *Advances in Health Sciences Education, 11*, 337-347.

제 3 부

교수의 개발, 실행 및 평가

튼튼하게 잘 지어진 건축물이 체계적인 설계도면에서 나오듯이 효과적인 수업은 체계적인 준비과정에서 나온다. 앞서 논의된 2부의 요구분석에서 프로그램 목적(instructional goal)과 구체적 학습과제/내용, 즉 'what to teach/learn'이 나오고, 교수설계의 이론과 원리에 따라서 교수자 중심의 직접교수 또는 학습자 중심의 수업을 설계하여 거시적/미시적 '설계명세서' 또는 청사진(blueprint), 즉 'how to teach'를 준비할 수 있다. 3부 '교수의 개발, 실행 및 평가'에서 이 설계명세서 또는 학습경험의 청사진이 실제 교수-학습 상황에서 어떻게 실물로 나타나고 적용되는지를 확인할 수 있다.

따라서 교사와 교육전문가는 ADDIE의 분석-설계는 물론 이후의 개발-실행-평가를 체제적이고 체계적으로 추진해야 한다. 먼저, 교사는 설계명세서(거시적/미시적 학습경험 청사진)에 따라 수업지도안(lesson plan)과 수업자료를 체계적으로 개발한다. 수업 상황에 적절한 교수방법과 교수매체/테크놀로지를 선정하여 학생들의 이해를 돕고 동기유발하여 학습경험에 몰입하게 한다. 온라인/오프라인에서 수업을 진행할 때 수업운영을 효과적으로 할 수 있도록 준비와 연습이 필요하다. 수업 전, 수업 중, 수업 후에 학생의 학업성취도와 수업자료의 향상을 위하여 평가자료를 수집한다. 각 장에서 다뤄지는 주요 내용은 다음과 같다.

8장 **수업지도안 작성**: 체제적 교수설계 원리에 기반하여 거시적/미시적 수업지도안을 개발하기 위한 원리들이 소개되며, 실제 수업지도안 예시를 통해 구체적 개발과정을 탐색한다.

9장 **교수매체**: 학습내용과 학습자에 적절한 교수매체와 테크놀로지의 개념, 기능, 유형, 특성을 이해하고 필요한 것을 선정하고 제작하며 활용할 수 있는 스킬을 익힌다.

10장 **수업의 실행**: 성공적인 수업 실행을 위한 프레젠테이션 스킬, 마이크로티칭, 온라인 수업, 플립러닝 등의 실무적인 수업 운영 전략 등을 익힌다.

11장 **학습자-수업자료의 평가**: 학습자와 수업자료 평가에 관한 다양한 개념, 유형, 방법을 논의한다. 전통적인 결과중심 평가와 대안적인 과정중심 평가, 그리고 각종 평가도구들을 다룬다.

제 8 장

수업지도안 작성

올해 중학교 교사로 처음 발령받은 교사 A는 3월 학기 시작을 앞두고, 담당하는 수업들의 수업지도안을 개발해야 합니다. 교생실습 및 교과교육 수업에서 몇 차시의 수업지도안을 한정적으로 짜본 적은 있지만, 한 학기의 수업지도안은 처음 개발해 보는 것이라 여러 가지 어려움을 겪고 있습니다. 들어가는 반마다 학생들의 사전 수준이나 학습자특성도 다르고, 수업 후 진행할 평가도구도 개발해야 합니다. 여러분도 본 장을 통해 수업지도안의 구성요소를 학습하고, 담당 교과의 수업지도안을 개발해 봅시다.

학습목표

8.1. 학습자는 거시적 수준과 미시적 수준의 교수설계를 구분하여 설명할 수 있다.

8.2. 학습자는 체제적 교수설계 원리에 기반하여 수업지도안 구성요소 및 절차를 설명할 수 있다.

8.3. 학습자는 한 차시의 수업지도안(lesson plan)을 성공적으로 작성할 수 있다.

앞 장까지 교수설계이론 및 모형, 요구분석 및 목표설정, 다양한 설계전략에 대해 학습하였으므로, 본 장에서는 이러한 교수설계이론 및 모형, 과정들이 수업지도안(lesson plan)의 개발에 어떻게 적용되고 있는지에 관해 보다 세부적으로 논의하고자 한다.

학교나 기업에서 강의를 하려면 먼저 계획을 세우게 되는데, 교수설계 이론을 전문적으로 공부하지 않은 사람이라 하더라도 이 시점에서는 어떤 내용을 어떻게 전개해 가는 것이 청중에게 효과적일 것인가라는 질문에 대해 사려 깊은 고민을 하게 된다. 교수자의 이러한 고민은 강의 계획을 담은 문서로 그 결실을 맺게 된다. 이 문서를 기업과 대학에서는 강의계획서, 초, 중등학교에서는 수업지도안이라 부른다. 예비교사를 주 독자층으로 하는 본서에서는 거시적, 미시적 교수설계 맥락에서 초중등학교 수업을 구성하는 최소 수업 단위인 1개 차시 수업을 위한 수업지도안의 설계 및 개발에 초점을 맞추게 될 것이다.

본 장에서는 먼저 수업지도안 작성에 앞서 거시적/미시적 교수설계에 대해 알아보고, 수업지도안 개발을 위한 원리, 즉 체제적 교수설계 원리에 대한 이론 및 절차에 대해 논의한 후 이러한 원리들이 예시된 수업지도안에 구체적으로 어떻게 반영되어 개발되었는지를 살펴보고자 한다.

1 거시적/미시적[1] 교수설계

일반적으로 수업을 설계하고 개발하는 과정은 거시적 수준과 미시적 수준으로 나누어 생각할 수 있다(변영계, 김영환, 1996). 거시적 수준에서의 교수설계는 교

1) macro와 micro 수준은 시간 단위로 구분됨. 보통 1시간 정도의 단위시간 수업(lesson)을 micro 수업이라고 함. Gagné의 9가지 수업 이벤트, Merrill의 교수의 으뜸원리는 micro 수준 교수설계이론이고, Bruner의 나선형 교육과정, Reigeluth의 수업의 정교화이론은 macro 수준 교수설계이론임.

육과정이나 교과목 수준의 설계로 한 학기 혹은 한 교과목에서 가르칠 목표와 내용을 선정하고 계열화하는 데 초점이 이루어진다. Gagné와 Briggs(1979)도 포괄적 교수설계 이론에서 교수설계의 수준을 교육과정, 교과목, 단위수업의 수준으로 나누어 제안한 바 있다. 반면, 미시적 수준에서의 교수설계는 한 차시에서 가르칠 내용을 선정하고, 그 내용을 효과적으로 전달하기 위한 수업전략 및 교수방법을 계획하는 데 초점이 있다. 체제적 관점에서 교수설계는 교육에 관련된 모든 상황과 요소를 하나의 체제(system)로 간주하기 때문에, 한 차시의 미시적 교수설계를 한다 할지라도 거시적 수준에서의 교수설계에 대한 고려는 반드시 필요하다. 거시적 수준과 미시적 수준의 교수설계의 차이점을 정리하면 다음 〈표 8-1〉과 같다.

〈표 8-1〉 거시적 교수설계와 미시적 교수설계의 비교

	거시적(Macro) 교수설계	미시적(Micro) 교수설계
대상 및 범위	• 국가 교육체제(educational system) • 교육과정(curriculum) • 교과(course/subject) • 단원(unit/module)	• 단위시간 수업(lesson) • 소규모 수업(learning activities/events)
목적	교과내용 및 교육내용 선정	수업실행에 대한 전략 수립
초점	교육프로그램 및 교육과정	최적의 교수방법 결정

2 수업지도안의 구성

체제적 관점에서 볼 때 수업지도안 설계의 시작점은 국가교육과정에 대한 분석에서부터 시작된다. 비록 그 설계의 대상이 1차시 수업에 불과하다 하더라도, 그 속에서 다루어야 할 내용의 범위, 가르치는 방법과 인식론적 지향, 달성해야 할

국민 역량 목표 등 교육과정의 기본 원리와 가이드라인에 부합하도록 설계되어야 한다.

본 장에서는 먼저 2절에서 분석－설계－개발－실행 및 평가 등 체제적 교수설계(교수체제개발) 절차에 대한 이론적 논의를 제시한 뒤, 3절에서 실제 교수－학습지도안 작성방법과 예시를 살펴보고자 한다. 교수설계 원리라는 일반적·이론적 도구에 기반해서 현장 교사가 자신이 담당하는 차시 수업을 현실적 고려에 따라 변형을 가하면서 효과적인 수업지도안을 만드는 과정을 이해할 수 있을 것이다.

1) 분석

분석 단계에서는 교육과정분석－학습자분석－과제분석－학습환경분석이 실시되어야 한다. 이 중 다른 분석과정은 5장 요구분석(학습자, 환경, 과제 분석 포함)에서 제시되었으므로, 본 절에서는 **교육과정 분석**만 논의하기로 한다.

학교 교육 상황에서의 분석은 교육과정(curriculum)에 대한 이해로부터 시작된다. 국가는 교육과정을 고시함으로써 각급 학교와 교실에서 운영되는 각 교과별 수업의 원리와 지침에 대한 큰 틀을 제시한다. 국가 교육과정은 국가 발전과 경쟁력 제고를 위해 어떠한 소양과 역량을 갖춘 국민을 육성할 것인가라는, 국가 차원에서의 거시적 요구 분석의 결과라고 볼 수 있다. 예컨대 오늘날 우리나라 교육과정은 글로벌화 추세와 함께 문화 간 의사소통 능력에 대한 국민적 요구가 급증하면서 과거 영어 교육과정에 비해 다문화 커뮤니케이션을 매개할 수 있는 영어 능력 및 다양화된 개별 학습자를 위한 맞춤형 수업에 대한 요구를 반영하고 있다.

교사는 국가 교육과정과 교과서 등을 근간으로 자신의 교육 철학, 학생들의 요구와 수준, 가용 교육매체 및 테크놀로지 등 자신이 담당한 수업의 고유성을 고려한 맞춤형 수업을 설계하기 위해서 교수·학습설계 원리에 맞는 수업지도안의 개발이 필요하다. 따라서 교사는 교과서나 활동책 등 이미 주어진 지침을 넘어 창의적 수업설계를 시도할 필요가 있다. 그 이유는 많은 공교육이 개념 이해보다는 단순한 사실을 가르치고, 실제 적용보다는 교과서 내의 문제 또는 입시 예상 문제들을 더 강조한다는 비판을 받고 있기 때문이다. 이에 구성주의 이론가들은 실제적인 문제 상황들에 적절하지 않은 축약된 형태의 교수 학습 활동을 비판하고 있다. 이는 학생들의 내재적 및 자기결정적(self-determined) 학습 동기를 감소시킬 뿐 아니라, 학습 내용을 학교 밖의 유의미한 실생활 문제로 전이시키는 것을 방해하므로 교사들은 수업설계에서 이에 대한 해결책을 고안하여야 할 것이다.

교육과정(curriculum)이 일반적이며 다소 추상적인 원리를 정의하고 있다면, 수업지도안(lesson plan)은 차시별로 이루어질 수업 전략과 활동이 명세할 정도로 구체적이어야 한다. 더 나아가 수업지도안은 국가 교육과정과 교과서와도 체제의 일관성을 유지하여야 하며, 이는 거시적 교수설계 체제 측면에서 한 방향으로 작동하여야 한다. 학습자, 과제, 학습환경분석에 대해서는 본서의 4장과 5장을 참고하기 바란다.

2) 설계

설계는 수행목표 진술, 평가도구 설계, 교수전략 선정, 교수매체 선정 등으로 구성된다.

(1) 수행목표 진술

과제분석의 산출물이 분석된 하위과제 목록이라면 이 단계에서는 각각의 하위과제목록을 수행목표로 진술한다. 명확하게 진술된 수행목표는 학습자가 수업의 마지막 시점에서 할 수 있는 행동 또는 수행을 포함한다. 이에 대하여 그런 수행이 나타날 수 있는 조건(condition)과 성공적인 수행을 판단할 정도(degree), 즉 준거(criterion)도 포함한다(Mager, 1984). 수행목표의 구성요소들의 첫 글자를 딴 아래와 같은 "ABCD Rule"(Heinich et al., 2002; Molenda, Pershing, & Reigeluth, 1996)

은 목표진술의 주요 단계를 상기하는 데에 유용하다.

① **Audience**(학습자): 수행목표는 강사(교사) 중심이 아니라 대상 학습자 중심으로 진술한다.

② **Behavior**(행동): 수행목표는 학습경험 후에 기대되는 행동의 결과, 즉 수행을 진술한다. 관찰 가능한 행동을 진술하기 위해 행위동사(action verb)를 사용한다.

③ **Condition**(조건): 수행목표는 학습자에게 주어지거나 억제된 자원들을 포함해서 행동이 나타날 수 있는 조건을 진술한다. 과제가 수행될 수 있는 작업환경을 진술한다.

④ **Degree**(정도), **Criterion**(준거) **또는 Standard**(기준): 수행목표는 수행이 판단될 수 있는 질적 혹은 양적인 준거를 명세화한다. 예를 들면, 양적인 요건으로 명세화할 수 있는 기준은 다뤄야만 할 단계의 수, 결과에 포함되어야 할 특징의 수, 허용 가능한 최소한의 오차의 정도 등이 있다. 질적인 요건으로 명세화할 수 있는 기준은 '유연하게', '논리적으로', '경험된 판단에 의해 평가되어' 등이 있다.

(2) 평가도구 및 방법 설계

ABCD룰에 따른 행동적 용어로 진술된 수행목표의 달성 여부를 알 수 있는 평가도구를 개발한다. 지필평가, 수행평가 등의 방법이 있으며, 어느 정도 점수를 획득해야 달성할 수 있다고 볼 것인지 등의 기준을 미리 정하는 것이 필요하다. 이는 교수자에게 교수전략 등 실행에 가이드를 제공해주고, 학습자에게도 미리 학습내용에 대한 기대 및 준비를 하게 하여 학습효과를 높이는 데 도움을 준다.

(3) 교수전략 결정

교수-학습지도안 등 교수 설계 결과물은 교사가 정상적으로 학습자 집단과 함께 이용할 수 있는 전략을 다수 포함하고 있다. 교수 설계 시에는 학습 과정을 촉진하기 위해 지금까지 공부한 교수설계 이론과 모형을 최대한 사용하여 종합적인 교수전략을 개발해야 한다. 교수전략에는 일반적으로 내용을 연결시키고 조직하며, 수업에 포함되는 학습 요소를 기술하고, 수업이 진행되는 동안 학습자들에게 어떻게 동기 부여할 것인지, 학습 목표 특성에 따라서 어떤 교수방법 및 전략 등을 활용할 것인지 등을 포함한다. 교수전략은 사전 교수 활동, 내용 제시와 학습 안내, 후속 활동의 3단계로 구성된다.

① 사전 교수 활동

실제 수업을 시작하기에 앞서 세 가지 사항을 고려하여야 한다. 이 요소들은 학습자들에게 동기를 부여하고, 무엇을 배워야 하는지 목표를 제시하고, 그들이 수업 전에 알아야 할 관련 선수지식과 스킬을 확인하는 것이다. 그 목적은 첫째, 학습자들이 수업 중에 배우게 될 새로운 내용과 이미 알고 있는 지식 간의 관계에 대해 초기부터 명확히 파악할 수 있도록 해 주는 것이며, 둘째, 수업 내용이 통합될 수 있도록 학습자가 능동적으로 사전 지식과 스킬을 기억해내고 이와 관련 있는 상황을 상기토록 해 줌으로써 의미 있는 학습이 이루어질 수 있도록 하는 것이다.

② 내용 제시 및 학습 안내

이 단계는 학습자에게 제시되어야 할 정보, 개념, 원리를 결정하는 단계이다. 즉 해당 단원이 기본적으로 무엇에 관한 내용인지를 알려주는 것이다. 내용 제시 전략은 대개 연역적 방법과 귀납적 방법으로 분류될 수 있다. 연역적 방법은 교재, 교사, 매체 기반 자료가 학습자에게 새롭게 학습할 내용의 부분들을 알려주고, 더 나아가 이 부분들이 전체 내용과 일관성 있는 관계 구조를 형성하고 있는지를 보여주는 것이다. 반면 귀납적 방법은 학습자가 안내되거나 스스로 안내하는 발견학습과 유사한 것으로, 부분적인 것들을 모아 전체의 일관성 있는 구조적 관계로 구축하는 데 필요한 자료를 수집하는 경험을 통해 학습이 이루어진다. 좋은 교수–학습지도안은 대부분 연역적 방법과 귀납적 방법을 혼용하여 사용하고 있다. 대표적인 연역적 방법으로는 강의법이 있고, 귀납적 방법에는 토의법, 발견–탐구 학습법, 협동학습법이 있다.

③ 후속 활동

해당 수업의 성공적 수행을 통해 학습목표가 달성된 이후에도 학습 내용을 지속적으로 유지시키기 위해(파지), 그리고 다음 수업 또는 실생활과 연결시키기 위해(전이), 적절한 마무리 활동이 교수–학습 지도안의 중요한 일부로 포함되어야 한다.

이외에도 학습자 개인차를 고려한 후속활동 제시가 필요하다. 학습평가가 이루어진 후 학습목표를 달성하지 못했다면 보충학습, 학습목표를 달성했다면 심화학습 등 학습자 수준에 맞게 후속활동을 제시하는 것도 고려해볼 필요가 있다. 또한 최근 많이 활용되고 있는 프로젝트 활동 등에서 문제중심학습(PBL) 등 다양한 구성주의적 전략을 활용하거나, 학습목표에 따라 팀 구성 시 학습자 수준을 고려한 유사집단, 이질집단으로 구분하여 교육하는 것도 도움이 된다.

(4) 교수매체 선정

수업을 가장 효과적으로 진행하는 데 도움이 될 수 있는 매체를 선정한다. 9장에서 다양한 매체의 특성 등이 소개되며, 매체선정모형인 ASSURE 모형도 제시될 것이다. 이를 활용하여 수업에 적절한 교수매체를 선정하면 된다.

3) 개발

개발은 수업에 필요한 다양한 교수-학습용 자료의 제작을 의미한다. 수업에서 교사가 사용하는 교수용 PPT, 학습활동지 등의 개발을 본 단계에서 준비한다. 최근 많이 활용되고 있는 플립러닝(또는 거꾸로 학습)의 경우 사전동영상이나 사전 활동지 제작, 수업 중 활용할 팀활동지 등의 개발도 본 단계에서 진행되어야 한다.

4) 실행 및 평가

실행 및 평가는 교수설계된 수업을 실제로 수행하는 단계로 10장 수업의 실행에서, 평가는 개발된 교육프로그램의 전체적인 효과성을 종합적으로 평가하고, 프로그램의 지속 여부, 문제점 파악 및 수정을 하는 단계로 11장 학습자와 수업자료 평가에서 자세히 다루기로 한다.

3 수업지도안 작성의 실제

수업지도안(lesson plan)은 보다 넓은 단원(unit)과 과목(course)의 맥락에서 고려되어야 한다. 수업지도안에는 단원명, 단원개관, 단원목표, 단원전개계획, 지도상의 유의점을 포함한 단원전개안, 평가계획, 본시 교수-학습과정안 등이 포함된다.

1) 단원명

단원명은 일반적이고 대표적인 주요한 제목이거나 중요한 원리, 개념, 사실을 대표하는 문장, 학생의 중요한 문제나 중요한 사회문제를 표시하는 의문문, 작업 및 활동 이름을 나타내는 제목 형태로 진술한다.

2) 단원개관

이 단원(unit)을 학습함으로써 학습자에게 어떤 의의가 있는 것인지 기술한다. 일정한 서술양식이 없어 자유롭게 서술하면 되지만, 일반적으로 각 단원의 성격을 단원관, 학생관, 지도관으로 구분하여 작성하기도 한다. 단원관은 가르칠 내용과 목적 확인, 내용의 특성과 조직, 선행단원 및 후속단원과의 관계, 다른 교과와의 관련성 검토, 학생의 발달과 행동에 어떤 변화를 줄 것인가를 고려하여 기술한다. 학생관의 경우 학습자의 현재상태, 필수 선행지식의 유무, 이 단원을 학습할 학생들의 일반적 능력과 정의적 특성, 지역사회의 교육적 여건과 환경 등을 기술한다. 지도관의 경우 교사의 수업전략이 구체적으로 나타나도록 진술하는데, 학생의 개인차를 반영할 수 있는 지도계획과 수업에 필요한 시설이나 기자재 이용계획을 제시한다.

3) 단원의 목표

단원목표는 교수자의 입장에서는 지도목표, 학습자의 입장에서는 학습목표가 된다. 단원 지도 후에 학습자가 성취해야 할 행동으로 각 소단원의 지도목표는 연속적이고 단계적이어야 한다. 이 단원 학습을 통하여 획득하여야 할 최종 행동으로, 지식, 태도, 기능이 골고루 포함되어야 한다. 수업시간별로 계획을 세운 교수·학습이 제대로 이루어지면 그 결과는 단원의 수업목표를 달성할 수 있도록 계획되어야 한다. 단원목표 작성 시 평가목표나 평가문항도 함께 작성하는 것이 좋으며, 평가결과를 다음 수업계획에 반영하는 것이 필요하다.

4) 단원 전개 계획

단원 전개 계획은 본 단원을 지도하는 데 필요한 시간과 시간별로 다루어야 할 내용을 순차적으로 제시하는 것을 말한다. 따라서 단위시간에 따라 대단원을 몇 차시로 나누어 지도할 것인지, 지도할 학습내용이 무엇인지, 수업방법은 어떠한 형태인지, 준비해야 할 교수매체 및 자료는 무엇인지를 제시하여 본시 학습내용이 교과서의 구조상 어떠한 위치를 차지하고, 어떻게 전개되는지를 기술한다.

5) 지도상의 유의점

지도상의 유의점은 학습지도 과정상에서 학습자의 사전지식, 개인차 등을 어떻게 고려하고, 학습자의 능동적 참여를 어떻게 유도하며, 필요한 자원 등을 어떻게 구할 것인지 등 유의해야 할 사항 등을 기술한다.

6) 평가계획

평가계획은 본시 학습목표 달성 여부를 판단할 수 있는 평가항목을 제시하는 것으로 지필형평가, 수행평가 등 다양한 방식의 평가방법 등이 포함된다. 이 평가계획에는 평가결과에 따라 다음 차시 수업 계획 시 어떻게 반영할 것인지도 함께 고려하는 것이 좋다.

7) 본시 교수-학습과정안

차시별 교수-학습과정안을 의미하며, 다음 형식의 요소[주제 및 단원명, 학습목표, 지도상의 유의점, 해당 학년/반/차시, 수업일시 및 교재, 지도단계(도입-전개-정리/평가)] 등이 포함된다. 다음 범례 [그림 8-1]과 교수-학습지도안 예시 〈표 8-2〉를 참고하도록 한다. 예시의 경우 2012년 서울시교육청 교육연구팀(신암중)의 STEAM 교수-학습 개발자료로 제시된 수업지도안 예시를 수정한 것이다(그 외의 교수-학습지도안 예시는 pp. 226-228을 참고할 것).

(1) 주제(단원명)

(2) 본시의 학습 목표

(3) 지도상의 유의점

(4) 학년/반/차시

(5) 일시 및 교재

(6) 지도단계

과정	학습 내용	교수-학습 활동		학습형태 및 자료	시간 (분)
		교사	학생		
도입 전개 정리 및 평가					

[그림 8-1] 교수-학습지도안 양식

(1) 주제(소단원): 전자기타 만들기 및 연주하기

관련단원:

- 과학: 중학교 2학년 7. 소리와 파동
- 기술: 중학교 2학년 작품 제작 기술
- 수학: 중학교 2학년 수와 식
- 음악: 중학교 2학년 표현 영역
- 미술: 중학교 2학년 표현 영역

(2) 본시 학습 목표

가. 피에조스피커를 이용하여 전자기타를 직접 제작함으로써 전자악기의 원리를 설명할 수 있다.

나. 전자기타를 직접 연주하고, 컴퓨터 프로그램을 이용하여 소리의 파동성을 설명할 수 있다.

(3) 지도상의 유의점

가. 전자기타 등 전자악기에 대한 호기심을 적절히 유발해야만 한다.

나. 전시수업인 '소리의 파동성' 수업 시 컴퓨터 프로그램 'Cool-Editor'를 이용하게 한다.

다. 전자기타 제작 및 파동 분석은 45분 소요, 꾸미기 연주 발표 시간은 45분이 소요되므로 시간의 안배를 적절하게 해야 한다.

라. 협동학습을 통한 조별 활동임을 유의시킨다.

(4) 본시 수업지도안

〈표 8-2〉 중학교 2학년 STEAM수업 지도안 예시

과정	교사활동	학생활동	준비물
도입 (5분)	• 선수 학습 확인 - 진폭과 진동수에 따른 소리의 차이에 대해 질문한다. - 소리의 3요소에 대해 질문한다. • 동기 유발 - 통기타와 전자기타 연주 동영상을 각각 보여준다. - 통기타와 전자기타의 차이점을 발표하게 한다. - 위 둘의 차이점을 통해 전자기타의 원리를 미리 예상해보게 한다. • 본시의 학습 목표 제시 - 직접 전자기타를 만들어봄으로써 전자기타의 원리를 설명할 수 있다. - 전자기타 소리를 스피커와 컴퓨터와 연결하여 소리를 파동으로 나타내어 소리의 특성을 확인한다.	- 선수 학습 확인 ☞ 진폭이 클수록 강한 소리, 소리의 3요소: 높낮이, 크기, 맵시 - 질문에 답한다. - 질문에 발표한다. - 학습 목표 확인	ppt 자료 동영상 자료

과정	교사활동	학생활동	준비물
활동 (65분)	• 전자기타 만드는 방법을 설명하고 제작 시 주의점 등을 알려준다. - 음계를 표시할 때 평균율과 피타고라스율에 대한 이야기를 들려주어 음악에도 수학의 원리가 있음을 환기한다. - 평균율을 이용하여 직접 음계의 위치를 비례식을 이용하여 계산하도록 도와준다.	- 각 조별로 모여 앉아 토의 후 공동 제작한다.	ppt 자료 활동지 실험준비물
	• 전자기타 제작이 끝나면 스피커와 컴퓨터와 연결하여 전자기타 소리를 파동으로 나타낼 수 있도록 한다. 1. 스피커를 통해 전자기타 현의 길이가 짧을수록 높은 소리가 난다는 것을 확인한다. 2. 컴퓨터에 나타난 파동을 보고 음의 높이에 따른 소리의 진동수를 계산한다. - 순회하며 지도한다. 시간을 지킬 수 있도록 격려한다. • 제작한 전자기타의 몸체를 자신만의 독특한 아이디어로 디자인하여 꾸미게 한다. • 제작한 전자기타를 이용하여 다양한 음악을 연주하게 하고 조별 음악을 선택하여 연습하도록 격려한다.	- 쿨에디터 프로그램을 이용하여 소리의 높이에 따른 진동수를 직접 계산한다.	학생 활동지
발표 (15분)	• 발표하기 - 활동을 마친 학생들은 자신의 조별 발표를 준비한다. - 조별로 디자인한 전자기타를 이용하여 준비한 곡을 노래와 함께 연주한다. - 각 조의 발표를 보며 체크리스트에 점수를 기록하고, 조장은 조원들의 점수를 합산하여 높은 점수를 받은 조를 기록한다. - 가장 많은 조의 최고 평가를 받은 조를 선정한다.	- 큰 소리로 정해진 시간 동안 발표한다. 모두 조용히 경청한다. - 공정하게 평가하고, 기록한다. - 다 같이 박수를 치며 축하해준다.	

과정	교사활동	학생활동	준비물
개념 정리 및 차시 예고 (5분)	• 전자기타의 원리를 질문한다. - 가야금과 전자기타의 차이점을 질문한다. • 전자기타와 같은 원리의 악기 종류 및 전자기기에 대해 발표하게 한다. • 형성평가 문제를 확인한다. • 음악과 같은 소리를 더 잘 들으려면 어떻게 해야 할지 생각해보게 한다. (차시예고)	- 대답한다. - 전자기타의 원리, 가야금과 전자기타의 차이점과 공통점, 현의 길이와 소리의 높낮이, 진동수의 관계 등을 알 수 있다.	ppt 자료 활동지

4 수업지도안 검토

작성된 수업지도안에 대해서는 관련 책임자 또는 동료의 검토와 조언을 받아야 할 뿐만 아니라 자기 스스로 수업지도안을 계속적으로 검토해 보는 일도 중요하다. 수업지도안의 검토 시 일반적으로 고려되어야 할 기준은 다음과 같다.

① 학습자가 도달해야 할 학습목표가 분명하게 진술되어 있는가?
- 설정된 학습목표는 각 교과의 교육목표와 일관성을 유지하고 있는가?

② 주요 학습내용이 포괄적으로 다루어지고 있으며, 단원의 중점 지도내용에 대한 계획이 수립되어 있는가?
- 학습자의 선행 학습내용 및 다음 단원과의 연계가 고려되어 있는가?
- 주요 학습내용 및 수업의 과정별 시간 배당은 적절한가?

③ 학습자의 학습 동기를 유발하고 능동적인 참여를 유도하기 위한 적절한 방안이 구안되어 있는가?
- 다양한 수업방법과 학생의 활동이 모색되어 있는가?

- 교재 및 수업매체는 적절하게 준비되어 있는가?
- 질문 계획은 적절하게 수립되어 있는가?
- 판서계획은 적절한가?
- 학습자의 능력, 개인차, 흥미의 정도가 잘 고려되어 있는가?
- 적절한 과제가 부여되어 있는가?

④ 실제 수업에서 여건에 따라 학습과정을 수정 보완할 수 있도록 융통성과 탄력성이 부여되어 있는가?

⑤ 학습목표의 달성 여부 확인을 위한 평가계획이 적절하게 수립되어 있는가?

- 학습자평가와 함께 교수자의 수업 활동에 대한 평가 계획도 포함되어 있는가?

<수업지도안 예시>

다양한 수업지도안을 검색해보고 싶다면, 에듀넷·티-클리어(https://www.edunet.net/nedu/main/mainForm.do)에 방문해보길 추천한다. 수업-수업·연구자료 메뉴에는 학년/과목별로 다양한 수업지도안 및 성취기준, 평가지, 활동지까지 정리되어 있어 처음 수업을 계획하는 예비교사들이 참고할 자료들이 많다. 또한, 수업-AI·SW학교 메뉴로 들어가면 AI교육이나 SW교육을 위한 교수학습지도안 및 자료, SW선도학교 보고서들을 찾을 수 있다. 본 예시에서는 이 중 최근에 많이 활용되는 학생 참여중심 수업설계방법인 비주얼씽킹기법을 활용한 짝협력활동, 디자인씽킹모델 기반 프로젝트 학습을 활용한 학습지도안들을 간략히 소개하고자 한다.

1. 국어과 수업사례: 학생 참여 중심 수업의 설계(비주얼씽킹, 짝협력활동, 플래시몹 프로젝트 등 전략 포함)

국어과 수업으로 짝과 함께 하는 비주얼씽킹 활동인 삶 속에서 언어의 본질 찾기' 활동을 통해 언어의 본질을 인지하고, 밥 실험을 통해 말의 힘을 관찰하며 인지하는 동시에 5 WHY 기법을 활용하여 학생의 경험 속에서 청소년 언어생활의 현상을 살펴본다. 이를 위해 폭력적 언어 사용의 경험을 서로 나눈 후 언어의 본질과 연계하여 폭력적 언어 사용의 문제점을 구체적으로 분석해 보고, 폭력적 언어를 배려의 언어로 바꾸는 '언어생활 개선 플래시 몹' 프로젝트를 수행한다. 성취기준, 수업자료, 평가자료까지 상세히 있어, 비주얼씽킹기법이나 프로젝트 수업을 계획하는 예비교사가 참고하여 수업을 설계하는 데 유용하게 활용될 수 있다.

2. STEAM 수업사례: 디자인씽킹 적용을 통한 '더 안전한 학교 만들기' 프로그램(디자인씽킹 기반 프로젝트 학습 전략)

기술, 가정, 미술, 체육 등을 융합한 STEAM기반 메이커교육 수업으로 디자인씽킹모델(공감하기 – 문제정의 – 아이디어 – 시제품제작 – 테스트)을 활용하여, 학교 안전 사고 원인 찾기, 학교 안전 픽토그램 제작, 안전 발명품 개발, 학교 안전사고 응급조치 UCC 제작 등의 활동을 진행한다. 디자인씽킹을 활용한 STEAM 수업이나 메이커교육을 계획하고 있다면 참고해보면 좋을 것이다.

탐구과제

1. 수업지도안 작성 시 분석 단계에서 진행되어야 할 작업들에 대해 정리하고, 담당 수업을 예시로 개발해봅시다.

2. 수업지도안 작성 시 조합해야 할 요소들을 정리해보고, 해당 요소들이 반영된 수업지도안 예시를 인터넷에서 찾아 공유해봅시다.

3. 교수자중심의 수업지도안, 학습자 중심의 수업지도안, TPACK(technological, pedagogical, and content knowledge)를 적용한 수업지도안을 각각 개발하여 서로 어떻게 다른지 비교 검토하여 봅시다.

참고문헌

Gagne, R. M. & Briggs, L. J. (1979). *Principles of instructional design* (2nd ed.). New York: Holt Rinehart & Winston.

Heinich, R., Molenda, M., Russell, J., & Smaldino, S. (2002). *Instructional media and the new technologies for learning*. Upper Saddle River, NJ: Pearson.

Mager, R. F. (1984). *Preparing instructional objectives* (2nd ed.). Belmont, CA: Lake Publishing.

Molenda, M., Pershing, J. A., & Reigeluth, C. M. (1996). Designing instructional systems. In R. Craig (Ed.), *Training and development handbook* (4th ed.). New York: McGraw-Hill.

제 9 장

교수매체

중학교 교사 A는 최근 참석한 지역 교사모임에서 자신이 지금까지 활용해온 파워포인트나 동영상 이외에도 교실에서 활용 가능한 다양한 교수매체가 있으며, 다른 교사들은 이러한 새로운 매체를 수업에 활용하고자 적극적으로 배우고 있다는 점을 알게 되었습니다. 교사 A는 모임에서 돌아오는 길에 '내 수업에는 어떠한 새로운 매체를 활용할 수 있을까?', '매체를 어떻게 활용하면 학생들이 수업에 흥미를 느끼도록 할 수 있을까?' 등을 고민하게 되었습니다.

이렇듯 최신 테크놀로지의 등장과 더불어 교사들이 다양한 교수매체를 활용할 수 있는 '미디어 리터러시(media literacy)' 역량의 중요성이 커지고 있습니다. 교수매체의 효과적 활용 역량을 개발하기 위해, 본 장에서 소개된 다양한 교수매체 중에서 자신이 지금까지 활용해 보지 못한 새로운 매체를 하나 선정한 후 이를 적용하는 학습활동을 계획해 봅시다.

학습목표

9.1. 학습자는 교수매체의 기능(function) 네 가지를 나열하고, 각 기능의 예제를 서술할 수 있다.

9.2. 학습자는 교수매체의 선정 및 활용과 관련해서 ASSURE 모형의 각 단계에서 주요하게 고려해야 하는 사항을 서술할 수 있다.

9.3. 학습자는 디지털 교수매체의 주요 특성을 설명하고 교육적 활용 방법을 예를 들어 서술할 수 있다.

9.4. 학습자는 메시지설계의 주요 원칙을 적용하여 효과적 수업자료를 설계할 수 있다.

본 장에서는 교수매체의 개념 및 교육적 기능을 살펴보고, 테크놀로지의 지속적인 변화를 통해 발전한 다양한 교수매체의 유형들을 고찰할 것이다. 또한 교수자가 이러한 교수매체를 교수-학습 상황에서 효율적으로 활용하기 위한 방법을 단계적으로 제시한다. 마지막으로 교수자료 제작을 위한 메시지 설계 원리도 제시할 것이다.

1 교수매체의 개념 및 기능

1) 교수매체의 정의

교수매체(instructional media)란 교수와 매체의 합성어로서 교수-학습 상황에서 교수자와 학습자 사이를 연결하는 중요한 수단을 의미한다. 어원적 의미에서 매체(medium, 복수형은 media)는 라틴어에서 유래하였으며, 영어의 '사이(between)'라는 의미를 가진다. 따라서 매체는 의사소통의 과정에서 송신자와 수신자 사이를 연결하고 정보를 전달하는 모든 채널(channel)을 의미한다.

교수-학습 상황에서 교수매체는 교수자가 설정한 학습목표에 효과적으로 도달하기 위해 사용하는 다양한 형태의 매개수단을 의미하며, 학습과정을 촉진하여 학습 효과를 극대화시켜주는 방법으로 정의된다. 전통적으로 교수매체는 교사가 내용을 효과적으로 전달하기 위해 사용하는 칠판, 모형, 실물화상기, 사진, 비디오, 영화, TV 등 시청각 기자재를 의미하였다. 최근에는 테크놀로지의 발전과 더불어 등장한 인터넷 및 모바일 스마트 기기와 같은 다양한 디지털 매체도 교육에서 활발하게 활용되고 있다.

2) 교수매체 발달의 역사

교수매체 발달의 역사를 간단히 살펴보도록 하자. 역사적으로 교수학습 과정에서 매체를 사용한 근원은 Johann Amos **Comenius**(1592~1670)의 세계도회(Orbis Sensualium Pictus-The Visible World Pictured)에서 찾을 수 있다. 세계도회는 삽화가 풍부한 교과서로 그림과 언어가 함께 제공된 일종의 백과사전으로 볼 수 있다. 이러한 Comenius의 시도는 당시 지배적이던 사실주의의 대표학자인 Francis Bacon(1561~1626)의 주장, 즉 새로운 지식이 학습자들에게 의미 있고 유용하기 위해서는 학습자의 감각적 경험에 기초해야 한다는 주장과도 일치한다.

보다 근대적인 교육매체의 활용은 1900년대 초 미국 St. Louis에서 최초로 **학교 박물관**이 생겨난 시점으로 볼 수 있다. 무성영화가 등장하면서 에디슨은 1913년에 "책은 곧 학교에서 쓸모없이 될 것이다. (중략) 인간지식의 모든 부분을 무성 영화를 사용하여 가르칠 수 있다. 우리 학교시스템은 다음 10년 내에 완전히 바뀔 것이다"라고 예측하기도 하였다. 이후 유성영화, 라디오, 텔레비전이 등장하면서 이러한 매체를 교육용으로 활용하고자 하는 '**시청각 교육** 운동'이 일어나게 되었다. 제2차 세계대전 중에는 유성영화 및 OHP(Overhead Projector)가 훈련용으로 활발하게 활용되었다.

1960년대에 이르러 교수매체는 인지 발달 심리학인 **Gestalt**(게슈탈트) 이론에 의해 활성화되었다. Gestalt 이론은 인간이 감각적 지각과 청각과 시각을 통한 잡동사니 정보로부터 어떻게 의미를 구성하는가를 강조하였으며, 당시 시청각교육 지지자들로부터 많은 호응을 받았다. 이 Gestalt 견해는 일찍이 시청각 교육의 선구자였던 **Hoban**과 Zisman 등의 저서에서도 잘 나타나고 있다. 이들은 시청각 매체를 사용하는 주된 이론적 근거는 구체적인 경험으로부터 추상적인 일반화에 이르기까지 발달단계에 따른 학습자들의 발달을 도와주기 위함이라고 하였다.

이후 Edgar **Dale**(1969)은 좀 더 구체적으로 "**경험의 원추**(Cone of Experience)"를 제시하였다. [그림 9-1]과 같이 경험의 원추는 교수방법을 구체적이고 실제적인 경험으로부터 추상적이고 상징적인 경험의 정도에 따라 분류하였다. Dale의 경험의 원추는 학습자에게 풍부한 경험을 제공하여 유의미한 학습이 이루어져야 한다는 신념하에 제시된 접근법이다.

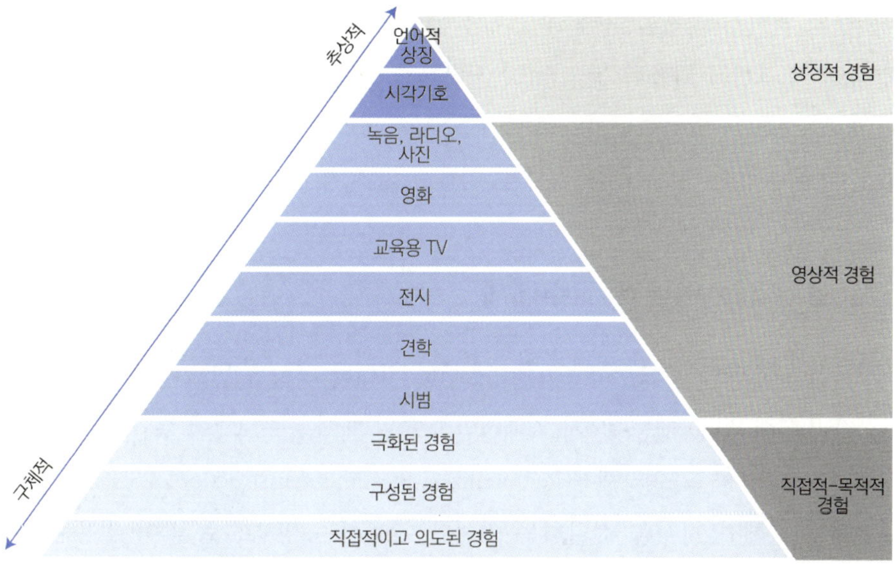

[그림 9-1] Dale의 경험의 원추

1980년대부터 개인용 **컴퓨터**와 **인터넷**이 보급되면서 컴퓨터 기반의 매체가 교육용으로 활발하게 활용되기 시작하였다. 최초의 교육용 컴퓨터 언어인 Logo를 개발한 MIT의 Seymour **Papert** 교수는 컴퓨터를 "마이크로월드(Microworld)"라고 칭하며 컴퓨터를 통해 우리 세계의 많은 현상들을 탐구하고 표현할 수 있다고 주장하였다. 1990년대에는 인터넷을 기반으로 한 **이러닝**(e-Learning)이 확산되어 언제 어디서나 학습을 할 수 있는 기회가 열리게 되었다.

2000년대 들어서는 **소셜미디어** 및 **모바일 기기**의 확산으로 인해 학습의 시간적, 물리적 경계가 점차 허물어지고 있다. 더불어 최근에는 4차 산업혁명 시대로 접어

들면서 사물인터넷(IoT), 빅데이터, 인공지능(Artificial Intelligence: AI)과 같이 데이터 기반의 **지능형 테크놀로지**를 교육에 활용하고자 하는 움직임이 활발하다. 이러한 최신 테크놀로지는 개별 학습자에게 **맞춤학습**을 제공하여 학습격차를 줄이고 교사의 업무도 줄여주는 등 긍정적 효과를 가져올 것으로 기대되고 있다.

이상의 역사적 변천을 통해 교수매체가 시각매체에서 출발하여, 시청각 멀티미디어 매체, 그리고 컴퓨터 및 인터넷 기반으로 점차 확장된 것을 알 수 있다. 앞으로 테크놀로지가 발전하면서 교수매체는 지속적으로 증가할 것이며, 교수자는 이렇게 다양한 매체의 교육적 기능을 이해할 필요가 있다.

3) 교수학습 이론과 교수매체

그동안 교수매체는 교수학습이론으로부터 지대한 영향을 받으면서 활용에 관한 관점이 변화해 왔다. 행동주의가 지배적인 이론일 때에는 프로그램 수업(programmed instruction)과 개별화수업체제(Personalized System of Instruction, PSI)와 같이 학습자에게 정해진 지식을 전달하는 기능을 강조하는 방법으로 많이 활용되었다. 인지주의 영향을 받던 시기에는 학습자들의 인지적 정보 처리를 돕기 위해서 새로운 미디어 유형, 즉 게임이나 컴퓨터 기반 학습 등이 등장하였다. 더불어 학습자의 인지적 정보 처리를 도와주기 위한 효과적 메시지 설계 전략에 대한 관심도 증가하였다. 이후 학습자의 고유한 경험과 지식형성을 강조하는 구성주의 시기에는 학습자의 탐구활동 및 고차원적 학습을 지원하는 컴퓨터기반 학습 환경이 발달하게 되었다. 최근에는 소셜미디어와 같은 디지털 환경에서 학습자가 네트워크를 통해 지식을 습득하고 확장한다는 관점을 강조하는 '연계주의(Connectivism)'도 등장하였다(Siemens, 2005).

전반적으로 교수매체가 다양해지면서, 교수자가 교수매체를 활용하여 일방적으로 학습자를 가르치던 방식(**learning from technology**)에서 이제는 교수자와 학습자가 교수매체와 함께 학습(**learning with technology**)하는 방식으로 변화되고 있다(Howland et al., 2011). 이러한 변화는 학습자 중심의 지식형성을 강조하는 구성주의 및 연계주의 관점의 뒷받침으로 더욱 활성화되고 있다.

4) 교수매체의 기능(Function)

테크놀로지의 발전과 함께 교수매체는 끊임없이 변화하고 있으며, 교수매체의 역할 및 교육적 효과도 더욱 다양해지고 있다. 교수매체가 교수-학습 과정에서 보편적으로 갖는 교육적 기능은 [그림 9-2]에 제시된 바와 같이 크게 (1) 매개적 보조 기능, (2) 정보전달 기능, (3) 교수 기능, (4) 학습경험 구성 기능의 네 가지 측면에서 살펴볼 수 있다(유승우 외, 2013).

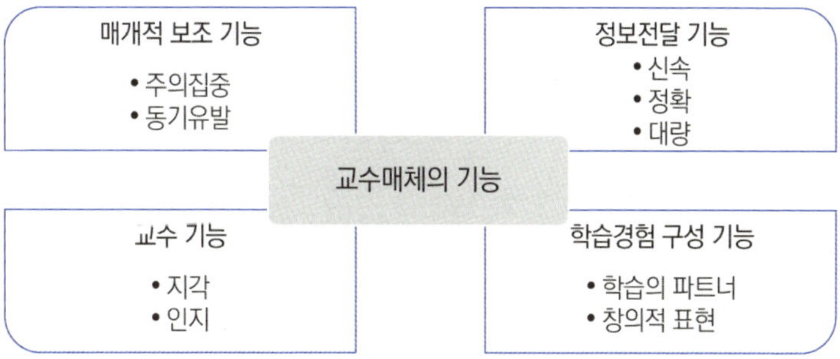

[그림 9-2] 교수매체의 기능

첫째, **매개적 보조 기능**은 교수-학습 상황에서 매체를 활용하여 학습자들의 흥미를 유발하고 주의를 집중시켜, 학습동기를 유발하는 보조적 기능을 의미한다. 예를 들어, 학습자의 흥미 유발을 위해 수업 도입부에 짧은 동영상으로 수업을 시작한다면 동영상이 매개적 보조 기능을 한다고 볼 수 있다.

둘째, **정보전달 기능**은 교수매체를 활용하여 다수의 학습자들에게 정보를 효율적으로 전달하는 것을 의미한다. 교수매체를 활용할 경우 매체의 유형에 따라 정보의 전달 방식이 달라질 수 있다. 전통적 인쇄매체에 비하여 디지털 매체를 활용하면 시간과 장소를 초월하여 다수의 학습자들에게 정보를 신속하고 정확하게 전달할 수 있다.

셋째, **교수 기능**은 교수매체 자체가 교수자의 역할을 수행하는 것을 의미한다. 즉, 매체가 단순히 정보를 전달하는 기능을 넘어서서, 교수자의 역할을 하여 학습자들의 인지적 사고활동을 촉진하는 것이다. 학습자는 교수자 역할을 하는 매체로부터 전달받은 정보를 지각하고, 자신의 인지 구조에 맞게 처리하며 스스로 학습을 하게 된다. 예를 들어, 학습자가 모바일 앱을 활용하여 영어 말하기를 배우는 경우, 모바일 앱이 교수자의 역할을 하므로 교수 기능으로 볼 수 있다.

넷째, **학습경험 구성 기능**은 학습자들이 매체를 활용하여 자신의 경험과 지식을 스스로 구성할 수 있는 것을 의미한다. 이때 매체는 내용을 직접적으로 가르치는 교수자의 역할을 하기보다는 학습과정의 파트너 역할을 한다는 점에서 앞서 설명한 교수 기능과 차이가 있다. 학습자는 다양한 매체를 사용하며 매체 활용 능력을 익힐 수 있을 뿐만 아니라, 자신의 경험과 지식을 창의적으로 표현하여 효과적인 학습이 일어나게 된다.

2 교수매체의 유형과 특성

1) 교수매체의 유형

교수매체라고 하면 주로 컴퓨터와 같은 물리적 자원을 생각하지만, 교수-학습 상황에 관여하는 주체인 교수자, 학습자, 전문가와 같은 인적 자원도 존재한다. 교수매체의 유형을 크게 여섯 가지로 나누어서 살펴보면 다음과 같다(Smaldino et al., 2019)(〈표 9-1〉 참조).

〈표 9-1〉 매체의 6가지 유형 분류

분류	종류 및 예시
Text-텍스트	• 문자와 숫자로 구성된 정보 • 책, 포스터, 칠판, 컴퓨터 화면 등에 표현된 문자나 숫자 정보
Audio-오디오	• 음성, 음악, 기계적 소리, 잡음 등. 녹음이나 현장의 생생한 실제 소리로 전달 • 팟캐스트(Podcast), CD, 연설, 발표
Visuals-시각자료	• 사진, 책에 제시된 그래픽, 만화 • 전자칠판의 그림, 책의 삽화
Video-동영상	• 녹화물, DVD, 애니메이션, 스트리밍 비디오
Manipulative-조작물	• 실물기반: 실물, 모형, 모의실험용 장치 • 가상기반: 컴퓨터 시뮬레이션, 가상현실 조작물
People-인적 요인	• 교사, 학습자, 내용전문가 등

① 텍스트(text) 매체는 교수-학습 상황에서 가장 보편적으로 사용되는 매체로서 숫자와 문자로 구성되는 전달내용을 의미한다. 텍스트 정보는 책, 포스터, 칠판, 컴퓨터 화면이나 모바일 화면과 같은 시각매체에 제시되는 다양한 내용의 표현을 의미한다.

② 오디오(audio) 매체 또한 교수-학습 상황에서 보편적으로 사용되는 매체로서, 사람의 목소리, 음악, 기계음(예: 자동차 소리), 잡음(noise) 등과 같은 청각적 정보를 의미한다. 오디오는 미리 녹음되거나 현장에서 생생한(live) 형태로 전달될 수 있다.

③ 시각자료(visuals) 매체는 효과적인 학습을 촉진하기 위해 사용되는 시각적 정보로서 컴퓨터 화면의 그래픽이나 그림, 사진, 다이어그램, 만화 등이 포함된다.

④ 동영상(video) 매체는 움직임을 보여주고 저장할 수 있는 동적 시청각매체로서 녹화물, DVD, 애니메이션과 영상 등이 포함된다.

⑤ 조작물(manipulatives)은 직접 손으로 조작하고 경험해 볼 수 있는 실물, 모형 또는 가상 기반의 3차원적 매체이다. 실물 기반 조작물에는 실제 물체나, 모형과 모의실험용 장치가 있으며, 가상 기반 조작물에는 학습자가 디지털 형태로 조작할 수 있는 컴퓨터 시뮬레이션이나 가상현실 매체가 포함된다.

⑥ 인적(people) 요인으로 학습자들은 학교에서 교사와 동료학습자들, 또는 온라인 세계에서 만나는 내용전문가들과 같이 다양한 인적 자원을 통해 배우고 협력하여 학습한다.

2) 디지털 교수매체의 특성

21세기에 들어서면서, 디지털 시대에 학습을 촉진 및 지원하는 무수히 많은 디지털매체가 개발 및 활용되고 있다. 테크놀로지의 활용을 통해 학교는 더 이상 교수자 중심의 수업환경과 물리적 학교 건물의 구조, 정해진 시간의 제한을 받지 않게 되었다. 21세기의 교육은 학습자 중심의 참여적, 상호작용적 학습, 시간과 공간을 초월한 연속적인 학습 환경으로 변화되고 있다. 본 섹션에서는 이러한 학습자 중심적, 상호작용적 교수방법을 지원하는 디지털 교수매체의 특성을 (1) 전자칠판, (2) 컴퓨터, (3) 모바일 기기, (4) 3D 프린팅, (5) 증강현실과 가상현실, (6) 클라우드 컴퓨팅, (7) 소셜 미디어를 중심으로 살펴볼 것이다.

(1) 전자칠판

전자칠판은 '인터랙티브 화이트보드(interactive whiteboard, IWB)'라고도 불리며 교수자 판서 위주의 전통적 칠판의 제한점을 극복하기 위해 프로젝터, 인터넷 연결과 상호작용적 기능을 탑재하였다. 교수자는 전자칠판 화면에 전자펜으로 그림을 그리거나 글씨를 쓰는 등 기존의 판서기능을 보다 상호작용적으로 수행할 수 있다. 더불어 칠판의 내용을 그대로 저장, 출력, 전송할 수 있으며, 노트북이나 모바일 기기와 연동하여 화면을 제시하는 미러링(mirroring) 기능도 있다. 교수자는 복잡한 현상을 멀티미디어 자료를 통해 제시하거나, 학생들이 전자칠판에 입력 활동을 하는 등 상호작용적 기능을 통해 전자칠판을 보다 학습자 중심적으로 활용할 수 있다.

(2) 컴퓨터

컴퓨터는 학교 현장에서 가장 보편적이고 활발하게 활용되고 있는 디지털 매체 중 하나이다. 컴퓨터를 활용한 교수-학습 방법에는 대표적으로 컴퓨터 보조 수업, 컴퓨터 관리 수업, 원격교육, 이러닝 등이 있다. 먼저, 컴퓨터 보조 수업(Computer-Assisted Instruction, CAI)은 컴퓨터 기반 수업(Computer-based Instruction, CBI)이라고도 하며, 학습자가 교수자의 중재 없이 컴퓨터에 제시된 내용을 스스로 학습하는 형태를 주로 의미한다. 과거에는 반복학습을 지원하는 프로그램이 많았으나, 최근에는 게임이나 시뮬레이션과 같은 상호작용을 강조하는 프로그램이 증가하고 있다. 다음으로 컴퓨터 관리 수업(Computer-Managed Instruction, CMI)은 교수자가 컴퓨터를 통해 수업에 필요한 수업자료, 학습지도, 학습자들 정보 등을 보관하고 관리하는 것이다. CAI에 비해 교수자의 행정적, 관리적 기능이 보다 강조된 컴퓨터 활용방법이다. 교수자는 CMI를 통해 다수의 학습자의 기록을 디지털 형태로 효과적으로 관리하고 평가에 활용할 수 있다. 원격교육과 이러닝은 뒤에서 구체적으로 살펴볼 것이다.

(3) 모바일 기기

모바일(mobile)은 이동성을 의미하며, 따라서 모바일 기기는 언제나 이동하면서도 휴대 가능한 디지털 기기를 의미한다. 대표적인 모바일 기기에는 스마트폰과 태블릿 PC가 있다. 먼저, 스마트폰은 컴퓨터 기능이 탑재된 휴대용 전화기로서,

용어와 같이 전화기가 다양한 기능을 스마트하게 수행할 수 있다. 전화나 문자와 같은 전통적 기능뿐만 아니라, 이메일, 인터넷 접속, 게임, 블루투스, 카메라, 위성위치확인 시스템(Global Positioning System, GPS)을 제공해 하나의 전화기가 다양한 목적으로 사용되고 있다.

다음으로 태블릿 PC는 터치스크린을 주 입력 장치로 장착한 휴대용 PC이다. 터치스크린은 손가락이나 스타일러스(stylus), 디지털 펜과 같은 도구로 스크린에 직접 글씨를 쓸 수 있다는 특징이 있다. 2010년 4월 미국의 애플(Apple)사가 아이패드(iPad)를, 국내에서는 2010년 10월에 삼성전자에서 갤럭시 탭을 출시하였다. 태블릿 PC는 스마트폰보다 비교적 크기가 큰 화면과 보다 확장된 범위의 하드웨어적 특성을 제공한다. 노트북에는 키보드가 탑재되어 있지만 태블릿 PC에는 가상 키보드가 제공된다.

스마트폰과 태블릿 PC 모두 애플리케이션(application, 일명 "앱")을 설치하여 다양한 프로그램을 확장적으로 활용할 수 있다. 특히 최근에는 교육용 모바일 앱이 많이 개발되고 있어 모바일 기기의 교육적 활용도 및 중요도가 점차 높아지고 있다.

(4) 3D 프린팅

3D 프린터는 실물 하드웨어(hardware)제작을 위한 프린터와 정보통신 테크놀로지가 접목된 새로운 인쇄방법이다. [그림 9-3]과 같이 컴퓨터 소프트웨어를 이용하여 원하는 모양이나 형상을 모델링하여 3차원 물체를 만든 뒤, 이를 3D 프린터를 통해 3차원적 실물로 만들 수 있다. 3D 프린팅의 활용은 크게 '모델링→프린팅→후처리'의 삼 단계로 이루어진다.

첫 번째 단계로, 학습자들은 컴퓨터에 설치된 3D 모델링 프로그램(예: 구글 스케치업, ThinkerCAD)을 활용하여 원하는 모양의 도면을 그린다. 두 번째 단계로, 모델링 과정에서 만들어진 도면에 기반하여 3D 프린터가 인쇄를 시작한다. 주로 모델 단면의 정보를 읽으면서 층을 생성하는 형식으로 인쇄가 되며, 모델의 크기나 복잡성에 따라 몇 시간에서 며칠 정도의 시간이 걸릴 수 있다. 세 번째 단계는 인쇄된 결과물에 마무리 공정으로 추가처리를 하는 것이다. 주로 표면을 다듬거나 색을 칠하거나, 인쇄된 파트들을 조립하여 더 큰 물체를 완성할 수 있다.

3D 모델과 다양한 재료들로 원하는 사물을 즉석에서 만들어낼 수 있는 작업공간을 '**메이커스페이스**(maker space)'라고 부른다. 우리나라에는 3D프린터 외에 다양한 창의적인 디지털 매체들을 과학관, 도서관, 주민센터 등에 설치된 공간에서 활용할 수 있는 '무한상상실'이 곳곳에 개설되었다([그림 9-4] 참조).

교수-학습 현장에서 3D 프린팅을 활용함으로써 학습자들이 갖고 있는 추상적인 지식들을 물리적으로 실체화할 수 있으며 창의적인 교육을 촉진할 수 있다. 특히, 3D 프린팅은 과학기술 기반 융합교육 방법인 STEAM(Science, Technology, Engineering, Arts, & Mathematics) 교육에서 활발히 활용되고 있다.

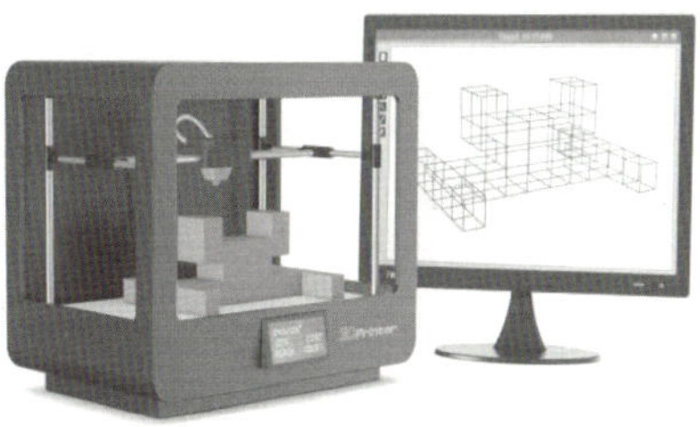

[그림 9-3] 3D 프린터

출처: http://3d.interfo.com/

[그림 9-4] 메이커스페이스

출처: http://makerspace.tistory.com/

(5) 증강현실 및 가상현실(Augmented Reality/Virtual Reality)

증강현실과 가상현실 모두 시각 데이터(서류, 매체, 실제행동)들을 통합하여 어떠한 정보를 실제 현실처럼 느끼도록 해주는 테크놀로지를 의미한다. 먼저, **가상**

현실(VR)은 컴퓨터로 표현된 가상의 환경에서 물체를 조작하거나 경험을 할 수 있는 몰입 테크놀로지이다. 반면 **증강현실**(AR)은 실제 환경에서 가상 사물이나 정보를 합성하여 원래의 환경에 존재하는 사물처럼 보이도록 하는 3차원 컴퓨터 그래픽 기법이다. VR은 완전히 가상세계로만 표현이 되지만, 증강현실은 실제환경 위에 가상환경이 오버레이(overlay)되면서 실제환경을 보완하게 된다. 최근에는 AR과 VR의 융합이 점점 강화되고 있으며 이를 **혼합현실**(MR: mixed reality)이라는 용어로 널리 사용하고 있다.

증강현실과 가상현실 모두 가상세계를 경험하기 위한 하드웨어 장치인 헤드셋(headset)이 필요하다([그림 9-5] 참조). Vive, 오큘러스, 홀로렌즈와 같이 다양한 헤드셋 기기가 있으며, 골판지로 된 구글 카드보드(Cardboard)에 스마트폰을 끼워 저비용의 헤드셋을 만들어 활용할 수도 있다. 학습자들은 증강현실 및 가상현실을 활용한 수업에서 눈으로 관찰할 수 없는 현상을 체험하거나, 가상객체들을 손으로 직접 다루면서 흥미와 몰입감을 느낄 수 있다.

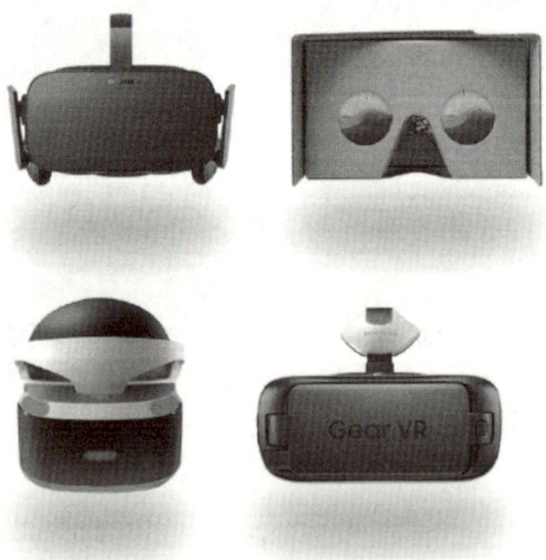

[그림 9-5] 다양한 AR/VR 헤드셋

출처: 박상현 외(2016)

(6) 클라우드 컴퓨팅

인터넷상에서 접할 수 있는 정보가 많아지고, 개인이 소유하고 있는 지식정보량이 많아지면서 웹사이트 접속만으로 문서를 작성하거나 편집하고, 파일을 저장하고 공유할 수 있게 되었다. 이러한 기능들을 웹상에서 실행해주는 매체로 클라우드 컴퓨팅이 있다. 현재 대표적인 클라우드 컴퓨팅 기반 서비스는 Google 드라이브, 마이크로소프트사의 원드라이브, Naver의 MyBox, Dropbox 등이 있다. 간단한 회원가입을 통해 무료 또는 일정 비용을 지불하고 클라우드 용량을 사용하게 되며, 제공되는 용량은 서비스마다 다르다. 클라우드 서비스는 파일의 저장공간만 제공하는 경우도 있지만, Google 드라이브의 경우 Google Docs와 같은 공유문서 기능을 제공하여 웹상에서 여러 사람들이 함께 문서를 작성하고 공유할 수 있다. 교수-학습 상황에서 클라우드 서비스를 통해 학습자는 학습과 관련된 자료들을 인터넷상에서 작성하고 서로 공유하므로 원격에서도 원활하게 협력학습을 할 수 있게 되었다.

(7) 소셜 미디어(Social Media)

웹 2.0의 시대가 오면서 데이터의 소유자나 독점자 없이 누구나 데이터를 생산하고 인터넷상에서 공유할 수 있는 사용자 중심의 인터넷 환경이 만들어졌다. 〈표 9-2〉에 제시된 바와 같이, 과거의 **웹 1.0**은 읽기 중심의 웹이었다면, **웹 2.0**은 사용자가 직접 데이터를 다룰 수 있도록 플랫폼을 통해 직접 정보를 생성하고 쉽게 공유하고 서비스를 받을 수 있도록 만들어져 있다. 사용자가 직접 지식을 생성하는 서비스의 대표적인 예로는 블로그(blog)나 위키피디아(Wikipedia) 등이 있다. 사용자가 지식을 생성한 후에 관리하고 공유하며 상호작용할 수 있는 소셜 미디어 서비스의 대표적인 예로는 유튜브(Youtube), 페이스북(Facebook), 트위터(Twitter) 등이 있다.

〈표 9-2〉 웹 1.0과 웹 2.0의 특성 비교(O'Reilly, 2005 참조)

웹 1.0	웹 2.0
읽기	읽고 쓰기
전문가중심의 지식 (예: 브리태니커사전)	군중의 지식 (예: 위키피디아)
개인홈페이지	블로그
일 : 다수 커뮤니케이션	다수 : 다수 커뮤니케이션 (예: 소셜웹)
디렉토리(taxonomy)	태깅(folksonomy)

교수-학습 상황에서 쌍방향적(two-way) 소셜 미디어 매체를 통해서 학습자들은 다양한 형태의 정보를 제작하거나 공유하며 서로의 지식과 의견을 공유하고 통합할 수 있다. 특히 소셜 미디어는 관심 있는 주제에 따라 형성된 커뮤니티에 기반하는 경우가 많으므로, 관심영역에 대한 최신 정보를 쉽게 획득 및 교환하고 커뮤니티 구성원들과 상호작용하면서 확장된 학습을 할 수 있다.

3) 스마트 러닝

최근에는 앞서 설명된 디지털 매체 중 특히 컴퓨터, 태블릿 PC, 스마트폰 등 스마트 기기를 활용한 학습이 보편화되고 있다. 학습자들은 다양한 스마트 기기를 통해 하나의 학습 커뮤니티를 형성하고, 소셜 미디어에서 정보와 아이디어를 서로 공유하며 상호작용할 수 있다. 이렇게 스마트 기기를 활용하여 일어나는 모든 형식적 또는 비형식적 학습의 형태를 '**스마트 러닝**(Smart Learning)'이라 칭한다. 스마트 러닝에는 스마트폰, 태블릿 PC 등 모바일 기기가 주로 사용되며, 인터넷 접속을 통해 위치기반 서비스와 클라우드 컴퓨팅 등이 적용되어 언제 어디서나 학습이 가능하게 된다. 스마트러닝의 방법들로 원격교육과 이러닝, 모바일 러닝에 대해서 살펴볼 것이다.

(1) 원격교육(Distance Education)

원격교육은 물리적 거리상으로 멀리 떨어져 있는 교수자와 학습자가 인쇄물, 방송, 메일, 오디오와 비디오, 컴퓨터와 같은 전기통신을 통해 의사소통과 교육이 이루어지는 형태를 의미한다. 원격(遠隔)은 의사소통의 과정에서 생기는 공간적 장애요인인 '거리'를 의미하며 이러한 장애요인을 극복하고 효과적인 의사소통을 위한 적절한 '매체'의 활용이 요구된다. 전통적인 원격교육의 형태로는 인쇄매체, 시청각매체를 중심으로 개발 및 운영되었지만, 최근에는 컴퓨터를 중심으로 다양한 디지털 매체들이 융합된 형태로 활용되고 있다. 원격교육 환경에서 학습자는 컴퓨터를 통해 다양한 학습정보 및 자료를 접할 수 있으며, 시간과 공간의 제약을 받지 않고 제공된 강의를 반복적으로 학습할 수 있다는 장점이 있다.

전통적으로 원격교육은 방송통신대학, 방송통신 중·고등학교와 같이 정규 학교교육의 기회가 제한된 학습자들을 대상으로 많이 활용되었다. 최근에는 학교교육에서도 정규수업을 보조하거나 대체하기 위한 목적으로 원격교육 방법을 도입하고 있다. 특히 최근 자연재해나 바이러스 확산(예: COVID-19)과 같은 이유로 학교 등교가 어려운 상황이 생기면서, 이러한 위기상황에서 학생들이 집에서도 학교 정규교육을 지속적으로 받을 수 있는 원격교육의 중요성이 커지고 있다. 효과적인 원격수업을 위해서는 상호작용을 포함하는 것이 중요하며, 상호작용은 크게 (1) 학습자-콘텐츠 상호작용, (2) 학습자-교수자 상호작용, (3) 학습자-학습자 상호작용으로 나누어 생각해 볼 수 있다(Moore, 1989). 원격학습 상황에서 학습자가 콘텐츠를 통해 내용을 학습하는 것뿐만 아니라, 다양한 방식으로 교수자 및 동료 학습자와 상호작용하여 심층적 학습을 하는 것이 학습과정에서 중요하다.

(2) 이러닝(Electronic Learning, e-learning)

이러닝은 원격교육의 대표적인 형태 중 하나이다. 이러닝은 컴퓨터와 각종 정보통신매체가 지원하는 상호작용성을 기반으로, 주로 온라인 학습을 적용하면서도 시간과 장소에 대한 제약을 받지 않는 교수-학습의 형태이다(손은주 외, 2014). 이러닝은 주로 비실시간으로 이루어져 학습자가 언제 어디서나 학습할 수 있지만, 상호작용 및 실재감 증진을 위해 화상비디오 플랫폼(예: Zoom, WebEx, Teams 등)을 활용해 실시간으로 수업을 진행할 수도 있다.

이러닝은 교육적 활용에 따라 크게 세 가지 형태로 분리하여 설명할 수 있다(서미옥, 2015). 첫째는, **보조학습형**이다. 교실에서의 면대면 수업을 통한 교사와 학생의 상호작용이 주된 수업형태지만, 수업과 관련된 보충자료 등을 사이버 공간에 제시하거나, 학습자들과 이메일이나 게시판을 통해 상호작용하는 형태로 학습을 보조하는 역할을 한다. 둘째는, **사이버형**이다. 오프라인에서 수업이 이루어지지 않고, 오직 온라인 학습만이 이루어지는 형태이다. 셋째는, **혼합형**(blended)이다. 혼합형 수업은 말 그대로 오프라인 수업과 온라인 수업이 혼합된 형태를 말한다. 혼합형 학습은 온라인 수업과 오프라인 수업의 단점들을 제외하고, 장점들을 살려 학습의 효과를 극대화한 형태로 볼 수 있다. 학생들이 미리 온라인에서 사전학습을 하고 오프라인 수업에서는 토론과 프로젝트 위주의 고차원적 학습활동이 일어나는 **플립러닝**(flipped learning, 역전학습 또는 거꾸로 학습)도 혼합형 학습의 한 형태로 볼 수 있다.

이러닝은 교수-학습상황에서 여러 가지 형태로 활용되고 있으며, 대표적인 예로는 **대형 온라인공개강좌**(Massive Open Online Courses, **MOOC**)가 있다. MOOC는 대규모 사용자를 대상으로 강좌를 무료로 제공하는 온라인 공개수업이다. 하버드대, MIT, 스탠퍼드대학 등 미국의 명문 대학들의 강의를 온라인 형태로 공개하기 시작한 MOOC는 이러닝의 한 형태로 2012년부터 주목받기 시작했으며, 최근에는 국내대학의 강의를 공개하는 K-MOOC 서비스가 제공되기 시작했다. MOOC는 교육 개방성의 원칙에 기반하고 있으며 누구나 자격제한 없이 등록하고, 온라인 강의식 수업을 통해 관심분야에 대한 이론뿐만 아니라 실습에 대한 강의도 접할 수 있다. 평가 및 시험을 통해 이수를 증명하는 수료증도 발급받을 수 있는 등 여러 가지 면에서 교육의 혁신을 불러일으킨 이러닝의 한 형태이다.

(3) 모바일 러닝(Mobile Learning, m-learning)

모바일 러닝(m-러닝)은 핸드폰, 노트북 등의 이동 기기를 이용해 무선 인터넷으로 학습하는 모바일 통신환경기반학습 방법을 의미한다. 높은 휴대성을 제공하는 모바일 기기의 활용으로 학습자들은 언제, 어디서나 원하는 정보를 얻을 수 있게 되었으며, 정보검색 및 수집을 위해 컴퓨터가 있는 한정된 장소를 이용해야 했던 기존의 한계점을 극복할 수 있게 되었다. 최근에는 누구나 모바일 기기를 소유하고 있기 때문에 컴퓨터에 비해 모바일 기기의 접근성이 더 높아졌다고 볼 수 있다.

일반적으로 앞에서 살펴본 **e-러닝**은 컴퓨터기반 학습을 의미하는 반면, **m-러닝**은 특별히 모바일 기기(스마트폰, 태블릿 PC 등)를 활용하는 학습방식을 의미한다. m-러닝은 e-러닝의 장점인 시간과 공간을 초월한 학습에 '이동성'까지 추가한 유연한 형태의 학습으로 볼 수 있다. 대표적인 모바일 러닝의 도구에는 앞서 디지털 매체에서 설명한 **스마트폰**과 **태블릿 PC**가 있다. 모바일 기기의 교육적 활용은 이동성, 즉시성, 상호작용성, 협력적 환경 구성의 측면에서 장점이 있다. 모바일 기기를 활용하여 시공간을 초월한 학습과 개별화된 학습이 가능하나. 교수-학습 상황에서 학습자들은 스마트폰에서 인터넷 검색을 통해 원하는 정보와 지식을 즉시 얻을 수 있고, 사진 촬영/편집, 음성 녹음, 수업자료 메모 및 여러 가지 애플리케이션을 통하여 학습의 효과성을 높일 수 있다.

모바일 러닝의 핵심은 '**이동성**'에 있다. 즉, 학습자가 공간을 이동하면서도 학습을 할 수 있다는 점이다. 따라서 모바일 러닝이 효과적으로 활용되기 위해서는 이동성의 장점을 살리면서 시공간적으로 확장된 활동을 설계해야 한다. 야외학습에 모바일 기기를 활용하거나 다양한 장소에서 스마트폰으로 데이터를 수집하거나, 교통수단에서 이동하면서도 모바일 앱을 통해 특정 주제를 학습하거나 전자책을 읽는 활동 등은 이동성을 잘 살린 모바일 러닝의 예로 볼 수 있다.

3 교수매체의 선정과 활용

1) ASSURE 모형

다양한 교수매체의 종류와 그 특징에 대해서 아는 것도 중요하지만 이러한 매체를 실제 교수-학습 상황에서 어떻게 효과적으로 선정하고 활용하는지 이해하는 것이 더욱 중요하다. 가장 최신의 매체가 반드시 좋은 것은 아니며 화려한 멀티미디어가 언제나 적합하고 효과적인 교수매체라고 가정할 수도 없다.

적합한 교수매체의 선정과 활용을 돕기 위해 고안된 모형으로는 ASSURE 모형이 있다. Heinich와 그의 동료들(2002)이 제안한 ASSURE 모형은 매체활용 수업설계 과정을 단계적으로 안내한다. [그림 9-6]에 제시된 바와 같이 ASSURE 모형은 (1) 학습자 분석, (2) 목표 진술, (3) 방법, 매체, 자료의 선정, (4) 매체와 자료의 활용, (5) 학습자 참여 유도, (6) 평가와 수정이라는 여섯 단계로 구성되며, 각 단계의 앞 글자들을 조합한 명칭이다.

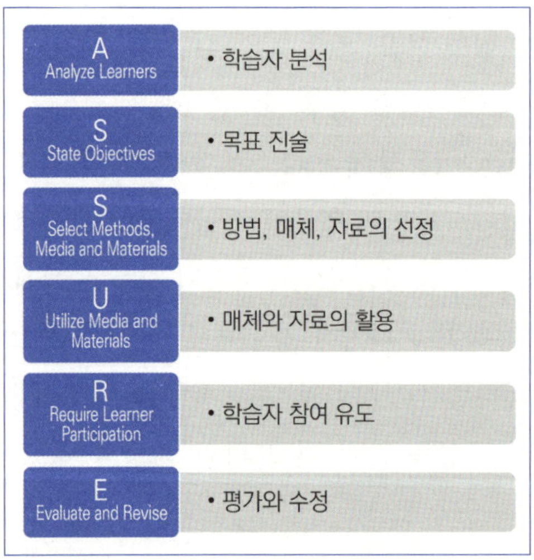

[그림 9-6] ASSURE 모형

교수매체 활용에서 ASSURE 모형의 장점은 교사가 교육현장에서 쉽게 활용할 수 있는 실천적인 모형이라는 점이다. 일반적인 수업모델은 교수분석 과정에서 시작하여 수업의 전 과정에서 일어나는 문제를 종합적으로 다루고 있기 때문에 복잡하고 여러 유형의 전문가가 필요하다. 반면 ASSURE 모형을 사용하면 교사 스스로 교수매체를 효과적으로 활용할 수 있고 더 나아가 학습지도안 작성에도 도움이 된다.

(1) 학습자 분석(Analyze Learners)

학습자의 특성과 교재의 내용 및 제시 방법은 교수매체의 효과에 지대한 영향을 미친다. 그러므로 교수매체 활용 수업을 계획하는 첫 번째 단계는 학습자를 분석하는 일이라 볼 수 있으며 이때 고려할 핵심 영역은 다음과 같다.

- **학습자의 일반적인 특성**: 성, 연령, 인종, 문화와 같은 불변적 특성으로부터 흥미, 태도, 지적 능력, 경제적인 요인 등 변화하는 특성까지 포함해 분석한다.
- **구체적 출발점 능력**: 학습자가 주제에 관해 이미 가지고 있는 선행지식, 선행 필수 능력, 기술(skill), 태도 등을 출발점 검사를 통해서 확인한다.
- **학습양식**: 학습자가 학습내용을 지각, 처리, 반응하는 방식(예: 다중지능, 지각적 선호와 강점, 정보처리 습관, 동기, 심리사회적 요인 등)을 고려하여 학습자의 심리적 특성 및 학습양식을 파악할 필요가 있다.

(2) 목표 진술(State Objectives)

교수매체의 체계적인 활용을 위한 두 번째 단계는 학습자가 학습을 마친 후에 할 수 있는 행동을 진술하는 것이다. 학습목표란 학습자들이 도달해야 하는 목표 지점은 어디이며, 어떠한 새로운 능력을 발휘할 수 있는지를 진술하는 일이다. 구체적으로 목표를 진술하는 데에는 여러 가지 방법이 있지만, 특히 Mager(1962)의 ABCD 교수목표 진술 방법이 많이 적용되고 있다. Mager는 목표를 진술할 때 다음과 같은 네 가지 구성요소를 염두에 두어야 한다고 주장한다.

- **A(Audience) 대상**: 학습자가 누구인지 대상을 분명히 정하기
- **B(Behavior) 행동**: 학습자가 성취해야 하는 것을 관찰 가능한 행동으로 진술하기
- **C(Condition) 조건**: 목표에 도달하는 데 사용되는 자원의 유형 및 행동이 일어나는 상황 제시하기
- **D(Degree) 정도**: 학습자가 목표에 도달했는지의 여부를 나타내는 기준을 제시하기

교사는 작성된 학습목표가 학습의도를 어느 정도 잘 나타냈는가를 평가하기 위해서 〈표 9−3〉과 같은 ABCD 목표 점검표를 사용할 수 있다(Smaldino et al., 2019).

〈표 9-3〉 ABCD 목표 점검표

대상(Audience)	적절한 진술	부적절한 진술	진술 없음
목표가 의도하는 학습자를 명세화하라.	□	□	□
행동(Behavior: 행위 동사)			
수업 후 학습자에게 기대되는 능력을 기술하라. • 학습자 수행으로 진술 • 관찰 가능한 행동으로 진술 • 실세계 기능을 기술(vs 단순한 검사 수행)	□	□	□
조건(Condition: 자료와 환경)			
수행이 제시될 조건을 기술하라. • 학습자가 사용하거나 사용하지 않을 기재, 도구, 보조도구, 참고자료 • 학습자가 수행해야 할 특별한 환경 조건	□	□	□
정도(Degree: 준거)			
수용 가능한 수행의 적용 가능한 표준을 기술하라. • 시간제한 • 정확성의 범위 • 요구된 정확한 반응의 비율 • 질적 표준	□	□	□

(3) 교수방법, 매체, 자료의 선정(Select Methods, Media, and Materials)

일단 학습자가 파악되면 교수자는 학습자의 현재 지식수준, 기능 및 태도 등을 파악하였고, 학습목표가 진술되었으면 도달해야 할 최종 지향점을 파악한 것이기에 교수-학습과정의 처음과 끝이 규명된 것이라고 할 수 있다. 그러므로 교수자는 이제부터 어떤 수업방법을 선정할 것인지, 어떤 매체를 사용할 것인지, 그리고 매체와 교수방법을 실행하기 위하여 어떠한 자료들을 활용할 것인지를 결정해야 한다.

첫째, 교수방법은 학습목표, 학습양식, 학습동기 등을 총체적으로 고려하여 선정해야 한다.

둘째, 교수매체는 아래와 같은 기준을 적용하여 다양한 매체 중 학습목표 달성에 가장 적합하다고 판단되는 매체를 선정해야 한다.

- 학습목표와의 연계성
- 정보의 정확성 및 최신성
- 연령에 적합한 언어의 사용
- 참여 및 흥미유발 정도
- 테크놀로지의 완성도
- 편견 없는(bias-free) 내용
- 사용의 용이성(교수자와 학습자 모두)
- 사용자 가이드와 안내 제공

셋째, 교수자료의 선정방법은 크게 ① 이용 가능한 자료를 활용하기, ② 기존의 자료를 수정하기, ③ 새로운 자료를 제작하기의 세 가지 방법을 고려할 수 있다. 자료를 선정하고 개발하는 것은 많은 시간을 요구하는 복잡한 작업이므로 동료교사와 함께 수행하거나 전문가의 의견을 받는 것이 도움이 된다.

(4) 매체와 자료의 활용(Utilize Media and Materials)

이 단계에서 교사가 교수매체를 활용하기 위한 계획은 다음의 다섯 가지 절차에 따라 이루어진다.

첫째, 교수매체의 효과적인 제시는 사전 검토에서 시작된다. 제시할 자료들을 지정된 장소에서 미리 사용해 봄으로써 매체가 학생들의 수준과 목표에 적합한지를 결정하고, 자료의 상태를 조사할 수 있다.

둘째, 매체를 어떤 순서로 제시할 것인가를 정하고 리허설을 해본다. 수업의 목적과 진행단계에 맞추어 자료의 제시 순서를 결정해야 한다.

셋째, 수업을 전개할 주변 환경을 준비해야 한다. 교수매체를 어디에서 사용하든 학습자들에게 안락한 의자, 적절한 환기, 온도 및 밝기 등이 제공되어야 하며 매체에 따라 암막시설, 충분한 전원 공급 및 다양한 조명 조절장치 등이 요구될 수도 있다.

넷째, 학습자를 사전 준비시킨다. 학습자들의 주의를 집중시키기 위하여 제시할 내용의 소개, 학습할 주제와의 관련성, 또는 사용할 교수매체에 대한 정보나 특별한 용어에 대해 미리 설명해줌으로써 동기 유발을 도모한다.

마지막으로, 학습경험을 제공한다. 교사는 교수매체를 제시할 때 프레젠테이션 기술을 발휘하여 능숙하게 진행해 나가야 한다. 학습자들과 눈 맞춤을 하고 자연스러운 움직임과 편안한 속도로 내용을 전달하는 것이 중요하다.

(5) 학습자 참여의 유도(Require Learner Participation)

학습은 내용의 일방적인 전달로만 이루어지는 것이 아니라 학습자가 학습과정에 능동적으로 참여할 때 더욱 효과적으로 이루어질 수 있다. 따라서 가장 효율적인 학습상황은 학습자가 목표달성을 위해 능동적으로 참여할 수 있도록 학습자가 행동하게 하는 일이다. 구성주의 관점에서 볼 때 학습자의 참여는 능동적으로 지식을 형성하는 중요한 단계이다. 이때 테크놀로지는 학습자들이 배운 내용을 연습하고 적용할 수 있도록 다음과 같은 다양한 방법으로 활용될 수 있다.

- 생산 및 제작의 도구로 활용(예: 문서작성, 포스터 만들기)
- 의사소통의 도구로 활용(예: 온라인 토론, 실시간 화상회의)
- 조사의 도구로 활용(예: 인터넷 자료 검색)
- 문제해결 및 의사결정의 도구로 활용(예: 과학 실험 시뮬레이션, 데이터분석, SimCity)

또한 교수자는 학습자들의 참여에 대한 피드백을 제공해줘야 한다. 피드백은 교사가 직접 해주거나 소집단에서 동료학생들 간에 주고받을 수 있다.

(6) 평가와 수정(Evaluate and Revise)

교수활동이 끝나면 이에 대한 효과를 평가해야 한다. ASSURE 모형의 마지막 단계인 평가와 수정은 더욱 효과적인 수업을 개발하기 위한 가장 중요한 요소이지만, 수업설계 과정에서 자주 무시되는 경향이 있다. 평가는 ASSURE 모형의 마지막 단계이기도 하지만 지속적인 매체활용을 위한 시발점이기도 하다. 교수-학습 과정을 평가하기 위해서 다음 세 가지를 평가해야 한다.

첫째, 학습자의 성취평가이다. 학습자들의 성취평가 방법은 학습목표의 성격에 따라 달라질 수 있다. 비교적 단순한 인지적 기능을 요구한 학습목표의 경우 지필검사 등을 통해서 평가할 수 있다. 그 밖의 학습목표 유형은 자연스러운 맥락에서 학생들이 시연하는 수행기반 평가와 같이 보다 포괄적인 내용을 평가할 수 있는 방법을 사용할 수 있다. 또한 교사가 학생들의 개별 수행을 지속적으로 평가하고자 한다면 포트폴리오 평가방식을 활용할 수 있다. 전통적 포트폴리오는 학생들이 만든 결과물을 바인더와 같이 물리적 공간에 실물로 보관하지만, 전자 포트폴리오(e-portfolio)는 결과물을 디지털 형태로 한곳에 저장하여 보여줄 수 있다(Smaldino et al., 2019).

두 번째 평가되어야 할 사항은 교수매체와 교수방법에 대한 평가이다. 이는 교수-학습 과정에서 사용되었던 교수매체의 효과성과 개선점, 효율성 등을 검토하고, 동일한 교수매체를 재사용할 때 참고하기 위해서도 필요한 항목이다.

세 번째는 교수-학습 과정에 대한 평가이다. 이는 전체적인 관점에서 수업전략이나 전달체제 등의 적절성 여부를 검토하는 과정이며, 교수-학습이 진행되는 동안 수시로 이루어질 수 있다.

평가가 끝났다고 하여 교수활동이 완전히 끝난 것은 아니다. 만약 평가를 통해 어느 영역의 약점과 보완할 영역을 찾았다면 해당 영역의 수업 계획을 수정하여 다음 실행에 반영하여야 한다.

2) 테크놀로지 활용방법

교수매체 및 테크놀로지가 다양해지면서 교사가 테크놀로지 활용 수업을 할 수 있는 기회도 확장되고 있다. 하지만 모든 수업활동에 테크놀로지를 통합할 필요는 없으며, 처음에는 단순한 활동부터 시작하여 점차적으로 통합하는 활동의 범위 및 유형을 증가시켜 나가는 방법이 중요하다. Prensky(2006)는 교실수업에서 교사들의 **테크놀로지 활용 과정**을 크게 (1) 맛보기(dabbling), (2) 기존 활동을 옛날 방법으로 하기, (3) 기존 활동을 새로운 방법으로 시도하기, (4) 새로운 활동을 새로운 방법으로 하기의 네 단계로 설명하고 있다.

1단계 '맛보기'는 교실수업 활동에서 부분적으로 테크놀로지를 임의적으로 추가하여 사용해 보는 것이다. 2단계는 테크놀로지를 기존 활동을 옛날 방식으로 하는 것에 활용하는 것이다. 예를 들면 교사가 기존에 종이로 공유되던 문서를 이메일로 공유한다면 테크놀로지가 사용되었다고 하더라도, 본질적으로 일하는 방식이나 학습하는 방식을 변화시키지 않았으므로 2단계로 볼 수 있다. 더불어 2단계의 테크놀로지 활용은 아직까지 교수자 중심적으로 진행되는 경우가 많다. 3단계는 기존 활동을 새로운 방법으로 시도하는 것이다. 예를 들면, 교사가 화합물의 구조를 설명할 때 칠판에 그리기보다 가상 입체모형을 활용하여 화합물의 구조도를 보여주면서 설명한다거나, 학습자들이 에세이를 작성할 때 공책 등을 활용하기보다 워드프레스(wordpress)와 e-포트폴리오 등과 같은 디지털 제작 매체를 사용하여 작성하는 경우를 의미한다. 이 단계는 매체의 가능성을 최대한으로 활용하면서 학습자 중심의 활동을 제시하는 단계이다. 마지막으로 4단계는 새로운 활동을 새로운 방법으로 시도하는 것으로, 테크놀로지를 최대한 새로운 방식으로 교수-학습 활동에 활용하는 경우를 의미한다. 오늘날에는 많은 교육현장에서 이미 4단계가 적용된 것을 볼 수 있다. 3D 프린터를 활용한 창작수업, 비디오 화상 플랫폼을 이용하여 다른 나라의 학생들과 같이 수업을 하는 것은 테크놀로지가 없이는 불가능한 활동을 가능하게 한 사례로 볼 수 있다.

4 교수자료 제작

앞서 교수자료의 선정방법은 크게 이용 가능한 자료를 활용하는 방법 이외에도 기존의 자료를 수정하거나 새로운 자료를 제작하는 방법도 있음을 언급하였다. 실제로 많은 경우 기존의 자료를 그대로 사용하기보다는 교수자가 자신의 수업 목적과 활동에 적합하도록 수정을 하거나 새로운 자료를 제작해야 하는 경우가 많다. 교수자료 제작 시 교수자는 정보를 시청각적으로 효과적인 방법으로 제시하기 위한 메시지 설계의 기본원칙에 대해 이해하고 적용할 필요가 있다.

1) 교수 메시지 설계의 개념 및 효과

'메시지(message)'는 사람과 사람이 의사소통을 위하여 주고받는 문자, 언어, 몸동작, 소리, 사진, 동영상 등과 같은 각종 시청각 자료에 담겨 있는 정보를 의미한다. 교수-학습 상황에서 '**교수 메시지 설계**(instructional message design)'는 교수자가 설정한 학습내용에 포함된 텍스트, 소리, 동영상, 애니메이션 등과 같은 메시지를 학습환경과 학습자의 특성, 학습내용의 속성, 교수매체의 유형 등을 고려하여 효과적으로 설계하는 과정을 뜻한다. 즉 교수 메시지 설계는 "학습을 위한 조건들을 제시하는 신호(signs)와 기호(symbols)를 사용하거나 이를 위하여 계획을 세우는 과정"이다(Fleming & Levie, 1993).

이러한 교수 메시지를 설계하는 과정은 수업에 필요한 모든 수업자료를 준비하는 과정이므로 수업을 실행하기 전에 이루어진다. 그러나 경우에 따라서는 수업을 실행하는 중에 수업자료를 수정 또는 보완할 수도 있다. 교수-학습 상황에 적절하게 설계한 교수 메시지를 활용할 경우 정보제시 및 이해에 도움을 주어 학습의 효과를 극대화시킬 수 있다. **교수메시지 설계의 주요 효과**를 살펴보면 다음과 같다(김영수 외, 2016).

첫 번째, 학습자의 주의를 집중시킨다. 학습내용에 텍스트로 전달되는 교수 메시지 중에서 상대적으로 중요한 텍스트의 크기와 색, 굵기의 변화 등을 이용하여 다르게 표현하므로 학습자의 주의를 특정한 정보에 집중시킬 수 있는 효과를 얻을 수 있다.

두 번째, 추상적인 아이디어를 구체화할 수 있다. 교수자가 학습내용에 포함된 추상적인 아이디어를 전달할 때 단지 말로 설명하기보다 직접적으로 나타낼 수 있는 모양이나 도형, 그림이나 표를 제시할 때 학습자는 학습내용을 더욱 구체적이고 명료하게 이해할 수 있고, 오래 기억할 수 있게 된다.

세 번째는, 학습자들이 학습내용을 이해하는 시간과 인지적 노력을 절감할 수 있다. 잘 설계된 교수 메시지를 통해 학습자는 중요한 내용에 대한 이해를 빠르고 정확하게 할 수 있으며, 인지적 정보 처리 노력을 절감하므로 인지부하(cognitive load)를 줄일 수 있다.

2) 교수 메시지 설계 원칙

교수자료 제작 시 교사가 중요하게 고려해야 할 교수 메시지 설계의 원칙들은 다음과 같다.

(1) 일관성(Consistency) 원칙

교수자는 교수 메시지를 설계할 때 내용에 알맞은 화면을 선정하여, 같은 디자인을 일관성 있게 사용하는 것이 바람직하다. 물론 내용에 따라 사진이나 그림 또는 영상, 애니메이션을 사용하는 경우 강의 화면 디자인이나 배경색이 달라질 수는 있지만 대체적으로 동일한 화면 디자인과 배경색을 사용하는 것이 좋다. 또한, 이 일관성의 원칙은 마스터 화면 디자인뿐만 아니라 한 화면 내에서의 그림이나 텍스트의 위치에서도 적용이 된다. 따라서 화면 디자인을 할 때에는 사용하는 그림이나 사진의 방향(orientation)을 먼저 고려하는 것이 바람직하다. 또한 사용하는 서체와 서체 크기에서도 일관성을 유지하는 것이 좋다. 예를 들면 제목, 부제목, 본문의 서체 크기는 동일하게 유지하는 것이 좋다. 종합해 보면 일관성의 원칙이 적용되는 경우는 다음과 같다.

- 마스터 화면 디자인
- 배경색
- 화면의 텍스트와 그림의 방향
- 화면의 텍스트와 그림의 위치
- 서체, 서체 색, 서체 크기

이렇게 일관성을 유지하고자 하는 이유는 바로 전달하고자 하는 내용을 명료하게 전하기 위함이다.

(2) 적절성(Relevance)의 원칙

사용하고자 하는 모든 시각 자료나 청각 자료는 내용 및 대상에게 알맞은 것이어야 한다. 학습자의 연령이 낮을 경우 성인들이 이해할 수 있거나 선호하는 그림이나 사진을 사용하는 것은 부적절하며, 또한 성인을 대상으로 할 경우 아동들이 선호할 캐릭터의 사용 역시 부적절하다. 또한 한 화면에 어느 정도의 내용을 담느냐 역시 내용과 대상에 따라 달라진다. 흔히 [그림 9-7]과 같이 한 화면에는 7줄, 한 줄에는 7단어를 쓰라고 권하는 '**Magic 7**' 원칙을 많이 사용한다. 물론 예외 없는 규칙은 없기 때문에 7±2, 즉 5줄에서 9줄까지를 허용한다. 하지만 이 또한 대상에 따라 달라질 수 있다. 어린이나 노인을 대상으로 하는 경우 서체의 크기가 커지므로 한 화면에 담을 수 있는 내용도 줄어들게 된다. 따라서 적절성이란 내용과 대상에 따라 달라질 수 있음을 고려해서 설계해야 한다.

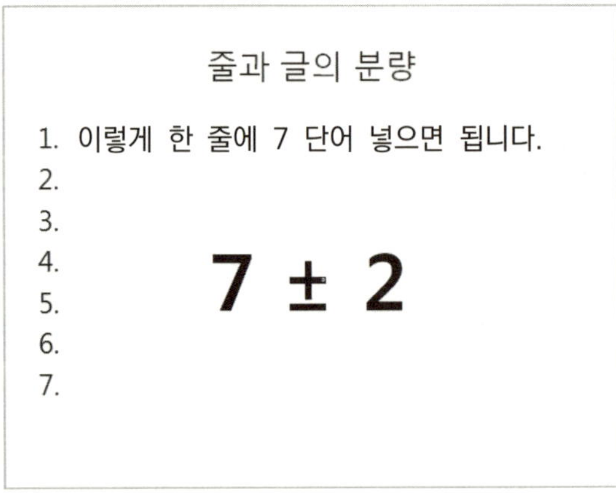

[그림 9-7] 한 화면에 들어가는 내용의 분량

(3) 간결성(Simplicity)의 원칙

한 화면에 제시되는 내용은 간결해야 읽기 쉽고 이해하기 쉽기 때문에 자료를 제작할 때에는 **KISS 원칙**, 즉 'Keep It Simple and Short'를 고려하여야 한다. 즉, 문장은 복문이 아닌 단문으로, 동사는 수동태가 아닌 능동태를 사용하여 될 수 있는 한 간결하게 내용을 제시하여야 한다([그림 9-8] 참조). 번호나 글머리표(bullet points)로 내용을 제시할 경우에도 일단 초안을 작성한 후, 생략되어도 의미를 전달할 수 있다면 그러한 단어나 수식어를 생략하기 위한 검토가 이루어져야 한다.

또한 디지털 프레젠테이션은 인쇄 매체와 달리 화면이 더 추가된다고 해서 추가 비용이 발생하는 것이 아니기 때문에 한 화면에 많은 내용을 담기보다는 여러 화면으로 나누어 간결하게 제시하는 것이 바람직하다. 이러한 간결성은 화면의 텍스트 제시뿐만 아니라 그림이나 이미지 사용, 효과음 사용, 화면 전환 기법 사용에도 적용된다. 화면을 전환할 때 특수 기법이 꼭 필요한 것인지 고려하여 사용하여야 하며, 효과음도 반드시 필요한 경우에만 사용하여야 한다.

[그림 9-8] 간결성의 원칙: 좋은 예(왼쪽)와 좋지 않은 예(오른쪽)

(4) 여백(White Space)의 원칙

여백의 원칙은 간결성의 원칙과도 관련이 있으며, 화면에는 적당한 여백이 있어야 보기 좋고, 또 읽고 이해하기 쉽다. 여백이란 여유와 같은 것이어서 화면에

틈새 없이 텍스트나 그림을 담는 경우 학습자는 보고, 읽고, 이해하려 하기보다는 인지 과부하로 인해 포기하는 현상이 발생할 수 있다. 따라서 화면을 채워야 한다는 생각을 버리고 알맞은 여백을 제공하는 것이 바람직하다.

(5) 조화(Harmony)의 원칙

화면 구성은 조화를 이루어야 하며 이 조화는 심미적인 측면에서의 고려를 의미한다. 조화란 화면의 균형(balance)과 관련되며, 균형은 크기와 배열 그리고 색상에서 비롯된다. 따라서 바탕색의 선정, 서체 유형 및 크기, 그림이나 이미지의 크기, 이들과 관련된 색깔 등을 고려하여 전체적으로 조화가 이루어지도록 하여야 한다.

3) 멀티미디어 자료 설계 원리

최근에는 소프트웨어나 웹기반 플랫폼을 활용하여 애니메이션과 영상과 같은 멀티미디어 자료를 손쉽게 제작할 수 있게 되었다. 멀티미디어 자료는 정보를 시각, 청각 등 다양한 감각을 통해 전달한다는 측면에서 학습에 효과적이다. 하지만 다양한 감각적 정보가 효과적으로 처리되지 못하면, 학습자는 인지정보 처리기관인 작동기억에 부담을 느끼는 인지부하를 경험할 수 있다. 따라서 효과적인 멀티미디어 자료는 학습자의 **인지부하**를 줄이도록 설계되어야 한다.

인지부하는 크게 내재적, 외재적, 본유적 인지부하의 세 가지 유형으로 나뉜다(Sweller, 1994). **내재적** 인지부하는 학습자료나 과제 자체가 가지고 있는 난이도와 복잡도를 의미한다. 즉, 과제가 어려우면 처리해야 하는 정보의 양이 많아지므로 부하가 생기게 된다. **외재적** 인지부하는 소음, 불필요한 시각적 자극과 같이 잘못된 설계로 인해 발생하는 부하를 의미한다. **본유적**(germane) 인지부하는 학습에 필요한 정신적 노력으로 필요하고 좋은 인지부하라고 볼 수 있다.

멀티미디어 자료 설계 시 본유적 인지부하는 최적화하면서 불필요한 부하를 유발하는 외재적 인지부하는 줄여주는 것이 중요하다. 이를 위해 다음 〈표 9-4〉의 12가지 **멀티미디어 설계 원리**를 고려하여 자료를 제작해야 할 것이다. 예를 들어, 중요한 정보에 집중할 수 있도록 신호를 제공하고 관련된 정보는 시간 및 공간적으로 함께 제시하면 불필요한 외재적 인지부하를 감소시켜 학습자가 보다 효과적으로 정보를 처리할 수 있다.

〈표 9-4〉 12가지 멀티미디어 자료 설계 원리(Mayer, 2009)

원칙	설명	인지부하
일관성	불필요한 정보 제거	외재적 인지부하 감소
신호	중요한 정보를 강조하는 신호 제공	
중복회피	동일한 내용을 여러 다른 형태(그림, 내레이션, 텍스트)로 중복해서 제시하지 않음	
공간적 근접성	관련된 글자와 그림을 공간적으로 인접하게 제시	
시간적 근접성	관련된 글자와 그림을 시간적으로 동시에 제시	
분절	학습자가 속도를 조절할 수 있도록 정보를 나누어서 제시	내재적 인지부하 조절
사전훈련	학습내용의 주요 개념 미리 학습	
다중양식	시각양식과 청각양식을 같이 사용. 그림+음성이 그림+문자 정보보다 효과적	
멀티미디어	텍스트만 제시하기보다 그림과 소리를 함께 제시	본유적 인지부하 촉진
개인화	공식적 어투보다 친근한 대화체 사용	
음성	컴퓨터 기계음보다 사람 음성 사용	
이미지	화면에 화자(예: 교수자)의 이미지를 제시하는 것이 꼭 학습에 효과적이지는 않음	

4) 동영상 자료 제작

최근에는 학교교육에서도 유튜브, MOOC, 플립러닝과 같은 온라인 학습이 널리 활용되면서 동영상을 기반으로 한 교수자료의 제작이 중요하게 되었다. 동영상 자료의 제작은 영화를 제작하는 과정에 비유하여 생각할 수 있다. 영화 제작은 (1) 작품을 기획하고 시나리오를 개발하는 사전제작(pre-production) 단계, (2) 배우가 등장하여 촬영이 이루어지는 제작(production) 단계, (3) 촬영 종료 후 편집 및 효과음 등의 추가 작업이 이루어지는 후반제작(post-production)의 세 단계로 이루어진다. 교수학습 자료로 동영상을 제작하고자 할 때에도 이와 같은 세 단계에 따라 진행을 하는 것이 바람직하다. 각 단계에서 고려해야 할 사항들을 간략하게 살펴보면 다음과 같다.

- **사전제작 단계**: 주제를 정하고 동영상에 포함될 내용의 스크립트를 작성한다. 동영상 강의를 제작한다면 스토리보드를 작성하여 순서를 정하거나 파워포인트를 활용하여 동영상에 포함될 강의자료를 사전에 제작한다. 강의자료 제작 시에는 앞서 설명한 교수메시지 및 멀티미디어 설계 원리를 고려하여 간결하고 명확하게 제작한다.
- **제작 단계**: 동영상 촬영을 실시한다. 강의동영상은 전자칠판에 내용을 제시하면서 비디오 촬영을 할 수 있으며, 컴퓨터의 동영상 녹화 프로그램을 이용해서도 손쉽게 촬영을 진행할 수 있다. 충분한 빛이 들어오고 소음이 차단된 곳에서 촬영을 실시한다. 사전 단계에서 제작된 스토리보드 또는 스크립트에 기반해서 체계적으로 촬영을 실시하며, 목소리가 너무 작거나 잡음이 섞이지 않도록 주의한다. 영상의 길이가 긴 경우 나눠서 촬영한 뒤, 편집에서 결합하는 것이 좋다.
- **후반제작 단계**: 촬영된 동영상의 편집을 실시한다. 플립러닝을 위한 동영상이라면 한 강의의 길이가 최대한 10~15분이 넘지 않도록 편집을 한다. 필요한 경우 자막이나 시각적 효과, 배경음을 추가할 수 있다. 편집이 완료된 동영상은 적합한 파일 형태(예: MP4, MOV, WMV)로 인코딩하여 저장한다.

탐구과제

1. 본 장에서는 컴퓨터와 같은 보편적 매체부터 가상현실, 3D 프린터, 소셜 미디어와 같은 최근에 등장한 다양한 매체들이 소개되었습니다. 이러한 다양한 매체들을 자신만의 기준을 가지고 어떻게 교수-학습 상황에 적용 가능한지 분류하는 개념도(concept map)를 작성해봅시다.

2. 본 장에서 소개된 다양한 교수-학습 매체들이 어떻게 '테크놀로지로부터 배우는 학습(learning from technology)'과 '테크놀로지와 함께 배우는 학습(learning with technology)'을 지원할 수 있는지 구체적 학습활동의 예를 각각 하나씩 제시해봅시다.

3. 과거에 개발한 발표 자료를 본 장에서 학습한 교수메시지 설계 원칙에 따라 검토 및 수정해 봅시다. 어떠한 원칙이 가장 적용하기 어려웠는지 동료 학습자와 함께 논의해봅시다.

참고문헌

김영수, 허희옥, 김현진, 계보경, 박연정 (2016). 교수메세지 설계: 교육용 자료 제작 원리. 교육과학사.

손은주, 추성경, 임희수 (2014). 교육방법 및 교육공학. 교육과학사.

Dale, E. (1969). *Audiovisual methods in teaching* (3rd ed.). NY: Holt, Reinhart and Winston.

Fleming, M. & Levi, W. (1993). *Instructional message design: Principles for the cognitive and behavioral science*. Education Technology Publications.

Heinich, R., Molenda, M., Russell, J. & Smaldino, S. (2002). *Instructional media and the new technologies for learning*. Upper Saddle River, NJ: Pearson.

Howland, J. L., Jonassen, D. H., & Marra, R. M. (2011). *Meaningful learning with technology (4th Ed)*. Pearson.

Mager, R. F. (1962). *Preparing instructional objectives*. Belmont, CA: Fearon Publishers.

Moore, M. G. (1989). Editorial: Three types of interaction. *American Journal of Distance Education, 3*(2), 1-7.

O'Reilly, T. (2005). *What is web 2.0-Design patterns and business models for the next generation of software*. http://oreilly.com/web2/archive/what-is-web-20.html.

Prensky, M. (2006). Adopt and adapt: 21st century schools need 21st century technology. *Eduptopia,* 43-45.

Siemens, G. (2005). Connectivism: A learning theory for the digital age. *International Journal of Instructional Technology and Distance Learning, 2*(1).

Smaldino, S. E., Lowther, D. L., & Mims, C. (2019). *Instructional technology and media for learning (12th Ed).* Pearson.

Sweller, J. (1994). Cognitive load theory, learning difficulty, and instructional design. *Learning and Instruction, 4*(4), 295-312.

제 10 장

수업의 실행

이화 중학교에서 근무하고 있는 이화인 선생님은 중요한 프레젠테이션을 앞두고 있습니다. 코로나 19로 인해 급작스럽게 수업의 형태가 온라인으로 전환된 후 같은 학교에 근무하는 선생님들이 많은 혼란을 겪고 어려움을 호소하고 있는 상황에서, 평소 혁신적인 수업 방법과 테크놀로지를 수업에 적용하는 데 관심이 많았던 이화인 선생님을 눈여겨본 교장 선생님이 이화인 선생님께 동료 선생님들을 위한 온라인 티칭 워크숍 프레젠테이션을 부탁한 것입니다. 본인의 수업을 준비하면서는 걱정이 없었던 이화인 선생님은 막상 다른 동료 선생님들을 대상으로 프레젠테이션을 준비하려니 걱정이 이만저만이 아닙니다. 게다가 코로나 19 상황으로 인해 이화인 선생님은 전체 프레젠테이션은 줌(Zoom)을 이용해 실시간 비대면 프레젠테이션으로 진행하고, 수차례 일정을 나누어서 소그룹으로 대면참여형 워크숍을 진행해야 하는 상황입니다. 또한 실시간으로 참석하지 못하는 동료들과 워크숍 내용을 계속 이용하고 싶어 하는 교장선생님의 요청으로, 학교에서 사용 중인 학습관리 시스템을 이용해서 워크숍 내용을 가지고 미니 코스를 만들어야 합니다. 이화인 선생님은 본인의 온라인 수업에서도 학생들이 종종 집중을 잘 못하고 참여도가 떨어지는 상황을 겪었던 경험을 생각해내고 걱정이 되기 시작했습니다. 동료 선생님들이 지루해하면 어떻게 할지, 몰입도를 증가시키려면 어떤 전략을 써야 할지, 온라인 수업과 혼합형 수업에는 어떻게 다른 전략을 써야 할지 하나부터 열까지 걱정이 되었습니다.

학습목표

10.1. 학습자는 효과적인 프레젠테이션을 위한 요소들을 기술할 수 있다.

10.2. 학습자는 효과적인 수업 실행을 위한 학습 촉진 원리를 설명할 수 있다.

10.3. 학습자는 온라인 수업과 혼합형 수업에 맞는 수업 전략을 설명하고, 선택하여 적용할 수 있다.

1 효과적인 프레젠테이션

프레젠테이션(presentation)은 세미나나 학회에서의 발표, 기업에서의 세일즈나 마케팅, 업무 보고, 교수-학습 상황에서 교수자의 강의 및 학습자들의 발표 등 다양한 상황에서 이루어지고 있다. 어떤 상황에서 이루어지든지 프레젠테이션은 효과적으로 전달되어야 한다는 공통의 목적이 있으나, 대부분의 발표자가 프레젠테이션을 두려워하기 때문에 이에 대한 학습이 필요하다.

여기서는 주로 교수-학습 상황에서의 프레젠테이션을 중점적으로 다루고자 한다. 교수-학습 상황에서의 프레젠테이션이란 교수자가 정보를 학습자에게 효과적으로 전달하여 학습자로 하여금 받아들인 정보가 내면화 과정을 거쳐 지식 창출로 이어질 수 있도록 하는 것이다. 이러한 프레젠테이션 과정에서 교수자는 학습자의 동기를 유발함과 동시에 유발된 동기가 유지되도록 하여야 한다.

프레젠테이션은 구성(structure), 발표자(presenter), 프레젠테이션 자체(presentation itself)로 평가가 된다(한정선, 2005). 똑같은 주제이지만 교수자에 따라 내용 구성은 달라질 수 있으며, 발표자의 언어와 비언어 커뮤니케이션 스킬에 따라 똑같은 내용 구성도 달리 전달될 수 있다. 그리고 이러한 프레젠테이션 요소들이 총체적으로 전달되는 과정에서 많은 차이를 가져올 수 있다. 효과적인 프레젠테이션을 판단하는 기준에는 사용되는 프레젠테이션 자료도 포함되므로 내용 구성, 발표자로서의 나 자신, 프레젠테이션 자료 등에 신경을 써야 한다. 최근에는 디지털 프레젠테이션 소프트웨어를 많이 사용하며 이러한 소프트웨어가 내용 구성에도 영향을 미치기 때문에 먼저 프레젠테이션 소프트웨어를 살펴보기로 한다.

1) 디지털 프레젠테이션 소프트웨어

디지털 프레젠테이션을 위해 사용되는 소프트웨어로는 대표적으로 마이크로소프트사의 파워포인트(Microsoft PowerPoint), 구글 독스(Google Docs)의 구글 슬라이드(Google Slides), 프레지(Prezi), 애플사의 키노트(Apple Keynote) 등이 있다. 현재 우리나라의 교육현장에서는 파워포인트가 주로 사용되고 있으며, 클라우드 컴퓨팅의 보편화로 구글 Suite의 보급이 학교뿐만 아니라 기업에까지 확대되면서 구글 슬라이드의 이용 역시 큰 폭으로 증가하였다. 또한 애플의 iPad나 대화면 iPhone 사용자들 사이에서 애플의 독자적인 소프트웨어인 키노트가 사용되는 경우도 종종 발견할 수 있다. 어떠한 소프트웨어이든 간에 효과적으로 활용하기 위해서는 먼저 사용법을 익혀야 한다. 그러나 사용법을 익혔다고 해서 누구나 효과적인 프레젠테이션을 할 수 있는 것은 아니며 프레젠테이션 스킬이 중요하다.

2) 프레젠테이션 스킬

교수자는 교실에서 프레젠테이션을 하기에 앞서 효과적인 프레젠테이션 스킬을 익힐 필요가 있다. 여기에서는 프레젠테이션의 핵심 스킬을 4가지로 설명하고자 한다(이미자 외, 2011).

(1) 계획하기

- 학습자를 분석하라. 교수자가 제시하려고 하는 주제와 내용과 관련하여 학습자들의 배경과 선수지식, 요구와 가치관 등을 분석한다.
- 학습목표를 명세화하라. 학습자들이 도달할 학습목표는 무엇이고, 제시하는 데 얼마나 걸리는지 파악한 후, 학습목표와 내용을 계획한 시간 내에 전달할 수 있도록 제한한다.
- 가르칠 핵심을 확인하라. 학습 지도안에 근거하여 무엇을 가르칠 것인가 기획을 마친 다음에는 구체적인 내용 구성을 한다. 소프트웨어를 이용하여 직접 내용을 구성할 수도 있으나 소프트웨어 사용에 숙달되지 않은 경우 시간 낭비

가 될 수도 있기에 메모지나 포스트잇 노트(post-it notes)를 사용하여 내용 구성을 한다. 먼저 각 화면에 담길 내용을 메모지나 포스트잇 노트에 제목과 간단한 내용을 함께 적어 나열한 후 점검한다. 순서를 바꿀 수도 있고 필요한 내용을 보충할 수 있다. 또한 중복되는 내용을 삭제할 수 있으며 반복되는 내용을 하나로 묶을 수도 있다(한정선, 2005).

- 논리적 순서로 프레젠테이션을 조직하라. 내용을 조직적으로 구성한 다음 사용할 소프트웨어를 실행한 후 '개요(outline)'를 선택하여 작성한 내용을 입력한다. 물론 '개요'를 작성하면서 또는 작성한 후에 내용의 순서를 변경하거나 새로운 내용을 삽입하거나, 일부 내용을 삭제할 수 있다.

(2) 연습하기

- 사전에 반드시 예행연습(rehearsal)을 해보라. 예행연습을 할 때에는 ① 화면에 제시된 텍스트와 이미지가 선명하여 읽고 보기 쉬운지 검토하고, ② 틀린 철자나 오다가 있는지 점검하며, ③ 논리적으로 내용이 전개되고 있는지 검토해야 한다. 만일 어색한 어투나 그림이 있다면 수정한다.
- 핵심 구성내용들을 복습하기 위해 머릿속으로 전체 제시 내용을 순서적으로 그려보라.
- 프레젠테이션할 교실이나 유사한 장소에서 일어서서 연습하거나 학습자들이 할 수 있는 예상 질문을 미리 생각해, 질문의 대답을 연습해 보라.

(3) 제시 환경 준비하기

- 사전 연습을 마친 후 수업 환경을 체크하고, 수업에 필요한 기자재가 제대로 준비되어 있고, 작동되고 있는지 체크하라.
- 컴퓨터 혹은 비디오 프로젝터를 작동시켜 교실 앞면 중앙에 스크린을 준비하라.

(4) 제시하기

- **전달**: 학습자들의 주의를 집중시키기 위해 일어서서 프레젠테이션하라. 학습자들과 시선을 맞추어 학습자들이 교수자의 얼굴 표정을 볼 수 있도록 한다. 화이트보드로 제시할 경우, 판서를 한 후에 말하는 것이 좋다. 계속해서 학습자들의 주의를 이끌기 위해서, 말하는 동안에 움직임과 몸의 제스처를 다양하게 취한다. 제시하는 동안에 한곳에만 서서 제스처를 하지 않을 경우 학습자들이 오래 집중할 수 없게 된다.
- **목소리**: 프레젠테이션을 제시하는 동안에 텍스트를 전부 읽지 말고, 필요시 학습자들에게 복사해서 나눠주어 읽게 하라. 학습자가 프레젠테이션을 잘 이해하고 따라올 수 있도록 적당한 속도를 유지하고, 교실 끝까지 모든 학생들에게 들릴 수 있도록 충분히 크고 분명하게 말한다. 목소리는 자연스러운 대화체를 사용해야 학습자와 친밀한 관계를 형성할 수 있다. 핵심내용을 제시한 후에 3초 동안 멈추는 것도 내용을 강조하는 좋은 방법 중 하나이다.
- **시선 맞추기**: 학습자와 시선을 맞추어 프레젠테이션하라. 학습자와 시선을 맞추는 것을 통해 제시하는 프레젠테이션을 1:1 대화처럼 만들 수 있다. 학습자의 주의를 집중시키기 위해서 학습자와 최대한 3초 동안 눈을 맞추는 것이 좋다. 반면, 벽이나 스크린을 계속 쳐다보거나, 오랫동안 주목하는 것은 지양해야 한다.
- **불안**: 프레젠테이션에 앞서 충분한 계획과 준비를 하라. 적절한 계획과 준비는 불안을 경감시켜 준다. 그럼에도 불구하고 불안함이 지속된다면, 천천히 심호흡을 하며 학습내용을 제시할 때 불안의 에너지를 적극적으로 이용하라.

또한 흥미롭고 효과적인 프레젠테이션을 위해서는 일종의 충격(surprise) 요법이 필요하다. 학습자들이 다음에 전개될 내용을 미리 예측 가능한 제시는 학습자들의 흥미를 저하시키고, 학습동기를 유지하기 힘들다. 따라서 학생들이 예측하지 못하는 이미지의 제시, 궁금증을 자아내는 이미지나 짤막한 질문의 제시는 학습자들의 흥미를 유발할 수 있다. 또한 교사가 모든 자료를 제작하기보다는 학습자들이 참여하여 함께 자료를 제작할 수도 있다. 이러한 방식은 학습자들의 그림이나 작품, 또는 글을 자료에 삽입하여 사용하는 것이므로, 학습자들의 참여 의식을 강화할 수 있다. 마지막으로 효과적인 프레젠테이션을 위해 가장 중요한 것은, 화면의 나열이 아니라 '이야기(storytelling)'가 담겨 있어야 한다는 점이다. 다시 말해서 화면과 다음 화면이 끊임없이 이야기로 이어져야 하며, 멀티미디어 자료는 이야기를 흥미롭게 이끄는 도우미의 역할을 할 뿐이다. 따라서 멀티미디어 자료 자체는 이야기도 아니며 프레젠테이션도 아니다. 프레젠테이션은 사람, 즉 교사에 의해서 수행되는 것이므로 이러한 이유에서 교사는 재미있는 이야기꾼이어야 한다.

2 수업운영과 마이크로 티칭

수업은 교실에서 이루어지는 교수-학습 활동으로 교사는 강의와 학습을 촉진하고, 학습자는 교재를 포함한 다양한 학습 자료를 활용하여 학습활동을 하면서 지식을 창출하고 구성해 나가는 과정이라 할 수 있다. 이처럼 수업의 효과성은 학습자와 교사가 함께 만들어가는 것으로 학습자의 사전지식에 해당하는 학습준비 정도와 수업내용에 대한 관심이나 흥미에 해당하는 동기 수준, 교재와 수업자료의 매력성과 적절성, 교사의 학습내용 전달 능력과 학습촉진 활동의 효과성에 따라 달라질 수 있다. 학습자와 수업자료에 관한 내용은 앞 장에서 다루었고, 교사의 강의능력과 관련된 효과적 프레젠테이션 방법도 바로 앞 절에서 다루었으므로, 본 절에서는 교사의 학습촉진 활동에 초점을 맞추어 수업운영의 효과성을 살펴보고자 한다.

1) 학습촉진 활동의 원리

교실수업에서 교사는 일방적으로 강의를 진행하기도 하지만, 대부분의 경우 학습자와 상호작용을 하는 데 많은 노력과 시간을 소요하게 된다. 이에 교사는 효과적인 수업운영을 위해 학습자의 요구를 파악하고 동기를 유발하여 학습자가 학습활동에 능동적으로 참여할 수 있도록 독려해야 하고, 더 나아가 학습에 몰입하도록 도와주는 학습촉진자가 되어야 한다. 교사가 학습을 촉진하여 학습자를 몰입상태로 유도하기 위해서는 효과적인 교수설계와 더불어, 수업의 도입, 전개, 정리를 효과적으로 계획하고 실행하는 수업운영 기술이 뒷받침되어야 한다. 학습촉진과 관련된 연구결과에 따르면, [그림 10-1]과 같이 학습과정에서 학습자의 인지, 감성, 사회 측면을 균형 있게 촉진하며 안내하는 교사는 학습자들이 학습에 몰입하고 있다고 스스로 인식하는 학습실재감을 높여 주어, 학습자 개인에게 의미 있는 학습 성과를 창출하도록 도와준다(김지심, 강명희, 2010; Garrison, Anderson & Archer, 2000). 따라서 본 항에서는 학습자의 인지, 감성, 사회 영역의 촉진을

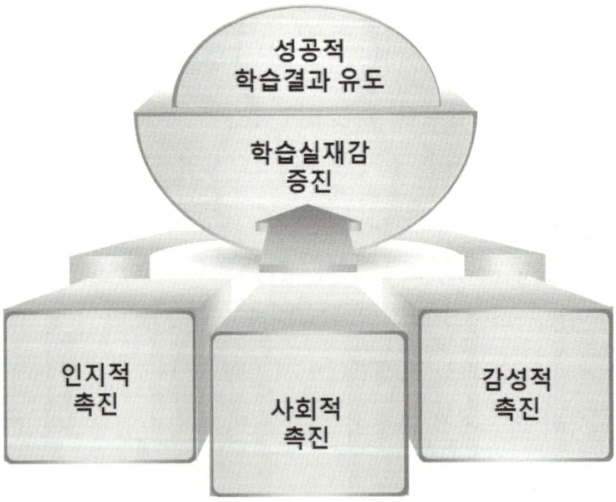

[그림 10-1] 교사의 수업운영 전략과 학습결과의 관계

위해 교사가 알아야 할 학습촉진 활동의 원리가 무엇인지를 간략히 살펴보도록 한다(Wang & Kang, 2005).

(1) 인지 영역 촉진을 위한 원리

학습자의 인지 영역 촉진을 위해 교사는 내용전문가, 학습자원 제공자, 학습과정에 대한 피드백 제공자, 학습평가자로서 다양한 역할을 수행하여야 한다(Freeman, 1997). 즉, 교사는 코치로서, 학습자들의 현 수준을 파악하고 학습자들이 추가로 습득하여야 할 인지역량을 배양하기 위하여 무엇을 알아야 할 필요가 있는지, 무엇을 경험할 필요가 있는지 알려주고 안내해주는 역할을 수행해야 한다(Harris, 1980). 더 나아가 학습자들에게 학습목표를 상기시키고, 학습자들로 하여금 과거의 학습과정을 스스로 평가해 보도록 하면서 동시에 앞으로 학습을 더욱 향상시켜 나가도록 설명과 평가를 통한 도움도 제공해 주어야 한다(Harris, 1980).

교사는 또한 학습자에게 수업자료를 제공하고, 학습자의 질문에 즉각적으로 답변하며(Davie, 1989), 학습목표 달성을 위해 오리엔테이션을 실시하고, 학습에 필요한 각종 자원도 제공해야 한다. 또한 내용을 요약·정리하거나, 학습자가 뒤처질 때 참여를 독려하고, 더욱 활발한 참여를 위해 학습자를 촉진해야 한다(Berge, 1995; Paulsen, 1995). 이와 같이 교사는 지식의 전달자, 안내자, 학습 촉진자의 역할을 수행해야 하며, 구체적으로는 학습내용 및 학습자원을 제공해야 한다. 또한, 학습과정에서 지속적으로 학습자의 동기를 유발하며, 학습자를 관찰하고 학습에 대한 상담과 평가업무까지 수행해야 한다.

(2) 감성 영역 촉진을 위한 원리

교사와 학습자의 친밀한 관계 형성은 학습의 성공을 위한 필수조건이라 할 수 있다(권성호, 2001; Feldman & Theiss, 1982). 따라서 교사는 학습자가 수업환경에 적응할 수 있도록 인지적으로 지원해줌과 동시에 학습자가 정서적으로도 학습 환경에서 친숙함을 형성할 수 있도록 도와주어야 한다(Salmon, 2000). 이를 위해 교사는 상담자로서 학생들을 인격적으로 대하고(Harris, 1980), 어려운 개인 문제도 함께 의논할 수 있도록 격려하고(Freeman, 1997), 학습 진행이 느린 학습자라 할지라도 인내심을 가지고 친밀한 관계를 형성해 나갈 수 있어야 한다. 이를 위해 개별 메시지를 사용하여 학습자를 격려해 주는 것은 교사와의 공감 형성을 위한 좋은 예가 될 수 있다(Paulsen, 1995). 또한 교사는 학습자가 학습에서 공헌한 바를 구체적으로 언급해 줌으로써 자신감을 심어줄 수 있으며(Davie, 1989), 학습자가 적극적인 자세로 수업에 참여할 수 있도록 편안한 분위기를 조성할 수 있어야 한다(Salmon, 2000). 더 나아가 교사 스스로 수업에 대한 열정을 갖고, 학습자의 가능성을 인정하는 태도를 보일 때, 학습자들은 해당 교사에게 긍정적인 반응을 보이는 경향이 있으며, 이를 바탕으로 높은 학업 성취를 기대해 볼 수 있다(Feldman & Theiss, 1982).

(3) 사회 영역 촉진을 위한 원리

교사는 수업 상황에서 친근한 분위기를 조성함으로써 인간관계를 도모하고, 학급의 단결력을 형성하여, 함께 활동하는 학습공동체로 성장할 수 있도록 지원해야 한다(Berge, 1995). 이를 위해 교사는 학습자들의 특성을 인지하고, 학습 시작 전에 학습자들이 서로 알아가고 친해질 수 있는 상황도 마련해주어야 한다. 학습 진행 과정에서도 학습자들에게 서로에 대한 유대감과 공동체 의식(sense of community)을 함양할 수 있도록 협력적 활동을 강조할 필요가 있다. 그 이유는 학습자들이 다른 학생들과 함께 학습하고 활동하며, 서로의 의견을 존중하고 수용하는 과정을 통해 다른 의견을 가진 동료와 타협하는 방법을 익힐 수 있고, 자신의 의견을 명확하게 표현하는 방법 등을 습득할 수 있기 때문이다(강옥미, 2001; 정문성, 2006). 따라서 모둠학습을 비롯한 교수-학습 운영 과정에서 서로의 관계를 건강하게 이끌어갈 수 있도록 촉진하는 교사의 처방이 뒤따른다면, 학습자 간에 상호작용이 더욱 자연스럽고 활발해질 수 있을 것이다(권성호, 2001; Paulsen, 1995). 최근 지식기반 사회에서 협력이 중요한 화두로 등장하고 있고, 우리 사회가 점차 다문화 사회로 발전하고 있다는 현실을 고려해 볼 때, '다른 사람과 더불어 살아갈 수 있는 능력'인 사회 영역의 촉진은 향후에도 간과할 수 없는 교사의 주요 업무가 될 것이다.

2) 학습촉진 활동의 팁(Tip)

학습실재감을 높여주기 위한 일반적인 원리 외에도 효과적인 수업운영을 위해 교사가 알아야 할 몇 가지 팁은 다음과 같다. 교사는 먼저 학생들이 선호하는 수업이 어떠한 것인지에 대해 다음과 같은 특성을 이해하고 있어야 한다.

첫째, 지난 시간에 배운 내용을 회상하고 복습하면서 오늘 수업내용과의 연결점을 보여주는 수업이다.

둘째, 매 수업마다 해당 수업의 목적이 무엇이고, 이 수업을 통해 학습자는 무엇을 얻게 되는지를 구체적으로 알려주는 수업이다.

셋째, 수업 외 시간에 학습자 스스로 배우고, 수업 시간에는 그 경험을 공유하면서 자신이 배운 원리가 맞는지, 또는 수정해야 하는지를 알 수 있도록 점검해보는 수업이다.

넷째, 수업내용은 실생활과 밀접한 관련을 가지고 있으며, 더 나아가 알기 쉬운 예를 들어 설명해주는 수업이다.

다섯째, 학생들이 능동적인 참여를 할 수 있도록 설계된 수업이다.

여섯째, 학생과 선생님의 원활한 쌍방향 의사소통을 통해 함께 만들어 나가는 수업이다.

이 같은 효과적 수업을 운영하기 위한 팁은 현장교사들에게서 나온 것이고, 이는 학습자의 수업 참여를 높일 수 있는 주요한 방법으로 사용될 수 있다. 이와 같은 수업을 위해 교사는 수업시간 2~3분 전 교실에 미리 도착하여 학습자와 친밀감과 유대감을 형성하고, 수업의 원활한 도입을 위하여 유머를 적극 활용하여 재미있는 질문을 제공하거나 시청각자료 또는 군중심리를 활용하여 학생들의 주의를 집중시킬 수 있어야 한다. 수업 전개에서는 적절한 질문과 협동학습의 촉진 등 다양한 전략을 통해 학습자의 몰입을 유도할 수 있어야 한다. 예를 들면, 하나의 질문에 다양한 답이 가능하도록 하거나, 학생들이 스스로 질문을 만들어보게 하는 방법을 활용할 수 있다. 그리고 교사는 질문을 한 후에 학생들이 대답할 수 있도록 잠시 기다려주는 여유도 필요하다. 한편 협동학습으로 수업을 진행할 경우에는 각 모둠의 구성원 모두가 협력활동에 적극 참여하도록 각각의 역할을 부여하고, 협력학습에서 요구되는 즉각적인 목표, 중간목표, 장기적인 목표를 분명히 세워 학습자들이 무엇을 어떻게 해야 하는지 명료하게 지원해 주어야 한다.

마지막으로, 수업 종료 약 5분 전쯤 정리 단계에서는 다음 시간에 배울 내용과 관련되는 자료를 소개해주어 학습자의 다음 시간에 대한 기대감을 높이고, 집중력을 끝까지 유지할 수 있도록 지원한다. 아울러 학습한 내용에 대해 개념도를 그리게 하거나, 학습한 내용을 자신의 말로 바꾸어 짝이나 모둠에게 설명해 보도록 하는 정교화 전략을 통해 배운 내용을 오래 기억하도록 할 수 있으며, 학습한 내용이 실생활에 활용되는 사례를 찾아보도록 하는 과제를 제시함으로써 전이를 촉진할 수도 있을 것이다. 이와 같이 진행된 교사의 수업 실행에 대한 효과성의 측정은 다음 〈표 10-1〉과 같은 항목을 활용하여 점검해 볼 수 있다.

〈표 10-1〉 수업참관 평가표

영역	요소	참관 내용
수업 설계	학습지도안	학습목표가 목표수준에 맞게 제시되었나?
		학습내용은 목표달성을 위하여 선정 및 재구성되었나?
		교수-학습 활동이 학습유형에 알맞게 구성되어 있는가?

영역	요소	참관 내용
교수 학습 활동	교수활동	학습동기를 적절히 유발하여 학습의욕을 촉진하는가?
		교수 활동 단계는 유기적으로 진행되고 있는가?
		학생 수준에 따른 개별 학습을 촉진하는가?
		교과 및 학습목표에 적합한 교수방법을 활용하는가?
		자기주도적 학습을 촉진하는가?
		발문의 유형은 다양하며 학습자의 사고를 자극하는가?
		사전 계획된 과정이 착실하게 진행되고 있는가?
	학습활동	학습준비 및 학습결과의 정리는 충실한가?
		뚜렷한 목표의식을 가지고 능동적으로 학습에 참여하는가?
		학습자 상호 간에 의견교환이나 협력이 이루어지는가?
		사고력과 문제해결력, 창의력 신장을 위한 학습으로 진행되는가?
		탐구적 접근을 통한 학습활동을 전개하고 있는가?
평가 활동	수행평가	수행평가가 효과적인 방법으로 이루어지는가?
		평가 결과를 학습활동에 환류하고 있는가?
		질적인 평가가 이루어지고 있는가?
		차시 학습을 위한 적절한 과제를 부여하는가?
학습 자료	자료의 적절성	학습지도에 유용한 자료가 충분히 준비되었는가?
		학습활동에 따라 적시에 제시 / 활용되는가?
		학습자 중심의 자료를 제시하고 있는가?

3) 마이크로 티칭(Micro Teaching)

(1) 마이크로 티칭의 개요 및 특징

수업을 효과적으로 진행하는 법이나 새로운 교수법, 수업의 기술 등을 체화할 수 있는 전략으로 마이크로 티칭(micro teaching)을 들 수 있다. 마이크로 티칭은 이미 1960년대 초 미국 스탠퍼드 대학교에서 교사교육 프로그램에 속한 사범대

학생들의 언어적, 비언어적 스피치 및 일반적인 수행 능력을 증진하기 위한 수업 훈련으로 개발되었다.

일반적으로 사범대 학생들은 교사가 되기 전 교생실습(한국), practicum(미국)의 형태로 실제 학교 상황에서 자연스럽게 일어나는 상황들과 상호작용하며 교사의 역할을 관찰하고 경험해보는 단계를 의무적으로 요구하고 있다. 하지만 이런 교생실습이나 프랙티컴 같은 전략은 초보 교사지망생들로 하여금 수업 역량이 갖추어졌는지 증명하는 단계 없이 실제 학생과 함께하는 학교생활 속에 던져지고, 종종 피드백을 제때 받지 못하는 경우도 생기며, 모든 학생들에게 비슷한 경험을 제공할 수 없다는 점에서 한계점을 드러내고 있다. 즉, 준비되지 않은 학생들이 교생실습을 나갔을 때 본인의 학습 경험뿐만 아니라 대상 학교와 학생들에게 부정적인 영향을 미칠 수 있고, 학교별로 다양한 상황, 교생에 대한 지원, 멘토 선생님들의 협조 정도, 학생들의 구성 및 성향 등에 따라 교생 실습을 나간 학생들의 경험이 천차만별로 다를 수 있다는 것이다.

마이크로 티칭은 이런 교생실습만의 단점을 보완하기 위해 교사교육 프로그램에서 광범위하게 이용되고 있는 방법이다. **마이크로 티칭**은 실제 수업에 비해 압축된 시간과 학생 수, 학습목표, 학습활동 등을 통제된 상황 안에서 실습하고 훈련하는 방식을 의미한다. 실제 학교에서 일어날 수 있는 복잡한 변수들을 통제하고 가장 뼈대가 되는 요소들만 압축된 형태로 남긴 상황에서 새로운 교수법의 적용이나 수업의 기술을 연습할 수 있게 도와주는 것이다. 마이크로 티칭은 사범대학 학생들의 교생실습 전 교육뿐만 아니라, 현재 교사들의 연수 목적으로도 사용될 수 있다. 마이크로 티칭 개발 초기에는 실제 학교와 학생들을 섭외해서 진행하기도 했으나 섭외의 어려움 등을 이유로 보통 사범대학 학생들이 서로의 마이크로 티칭 세션에서 학생의 역할을 해주거나 연수에 참여한 교사들이 번갈아 가면서 학생의 역할로 참여하는 형태로 많이 진행이 된다.

(2) 마이크로 티칭의 단계

마이크로 티칭은 크게 네 단계로 이루어질 수 있다.

① **요약보고**(Briefing): 만약 대상자가 과거에 마이크로 티칭 세션에 참여한 경험이 없거나 관련 지식이 없는 경우, 감독자나 멘토 선생님은 대상자에게 마이크로 티칭의 콘셉트나 목적에 대해 미리 설명해 줄 필요가 있다. 또한 이 단계에서 감독자는 학습자에게 마이크로 티칭 세션을 통해 학습자가 성취해야 할 학습목표들(예: 질문법, 동기부여 기술 등)을 알려주고, 실제로 관련 기술을 실행해 보여주거나, 우수사례들을 알려주어 학습자들로 하여금 마이크로 티칭 세션에 적절한 준비를 할 수 있게 돕는다.

② **준비**(Preparation): 준비 단계에서 학습자들은 감독자나 멘토 선생님들의 요청에 따라 5분에서 10분 분량의 학습계획안을 작성한다. 학습계획안에 1단계에서 언급된 학습목표들이 빠짐없이 포함되도록 유의한다.

③ **수업**(Teaching): 학습자는 소수의 학생들이나 동료 선생님들을 대상으로 준비한 학습계획안에 맞추어 수업을 진행하게 되고 동시에 감독관들이나 전문가들이 수업을 관찰하고 감독한다. 이때 감독관들은 때때로 적극적으로 수업에 참여하거나 학습자에게 질문을 하면서 학생들의 역할을 하기도 한다. 수업이 진행되는 동안, 감독관들은 학습자들의 수행능력을 평가하게 되며 일반적으로 〈표 10-1〉과 같은 정형화된 유형의 평가지를 사용한다. 최근에는 전통적인 마이크로 티칭 전략과 함께 비디오가 통합된 형태가 현장에서 많이 이용되고 있다(Ledger & Fischetti, 2020).

④ **피드백**(Feedback): 수업 진행 후 감독관들은 학습목표를 기반으로 학습자의 마이크로 티칭 수행에 대해 평가하고 피드백을 제공하게 된다. 보통 감독관들은 피드백 미팅에 학습자를 같이 참가하게 하여 평가 항목별로 학습자가 어떤 부분은 잘 수행했고, 부족한 부분은 무엇인지, 부족한 부분을 개선하기 위해 노력해야 할 점은 어떤 것들이 있을지 피드백을 제공한다. 앞서 언급된

비디오를 이용한 마이크로 티칭은 피드백의 관점에서 큰 중요성을 가진다. 평가지와 감독관들의 관찰 및 평가일지를 이용한 피드백은 실시간 복합적으로 일어나는 모든 상호작용이나 비언어적 반응 등을 잡아내기 거의 불가능하다. 비디오를 사용하여 전체 세션을 녹화할 경우, 교수자 및 학습자들의 언어적 행동뿐 아니라 비언어적 행동(예: 표정, 제스처, 동선 등)까지도 기록할 수 있어 좀 더 통합적이고 정확한 분석이 가능해지고, 피드백의 정확도와 품질 또한 크게 개선될 수 있다. 비디오 녹화에 기반한 마이크로 티칭의 장점을 극대화하기 위해 일선 대학교에서는 학습행동 분석실 또는 수업행동 분석실을 설치하여, 교수자 및 학습자의 모습을 다각도에서 담을 수 있는 다수의 비디오 카메라와 마이크 시스템, 관찰실 등을 이용하여 사범대 학생들의 마이크로 티칭 수업과 교수자들의 강의 능력 증진을 위해 사용하고 있다.

3 온라인 수업

1) 온라인 학습

온라인 학습(Online Learning)은 언제 어디서나(anytime anywhere) 인터넷 접속만 가능하면 학습이 가능하다는 점에서 전통적인 교실 중심의 대면학습의 한 대안으로 나타났고, 바쁜 업무와 동시에 학습에 대한 요구가 있는 기업환경이나 일반적이지 않은 학생들(non-traditional students, 예: 군제대자, 경력 단절 후 대학 진학자 등)을 대상으로 고등교육을 중심으로 온라인 수업이 보편화되어 있다. 본인이 처한 특수한 사정상 학습에 대한 관심과 의지는 강하지만 일반적인 대면 수업 중심의 학교에 진학할 수 없었던 일반적이지 않은 학생들에게 온라인 학습은 새로운 가능성을 열어준 한 줄기 빛과 같은 변화였다.

이에 반해 초중등 교육에서의 온라인 학습은 기존 학습의 대체 가능한 선택지가 아닌 기존 학습을 보충하는 형태로 이루어지고 있었다. 예를 들어, 본 학습은 학교에서 보충 학습이나 선행 학습은 온라인 수업을 통해 방과 후에 진행하는 식이다. 하지만 초중등 교육 상황에서도 테크놀로지의 발달과 더불어, 특수한 상황에 처한 학생들(예: 대회 참여로 결석이 잦은 운동선수들, 예술전공자들, 학교 왕따문제 피해학생들 등)뿐만 아니라 특수한 상황이 아니더라도 온라인 학습을 선호하는 학생들의 요구가 증가하며 온라인 수업의 수요 또한 증가하고 있다.

이런 상황에서 2020년 초 전 세계를 강타한 코로나 19로 초중등 교육에서의 온라인 학습 또한 새로운 전환점을 맞고 있다. 갑작스럽게 학교가 전면 비대면으로 전환됨에 따라 온라인 티칭에 익숙하지 않은 선생님들이나 온라인 수업에 익숙지 않은 학생들까지 어려움을 겪게 되었으나, 코로나 19가 장기화됨에 따라 선생님과 학생 모두 온라인 수업에 적응하며 온라인 수업이 가지는 장점에 대해서도 다시 생각하게 되었다. 그 결과 앞으로 코로나 상황이 종식된다고 할지라도 비대면 온라인 수업의 형태가 사라지지 않고 과거 교실기반 대면 수업을 대체하거나 보완하는 방식으로 발전해나가며 계속 존재할 것이라는 예상이 받아들여지고 있다. 이에 따라 전면 온라인 수업 및 온라인과 대면 수업이 통합된 혼합형 수업을 효과적으로 설계하고 제공하는 전략에 대한 요구 또한 증대되었다.

2) 전면 온라인 수업의 전략

전면 온라인 수업은 교수와 학습활동이 온라인 상황에서 이루어지는 형태를 의미한다. 전면 온라인 수업은 크게 두 가지 하위 형태를 나타낼 수 있다. 교수와 학습활동에 교수자와 학습자가 동시간에 참여하는 **실시간** 온라인 수업(synchronous online learning)과 교수자와 학습자가 다른 시간대에 참여하는 것이 전제되는 **비실시간** 온라인 수업(asynchronous online learning)이 그것이다. 2020년 초 전 세계적으로 Covid-19 확산에 따라 학교가 전면적으로 문을 닫는 경험을 하기 전까지,

전면 온라인 수업이라고 하면 비실시간 온라인 수업을 의미하는 경우가 일반적이었고, 비실시간 온라인 수업의 특징이 고등교육 시장을 바탕으로 온라인 수업의 확대를 가져온 가장 큰 이유이기도 하다.

온라인 티칭을 효과적으로 하기 위한 전략을 알아보기 위해 미국교육공학회(Association for Educational Communications and Technology), 온라인학습컨소시엄(Online Learning Consortium), 전미온라인학습협회(United States Distance Learning Association)에서 온라인 강의 우수상을 받은 교수자들 대상으로 한 연구는 다음과 같이 **효과적인 온라인 티칭**을 위한 다섯 가지 가이드라인을 제공하고 있다(Kumar, Martin, & Budhrani, 2019).

(1) 실생활과 연관된 실제적이고 적절한 수업교재(Authentic and relevant course materials that connect to practice)

온라인 티칭에서 가장 힘든 요소 중 하나가 학생들의 학습동기를 높이고 참여도를 높게 유지하는 부분일 것이다. Keller의 학습동기 이론 중 ARCS모델에서 R이 나타내는 것이 바로 Relevance 적절성이다. 즉, 학습자들이 학습내용이나 교재, 그리고 학습의 결과가 본인의 삶에 직접적인 연관이 되어 있다고 느낄수록 학습동기가 증가할 수 있다는 것이다. 학습동기가 증가하면 참여도와 몰입도도 높아질 수 있다.

경험적 학습(Experiential learning)을 바탕으로 학습자들로 하여금 수업에서 배우는 내용을 실생활에서 맞닥뜨릴 수 있는 문제나 최근 일어나고 있는 문제들을 해결하면서 문제해결능력을 키울 수 있게 돕는 것이 한 방법이다. 학생들이 수행해야 하는 과제의 맥락이나 대상들을 실생활과 연관된, 학생 본인들의 삶과 연관된 것들로 지정하는 것도 좋은 방법이다. 예를 들어, 동일한 사회적 현상에 대해 각기 다른 직업의 입장을 통해 바라보는 과제에서 학생들로 하여금 본인이 미래 관심이 있는 직종을 선택하게 하는 식이다.

(2) 멀티미디어 자료의 사용(Use of multimedia resources)

직전에서 언급된 실생활과 연관된 실제적이고 적절한 수업교재들을 멀티미디어 형식으로 제공하는 것이 온라인 학습 상황에서 더 효과적이다. 실생활의 콘텐츠를 제공하기 위해 교수자는 다양한 소스들, 즉 비디오나 유튜브(YouTube)상의 노래, 팟캐스트(Podcast), 실제 인터뷰 파일, 웹기반 뉴스, 신문, 웹기반 상호작용 애플리케이션 등을 활용할 수 있다. 멀티미디어 수업 자료뿐만 아니라 다양한 학습 지원 테크놀로지 도구들을 활용하는 것도 중요하다. 클라우드 기반의 구글 독스와 같은 도구를 이용해 학습자들의 실시간 협업을 돕는다든지, 웹기반 상호피드백 도구를 이용해 비디오 교재 위에 상호 간의 피드백을 줄 수 있는 활동을 한다든지의 방식으로 학습 테크놀로지들은 멀티미디어 자료와 통합되어 시너지를 창출할 수 있다.

(3) 학생 개인/모둠 기반 디지털 콘텐츠 창작(Student creation of digital content individually and collaboratively)

효과적인 온라인 수업을 위해 중요한 다음 요소는 학생 개인이나 모둠 기반으로 디지털 콘텐츠를 창작하고 제작하는 활동을 포함시키는 것이다. 블룸의 학습목표 분류학에 따르면 가장 고차원적 사고 활동을 요구하는 최상위의 활동은 창조(creation)이다. 창조 활동에 이르기 위해서는 학생들은 먼저 학습한 지식이나 기술을 활용하는 활용(application), 분석(analysis), 평가(evaluation) 등의 활동이 기반이 되어야 한다. 교수자는 학생들에게 콘텐츠 창작에 쓰이는 테크놀로지를 지정해 줄 수도 있고, 학생들에게 본인이 원하는 테크놀로지를 선택하도록 옵션을 줄 수도 있다. 창작활동을 통해 학생들의 학습내용을 적용하고, 이해의 결과물을 창작하는 데 있어 학습의 효과성을 도모할 수 있을뿐더러 새로운 테크놀로지나 본인이 좋아하는 디지털 테크놀로지를 활용한 활동을 바탕으로 학습동기와 몰입도도 상승될 수 있다. 학생들의 창작 예로는 이미지나 비디오를 이용한 디지털 스토리

텔링이라든지 팟캐스트 제작, 비디오 프레젠테이션 및 스크린녹화, 웹사이트 제작, 오디오 인터뷰 등을 들 수 있다.

(4) 학생들의 학습 성찰(Students' reflection on learning)

온라인 티칭에 있어 다음으로 중요한 요소는 학생들로 하여금 본인들의 학습 과정과 학습활동 전반에 관한 성찰을 할 기회를 충분히 주는 것이다. 성찰 활동은 다양한 평가 활동과 맞물려서 이루어질 수 있다. 예를 들어, 매주 퀴즈를 푼다든지, 토론방에 본인의 의견을 피력하고 상대방의 의견에 답변을 한다든지, 블로그를 작성한다든지, 성찰일지를 작성하는 등의 활동을 통해 본인들의 학습에 대해 되돌아보고 다음을 계획할 수 있는 기회를 얻을 수 있고, 이 부분이 성공적인 온라인 학습 경험을 위해 필수적인 부분 중 하나이다. 특히, 평가결과를 바탕으로 학생들은 지금까지 얼마나 잘 해오고 있는지, 부족한 부분은 어디인지, 잘 된 부분은 어디인지 등의 학습에 대한 성찰을 할 수 있다.

(5) 목적에 대한 설명(Explanation of purpose)

온라인 강의 우수상을 받았던 교수자들이 공통적으로 언급했던 효과적인 온라인 티칭을 위한 요소 중의 마지막 다섯 번째는 목적에 대한 설명이다. 즉, 학생들에게 학습 내용과 모듈의 목적, 평가의 목적, 테크놀로지의 목적 등 학습활동과 관련된 사항들 각각의 쓰임의 이유와 목적을 주지시키는 것이 중요하다. 이는 역시 Keller의 ARCS 모형에서 Confidence에 해당하는 부분으로 학생들로 하여금 학습활동에 있어 자신감을 가질 수 있게 도와줘서 학습동기와 몰입도를 높일 수 있게 해준다.

이 밖에도 Covid-19 이후 초중등 및 고등교육에 있어서 비실시간 온라인 학습이 아닌, 학생들과 교수자가 웹 콘퍼런싱 도구를 이용해 실시간으로 직접 만나서 학습이 이루어지는 실시간 온라인 학습에서는 위에 예를 든 다섯 가지의 가이드라인 이외에도 실시간 학습 전달이나 상호작용을 성공적으로 완수하기 위해 몇 가지 주의 사항을 확인하는 것이 필요하다. 예를 들어, 교수자가 이용하고자 하는 줌(Zoom)이나 구글 미트(Google Meet), 웹엑스(WebX)와 같은 콘퍼런싱 소프트웨어들이 문제없이 구동이 되기 위해 필요한 최소한의 기술적 요구 사항과 학생들이 필요한 기기나 기술적 요구 사항을 갖추고 있는지, 안정적인 인터넷 접속 상황에의 접근이 가능한 상태인지 미리 확인하는 것이 중요하다. 또한, 실시간으로 온라인 화이트보드와 같은 참여자들의 상호작용이 필요한 학습활동을 설계하고 실행할 경우, 학생들의 관련 지식과 스킬 레벨을 미리 확인하고 필요한 경우, 기능의 활용을 연습해보고 익숙해질 수 있게 충분한 시간을 가지는 것이 매끄러운 수업 진행을 위해서 필수적이다. 그리고, 예기치 못한 상황으로 실시간 참여가 불가능해지거나 중단이 되는 학생들을 위해 실시간 학습활동을 녹화하여서 학습지원시스템(Learning management system) 등을 통해 학습시간 이후에도 학습내용을 언제든지 열람하고 복습할 수 있는 환경을 제공해 주는 것도 필요할 것이다.

4 플립러닝(Flipped Learning)

혼합형 학습(Blended Learning)은 전면 대면 수업과 전면 비대면 수업 각각의 장점을 살리면서 단점을 보완할 수 있게 설계된 학습 형태이다. 정도의 차이는 있지만 교실 대면학습 경험과 온라인 학습경험이 통합된 형태이다(Garrison & Kanuka, 2004; Watson, 2008). 혼합형 수업의 성격 자체가 대면 교실 수업과 온라인 수업이 융합되어 있는 것이기 때문에 앞서 살펴본 교실수업 및 온라인 수업의 기술 및 전략들이 각각의 형태에 적용이 될 수 있다. 이 절에서는 최근 학습자 중심의 학습환경 설계에 대한 관심과 함께 교육현장에서 활발하게 적용되고 있는,

또 혼합형 수업 환경에서 적용하기 적합한 플립러닝 학습모델에 대해 자세히 알아보도록 하겠다.

1) 플립러닝의 개요

플립(flipped)이라는 말은 '뒤집어진, 뒤집힌'을 의미하고, 플립러닝은 거꾸로 학습 또는 역진행 수업이라고 표현되기도 한다. 거꾸로나 역진행이라는 용어에서 알 수 있듯이 '뒤집어진'의 대상은 학습활동의 순서(sequence)를 의미한다. 전통적인 형태의 교실 수업의 경우, 수업 시간에는 강의가 중심이 된 학습활동이 이루어지고, 수업이 끝난 후 숙제나 과제가 주어지는 형태의 순서로 진행이 된다. 이에 반해 **플립러닝** 모델에서는 수업 시간 전에 학생들이 비디오로 제작된 강의를 시청한 후 평가에 참여하고, 원래 수업 시간에는 토론, 모둠활동, 추가 활동 등의 순서로 학습활동이 이루어지게 된다. 아래의 [그림 10-2]는 전통적인 학습과 플립러닝 사이에 학습활동의 순서 차이를 잘 보여준다.

	수업 전	수업 중	수업 후
전통적 학습		강의	숙제/과제
플립러닝	비디오 강의 + 평가	토론, 팀활동, 추가 활동 등	

[그림 10-2] 전통적인 학습과 플립러닝의 학습활동의 순서

2) 플립러닝 효과의 이론적 배경

플립러닝을 주제로 한 연구 문헌을 찾아보면 플립러닝의 긍정적인 효과를 다양한 맥락에서 확인한 수많은 연구들을 찾아볼 수 있다. 학생들의 학습동기나 몰입

도 같은 정성적인 면을 본 연구들도 있지만 대부분 학생들의 학업성취도의 증가를 확인한 연구들이 많다. 그렇다면 플립러닝이 학업성취도에 있어 왜 긍정적인 효과를 보이는지 다음 설명을 통해 알아보도록 하겠다.

유명한 교육심리학자 벤자민 블룸의 리드 아래 교육에 있어 단순 암기가 아닌 고등사고능력을 증진하기 위한 목적으로 1956년 목표의 분류학(Bloom's Taxonomy)이 발표되었다. 학습영역 중, 인지적 영역의 **교육목표 분류학**이 가장 보편적이고 광범위하게 이용되고 있다. 블룸은 인지적 영역의 단계를 위계가 있는 6가지 단계로 규정하고 있다. 가장 하위 단계인 지식(knowledge)에서부터 이해(comprehension), 적용(application), 분석(analysis), 평가(evaluation)를 거쳐 가장 높은 단계인 창출(creation)로 6가지 단계가 이루어져 있다. 일반적으로 이 중 하위 2단계인 지식, 이해를 **기본사고능력**, 그리고 상위 4단계인 적용, 분석, 평가, 창출을 **고등사고능력**이라고 칭한다.

플립러닝의 경우, 기존 교실에서의 강의 부분을 비디오 강의로 대체해서 학생들에게 수업시간에 오기 전 미리 비디오 강의를 시청하고 수업에 올 것을 요구한다. 일반적으로 강의의 형태는 교수자로부터 학습자 방향으로 일방향적으로 이루어지는 경우가 흔하며, 강의에서 다룰 수 있는 내용은 블룸의 학습목표 분류학의 관점에서 보면 하위 단계인 지식과 이해 단계가 주가 된다. 그러므로 전통적인 수업에서 학생들은 50분 수업 시간 동안 강의를 통해 지식과 이해 단계에서 학습하고, 수업시간 후에 숙제나 과제를 통해 수업 시간에 다룬 내용을 이용한 적용 단계 정도를 경험해볼 수 있게 된다. 하지만 플립러닝 모델에서는 학생들이 강의 비디오를 수업 전에 미리 시청하기 때문에 50분 수업시간에는 토론이나 모둠 활동, 역할활동, 과제기반학습 등 블룸의 분류학에서 고등사고능력에 해당하는 학습활동에 참여할 수 있게 되는 것이다. 즉, 플립러닝을 통해 학생들이 보다 높은 수준의 학습활동에 더 많은 시간을 소비하게 되고 그 결과 학업성취도가 높아질 수 있게 되는 것이다.

3) 플립러닝 설계, 진행 시 주의할 점

플립러닝에 관한 연구 문헌이나 주변에서 플립러닝을 적용해 본 사례들을 보다 보면 플립러닝에 대한 잘못된 이해와 적용을 심심치 않게 발견하게 된다. 플립러닝의 기본적인 명제는 수업 전에 녹화된 비디오 강의를 시청하고, 수업 시간을 온전히 이용하여 고등사고능력을 고취시키는 학습활동에 학생들이 참여할 수 있게 하는 것이다. 플립러닝을 잘못 이해하고 적용하는 케이스의 특징은 플립러닝을 정형화된 스크립트처럼 생각하는 것이다. 예를 들어, 세계사를 가르치는 교수자가 플립러닝을 실행하면서, 학생들에게 수업 전에 2차 세계대전이 발발하게 된 계기에 대한 비디오를 보게 하고, 수업 시간을 이용해 2차 세계대전이 승전국과 패전국에 어떤 영향을 미쳤는지 모둠활동으로 조사와 토론을 해야지 하고 계획한 후 그대로 실천하는 것이다.

여기서 교수자가 간과한 것은 비디오 시청 후 이루어져야 하는 **형성평가**의 역할이다. 교수자는 학생들로 하여금 강의 비디오 시청 후에 꼭 형성평가를 마치도록 해야 한다. 평가를 통해서 교수자가 학생들이 비디오를 통해서 습득해야 할 지식이나 정보를 어느 수준까지 습득했는지, 또 예상하지 못한 다른 영역에서의 이해의 어려움은 없는지 반드시 파악해야 한다. 플립러닝은 정해진 스크립트에 따라 진행되는 정적인 활동이 아닌, 언제 어떻게 변화할지 모르는 그때그때 상황에 맞게 적응해 나가야 하는 살아있는 생명체 같은 활동인 것이다. 그리고 그 변화를 가져오는 것이 바로 형성평가와 평가의 결과인 것이다. 원래 계획은 2차 세계대전이 발발하게 된 계기에 대한 비디오를 보게 하고, 수업 시간을 이용해 2차 세계대전이 승전국과 패전국에 어떤 영향을 미쳤는지 모둠활동으로 조사와 토론을 하는 것이었다고 해도 형성 평가의 결과가 학생들이 전쟁의 발발 원인에 대해 기대했던 만큼 이해를 못하게 나왔다면, 이해가 바탕이 된 토론을 계획대로 진행했을 때 학생들은 이해의 부족으로 인해 흥미도나 몰입도도 떨어지게 되고, 양질의 토론활동을 기대하기 힘들 것이다. 계획을 고집하기보다, 형성평가 결과에 따라 수업시간에 전쟁 발발 계기에 관한 추가적인 조사와 발표 활동 등을 먼저 진행하는 것이 더 효과적인 학습활동이 될 것이다.

플립러닝에 대한 현장의 관심에서 잘못된 이해로 무작정 시도하게 되면, 기대와는 다르게 학생들의 학업 성취도도 변화가 없거나 더 안 좋아지고, 학생들의 수업에 임하는 태도도 안 좋아질 수 있고, 결과적으로 플립러닝에 대한 반감이 생기거나 향후 새로운 수업 방식이나 전략을 시도해 보는 데 소극적이 될 수도 있다. 그러므로, 플립러닝의 일반적인 형태와 평가의 중요성 및 평가를 통한 유기적인 대응의 필요성을 충분히 주지한 후 플립러닝을 설계하고 시도해보는 노력이 필요할 것이다.

또한 플립러닝 학습의 성공은 학생들로 하여금 강의에 해당되는 비디오를 시청하고 **형성평가**에 참여하게끔 하는 것이다. 학생들이 비디오를 시청하지 않고, 학습내용에 대한 기본적인 이해가 결여된 상태에서 본 수업에 참여하게 되면 교수자는 본 수업시간을 디시 기본적인 내용을 강의하는 데 쓰게 되고 플립러닝을 도입한 의의가 없어지게 될뿐더러 플립러닝을 하지 않은 것만 못한 결과를 얻게 될 수도 있다. 학생들로 하여금 본 수업 전에 비디오 강의를 꼭 시청하도록 하는 마법 같은 해결책은 없다. 가장 보편적이고 효과적으로 쓸 수 있는 방법은 비디오 시청 및 형성평가 참여를 학습평가의 일부분으로 포함시키는 것이다. 평가의 일부분으로 포함될 경우, 참여하지 않을 때 불이익을 받게 되므로 어느 정도 외적 학습동기를 자극하여 참여를 독려할 수 있는 효과가 있다. 또한 초중등 학생들의 경우, 부모의 학습활동에의 참여를 적극 활용하는 것도 하나의 방법이 될 수 있다. 학교 수준이나 학급 수준에서 이용되는 알리미 애플리케이션 등을 적극 활용하여, 부모들로 하여금 자녀들이 비디오 강의 시청활동을 완료하였는가 확인하고 독려하게 하는 것도 효과적인 방법이 될 수 있다.

탐구과제

1. 과거 본인의 프레젠테이션 경험들을 떠올려봅시다. 성공적이지 않았던 경험들은 본 장에서 소개된 원리들 중 어떤 것들이 부족했고, 어떤 원리들로 개선시킬 수 있을 것인지 생각해봅시다.

2. 본인의 온라인 또는 혼합형 학습 경험들을 떠올려봅시다. 온라인 학습이나 혼합형 학습 경험이 어떤 면에서 아쉬운 점이 있었는지 생각해보고, 본 장에서 소개된 원리나 전략들 중 관련이 있는 것들은 어떤 것들이 있는지 생각해봅시다.

참고문헌

강옥미 (2001). 웹기반 언어학 협동학습에 있어서 원격학습과 면대면학습의 효율성 비교. 한국어학, 14(1), 71-92.

권성호 (2001). 웹기반 가상교육에서 협력적 상호작용 촉진을 위한 학습자 지원 전략 개발: 튜터의 역할을 중심으로. 교육공학연구, 17(3), 29-52.

김지심, 강명희 (2010). 기업 이러닝에서 학습자가 인식한 교수실재감, 학습실재감, 학습효과의 구조적 관계 규명. 아시아교육연구, 11(2), 29-56.

이미자, 권혁일, 김도헌 (2011). 교육공학과 교수매체. 아카데미프레스.

정문성 (2006). 협동학습의 이해와 실천. 교육과학사.

한정선 (2005). 프레젠테이션, 하나의 예술. 김영사.

Berge, Z. (1995). The role of the online instructor/facilitator. *Educational Technology, 35*(1), 22-30.

Davie, L. (1989). Facilitation techniques for the on-line tutor. In Mason, R. & Kaye, A. (Eds.), *Mindweave: Communication, Computers and Distance Education* (pp. 74-85), Oxford: Pergamon Press.

Feldman, R. S., & Theiss, A. J. (1982). The teacher and student as Pygmalions: Joint effects of teacher and student expectations. *Journal of Educational Psychology, 74*(2), 217-223.

Freeman, R. (1997). *Managing open systems*. London: Kogan Page.

Garrison, D. R. & Kanuka, H. (2004). Blended learning: Uncovering its tranformative potential in higher education. *Internet and Higher Education, 7*, 95-105.

Garrison, D. R., Anderson, T., & Archer, W. (2000). Critical inquiry in a text-based environment: Computer conferencing in higher education. *The Internet and Higher Education, 2*(2-3), 87-105.

Harris, M. (1980). The roles a tutors plays. *The English Journal, 69*(9), 62-65.

Kumar, S., Martin, F., Budhrani, K., & Ritzhaupt, A. (2019). Award-winning faculty online teaching practices: Elements of award-winning courses. *Online Learning, 23*(4), 160-180.

Ledger, S. & Fischetti, J. (2020). Micro-teaching 2.0: Technology as the classroom. *Australasian Journal of Educational Technology, 36*(1), 37-54.

Paulsen, M. F. (1995). Moderating educational computer conferences. In Z. L. Berge & M. P. Collins (Eds.), *Computer mediated communication and the online classroom, volume III: Distance learning* (pp. 81-104). Cresskill, NJ: Hampton Press.

Salmon, G. (2000). *E-moderating: The key to teaching and learning online.* London: Kogan Page.

Wang, M. J., & Kang, M. (Eds.) (2005). Cybergogy for engaged learning: A framework for creating learner engagement through information and communication Technology. In D. Hung & M. S. Khine(Eds.), *Engaged learning with emerging technologies* (11th)(pp. 225-253). Springer: Netherlands.

Watson, J. (2008). Blended learning: The convergence of online and face-to-face education. Promising Practices in Online Learning. *North American Council for Online Learning*.

제 11 장

학습자와 수업자료의 평가

평가는 전통적으로 프로그램의 목표를 달성했는지, 즉 학습의 결과를 측정하고 확인하는 데 초점을 두어왔으나, 점차적으로 '학습을 위한 평가' 또는 '학습으로서의 평가'로 그 초점이 바뀌고 있습니다. 한마디로 결과 중심의 평가에서 과정 중심의 평가로 강조점이 변화하는 것입니다. "과정" 중심의 평가와 "결과" 중심의 평가는 어떻게 다를까요? 왜 과정 중심의 평가가 강조되어야 한다고 생각하나요?

학습목표

11.1. 학습자는 평가(evaluation), 사정(assessment), 측정(measurement), 검사(test) 간의 미묘한 차이를 설명할 수 있다.

11.2. 학습자는 결과중심평가와 과정중심평가의 차이를 논의할 수 있다.

11.3. 학습자는 전통적 평가와 대안적 평가를 수업 상황에 적용할 수 있다.

1 평가의 개념과 유형

1) 평가의 개념

일반적으로 평가라고 하면 교육활동이 종료된 후에 학습자들의 학업성취도를 판단하는 것을 연상한다. 물론 이 활동도 평가라는 범주에 들어가겠지만, 평가의 의미는 훨씬 포괄적이다. **평가**(評價, evaluation)란 낱말의 사전적 정의는 사물 또는 그 속성에 대한 가치판단을 의미한다. 평가와 관련 있는 용어로는 사정, 측정, 검사가 있다. 이들 사이에는 개념적인 차이가 분명히 있다(배호순, 1994; 성태제, 2002; 정재삼, 2004; 2022; Binder, 2010; Boulmetics & Dutwin, 2005; Choppin, 1990).

측정(測定, measurement)은 일정한 법칙에 의거하여 어떤 사물이나 그 속성에 수치를 할당하는 것, 즉 사물의 성질을 구체화하기 위하여 수를 부여하는 절차이다. 측정의 대상은 직접측정이 가능한 것과 직접측정이 불가능하여 간접측정만 가능한 것이 있다. 인간에 내재된 잠재적 특성은 직접측정이 불가능하기 때문에 간접측정을 해야 하는데 이 간접측정을 위하여 사용되는 도구가 **검사**(檢査, test)이다. 검사의 기원은 당나라의 과거시험(737년)이며 표준화검사의 기원은 Binet의 지능검사(1905년)이다.

사정(査定, assessment)은 인간의 복잡한 심리적, 행동적 특성의 크기나 수준을 감정하거나 추정하는 것이다. 측정과 검사가 한 가지 특성을 한 가지 방법으로 측정 또는 검사하는 것과는 달리, 사정은 여러 가지 특성을 다양한 방법을 통하여 복합적으로 파악하기 때문에 보다 포괄적인 개념이다. 즉 사정은 인간의 복잡한 특성을 여러 가지 다양한 방법들(관찰, 면접, 측정, 검사, 행동기록, 누가기록, 설문조사, 포트폴리오 등)을 동원하여 그 가치를 추정하기 때문에 총평이라고도 한다. 사정은 필요한 자료를 수집하여 해석이 가능하도록 조사하여 정리하고 측정결과에 대한 가치추정을 하는 경우도 있기 때문에 측정보다는 평가에 가까운 개념이지만, 사정자료를 근거로 하여 가치판단이나 의사결정을 하는 평가와는 구별된다. 또한 사정은 일반적으로 사람에만 적용되지만 평가는 프로그램, 교육과정, 조직변인과 같은 추상적인 실체에도 적용된다. 사정은 교육자들이 관여하는 일상적 활동으로, 평가는 주로 연구개발에 종사하는 사람들의 활동으로 보는 입장도 있다.

평가의 개념은 1930년대에 교육과정 전문가인 Ralph **Tyler**에 의하여 선포된 것으로 알려져 있다. 1965년에는 초등학교와 중학교 교육 법령에서 어떤 유형의 프로그램은 공식적인 요구 분석과 평가를 하게 하는 획기적인 통제를 하게 되었다. 그 후 평가는 자체적인 영역과 전문가들의 협회의 도움으로 저서와 연구지를 만들며 성장해왔다. 1962년에 출판된 Robert Mager의 저서인 "Preparing Instructional Objectives"도 평가의 성장에 커다란 계기가 되었다. 1960년 후반에 **Stufflebeam**은, 지금은 고전이 되어있는 평가의 또 다른 접근을 소개했는데, 그것은 "증명하려고 하지 말고 향상시키려고 하라(The purpose of evaluation is to improve, not to prove)"라는 것이었다(Stufflebeam, 1983, p. 118). 그의 모형은 맥락(context), 입력(input), 과정(process), 산출물(product)의 네 가지 유형(CIPP)의 평가를 제시하였다. 이 **CIPP 모형**의 네 가지 요소들은 요구 분석, 내용과 전략을 다루는 설계 결정, 실행을 위한 지침, 결과 평가 등과 관련된 정보를 제공한다(Braden, 1992).

2) 평가의 유형

평가는 여러 가지 기준에 의하여 그 유형이 구분될 수 있다. 그 기준으로 평가내용, 평가영역, 목표수준, 평가기능, 평가준거, 평가체제, 평가대상 등을 포함할 수 있다(변창진 외, 1996; 성태제, 2002; 정재삼, 2022; JCSEE, 1981). 여기에서는 평가유형을 평가준거(규준참조평가, 준거참조평가), 그리고 평가기능(진단평가, 형성평가, 총괄평가)을 그 기준으로 정하여 논의하기로 한다.

(1) 평가준거를 기준으로 구분한 평가유형

교육테크놀로지(ET) 또는 교육프로그램개발의 맥락에서 평가를 분류하는 또 하나의 방식은 평가의 준거를 교육목표로 하느냐 아니면 학습자들이 획득한 점수의 평균으로 하느냐이다. 이 경우 평가는 준거참조평가(절대평가)와 규준참조평가(상대평가)로 나누어진다. 이 두 가지 유형에 따라 평가의 내용선정과 평가절차가 큰 차이가 있으며 그 용도 또한 다르다.

① 준거참조평가(절대평가)

준거참조평가(criterion-referenced evaluation, CRE)에서 **준거**(criterion, standard, cut-off)는 **학습목표**, 수행목표 또는 그 목표를 설정할 때 도달해야 하는 최저기준(minimum competency level)을 의미한다. 이 평가는 학습목표를 평가의 준거로 삼아 학습목표의 도달 여부와 그 정도를 확인하고 점검하는 평가로서 일명 준거지향평가, 목표참조평가, 영역참조평가, **절대평가**라고도 한다. 그 이유는 적절성을 결정하는 준거가 학습자가 그 목표를 달성한 정도이기 때문이다. 이 평가는 준거에 비추어 학습자들이 무엇을 얼마만큼 알고 있느냐에 관심이 있다. 절대평가는 미리 정해 놓은 준거에 의거하여 평가하고자 하는 특성의 성취도를 확인하는 일이다. 이 평가는 충분한 학습시간과 학습조건만 제공되면 거의 모든 학습자가 목표에 도달할 수 있기 때문에 학업성취도의 분산은 매우 적고 그 분산, 개인차를 최대한 줄이는 것이 교육이라고 본다.

특히 교육테크놀로지(ET)의 발달로 다양한 교수-학습이론, 교수설계이론이 전개되고 있기 때문에 준거참조평가(절대평가)가 교수방법과 학습목표, 수행목표에 대한 논의에서 중요시된다. 교육프로그램개발, 교수체제개발의 맥락에서 준거란 바로 **수행목표**(performance objective)이고, 평가의 문항이 수행목표를 기초로 개발된다. 즉 학습자의 수행목표 달성 여부가 프로그램의 성공 여부를 결정하게 된다. 따라서 준거참조평가는 목표에 관련된 학습자의 지식, 태도 또는 스킬의 완성도에 대한 정보를 제공한다.

② **규준참조평가**(상대평가)

일반적으로 규준(norm)은 본보기, 표준, 기준, 규칙, 범례의 뜻을 가진다. 그러나 규준참조평가(norm-referenced evaluation, NRE)라고 할 때의 "**규준**"은 상호비교를 위해 필요한 기준이며 원점수의 **상대적 위치**를 설명하여 주기 위하여 쓰이는 척도이다. 즉 어떤 시험에서 전체학급 또는 학년의 학생들이 받은 점수의 평균 또는 수·우·미·양·가와 같이 사전에 할당하여 놓은 **평점 배당비율**을 지칭한다. 즉 학생들이 획득한 평균점을 기준으로 각 학생의 성취도가 평균 이상 어느 정도 또는 평균 이하 어느 정도인가를 평가할 때의 평균점을 규준이라고 하며, 수·우·미·양·가를 할당하는 비율을 각각 5%, 15%, 60%, 15%, 5%로 사전에 정해 놓고 그 비율에 따라 성취도를 평가하는 경우이다. 이 규준참조평가를 규준지향평가 또는 **상대평가**라고도 한다.

(2) 평가기능을 기준으로 구분한 평가유형

교육테크놀로지(ET)의 평가에 대한 또 하나의 관점은 그 시기와 목적에 따라서 진단평가, 형성평가, 총괄평가로 분류할 수 있다. 일반적으로 교수-학습 상황에서 평가는 3가지의 역할을 하는데 교육이 시작되기 전에 이루어지는 진단평가, 교육이 진행되는 과정에서 형성평가, 교육이 끝난 후에 이루어지는 총괄평가이다.

① **진단평가**(Diagnostic Evaluation)

진단평가는 **교수·학습이 일어나기 전에** 학생이 소유하고 있는 특성들(사전학습정도, 적성, 흥미, 동기, 기능 등)을 체계적으로 관찰, 측정하여 진단함으로써 교수·학습의 효과를 극대화할 수 있는 제반 정보에 관한 의사결정을 내리는 활동이다. 이 평가는 교육내용을 학습자의 현재 수준 또는 그들의 요구사항에 부합되게 편성함으로써 개별화 수업을 실현할 수 있는 수단으로 쓰일 수도 있다. 크게 학습장애 진단평가와 선행지식 확인평가(또는 출발점 행동평가)로 나눌 수 있다.

② 형성평가(Formative Evaluation)

형성평가는 교육프로그램 **개발 도중에** 또는 교수-학습이 **진행되고 있는 중에** 계속적으로 평가활동을 실시함으로써 문제점을 찾아내어 총체적 품질경영(total quality management, TQM)의 관점에서 프로그램의 품질향상을 위하여 개선하고 의도된 목표를 달성하도록 노력하는 활동이다. 이는 프로그램개발 도중에 각 단계에서 다음 단계로 넘어가기 전에 그때까지의 활동결과를 점검하여서 문제가 발견되면 "순환적(iterative)"으로 수정하는 활동과 더불어, 프로그램(교수자료 포함)의 초안(draft) 또는 시제품(prototype)이 개발된 이후에 실제로 현장에 적용하기 전에 **프로그램의 질 개선**을 목적으로 점검활동을 해야 한다. 후자의 형성평가 활동을 Pilot Test, Prototype Test, 또는 Development Test라고도 한다.

Scriven(1967)에 의하면 형성평가는 프로그램이나 산출물(또는 요원 등)의 개발 도중에 실행되거나 향상을 위하여 실행된다. 형성평가는 프로그램의 내부 요원에 의해 수행되고 통상적으로 내부의 자료로 남는다. 그러나 내부 요원만, 외부 요원만, 또는(바람직하게는) 외부와 내부 요원이 함께 평가할 수도 있다. 형성평가와 총괄평가의 차이는 Bob Stake가 "요리사가 수프를 맛보면 그것은 형성평가이고 손님이 맛보면 그것은 총괄평가이다"라는 문장으로 잘 정리해 놓았다.

형성평가는 학습자로부터 교수개발의 프로그램에 대한 효과성, 명확성, 가치, 적용성, 태도 등에 대한 다양한 의견을 들을 수 있으므로, 보다 유용한 데이터의 수집을 위해 확인해 볼 만한 내용들이나 체크리스트, 질문지 등을 충분히 그리고 신중하게 검토하여 준비하는 것이 매우 중요하다. 형성평가 과정이 주로 프로그램을 실제로 사용하게 될 학습자를 대상으로 진행되는 만큼 학습자들은 자료 및 프로그램에 대한 설문이나 인터뷰 등을 통해 학습자가 스스로 판단하는 결과물의 강점이나 부족한 점, 기술적 내용, 전달방법 등 자신의 생각을 적극적으로 피드백할 수 있다(정재삼, 2022).

③ **총괄평가**(Summative Evaluation)

총괄평가는 교수·학습의 **활동을 마친 상태에서** 전체 프로그램의 효과, 즉 학습자의 **수행목표 달성정도**를 판단하기 위하여 자료를 수집하는 활동이다. Scriven (1967)에 의하면 총괄평가는 **프로그램 완성 후** 실행되는 것으로 외부의 고객이나 의사 결정자(예를 들면 예산을 주는 업체나 또는 가능성이 있는 사용자)에게 도움이 되기 위해 실행되며 내부 요원이 하는 경우, 외부 요원이 하는 경우 또는 함께 하는 경우도 있다. 신뢰성을 높이기 위해서는 형성평가와 달리 외부 평가자를 포함시키는 경우가 많다.

형성평가가 교수개발자의 역할에 내재되는 속성이 강하기 때문에 총괄평가의 경우는 최종 산출물에 대한 보다 객관적인 평가를 위해 개발과정에 참여하지 않은 외부 전문가에 의해 수행되는 것이 바람직하다고 한다. 이와 같이 프로그램의 장기적 질 관리에 중요한 역할을 하는 총괄평가는 크게 두 단계, 즉 전문가 판단 단계와 현장적용 단계로 이루어진다. **전문가 판단 단계**는 해당 분야의 전문가가 최종 개발된 교수자료 및 프로그램이 교수개발의 목적을 충족하고 있는지를 다각도로 판단하는 과정을 말하며, **현장적용 단계**는 형성평가를 통해 최종 수정된 교수결과물을 실제 장면에서 활용해 본 결과, 그 효과성을 판단하는 것을 의미한다.

전문가 판단 단계에서의 활동들로는 ① 개발된 프로그램을 활용하고자 하는 조직의 교수적 필요와 개발된 자료 또는 프로그램 간의 일치성 평가, ② 프로그램의 완성도나 정확성 평가, ③ 해당 프로그램에 포함되어 있는 교수전략의 평가, ④ 프로그램의 유용성 평가, ⑤ 프로그램을 현재 활용하고 있는 학습자의 만족도 평가 등이 포함된다. 한마디로 이 단계에서는 개발된 프로그램이 활용하고자 하는 조직의 요구에 부응하도록 체계적으로 설계되고 개발되며, 형성평가의 과정을 완료한 후에 이루어진다. 현장적용 단계에서는 실제로 개발된 프로그램을 의도한 조직에서 선택된 대상 학습자와 함께 시험적으로 활용해 본다. 현장적용 단계에서는 ① 평가를 위한 계획, ② 실행을 위한 준비, ③ 수업 실시와 자료 수집, ④

수집된 자료의 요약정리 및 분석, ⑤ 결과보고 등의 활동을 하게 된다.

요약하면, 전문가 판단 단계는 형성평가 후 수정이 된 상태에서 시작되는데 이 과정에서는 일치성 분석, 내용분석, 설계 분석, 실용성 분석 활동들을 수행하게 되며, 현장 적용 단계에서는 철저한 사전 계획, 준비, 기초자료 수집, 자료 분석 및 요약, 결과 보고의 과정을 통하여 교수개발의 결과 자료 및 프로그램이 학습자 및 조직에 미치는 영향과 학습자 및 관리자의 만족도, 전개전략의 실용성, 비용의 적절성 등을 총체적으로 평가하게 된다(Dick, Carey, & Carey, 2009).

3) 교육훈련 및 인재개발의 주요 프로그램 평가모형

1960년대 중반 이후 많은 평가 모형들이 등장하게 되었고 모형들의 철학적 배경이나 평가목적, 모형의 주요 요소에 따라 모형들의 분류가 시도되었으나, 본 항에서는 프로그램평가의 일반 모형으로 불리는 Stufflebeam의 **CIPP 모형**, 공공부문과 민간부문의 교육훈련평가에서 많이 활용되어온 Kirkpatrick의 **4수준 평가모형**을 중심으로 논의한다.

(1) Stufflebeam의 CIPP 모형

Stufflebeam의 CIPP 모형, 즉 의사결정촉진 평가모형은 평가의 목적이 의사결정자에게 도움을 주기 위한 것으로 오랫동안 평가의 고전적 모형으로 인정받아왔던 목표중심 평가의 방식에서 탈피한 모형이다. 의사결정촉진 모형의 대표적 모형인 CIPP(context-input-process-product) 모형은 상황평가, 투입평가, 과정평가, 산출평가로 구성된다(Isaac & Michael, 1995; Stufflebeam, 1983). 가장 기본적인 평가인 **상황평가**는 교육목표를 결정하는 합리적인 이유를 제공하기 위한 것으로서 분석, 조사, 연구, 면접 등의 방법을 활용하여 목표는 물론 관련 요소, 문제 요구 등의 자료를 수집한다. **투입평가**는 활용 가능한 자원이나 프로그램을 위한 대안적 전략을 결정하며, **과정평가**는 교수 프로그램 투입 후 목표달성에 아무런 문제는 없는지 프로그램과 관련된 다양한 정보를 수집하고, **산출평가**에서는 프로그램을 활용한 결과를 측정하여 의사결정자에게 정보를 제공해 준다.

CIPP 모형은 4가지 유형의 의사결정들, 즉 기획 의사결정, 구조 의사결정, 실행 의사결정, 순환 의사결정에 공헌한다. **기획 의사결정**은 프로그램의 목적과 목표의 선정에 영향을 준다. **구조 의사결정**은 기획결정에서 나온 목표를 성취하는 데 최적의 전략과 절차를 설계하는 데 영향을 준다. **실행 의사결정**은 이미 선정된 설계, 방법, 전략을 실행하고 개선하는 데 수단을 제공한다. **순환 의사결정**은 어떤 활동이나 프로그램 자체를 계속하거나 바꾸거나 종료할지를 결정한다. 이러한 4가지 의사결정을 위해서는 각각 필요한 평가가 있다. 즉 기획 의사결정을 위해서는 상황평가(context evaluation), 구조 의사결정을 위해서는 투입평가(input evaluation), 실행 의사결정을 위해서는 과정평가(process evaluation), 순환 의사결정을 위해서는 산출평가(product evaluation)가 필요하다(Isaac & Michael, 1995).

(2) Kirkpatrick의 4수준 평가모형

교육훈련을 실시한 결과로 학습자와 조직의 입장에서는 어떤 효과를 얻게 되었는지를 판단하는 일은 매우 중요하다. 이 모형의 단점들이 지적되고 있음에도 많은 학자들과 실천가들이 교육훈련프로그램을 평가하는 대표적 모형이라고 보고 있다. Kirkpatrick은 교육훈련의 성과를 반응-학습-행동-결과의 4가지 수준(준거)에서 평가할 것을 제시했다(Kirkpatrick, 1998; Kirkpatrick & Kirkpatrick, 2016; Piskurich, 2006).

- **수준 1(반응)**: 교육 참가자의 프로그램에 대한 느낌이나 만족도
- **수준 2(학습)**: 교육훈련의 결과로 교육 참가자의 지식, 스킬, 태도를 향상시킨 정도
- **수준 3(행동)**: on-the-job 행동이 변화되고 학습된 기능이 현업에 전이되는

정도

- **수준** 4(**결과**): 교육 참가로 인해 발생한 최종의 조직 또는 경영성과

〈표 11-1〉은 Kirkpatrick의 4수준을 평가목적, 평가시기, 평가기능, 평가대상, 평가방법의 측면에서 비교해본 것이다. Kirkpatrick의 평가모형의 장점은 굳이 학문 연구를 목적으로 하지 않는 교육훈련을 위한 프로그램 평가에 쉽게 활용될 수 있을 정도로 각 평가수준이 논리적이고 실제적인 적용이 가능하다는 것이다. 1954년에 만들어진 Kirkpatrick 4수준 평가모형이 2009년에 기대회수효과(Return On Expectations, **ROE**)를 강조하는 신세계 Kirkpatrick 모형(The New World Kirkpatrick Model)으로 강화되었다(정재삼, 2022; Kirkpatrick & Kirkpatrick, 2016).

〈표 11-1〉 Kirkpatrick의 4수준 평가모형(Kirkpatrick & Kirkpatrick, 2006)

구분＼수준	수준 1 (반응)	수준 2 (학습)	수준 3 (행동)	수준 4 (결과)
평가 목적	• 반응도 평가 • 프로그램 개선	• 목표 달성도 • 효과성 판단	• 현업 적용도 • 근무조건 판단	• 성과기여도 • 투자가치 확인
평가 시기	• 교육 (중)후	• 교육 전·중·직후	• 교육 종료 3~6개월 후	• 교육 종료 6~12개월 후
평가 기능	• 형성적(총괄적)	• 총괄적(형성적)	• 총괄적(형성적)	• 총괄적(형성적)
평가 대상	• 학습자 • 강사 • 연수진행자 • 교육프로그램	• 학습자의 지식, 기능, 태도의 습득 정도	• 근무조건 • 적용된 지식, 기능, 태도	• 경영성과 중 교육이 기여한 부분
평가 방법	• 설문지 • 면접 • 관찰	• 설문지 • 필기시험 • 사례연구 • 역할연기	• 설문지 • 관찰 • 인터뷰	• ROI(투자수익률) • 설문지 • 인터뷰

2 전통적 결과중심 평가와 대안적 과정중심 평가

구성주의적 인식론이 교수-학습에 만연하면서 평가의 전통에 큰 변화가 일어난다. 구성주의적 학습환경이 제공되면서 평가에서도 학습자들의 역동적 학습과정과 지식전이를 반영하게 된다. 전통적인 평가는 주로 학습결과에 초점을 두었지만 구성주의적 평가는 학습결과는 물론 학습과정에도 초점을 둔다. 구성주의에서는 학습이 문제해결 과정 속에서 일어나고 평가되어야 한다고 본다. 즉 구성주의 학습환경에서는 평가가 문제해결 자체에 자연스럽게 포함되어 학습결과뿐만 아니라 학습과정도 반영된다. 평가의 방향, 목표, 방법의 관점에서 **결과중심 평가**와 **과정중심 평가**를 비교할 수 있다(〈표 11-2〉 참조).

〈표 11-2〉 평가관점 비교

	결과 중심 평가	과정 중심 평가
평가 방향	학습에 대한 평가 학습결과 중시	학습을 위한 평가 학습결과+학습과정 중시
평가 목표	학습자의 목표 달성 정도 선발과 분류	학습자 피드백 정보 수집 지도와 개선
평가 방법	지필평가 정기평가 교수자중심평가	지필검사, 수행평가 수시평가 교수자, 동료, 자기 평가

〈표 11-2〉와 같이 구성주의적 과정중심 평가는 결과평가와 과정평가를 포함하는데 프로그램의 목표(성취기준)에 바탕을 둔 평가계획에 따라 교수-학습의 과정에서 학생의 변화에 대한 데이터를 수집하여 피드백을 제공하는 평가이다. 과정중심 평가는 일상적인 수업과 연계된 평가를 지향한다. 그래서 학습과정과 수행과정을 모두 평가하며 그 평가결과를 다시 학습을 위한 도구로 활용한다. 과정중심

평가는 학습을 위한 평가(assessment for learning)이고 학생의 문제해결 과정에 초점을 두고 학생의 학습과정과 학습결과를 모두 중시한다. 또한 이 평가는 학생의 인지적 영역과 정의적 영역을 포함하는 KSA(지식, 스킬, 태도) 모두를 평가하여 교육과정–수업–평가의 연계를 추구한다.

3 교수-학습의 평가

교수–학습의 상황에서 평가는 학습자와 수업(수업자료 및 프로그램)에 초점을 두게 된다. 학습자 성취도 평가, 즉 학습평가의 방법을 이해하기 위해서는 학습평가의 영역, 그리고 학습영역별 평가 전략과 도구에 대하여 논의할 필요가 있다. 반면 수업평가는 수업의 전략, 테크놀로지, 매체를 포함하는 수업자료를 중심으로 행해진다(정재삼, 2022; Newby, Stepich, Lehman, & Russell, 2006; Smaldino, Lowther, & Russell, 2008).

1) 학습자 평가와 수업자료 평가

Gagné, Wager, Golas, Keller(2005)는 5가지 평가유형, 즉 자료평가(materials evaluation), 과정평가(process evaluation), 학습자반응(learner reactions), 학습자 성취도(learner achievement), 수업결과(instructional consequences)를 구별하여 제시했으나 본 항에서는 교수–학습 상황에 초점을 두어서 **학습평가**(또는 학습자평가)와 **수업평가**(또는 수업자료평가)를 중심으로 논의하고자 한다(Newby, Stepich, Lehman, & Russell, 2006). Newby와 그의 동료들(2006)에 의하면 철저한 평가는 수업요소들(목표, 활동, 방법, 매체, 자료)과 이 요소들이 학습을 촉진하는 방식을 모두 포함한다. 이런 의미에서 평가는 수업 전(before), 수업 중(during), 수업 후

(after)가 연속적으로 이어지는 끝없는 개선의 사이클(a cycle of continuous improvement)이기 때문에 평가는 수업의 계획과 실행의 필수적인 부분이라 할 수 있다. 〈표 11-3〉은 **학습자평가**와 **수업자료평가**의 주요 질문들과 평가방법들을 설명한다(Newby, Stepich, Lehman, & Russell, 2006).

〈표 11-3〉 학습자 평가와 수업자료 평가의 주요 질문과 평가방법

		학습자 평가 (Evaluating Learning)	수업자료 평가 (Evaluating Instruction)
주요 질문	수업 전	• 학습자는 선수 지식과 기능을 가지는가? • 학습자는 학습예정인 내용을 이미 아는가? • 학습자의 현 수행수준(기준선)은 어디인가?	• 수업이 잘 이루어질 것 같은가? • 수업은 학습자의 흥미를 유지하게 할 것인가? • 가용한 시간과 자원을 더 잘 활용할 수 있도록 수업을 조직할 대안이 있는가?
	수업 중	• 학습자는 새로운 내용에 준비되어 있거나 부가적인 연습과 피드백이 필요한가? • 학습자는 어떤 구체적인 영역에서 부가적인 연습과 피드백이 필요한가? • 학습자에게는 어떤 유형의 보충 활동이 필요한가?	• 학습자가 만날 장애물은 무엇이고 어떻게 극복될 수 있는가? • 학습자 동기를 유지하기 위한 조치는 무엇인가? • 학습자가 수업을 통하여 보다 더 잘 진보할 수 있는 방안이 있는가?
	수업 후	• 학습자는 의도한 것을 학습했는가? • 학습자는 통과할 수 있는가? • 학습자가 배운 것을 일반화하거나 새로운 상황에 전이하도록 도와주려면 무엇이 필요한가?	• 미래 활용을 위한 수업에서 어떤 개선이 이뤄질 수 있는가? 최우선 순위의 수정은? • 학습자는 수업이 재미있고 가치 있다고 느끼는가? • 선택된 수업방법, 매체, 자료가 학습자를 배우게 하는 데 효과적이었는가?
평가 방법과 도구		• 지필검사(진위형, 결합형, 선다형, 완성형, 단답형, 논술형) • 수행평가, 포트폴리오평가	• 자료평가(1:1, 소집단, 현장평가) • 직접관찰, 학습자대화, 동료검토, 교실관찰

2) 학습평가의 영역[2)]

1956년에 Bloom은 **교육목표 분류학**을 **(내용) * (행동) 형식**으로 제안했는데, 교과 내용은 각 교과마다 상이하여 모두 다루지 못했으나 교과공통의 내용과 사람의 행동을 중심으로 교육목표와 평가영역을 인지적 영역, 정의적 영역, 심체적 영역으로 분류했다. 이에 따라 인간학습의 평가영역은 인지적 영역(사실, 개념, 절차 및 원리 등의 이해 및 적용 정도), 정의적 영역(특정 상황, 사태 및 사람에 대한 태도), 심체적 영역(운동기능 등 특정 업무 수행 능력)으로 구분할 수 있다(변창진 외, 1996; 정재삼, 2022; Anderson & Krathwohl, 2001; Bloom, 1956; Gronlund, 1984; Krathwohl, Bloom, & Masia, 1964; Simpson, 1969).

(1) 인지적 영역

이 인지적 영역의 6가지의 하위 영역(지식－이해－적용－분석－종합－평가)은 그 **복잡성**(complexity) 정도에 의하여 위계적으로 구성된다. 즉 인지적 영역의 학습과 변화는 아래의 지식에서 시작해서 위의 평가까지 이르는 위계적 관계가 발견된다.

- **지식**(Knowledge): 배운 내용, 즉 사실, 개념, 원리, 방법, 유형, 구조 등의 기억
- **이해**(Comprehension): 이미 배운 내용에 관한 의미를 파악하는 능력. 단순히 자료를 기억하는 수준을 넘어 자료의 내용이 다소 치환되어도 그 의미를 파악하고 해석하고 또는 추론하는 능력
- **적용**(Application): 이미 배운 내용, 즉 개념, 규칙, 원리, 이론, 기능, 방법

2) Bloom(1956)의 교육목표분류학을 바탕으로 인지적 영역, 정의적 영역, 심체적 영역으로 나뉘어서 논의되어 왔으나 Anderson과 Krathwohl(2001)은 학습－교수－평가를 위한 새로운 분류학을 창안하였음. 새로운 분류학은 **지식 차원**과 **인지과정 차원**으로 구분됨. 지식 차원은 사실적 지식, 개념적 지식, 절차적 지식, 메타인지적 지식으로 나뉘고 인지과정 차원은 기억, 이해, 적용, 분석, 평가, 창출로 구성됨.

등을 구체적인 또는 새로운 장면에 활용하는 능력

- **분석**(Analysis): 조직, 구조 및 구성요소의 상호관계를 이해하기 위하여 주어진 자료의 구성 및 내용을 분석하는 능력
- **종합**(Synthesis): 비교적 새롭고 독창적인 형태, 원리, 관계, 구조 등을 만들어 내기 위하여 주어진 자료의 내용 및 요소를 정리하고 조직하는 능력
- **평가**(Evaluation): 어떤 특정한 목적과 의도를 근거로 하여 주어진 자료 또는 방법이 갖고 있는 가치를 판단하는 능력

Anderson과 Krathwohl(2001)은 Bloom(1956)이 제안한 고전적인 교육목표 분류의 인지적 영역을 그 이후에 이뤄진 연구결과를 반영하여 수정하였다. 그들은 (내용) * (행동) 차원 대신에 **(지식) * (인지과정) 차원**으로 구분하였다. 지식 차원에는 사실적 지식, 개념적 지식, 절차적 지식, 메타인지 지식을 포함했고, 인지과정 차원에는 기억, 이해, 적용, 분석, 평가, 창출을 포함했다. 그들의 새로운 분류를 정리하면 〈표 11-4〉, 〈표 11-5〉, 〈표 11-6〉과 같다(정재삼, 2010, 2022).

〈표 11-4〉 Anderson과 Krathwohl의 교육목표 분류

지식 차원 (knowledge)	인지과정 차원(Cognitive Process)					
	기억 Remember	이해 Understand	적용 Apply	분석 Analyze	평가 Evaluate	창출 Create
사실적 지식						
개념적 지식						
절차적 지식						
메타인지 지식						

〈표 11-5〉 지식(내용) 차원의 소분류

지식 차원(분류)	하위분류	
사실적 지식	• 전문 용어	• 구체적 사실과 요소
개념적 지식	• 분류, 유목 • 이론, 모형, 구조	• 원리, 일반화
절차적 지식	• 교과 특수 스킬과 알고리즘 • 절차 사용 시점 결정	• 교과 특수 기법과 방법
메타인지적 지식	• 전략 • 자기 지식	• 인지 과제

〈표 11-6〉 인지과정(행동) 차원의 소분류

인지과정 차원(분류)	행위동사
기억	재인하다. 회상하다
이해	해석하다, 예증하다. 분류하다. 요약하다. 추론하다. 비교하다. 설명하다.
적용	집행하다. 실행하다.
분석	구별하다. 조직하다. 귀속하다.
평가	점검하다. 비판하다.
창출	생성하다. 계획하다. 산출하다.

(2) 정의적 영역

이 정의적 영역의 하위 영역(수용－반응－가치화－조직화－인격화)은 **내면화**(internalization)의 정도에 따라서 위계적 관계가 보인다. 즉 정의적 영역의 학습과 변화는 맨 바깥의 수용에서 시작해서 가장 중심부의 인격화로 내면화되어간다.

- **수용**(Receiving): 어떤 자극이나 활동을 기꺼이 수용하고 자발적으로 주의를 기울이게 되는 것과 같은 민감성
- **반응**(Responding): 어떤 특정한 자극이나 현상에 대해서 단순히 주의를 기울

일 뿐만 아니라 나아가서 그것에 적극적으로 반응하고 이러한 반응을 하는 데 만족감을 느끼는 정의적 학습의 단계

- **가치화**(Valuing): 어떤 사물이나 현상 또는 행동에 대해 그 의의와 가치를 부여하는 수준의 내면화
- **가치의 조직화**(Organization): 여러 가지 다른 종류의 가치를 종합하여 그간의 갈등을 해소하고 자기 나름의 내재적으로 일관성 있는 조직체계를 확립하기 위한 기초단계
- **가치의 인격화**(Characterization): 개인의 행동 및 생활의 기준이 되며, 가치관의 지속적이고 일관성 있고 또 그것이 그의 행동을 예측할 수 있을 정도로 확고하게 그의 인격의 일부로 내면화된 정도

(3) 심체적 영역

- **반사적 운동**(Reflex movements): 무릎반사와 같이 개인의 의지와는 관계없이 나타나는 단순한 반사운동. 훈련이나 교육에 의해서 발달되는 것이 아니므로 교수목표로 설정될 수 없는 행동이지만 보다 높은 운동기능의 발달의 기초
- **기초적 운동**(Basic-fundamental movements): 잡고, 서고, 걷는 것과 같이 여러 가지 또는 몇 개의 반사적 운동이 함께 발달되고 통합됨으로써 이루어지는 동작
- **운동지각능력**(Perceptual abilities): 감각기관을 통하여 자극을 지각하고 해석하며 그것을 토대로 환경에 대처하고 적응하는 기능
- **신체적 능력**(Physical abilities): 숙달된 운동기능의 발달에 반드시 필요한 부분이며 민첩하고도 유연하게 일련의 숙달된 운동을 연속시켜 가는 데 필요한 기초기능
- **숙련된 운동**(Skilled movements): 능률성과 숙련도를 필요로 하는 운동기능. 타자 및 기계체조와 같이 비교적 복잡하고 숙련된 기능을 요구하는 운동을 할 때 동작의 능률성, 숙달도, 통합성을 요구

- **동작적 의사소통**(Non-discursive communication): 간단한 안면표정을 비롯해서 무용과 같이 신체적 운동 및 동작을 통하여 감정 등을 표현하고, 그 표현 자체를 창작하는 운동기능

3) 학습영역별 평가 전략 및 도구

(1) 학습평가의 전략

학습평가를 실시하는 이유는 학습목표 달성정도를 평가하여 교육의 유효성을 판단하고, 학습목표별 상대적 달성정도를 분석하여 프로그램의 난이도 및 문제점을 분석하고, 교육 전후의 학습목표 달성정도를 비교함으로써 교육을 통한 학업성취정도를 분석하는 것이다. 학습평가의 특징으로는 ① 교육 도중 학습목표 달성추이를 분석함으로써 참가자의 교육내용 이해정도를 판단해 볼 수 있고, ② 교육 전과 교육 후의 검사결과를 비교함으로써 순수한 교육효과를 평가할 수 있으며, ③ 각 과목별 학습목표에 대한 명세적인 진술이 학습평가의 전제조건이 된다는 점이다.

학습평가 내용으로는 학습목표 및 내용에 따라 평가하고자 하는 영역이 크게 인지적 영역(knowing), 정의적 영역(feeling), 심체적 영역(doing)으로 대별될 수 있다. 평가 유형 및 방법은 학습된 목표 및 내용(지식, 스킬, 태도)에 따라 결정된다. 평가도구는 학습목표의 유형에 따라 지식(이해도 및 문제 해결력 평가), 스킬(수행 능력 평가), 태도(갈등상황에서의 특정 가치에 대한 태도 평가)의 세 가지 영역으로 나누어 개발될 수 있다. 이와 같이 교육프로그램에서 교사가 가르치고자 하는 것은 크게 지식(knowledge), 스킬(skills), 태도(attitude) 등의 세 가지로 분류할 수 있다. 따라서 학습 또는 학업성취도의 정도를 측정한다는 것은 다음의 세 가지 영역에서 측정이 이루어진다는 것이다.

- 어떤 지식을 학습하였는가?

- 어떤 스킬이 개발 또는 향상되었는가?
- 어떤 태도가 변화되었는가?

평가문항은 학습목표에서 직접 도출되기 때문에 학습목표를 명시적으로 진술하고 평가문항 또는 학습목표의 유형 및 난이도에 따라 다양한 유형을 결합해서 사용할 필요가 있다. 지식과 지적 스킬 중심의 **인지적 영역 평가**는 주로 지필 검사와 사례연구를 통하여 이루어진다. 〈표 11-7〉은 인지적 영역의 평가문항들을 보여준다. 운동 스킬 중심의 **심체적 영역 평가**는 실습, 역할 연기, 시뮬레이션 기법을 통해 이루어진다고 할 수 있다(Kirkpatrick, 1998). 〈표 11-8〉은 심체적 영역의 평가형식의 한 예다.

〈표 11-7〉 인지적 영역: 언어정보와 지적 스킬을 위한 목표 평가의 예

수행 목표	평가 문항
1. 명령문의 세 가지 목적을 진술하세요. 답은 요청, 명령과 지시를 포함하여야만 합니다.	명령문의 세 가지 목적은 ______________, ______________, ______________입니다.
2. 간단한 선언적, 감탄형, 그리고 명령문들에서, 명령문을 모두 찾아보십시오.	안내: 명령문을 찾아 앞의 빈칸에 '명'이라고 표기하세요. _____1. 작은 상자를 큰 상자 안에 두세요. _____2. 부드러운 비누로 얼굴을 씻으세요. _____3. 하루 종일 맑은 날이었어요. _____4. 선의 제일 끝으로 가세요! _____5. 나는 너무 행복합니다. _____6. 이 책을 동생에게 가져다주세요. _____7. 이 책이 동생이 제일 좋아하는 책이에요.
3. 주어진 명령문의 "요청하기" 혹은 "지시하기" 목적에서, 적절한 문장 마침의 구두점의 이름을 제시해보십시오.	1. 정중한 요청을 하기 위한 명령문을 만들기 위해 사용되는 구두점을 일컬어 ________라고 한다. 2. 독자에게 지시하기 위해 사용되는 명령문을 만들기 위해 사용되는 구두점을 일컬어 _______라고 한다.

수행 목표	평가 문항
4. 주어진 명령문의 "명령하기" 혹은 "강하게 강조하기"의 목적에서, 문장 마침에 적절한 느낌표의 이름을 제시해보십시오.	1. 강한 명령을 위한 명령문에 사용되는 구두점을 일컬어 ________라고 한다. 2. 강한 강조를 전달하기 위한 명령문에서 필요한 구두점을 ________라고 한다.
5. 주어진 요청, 지시 그리고 명령하는 명령문에서 마지막 구두점이 없는 문장에 문장 마침의 구두점을 각각 표기해보십시오.	안내: 다음에 제시되는 문장들 각각에 문장 마침 구두점을 표기하십시오. 1. 지금 당장 이리로 와 2. 문 좀 닫아주세요 3. 연 꼬리를 조금 더 길게 만들 필요가 있어 4. 숫자를 세시오 5. 그만해, 네가 날 아프게 하고 있어 6. 제게 포크 좀 갖다주세요

〈표 11-8〉 심체적 영역: 퍼팅 자세와 정확성을 평가하기 위한 체크리스트와 득점

이름	Mary Jones		날짜	3/26
퍼팅 자세			에러의 유형	
1. 바디	안정	(OK)	TNS	
	정렬	(OK)	RT	LFT
2. 그립	세기	(OK)	TNS	
	높이	(OK)	HI	LOW
3. 백스윙	높이	OK	HI	(LOW)
	방향	(OK)	RT	LFT
4. 폴로스루	높이	OK	HI	(LOW)
	방향	(OK)	RT	LFT
5. 스피드		OK	FST	(SLW)
6. 클럽 페이스		(OK)	OPN	CLS
	총	$\frac{7}{(10)}$		

퍼팅 정확성 점수

영역	업힐					다운 힐					어크로스 힐					합 계
포인트	4	3	2	1	0	4	3	2	1	0	4	3	2	1	0	
10	//	/				/	/	/			/		/	/		27
15		//	/				/	/	/			/		/	/	18
25	/		/		/			/	/	/			/		//	11
합계	25					18					13					56

출처: Dick, Carey와 Carey(2009)

태도와 같은 **정의적 영역 평가**는 지필검사, 사례연구, 역할 연기, 시뮬레이션 및 상호평가 방법을 통해서 이루어질 수 있다. 의도하는 바의 정의적 교육목표가 달성되었는가를 확인하기 위해서는 구체적인 행동 증거들을 수집하여 평가해야 한다. 이러한 행동증거의 수집방법으로는 '타인의 관찰에 의한 방법'과 '자기관찰에 의한 방법'으로 크게 구분할 수 있다. '타인의 관찰에 의한 방법'에는 체크리스트(checklist), 평정법(rating scale), 일화기록법(anecdotal records), 면접법 및 사회도 측정법 등이 있다. 사회도 측정법에는 동료평정방법, 추측방법, 명목기법, 사회도(sociogram), 사회적 거리 추정방법 등이 있다. '자기관찰에 의한 방법'으로는 자서전법, 태도검사법, 질문지법, 심리검사법, 투사적 방법 등이 있다. 〈표 11-9〉는 정의적 영역의 평가에 대한 예시이다.

〈표 11-9〉 정의적 영역: 행동 평가를 위한 횟수 측정(친절 서비스)

항목	관찰횟수	
	Yes	No
	186	19
A. 고객이 접근할 때 은행원은	예	아니오
1. 미소를 지었다.	~~////~~ ~~////~~	~~////~~
2. 반가운 언어로 고객을 맞이하였다.	~~////~~ ~~////~~ ~~////~~	

항목	관찰횟수	
	Yes	No
	186	19
3. 개인화된 코멘트를 하였다.	卌 卌 卌	
4. 서비스가 지체되었을 때 스스로 사과하였다.	////	//
5. 서비스에 대한 요청을 하였다.	卌 卌 ////	/
6. 모든 과정에 제대로 참여하였다.	卌 卌	///
7. 기타:		
B. 거래를 하는 동안 은행원은		
1. 주의 깊게 청취하였다.	卌 卌 卌	
2. 정보를 명확하게 요구하였다.	卌 ////	
3. 필요한 서류를 제공하였다.	卌 ////	
4. 서류양식을 완전히 채웠다/수정하였다.	卌 ////	
5. 발생한 변화에 대해 설명하였다.	卌 ////	
6. 반환된 자료에 대해 설명하였디.	卌 卌 //	///
7. 기타:		
C. 작업을 마무리할 때 은행원은		
1. 다른 서비스에 대해 요구하였다.	卌 卌 卌	
2. "감사합니다."라고 말하였다.	卌 卌 卌	
3. 고객의 코멘트에 반응하였다.	卌 卌	卌
4. 고객이 원하는 것에 대해 결론을 내렸다.	卌 卌 卌	
5. 기타:		

출처: Dick, Carey와 Carey(2009)

(2) 전통적인 학업성취도 평가도구

우리는 전인교육을 지향하기 때문에, 교육을 시키려면 인지적 영역, 정의적 영역, 심체적 영역을 균형 있게 학습시키고 평가해야 한다고 주장하고 있지만, 현실적으로 특히 학교교육에서는 거의 인지적 영역의 학습과 평가에 치우쳐 있음을 경험하여 왔다. 구술고사, 면접고사 또는 직접관찰 등과 같은 여러 가지 방법들이 인지적 영역의 평가를 위해 활용될 수 있지만 현재 인지적 영역의 평가에서는 지필검사 문항이 가장 많이 사용되고 그 종류도 아주 다양하다. 흔히 지필검사 문항은 인지적 영역에만 사용되는 문항이라고 잘못 인식되어 있지만, 지필검사의 문항형식을 어느 정도 수정하면 심체적 영역을 평가할 때 사용할 수 있는 것이 많다. 여기에서는 지필검사 문항의 폭넓은 용도를 고려하여 인지적 영역과 심체적 영역의 평가에 사용되고 있는 **지필검사의 문항형식**을 집중적으로 다룬다.

지필검사의 문항형식에는 주로 진위형, 선다형, 결합형, 단답형, 완성형, 논문형 등 6가지를 포함시킨다. 이 문항형식들은 응답자의 반응양식을 기준으로 하면 선택형 문항과 서답형 문항으로 분류되므로 진위형, 선다형, 결합형은 **선택형** 문항에 해당하고, 단답형, 완성형, 논문형은 **서답형** 문항에 해당한다. 이 문항형식들을 채점의 객관성을 기준으로 하면 객관식 문항과 주관식 문항으로 분류할 수도 있다. 답을 찾아내는 기억의 형태 또는 질을 중심으로 나누면 선택형 문항은 **재인형** 문항으로, 서답형 문항은 **재생형** 문항으로 분류된다(변창진 외, 1996).

진위형, 선다형, 결합형 문항은 채점에 채점자의 주관이 조금도 개입될 수 없는 문항이기 때문에 흔히 **객관식** 문항이라 하고, 반면 단답형, 완성형, 논문형 문항은 채점자의 주관이 채점결과에 작용할 여지가 있는 문항이라고 해서 **주관식** 문항으로 분류하는 경향이 있지만, 이것은 잘못된 분류방법이다. 서술적 단답형과 문항처럼 단답형과 완성형 문항도 채점자의 주관성이 개입될 수 있는 주관식 문항으로 출제할 수는 있지만, 채점자의 주관이 개입되기 쉬운 논문형 문항의 단점을 보완하기 위해 만든 문항이 단답형과 완성형 문항이므로 이 두 문항은 객관식 문항으로 분류해야 한다(Gronlund, 1984).

인지적 영역의 지필검사에서 사용되는 6가지 문항형식(즉 진위형, 선다형, 결합형, 단답형, 완성형, 논문형 등)에 대하여 기본형식과 특징을 제시하고 그 장단점을 지적한 후에 각 문항형식의 용도와 사용 시 유의사항을 논의한다. 우선 이 여섯 가지 기본형식의 특징을 예시하고 도식화하면 [그림 11-1]과 같다.

선택형 / **객관식**

1. 진위형

다음 글이 맞으면 T에, 틀리면 F에 표시하시오.
(T, F) 캐나다의 수도는 워싱턴(DC)이다.

2. 선다형

캐나다의 수도는 어디인가?
① 토론토 ② 도쿄 ③ 워싱턴 ④ 오타와

3. 결합형

다음 A군에 있는 각 나라의 수도를 B군에서 찾아 그 기호를 괄호 속에 써넣으시오.

A군	B군
(　) 1. 미국	가. 런던
(　) 2. 영국	나. 워싱턴
(　) 3. 캐나다	다. 파리
	라. 오타와

서답형

4. 단답형

캐나다의 수도는 어디인가?

5. 완성형

캐나다의 수도는 (　　　　　)이다.

주관식

6. 논문형

캐나다의 수도가 오타와로 결정되었던 지리적, 사회적 조건에 대하여 설명해 보시오.

[그림 11-1] 문항형식의 분류 및 예시

① 진위형 문항

진위형 문항은 응답자에게 진술문을 제시한 다음 그것의 진위, 정오, 또는 긍정 부정에 대한 이분적인 판단을 요구하는 문항형식이기 때문에 흔히 양자택일형(alternative response type item)이라고 부르기도 한다. 진위형 문항의 기본형식은 진술문의 내용 및 형식에 따라 진위형(true/false variety), 정오형(right/wrong variety) 또는 긍정부정형(yes/no variety)으로 구분되기도 하지만 큰 차이는 없다.

진위형 문항의 용도와 유의사항은 아래와 같다.

- 출제범위가 매우 넓고 시험시간이 제한되어 있을 때 적합한 형식이다.
- 명칭, 장소, 용어, 공식, 연도, 날짜, 사건 등과 같은 단순한 지식을 정확하게 획득했는가를 쉽게 측정하고자 할 때 적합하다.
- 사실과 의견의 구분 그리고 주장의 적절성 혹은 부적절성 등을 묻는 경우와 같이 단지 두 개의 반응(진위 또는 정오)만이 가능한 경우 다른 형식의 문항보다 특히 유용하다.
- 어린 아동이나 읽기 능력이 낮은 사람들을 대상으로 시험을 실시하고자 할 때 사용하기 적합한 형식이다.
- 많은 답안지를 주어진 시간 내에 신속하고 객관적으로 채점하고자 할 때 적합하다.
- 선다형 문항에 한 개 이상의 정답이 있고 채점의 공정성이 요구되는 경우 답지 하나하나를 각각 문두와 연결 지어 여러 개의 진위형 문항으로 출제하면 좋다.

② 선다형 문항

선다형 문항은 문두(item-stem)와 몇 개의 답지 또는 선택지(alternatives/option)를 같이 제시하여 놓고 응답자로 하여금 정답지를 고르도록 하는 형식이다. 문두는 보통 의문문이나 불완전문으로 진술되며, 답지는 정답지(right answer)와 오답지(distractor)로 구성된다. 선다형 문항은 답지의 수에 따라 삼지선다형,

사지선다형, 오지선다형 등으로 구분되지만 일반적으로 사지선다형 또는 오지선다형이 가장 많이 사용되고 있다.

선다형 문항의 용도와 유의사항은 아래와 같다.

- 채점의 객관성과 공정성이 보장되면서도 또한 신속하고 용이하게 채점할 수 있기 때문에 객관성을 요구하는 선발고사에 적합한 형식이다.
- 단편적인 지식의 기억 및 이해 정도를 평가하는 데는 물론 이해력, 적용력, 분석력, 종합력, 평가력 등을 평가할 때도 이용될 수 있다.
- 내용에 구애받지 않고 모든 교과에서 지적 영역의 학습정도를 평가하기 위해 널리 사용될 수 있다. 또, 아동에서 성인에 이르는 거의 모든 연령층에서 두루 사용될 수 있는 형식이다.
- 단답형이나 완성형으로 출제하면 유사정답으로 인해서 채점과정에 문제가 야기될 가능성이 있을 경우 적합한 형식이다.

③ 결합형 문항

결합형 문항은 일련의 용어, 명칭, 구, 개념, 정의 또는 불완전 문장으로 구성된 자극군(stimuli)인 전제(premises)와 내용 또는 항목으로 이루어진 반응군(responses)인 답지(alternatives)에서 서로 관계되는 것을 찾아 연결하도록 하는 문항형식이다. 결합형 문항은 흔히 배합형 또는 연결형이라 부르기도 한다. 결합형 문항의 자극군은 선다형 문항의 문두에 해당하고 반응군은 선다형의 선택지에 해당된다는 점에서 보면 결합형 문항을 선다형 문항의 특수한 형식으로 간주할 수 있다. 결합형 문항의 자극군에서는 문두에 있는 내용을 아주 간략하게 줄여서 배열하고, 일반적으로 자극군의 자극수에 비해 반응군의 선택지 수가 많게 한다.

결합형 문항의 용도와 유의사항은 아래와 같다.

- 지식, 용어, 정의, 날짜, 사건 등의 상호관계에 관한 지식을 평가하고자 할 때 사용하기 적합하다.
- 출제범위가 좁고 동질적인 내용이 많을 경우 적합한 형식이다.

- 선다형으로 출제해야 하지만 출제시간이나 지면에 여유가 없을 경우에 적합한 형식의 문항이다.

④ 단답형 문항

단답형 문항은 문제를 의문문이나 명령문으로 제시한 다음 한두 개의 단어, 숫자, 기호, 짧은 구, 문장으로 답하도록 하는 문항형식이다. 단답형 문항은 원칙적으로 채점자의 주관이 개입될 수 없는 객관식 문항이다. 그러나 단답형을 단구적 단답형과 서술적 단답형으로 나눌 경우 단답형 문항은 바로 단구적 단답형을 의미하고 객관식 문항에 속한다. 반면에 답의 길이가 긴 서술형 단답형은 주관식 문항이고 단답형의 변형이지만 성질상 논문형 문항의 변형이라고 간주할 수 있다.

단답형 문항의 용도와 유의사항은 아래와 같다.

- 전문용어, 연대, 인명, 지명, 절차, 문법, 정의, 공식, 법칙, 원리 등과 같은 중요한 학습 내용에 대한 회상 수준의 학습결과를 평가하고자 할 때 적합하다.
- 주로 지식과 이해력을 측정, 평가하는 데 널리 사용되나 문항을 제대로 작성하기만 하면 적용력, 분석력, 평가력 등과 같은 고차적 수준의 학습결과를 평가하는 데도 능히 적용될 수 있다.
- 선다형 문항으로 출제해야 하지만 오답지를 작성하기 어려울 때 사용하면 편리하다. 또한 선택형 문항으로 출제할 경우 정답이 너무 분명해질 경우에 사용하기 적합한 형식이다.
- 완성형으로 출제할 경우 문두의 표현이 응답자에게 정답에 대한 단서를 제공할 가능성이 있을 때 사용하기 적합하다.
- 도표, 그림, 지도 등과 같이 문장으로 설명하기 어려운 자료를 주고 명칭, 기능, 또는 구조에 대한 지식을 측정하고자 할 때 유용하게 사용할 수 있다.

⑤ 완성형 문항

완성형 문항은 문장의 일부분을 비워 놓고 빈 자리에 단어, 구, 숫자, 기호 등을 써넣어 불완전문을 완성하도록 하는 형식이다. 단답형 문항은 문두가 의문문으로 진술되는 데 비해 완성형 문항은 불완전문으로 진술된다는 점이 다르지만 완성형과 단답형 문항은 본질적으로 같은 문항형식이다.

완성형 문항의 용도와 유의사항은 아래와 같다.

- 선다형 문항에서 능률적인 오답지를 만들기 어려울 때 사용하기 적합한 형식이다.
- 불완전문에 있는 용어나 표현을 단서로 사용하여 답을 찾아내도 무방한 경우에 적합하다.
- 단답형으로 출제하면 출제나 요구하는 답이 무엇인지 분명하지 않고 애매한 경우 완성형으로 출제하면 편리하다.
- 보다 생생하고 자연스러운 표현이나 진술을 이용하여 답을 생각해내는 것이 바람직한 상황일 때 사용하면 좋다.

⑥ 논문형 문항

논문형 문항은 하나 또는 여러 개의 문장으로 구성된 문제상황을 제시하여 놓고 응답자에게 몇 개의 문장 또는 여러 페이지에 걸쳐 논술식으로 답을 쓰게 하는 문항형식이다. 선다형 문항이 문두와 답지로 이루어지듯이 논문형 문항은 주사(subject)와 빈사(predicate)로 구성된다. 논리학에서는 판단 또는 명제의 주제가 되며 그것에 대하여 긍정 또는 부정의 주장을 할 수 있는 명사를 주사라고 하고, 주사에 대하여 설명하는 술어가 되는 명사 또는 개념을 빈사라고 한다. 예를 들면, 논리학에서 '사람은 죽는다'라는 명제에서 '사람은'이 주사이고, '죽는다'는 빈사다. 마찬가지로 '취미활동과 정신건강의 관계를 논하시오'라는 논문형 문항에서 '취미활동과 정신건강의 관계'는 주사이고, '논하시오'는 빈사에 해당된다. 흔히 작문교육과 교육평가 분야에서는 주사와 빈사를 합쳐 논제(prompt)라고 하지만 엄격하게 말하면 주사만을 논제라고 해야 한다. 논문형 문항은 평가하고자 하는 내용의 수준에 따라 지식수준 평가형 문항, 사고능력 평가형 문항, 태도·가치 평가형 문항으로 구분된다. 그러나 필요한 경우 하나의 논문형 문항으로 지식, 표현능력, 사고, 태도, 가치 등을 동시에 복합적으로 평가할 수도 있다.

논문형 문항의 용도와 유의사항은 아래와 같다.

- 다른 문항형식으로는 평가하기 곤란한 종합력, 조직력, 창의력, 표현력, 비판력, 논증력 등과 같이 고차적인 사고능력을 요구하는 학습결과를 평가해야 할 경우 사용하기 적합하다.
- 응시자의 수가 적고, 한 번 출제한 문항을 다시 사용하지 않으려고 할 때 적합한 형식의 문항이다.
- 학습태도를 측정하고자 할 때, 그리고 작문력과 의사소통능력을 측정하고자 할 때 적합한 형식이다.

위에서 논의된 6가지 문항형식은 전술한 바와 같이 선택형 문항과 서답형 문항으로 대별된다. **선택형** 문항(selection type item)은 지시문 및 문두(item-stem)와 함께 여러 개의 선택지(alternatives or options)를 제시해 놓고 그중에서 적합한 답지를 선택하도록 하는 문항형식이다. 이 형식은 응답과정에서 여러 개의 선택지 중에서 정답지를 확인해서 선택하도록 하는 재인과정을 요구하기 때문에 **재인형** 문항(recognition-type item)이라고 부르기도 한다. 이러한 기준으로 보면 진위형, 선다형, 결합형은 선택형 문항에 해당된다. 선택형 문항은 객관적이고 신속한 채점이 가능하며, 내용표집의 대표성이 높다는 장점이 있다. 그러나 문항제작에 특별히 유의하지 않으면 별로 중요하지 않은 단편적인 사실에 대한 기계적인 기억을 측정하는 문항이 출제될 가능성이 높다는 단점이 있다.

서답형 문항(supply type item)은 문두만 제시하여 응답자로 하여금 답을 생각해서 쓰도록 하는 형식의 문항이다. 이 형식은 응답자로 하여금 답을 스스로 생성하는 재생과정을 요구한다는 점에서 흔히 **회상형** 문항(recall-type item)이라고 부른다. 서답형 문항에는 단답형, 완성형, 논문형이 있다. 서답형 문항은 선택형 문항에 비해서 고차적인 학습성과를 측정할 수 있으며, 추측으로 정답을 찾을 가능성을 최소화할 수 있다는 장점이 있으나 채점이 어려울 뿐만 아니라 객관도가 낮다는 단점이 있다(정재삼, 2022).

(3) 대안적인 평가방법

기존 평가의 대안적 접근으로 교수-학습의 현장에서 학습목표의 맥락에 입각하여 이루어지는 직접적이고 실질적인 사정 및 평가(authentic assessment and evaluation), 즉 "참평가", 열린 평가, 진솔한 평가라고 불리는 수행기반 평가 또는 수행평가가 대두되어 모든 과목에 보급되어 있는 실정이다. 이러한 맥락에서 성취 수행의 평가가 강조되고 포트폴리오(portfolio) 방식이 교실 수업 수준의 평가로부터 광범위하게 보급되고 있다. 이 참평가는 검사도구를 통한 간접적인 평가활동으로부터 탈피하여, 학습목표(지식, 기능, 태도)와 직결된 수행과제의 달성을 실질적으로 표현하고 수행하도록 하는 데 중점을 두고, 교수-학습활동과 더불어 이루어지는 평가를 의미한다.

학습자 성취도에 대한 대안적 평가방법으로 수행평가(performance evaluation), 포트폴리오평가(portfolio evaluation), 인터뷰 및 구술평가, 일지(log, journal), 글 견본(writing sample), 개방형 경험, 장기적 프로젝트 등이 제시되고 있으나(Newby, Stepich, Lehman, & Russell, 2006), 여기에서는 〈표 11-10〉과 같이 **수행평가**와 **포트폴리오평가**를 장점, 한계점, 사용지침을 중심으로 논의한다. 수행평가는 지필검사와는 달리 실제적인 맥락에서 학습자들이 배운 것을 설명하도록 요구하고 거기에 근거한 수행성과를 평가하는 것이다. 전통적인 포트폴리오는 학습자 작품을 물리적으로 모은 것이라면 전자포트폴리오(electronic portfolio)는 학습자 작품을 디지털 형식으로 모은 것이다(정재삼, 2022; Smaldino, Lowther, & Russell, 2008).

〈표 11-10〉 수행평가와 포트폴리오평가의 비교

	수행평가	포트폴리오평가
장점	• 특별히 checklist를 사용하여 수행이나 산출물을 객관적으로 평가할 수 있다. • 학습자가 바람직한 수행을 실제적으로 드러낸다. • 수행 checklist를 사용하여 학습자는 시험 전에 수행을 연습하고, 교사, 학부모, 동료학습자들에게 피드백을 받을 수 있다.	• 학습자가 무엇을 알고 할 수 있는지에 대한 큰 그림을 제공한다. • 학습자의 성장과 더불어 학습자의 작업 과정과 산출물을 나타낸다. • 학습자가 자신의 학습평가에 적극적으로 관여하고 자신의 작업과 능력에 대해서 적극적으로 성찰한다.
한계점	• 보통 한 사람씩 평가하기 때문에 시행에 시간이 많이 소요된다. • 수행자의 능력을 평가하는 여러 사람들이 필요하다. • 특별한 장소에 특별한 장비를 설치하는 데 시간이 소요된다.	• 포트폴리오에 있는 작업은 학습자가 알고 할 수 있는 것을 전적으로 대표하는 것이 아닐 수 있다. • 산출물 비판에 사용된 준거가 과제의 가장 적절하고 유용한 차원을 반영하지 않을 수가 있다. • 포트폴리오에서 나온 결론은 평가자의 영향을 심하게 받을 수 있다.
사용 지침	• 학습자가 무엇을 보여주고 무슨 장비와 자료가 필요한지, 어떻게 수행이 평가되는지를 정확하게 구체화한다. • 수용 가능한 수행기준에 기반을 둔 checklist를 개발하여 사용한다. • checklist에 관찰될 모든 주요 행동들을 포함한다. 별도의 checklist에는 관찰되어서는 안 될 행동들을 열거한다. • 행동의 순서가 중요하다면 이를 강조한다. • 채점방법을 되도록 단순하게 한다. • 기능을 연습하기 전에 학습자에게 checklist와 채점방법을 알려준다. • 수행을 기록하기 위해 비디오/오디오 테이프를 사용한다.	• 효과적인 포트폴리오를 제작하는 데는 다양한 기능과 기법이 필요하다. • 학습자는 자신의 포트폴리오에 포함될 작품들을 선택해야 한다. • 포트폴리오는 rationale(취지), intent(목적), content(실제전시 내용), standard(준거), judgement(가치)를 포함한다. • 포트폴리오는 성장을 보여주는 사례들을 포함해야 한다. • 질문을 통하여 학습자의 자기성찰과 자기평가를 촉진한다(왜 이것이 가장 우수한 작업인가? 이것을 만들어내려고 얼마나 애썼는가? 등). • 진보를 알 수 있도록 모든 작품은 날짜를 표시한다. • 학습자에게는 포트폴리오평가 기준을 알린다.

(4) 대안적 평가를 위한 루브릭 개발

일반적으로 **루브릭**(rubric)은 평가적 판단을 내릴 때 사용되는 세부적인 기준이나 준거를 의미하지만, 대안적 평가인 수행평가나 포트폴리오평가에서는 보다 준비가 필요하다. 수행평가와 포트폴리오평가는 관찰과 판단에 의한 것이기 때문에 대안적 평가를 위한 루브릭은 몇 가지 특징이 있다(김영천, 2016). 평가준거가 세부적이어야 한다. 학습결과가 상중하, 123과 같은 단계로 표현되어야 한다. 각 단계는 관찰 가능하고 측정 가능한 한 증거행동으로 진술되어야 한다. 루브릭은 평가자뿐만 아니라 학습자에게도 도움이 된다. 학습자들에게는 루브릭이 자기주도학습이나 메타인지 향상을 일으킬 수 있다. 학습자 본인은 루브릭을 통하여 효과적인 피드백을 받을 수 있고 자신의 학습과 수행 향상의 기반을 잡을 수 있다.

루브릭은 과제제시, 성취수준, 평가요소, 평가준거의 네 가지 **기본적 요소**로 구성된다(김영천, 2016). ① **과제제시**: 학습자가 수행할 과제를 제시한다. ② **성취수준**: 주어진 과제를 어느 정도로 성취했는지를 3~5 수준으로 구분해서 부족(미흡), 기초, 보통, 숙달, 탁월 등으로 표현한다. ③ **평가요소**: 과제의 세부적인 구성요소를 포함한다. 지식, 스킬, 태도로 종합적인 성취도를 구분할 수도 있고 과제의 수행순서에 따라 세부적으로 구분할 수도 있다. ④ **평가준거**: 평가요소의 세부과제별로 성취수준을 달성하기 위해서 어떤 행동증거가 있어야 하는지를 설명한다.

4) 수업자료의 평가와 수정

교수설계(instructional design)나 교수체제개발(instructional systems development)의 입장에서 평가는 A-D-D-I-E의 모든 과정에서 일어난다고 볼 수 있다. 프로그램의 가치판단을 위한 **총괄평가**는 교육프로그램이 실행되고 난 후에 적용된다. 그러나 프로그램의 잘못된 부분을 찾아서 품질을 개선하는 데 초점을 둔 **형성평가**는 크게 보면 교수체제개발(ISD)의 모든 요소에서 일어나고, 구체적으로는 개발(development) 단계에서 수업자료와 프로그램의 초안(draft)이 나왔을 때 행하는 1:1평가, 소집단평가, 현장평가를 포괄하는 것이다.

이런 관점에서 보면 Gagné, Wager, Golas, Keller(2005)가 제시하는 자료평가(material evaluation), 과정평가(process evaluation), 학습자 반응(learner reaction), 학습자 성취도(learner achievement), 수업결과(instructional consequences) 등 평가의 5가지 유형은 혼란을 줄 수 있다. 하지만 자료평가와 과정평가는 형성평가에 관련이 있고 학습자 반응(Kirkpatrick의 1수준에 해당), 학습자 성취도(Kirkpatrick의 2수준에 해당), 수업결과(Kirkpatrick의 3, 4수준에 해당)는 총괄평가에 관련이 있다고 볼 수 있다. 단지 학습자 반응평가의 경우는 총괄적인 기능도 있지만 강의평가 또는 수업평가의 입장에서는 형성적인 용도도 매우 크다고 판단된다(정재삼, 2022).

교수-학습의 상황에서 우리는 학습자의 학업성취도뿐만 아니라 수업방법과 수업매체를 포함한 수업자료를 평가한다. 〈표 11-9〉에서 언급된 바와 같이 수업 및 **수업자료 평가의 주요 방법**에는 직접관찰(direct observation), 학습자와의 대화(talking with students), 동료검토(peer review), 교실관찰(classroom observation)이 포함된다(Newby, Stepich, Lehman, & Russell, 2006). "**직접관찰**"은 주로 그룹활동이 관련될 때, 교수자/교사가 수업의 일부가 진행되는 과정에 학습자들을 관찰하는 일이다. 직접관찰로 수업의 과정과 학습의 산출에 관한 정보를 얻을 수 있다. "**학습자와의 대화**"는 여러 형태가 있지만 교사가 학습자 개인 또는 학습자 집단과 하는 형식적인 또는 비형식적인 토론에 관련된다. "**동료검토**"는 동료교사에게 수업의 자료를 검토하고, 그 유용성에 대하여 코멘트하며, 수업을 개선할 수 있는 방안을 제시해달라고 요청하는 일이다. "**교실관찰**"은 동료교사를 교실에 초청해서 진행 중인 수업을 관찰하게 하고, 수업자료와 활동이 어떤지를 코멘트하게 하며, 개선방안의 제시를 하게 하는 일에 관련된다. 〈표 11-11〉은 이 수업자료 평가방법의 사용지침을 보여주고 있다.

〈표 11-11〉 수업자료 평가방법의 사용지침

평가 방법	방법별 가이드라인
직접 관찰	• 관찰 이전에 수업자료 평가에서 특별히 흥미 있는 것이 무엇인지를 파악한다. 관찰 동안에 자료의 이런 측면에 특히 주의를 기울여야 한다. • 학습자를 관찰한다. 도움을 요청하는 학습자 또는 특별히 적극적인 학습자를 관찰하기가 상대적으로 쉽겠지만, 가능한 한 다른 많은 유형의 학습자를 관찰하는 것이 중요하다. • 되도록 참견하지 않는다. 여러분의 관찰이 학습자가 자료를 사용하는 데 방해되어서는 안 된다. • 어떤 것이 잘 통할 것인지, 어떤 것이 잘 통하지 않을 것인지, 또 어떤 학습자들에게 통하고 통하지 않을 것인지에 대해서 적어 놓는다.
학습자와의 대화	• 학습자들과 대화하기 전에 수업자료평가에서 특별히 흥미 있는 것이 무엇인지 파악한다. 토론 중에 자료의 이런 측면에 특히 주의를 기울여야 한다. • 학습자와 대화를 한다. 자기 자신을 잘 표현하고 의견이 있는 학습자와 대화하기가 상대적으로 쉽겠지만, 가능한 한 다른 많은 유형의 학습자와 대화하는 것이 중요하다. • 토론은 초점을 두어 짧게 한다. 토론의 주제를 벗어나지 않기 위하여 과제의 구체적인 측면에 대해서 문의한다. • 경청한다. 수업에 대하여 방어적이 되는 것을 피하도록 한다. 학습자가 무엇을 생각하는지를 알아내도록 노력한다. 학습자들이 말하기를 권장하는 적극적인 경청기법, 부연설명하기, 개방형의 질문을 사용한다. 필요하면 학습자들의 코멘트를 명료화한다.
동료 검토	• 동료에게 수업자료를 검토하도록 요청하기 전에 수업자료평가에서 특별히 흥미 있는 것이 무엇인지 파악한다. 이 정보를 동료에게 준다. 자료의 이런 측면에 동료가 특히 주의를 기울이도록 해야 한다. • 이 주제, 학습자, 그 수업 방법과 매체에 익숙한 동료에게 요청한다. • 여러분 자신의 것과는 다른 관점을 얻도록 노력한다. 이를 위해 1) 1인 이상의 동료에게 자료의 검토를 요청한다. 2) 내용, 학습자, 수업방법 등에서 당신과는 다른 관점을 가질 것 같은 사람에게 요청한다. 3) 자료를 다른 방식으로 보도록 의식적으로 노력하는 동료에게 요청한다. • 경청한다. 필요시 당신의 근본적 이유를 설명하더라도 수업자료에 대해서는 방어적이 되기를 피한다. 다른 의견을 얻도록 노력한다. 학습자들이 말하기를 권장하는 적극적인 경청기법, 부연설명하기, 개방형의 질문을 사용한다. 필요하면 명료화를 요청한다.

평가 방법	방법별 가이드라인
교실 관찰	• 동료에게 교실을 관찰하도록 요청하기 전에 평가에서 특별히 흥미 있는 것이 무엇인지 파악한다. 이 정보를 동료에게 준다. 자료의 이런 측면에 동료가 특히 주의를 기울이도록 해야 한다. • 이 주제, 학습자, 그 수업 방법과 매체에 익숙한 동료에게 요청한다. • 수업 후에 관찰자와의 대화를 계획한다. 이 대화를 너무 서두르지 않는다. • 관찰자가 수업의 강점과 개선이 필요한 부분을 쉽게 고려할 수 있도록 "good news - bad news"의 형태로 사용하기를 권장한다.

출처: Newby, Stepich, Lehman & Russell(2006). p. 251.

수업자료를 평가할 때는 다음과 같은 이슈를 고려할 수 있다. 수업자료가 효과적인가? 수업자료를 개선할 수 있는가? 수업자료가 비용효과적인가? 수업자료를 사용한 후에 그것을 그대로 계속 사용할 것인가 아니면 수정해서 사용할 것인가? 어떤 매체가 학습자들이 목표를 성취하는 데 도움이 되었는가? 이 매체가 학생의 흥미를 유발하는 데 효과적인가? 또 학생의 참여를 촉진하는가? 의도했던 것과 실제로 행해진 것 사이에 격차가 있는가? 학습자가 목표의 달성에 실패하였는가? 수업자료나 수업매체에 대하여 어떻게 반응하였는가? 교수자는 선택한 자료의 가치에 만족하는가? 이러한 경우에 교수자는 이 평가와 판단의 결과를 수업과 수업의 각 요소에 반영하여야 한다. 다음 수업을 실행하기 전에 평가결과를 참고하여 수업자료와 프로그램을 개정하는 것이 좋다. 교수자는 수업의 질을 향상하기 위하여 평가를 일관성 있게 진행할 필요가 있으며, 이를 위해 〈표 11-12〉을 활용할 수 있다.

〈표 11-12〉 수업자료평가표(인쇄물, 비디오, 소프트웨어, 멀티미디어 등)

<table>
<tr><td>제 목
(시리즈제목)</td><td colspan="2"></td><td rowspan="2">검색어</td><td rowspan="2"></td></tr>
<tr><td>출 처</td><td colspan="2"></td></tr>
<tr><td>판권(　　년)</td><td>비용(　　　　원)</td><td>길이(　　　　분)</td><td rowspan="3">자료형태</td><td rowspan="3"></td></tr>
<tr><td>주제영역</td><td colspan="2"></td></tr>
<tr><td>수업전략</td><td colspan="2"></td></tr>
<tr><td>내용요약</td><td colspan="4"></td></tr>
<tr><td>학습목표</td><td colspan="4"></td></tr>
<tr><td>선수학습능력</td><td colspan="4"></td></tr>
</table>

<table>
<tr><td rowspan="14">항목별
등급</td><td></td><td>상</td><td>중</td><td>하</td><td>비고</td></tr>
<tr><td>교육과정과의 연계</td><td></td><td></td><td></td><td></td></tr>
<tr><td>정확성과 최신성</td><td></td><td></td><td></td><td></td></tr>
<tr><td>언어사용의 정확성</td><td></td><td></td><td></td><td></td></tr>
<tr><td>동기유발과 흥미유지</td><td></td><td></td><td></td><td></td></tr>
<tr><td>학습자 참여</td><td></td><td></td><td></td><td></td></tr>
<tr><td>기술적 품질</td><td></td><td></td><td></td><td></td></tr>
<tr><td>효과성 관련자료</td><td></td><td></td><td></td><td></td></tr>
<tr><td>편견 및 광고성</td><td></td><td></td><td></td><td></td></tr>
<tr><td>사용자 안내</td><td></td><td></td><td></td><td></td></tr>
<tr><td>독해수준의 적절성</td><td></td><td></td><td></td><td></td></tr>
<tr><td>속도 적합성</td><td></td><td></td><td></td><td></td></tr>
<tr><td>인지적 학습전략 활용</td><td></td><td></td><td></td><td></td></tr>
<tr><td>창의성 자극</td><td></td><td></td><td></td><td></td></tr>
<tr><td>장 점</td><td colspan="5"></td></tr>
<tr><td>단 점</td><td colspan="5"></td></tr>
<tr><td>특 징</td><td colspan="5"></td></tr>
<tr><td>추천 여부</td><td colspan="2"></td><td colspan="2">추천자:</td><td>추천일:</td></tr>
</table>

출처: Heinich, Molenda, Russell & Smaldino(2002).

또한 어떤 과목에 대하여 전체적인 학습자의 반응, 즉 강의평가(수업평가)를 실시할 수 있다(〈표 11-13〉, 〈표 11-14〉 참조).

〈표 11-13〉 E대학의 강의평가(수업평가)

• 강의계획서가 구체적으로 제시되었다.	( )
• 수업자료는 강의이해와 지식습득에 도움이 되었다.	( )
• 강의는 강의계획서에 따라 체계적으로 진행되었다.	( )
• 교수자는 학생들의 이해정도를 고려하여 수업을 하였다.	( )
• 수업방법은 학습내용을 이해하는 데 도움이 되었다.	( )
• 학생들과 질의, 의견교환 등 상호작용이 원활하였다.	( )
• 적절한 과제가 부여되었으며 학습에 도움이 되었다.	( )
• 성적평가는 공정하였으며 결과에 대한 피드백을 받았다.	( )
• 수업결손 없이 강의하였거나 휴강에 대한 보강을 하였다.	( )
• 이 강의는 전공 또는 교양지식을 함양하는 데 도움이 되었다.	( )
• 이 강의에 만족한다.	( )
• 이 강의를 다른 학생에게 추천하고 싶다.	( )

1 = 전혀 그렇지 않다.
2 = 그렇지 않다.
3 = 결정할 수 없다.
4 = 그렇다.
5 = 매우 그렇다.

〈표 11-14〉 반응 설문지(강사평가)

강사: ______________________ 주제: ______________________

1. 주제가 여러분의 요구와 흥미에 얼마나 적합하였습니까?
   ______ 전혀 부적합 ______ 어느 정도 적합 ______ 매우 적합
2. 발표에서부터 토의의 비율은 어떠하였습니까?
   ______ 전혀 부적합 ______ 어느 정도 적합 ______ 매우 적합
3. 강사(교수자)에 대해 어떻게 평가하십니까?

	매우 탁월	매우 우수	우수	적절	매우 부족
a. 목표 진술					
b. 수업의 흥미 유발					
c. 의사소통					
d. 기기 사용					
e. 친절한 태도					

4. 강사에 대한 전반적인 평가는 어떻습니까?
   ______ 매우 탁월 * 추가의견: ______________________
   ______ 매우 우수 ______________________
   ______ 우수 ______________________
   ______ 적절
   ______ 매우 부족
5. 보다 효과적인 수업을 위해서 어떤 점을 고려해야 합니까?

출처: Kirkpatrick(1998)을 수정함

탐구과제

1. 프로그램 평가의 목적이 형성적인 것과 총괄적인 것이 있다고 한다면 '과정' 중심 평가는 형성적인 것인지 아니면 총괄적인 것인지 생각해봅시다.

2. CIPP 평가모형을 적용하여 '과정' 중심 평가를 실행해봅시다.

3. 과정 중심 평가로서의 수행 평가와 포트폴리오 평가의 의의를 생각해봅시다.

참고문헌

김영천 (2016). 수행평가 이론과 실제. 아카데미프레스.

배호순 (1994). 프로그램평가론. 원미사.

변창진 외 (1996). 교육평가. 학지사.

성태제 (2002). 현대교육평가론. 학지사.

정재삼 (2004). 교육프로그램평가. 교육과학사.

정재삼 (2010). 교육공학의 평가. 이화교육총서.

정재삼 (2022). 교육-인재개발을 위한 프로그램평가의 과정. 교육과학사.

Anderson, L. W. & Krathwohl, D. R. (2001). *A taxonomy for learning, teaching, and assessing: A revision of Bloom's taxonomy of educational objectives*. Longman.

Binder, C. (2010). Measurement, evaluation, and research: Feedback for decision making. In J. Moseley & J. Dessinger (Eds.), *Handbook of improving performance in the workplace*. San Francisco: Pfeiffer.

Bloom, B. (1956). *Taxonomy of educational objectives, Handbook 1: Cognitive domain*. New York, NY: McKay.

Boulmetis, J. & Dutwin, P. (2005). *The ABCs of evaluation*. San Francisco: Jossey-Bass.

Braden, R. (1992). *Formative evaluation: A revised descriptive theory and a prescriptive model*. Paper presented at AECT annual convention.

Choppin, B. (1990). *Evaluation as a field of inquiry: Valuation, assessment, and measurement.*

Dick, W., Carey, L., & Carey, J. (2009). *The systematic design of instruction* (7th ed.). New York: Longman.

Fitzpatrick, J., Sanders, J., & Worden, B. (2010). *Program evaluation: Alternative approaches and practical guideline* (4th ed.). Upper Saddle River, NJ: Pearson.

Flagg, B. N. (1990). Collaboration of researcher and designers producing a science museum videodisc. (ERIC document production service ED323910).

Gagné, R., Wager, W., Golas, K., & Keller, J. (2005). *Principle of instructional design* (5th ed.). Thomson.

Gronlund, N. (1984). *Measurement and evaluating in teaching* (4th ed.). New York:

Macmillan.

Heinich, R., Molenda, M., Russell, J., & Smaldino, S. (2002). *Instructional media and the new technologies for learning*. Upper Saddle River, NJ: Pearson.

Isaac, S., & Michael, W. (1995). *Handbook in research and evaluation* (3rd ed.). San Diego: EITS.

JCSSE (1981). *Standards for evaluation of educational programs, projects, and materials*. New York: McGraw Hill.

Kirkpatrick, D. (1998). *Evaluating training programs: The four levels* (2nd ed.). San Francisco: Berret-Koehler.

Kirpatrick, D. & Kirkpatrick, J. (2006). *Evaluating training programs: The four levels* (3rd ed.). San Francisco: Berret-Koehler.

Kirpatrick, J. & Kirkpatrick, W. (2016). *Four levels of training evaluation.* Alexandria, VA: ATD Press.

Krathwohl, D., Bloom, B., & Masia, B. (1964). *Taxonomy of educational objectives, Handbook 2: Affective domain.* NY: David McKay.

Newby, T., Stepich, D., Lehman, J., & Russell, J. (2006). *Educational technology for teaching and learning* (3rd ed.). Upper Saddle River, NJ: Pearson.

Piskurich, G. (2006). *Rapid instructional design: Learning ID fast and right* (2nd ed.). San Francisco: Pfeiffer.

Scriven. M. (1967). *The methodology of evaluation: In perspectives of curriculum evaluation* (AERA monograph series on curriculum evaluation, No. 1). Chicago: Rand McNally.

Simpson, E. (1969). *The classification of educational objectives: Psychomotor domain.* Illinois Teacher of Home Economics.

Smaldino, S., Lowther, D., & Russell, J. (2008). *Instructional technology and media for learning* (9th ed.). Upper Saddle River, NJ: Pearson.

Stufflebeam, D. (1983). The CIPP model for program evaluation. In G. Madaus, M. Scriven, & D. Stufflebeam (Eds.), *Evaluation models*. Boston: Kluwer-Nijhoff.

제 4 부

미래교육의 방법과 테크놀로지

최근 교육의 미래에 대한 논의가 더욱 활발해지고 있다. 다양한 학교 체제, 새로운 교육방법, 과거와는 다른 역할을 수행해야 하는 교사와 학습자 등, 교육체제의 전반에 걸쳐 혁신이 요구되는 시점이다.

본서의 4부에서는 이러한 변화를 사회적, 교육적, 테크놀로지 측면에서 논의하고, 미래교육의 방법과 테크놀로지의 미래를 조망한다. 이를 통해 예비교사들이 미래지향적인 교육 이슈들에 대해 논의하고, 이를 바탕으로 미래교육의 비전을 그려볼 수 있는 기회를 제공하고자 한다. 각 장의 내용은 아래와 같다.

12장 **미래사회와 교육/인재개발의 변화**: 본 장은 제4차 산업혁명(the Fourth Industrial Revolution, 4IR)의 변화가 몰고 온 (1) 사회의 변화, 학습자 핵심역량변화, 학습이론의 변화, 교수설계의 변화 등의 (2) 교육의 변화, (3) 하드와 소프트 테크놀로지 변화를 바탕으로 하여 교육의 미래를 논의한다.

13장 **인공지능 활용 교육**: 본 장은 인공지능의 역사, 개념, 유형을 통해서 AI를 먼저 소개하고 난 후에 AI와 교육, AI 이해 교육, AI 활용 교육, AI 가치 교육, AI와 교사 역할 등을 설명한다.

제 12 장

미래사회와 교육/인재개발의 변화

지난 몇 개월 동안 자신의 수업 개선을 위해 열심히 노력하고 있는 K 교사의 모습을 지켜보던 교감 선생님은 K 교사에게 도전적인 과제를 주시며 생각해보라 하셨습니다. 그 과제는 다음과 같습니다. 2030년 본 학교는 어떻게 달라져야 할지에 대한 미래 학교의 모습을 그려오라는 것이었습니다. 미래 학교의 환경, 교실환경, 교사의 역할, 학생의 역할, 활용되는 소프트웨어, 하드웨어 등을 포함하여 학교 운영전략, 교육과정 구성, 수업운영 전략 등을 그림과 함께 각 요소별로 정리해오라는 것입니다. 12장을 읽으면서, K 교사와 함께 미래 학교, 미래 교실, 미래 수업의 모습을 그려봅시다.

학습목표

12.1. 학습자는 제4차 산업혁명(4IR)이 몰고 온 현재 또는 가까운 미래사회의 모습을 설명할 수 있다.

12.2. 학습자는 교육의 변화를 촉진하는 학습자의 핵심역량, 학습이론, 교수설계이론에 대하여 논의할 수 있다.

12.3. 학습자는 테크놀로지의 변화하는 모습을 하드와 소프트로 구분하여 진술할 수 있다.

12.4. 학습자는 사회, 교육, 테크놀로지의 변화를 고려한 우리 교육과 인재개발의 미래를 추측할 수 있다.

본 장에서는 제1차 산업혁명에서 제4차 산업혁명까지 점차 그 혁명의 속도가 빠르게 진행되며 사회의 모든 영역이 변화되고 있는 현시점에서 교육 분야의 전문가들은 미래를 어떻게 예측하고 준비해야 하는지, 나아가 우리 학생들에게는 어떠한 준비를 시켜야 하는지를 논하기 위해 사회의 변화, 테크놀로지의 변화를 바탕으로 교육의 미래 청사진을 그려 보고자 한다.

1 사회의 변화

21세기의 시작과 동시에 출현한 제4차 산업혁명(4IR)은 디지털 테크놀로지를 기반으로 발전되기 시작하였으며 사회 전반에 걸쳐 근본적인 변화를 촉진하고 있다. 과거 증기기관을 통해 기계적 생산을 이끌어낸 제1차 산업혁명을 거쳐 전기동력을 이용한 대량생산의 제2차 산업혁명과 전자 및 정보테크놀로지를 통한 자동화로 대표되는 제3차 산업혁명이 이어졌고 이를 기반으로 물리적, 디지털, 생물학적 영역의 경계를 허무는 테크놀로지들의 융합이 이루어지는 디지털 혁명의 제4차 산업혁명에 이르렀다. 시작된 지 얼마 안 된 제3차 산업혁명이 지속되지 못하고 제4차 산업혁명으로 새롭게 개념화되는 이유는 무엇일까? 이는 제4차 산업혁명이 가져올 변화의 속도(velocity), 변화의 범위(scope), 시스템의 영향(system impact) 측면이 제3차 산업혁명과 비교해볼 때 엄청나게 빠른 속도로 진행되고 있으며, 모든 지역, 모든 산업에서 광범위하게 이루어지고 있고, 그 변화의 폭과 깊이가 우리 삶의 모든 영역을 새롭게 정의하게 될 만큼 엄청나기 때문이다.

제4차 산업혁명(4IR)을 주도하는 **핵심 테크놀로지**는 인공지능(Artificial Intelligence, AI), 로보틱스, 사물인터넷(Internet of Things, IoT), 자율주행자동차, 3D프린팅, 나노 테크놀로지, 바이오 테크놀로지, 재료과학, 에너지저장 테크놀로지, 퀀텀 컴퓨팅 등으로, 이러한 최신 테크놀로지들의 융합이 만들어 내는 변화는 기존에 경험해 보지 못했던 세상을 창출하고 있다. 센서, 빅데이터, 인공지능 기술이 융합된 완전 자율주행 자동차는 상용화를 목전에 두고 있으며, 빅데이터, ITC, 바이오 기술이 융합한 디지털 바이오테크놀로지는 디지털 치료제 개발에 적용되어 만성 질환에 맞춤 치료가 가능하게 되었다. 뿐만 아니라 로보틱스, 빅데이터, 사물인터넷(IoT) 등의 기술이 적용된 스마트팩토리는 제조업의 혁신을 이끌어 내고 있으며 인공지능 기반 자동화는 일자리의 지형을 변화시키고 있다.

이렇게 빠르게 변화하는 사회에서는 다양한 가치가 발생하고 가치 기준이 대립하면서 혼란이 가중되지만 이러한 파괴적 혁신을 성공적으로 안착시키기 위한 핵심은 '인간'이어야 한다는 주장에는 이견이 없어 보인다. 인간이 새로운 혁명을 제대로 관리하지 못한다면 사회는 분절, 고립, 배제 현상으로 더욱 파괴가 가속화될 것이기 때문이다. 이에 다보스포럼에서는 '교육을 위한 새로운 비전(New Vision for Education)'을 정립하는 문건을 발표하고, '인재야말로 21세기 혁신, 경쟁력, 성장을 이끄는 핵심요소'라는 인식을 세계적으로 공유하고 지속적으로 교육에 주목하고 있다. 그렇다면 산업혁명보다 10배 더 빠르고, 300배 더 크고, 3000배 더 강한 4차 산업혁명이 진행되는 지능화시대가 요구하는 21세기 인재는 과연 어떠한 역량으로 무장해야 하는가? 이것이 미래를 준비하는 교육자들이 준비하여야 할 과제이다.

2 교육의 변화

교육은 백년지대계라고 한다. 먼 앞날을 예측하고 큰 계획을 세워 준비하는 것이 교육이므로, 교육자들은 앞으로 펼쳐질 제4차 산업혁명(4IR)의 지능화시대의 상황을 예측하며, 새롭게 펼쳐질 미래사회에서 유능한 인재로 성장하고 활동하여야 할 인재의 핵심역량을 규명해 가면서 교육을 준비하여야 할 것이다.

1) 지능화시대가 요구하는 학습자 핵심역량의 변화

빠르게 진행되는 변화의 물결은 물리적 공간의 경계를 무너뜨리고, 초(超)경쟁으로 이루어지는 혁신을 통해 새로운 산업과 서비스 영역은 매일매일 개발되고 있다. 이에 미래사회에서의 유능한 인재는 남다른 가치를 창출하는 창조적 역량 없이는 변화의 물결을 이겨낼 수 없을 것이다. 창조적 역량은 깊은 사고능력 그리고 문제해결력과 함께 '속도'와 '소통', '개인화'와 '다원화' '디지털'과 '휴머니즘'까지 모두 섭렵할 수 있는 능력일 것이다(Gates, 1999). 따라서 미래사회를 이끌어 갈 인재는 개인화와 다원화로 인해 발생할 수 있는 갈등을 최소화하고 사회의 통합을 촉진하며, 질서를 확립하고, 날로 확대되는 가상공간의 가치를 규명하며, 휴머니즘이 접목된 디지털 테크놀로지와 관련하여 인간의 감정, 건강, 생활환경에서 얻게 될 기회와 위협을 최소화하는 노력을 할 수 있어야 한다.

이에 본 장에서는 미래사회가 요구하는 핵심역량을 21세기 핵심역량, 21세기 학습스킬, 세계시민의식 등의 세 가지로 설명하고자 한다. 첫째는 **21세기 핵심역량**이다. 21세기역량위원회(Partnership for 21st Century Skills)는 지능화시대에서 활동하게 될 초·중등 학생들에게 요구되는 역량은 산업사회에서의 기본소양이었던 읽기, 쓰기, 셈하기의 3R(Reading, wRiting, and aRithmatics)은 물론이고, 이에 더해 4C(Critical thinking and problem solving, Communication, Collaboration, and Creativity and innovation), 즉 비판적 사고력과 문제해결력, 커뮤니케이션 능력, 협업 능력, 창의력과 혁신적 사고력이 추가로 요구될 것이라고 주장한다. 이러한 4C 역량은 21세기에 활동할 인재들에게 요구되는 네 가지 '학습과 혁신역량'이고, 이를 지원하는 네 가지 영역이 21세기역량위원회에 의해 재구성되었다 ([그림 12-1] 참조).

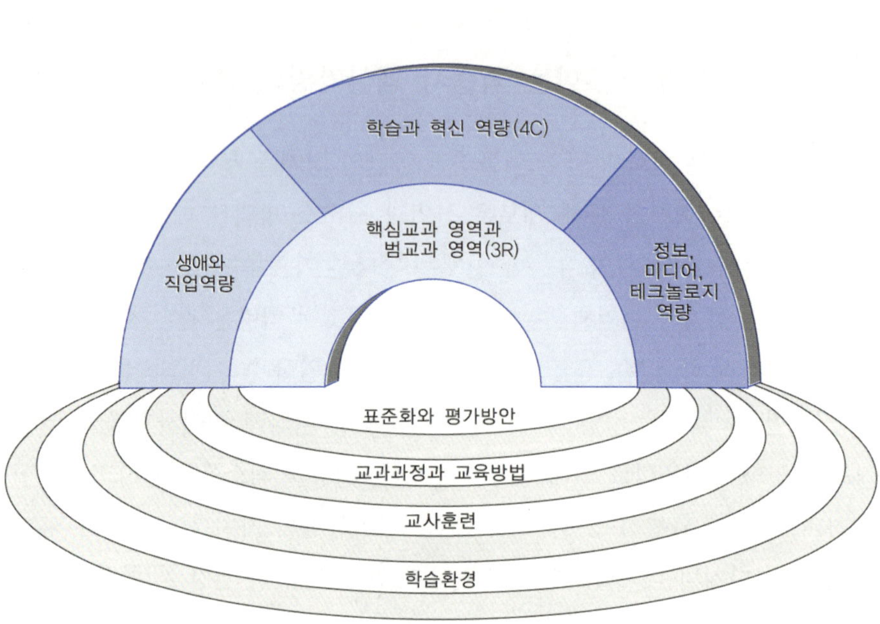

[그림 12-1] 21세기 핵심역량과 지원체제(Partnership for 21C skills, 2009)

21세기에 요구되는 첫째 역량은 핵심 교과영역과 범(汎)교과영역(core subjects and 21st century themes)으로, 영어, 수학, 과학, 사회와 같은 핵심 교과와 글로벌 시민의식과 같은 범교과 역량을 다루고 있다. 둘째 역량은 학습과 혁신(learning and innovation skills) 역량으로 창의력, 비판적 사고력, 커뮤니케이션 능력과 협업능력이 포함되어 있다. 셋째 역량은 정보, 미디어, 테크놀로지 역량(information, media, and technology skills)으로, 풍부한 정보에 접근하는 역량과 첨단 도구를 사용하는 능력 및 테크놀로지를 활용하여 개별적, 협력적 과제를 수행할 수 있는 능력이 포함된다. 마지막으로, 생애와 직업 역량(life and career skills)에는 무한 경쟁사회로 변하고 있는 세계에서 자신의 복잡한 삶을 개척하고, 시간과 자원을 관리하며, 자신의 목표에 맞는 직업을 찾을 수 있는 역량이 포함되어 있다.

[그림 12-1]의 하단 부분은 21세기 생애 핵심역량 배양을 위한 교육 지원체제로 학습자에게 요구되는 21세기 역량을 표준화하고 평가 방법을 마련하며(standards and assessments), 교과과정과 교육방법(curriculum and instruction), 교사 훈련(professional development)을 위해 정형화된 방법론을 준비하고, 학습자들이 상시적으로 학습할 수 있는 풍부한 학습환경(learning environments)을 구축해야 한다고 언급하고 있다. 특히 학습환경의 구축과 관련하여 협력적 지식 창출이 신속하고 확고하게 이루어질 수 있는 디지털학습공동체(digital learning community)를 구축함으로써, 학습자들에게 언제, 어디서나 원하는 학습이 가능하도록 지원하고, 이에 필요한 정보 검색 도구, 정보 활용 도구, 정보 공유 도구를 제공한다면 학습자들의 학습환경은 더욱 풍부해질 수 있으리라 생각된다(Kang, Heo, Jo, Shin & Suh, 2000).

두 번째는 다보스포럼에서 제안하는 '**21세기를 위한 핵심스킬과 사회 정서 학습 스킬**(Social and Emotional Learning[SEL] Skills)'이다. 이는 4차 산업혁명이 가져오게 될 노동시장의 급격한 변화에 따라 육체노동 스킬 또는 인지적 스킬을 요구하는 직업의 수는 감소하고 분석적 스킬, 대인관계 스킬 등 틀에 얽매이지 않는 스킬을 요구하는 직업의 수는 상대적으로 증가한다는 노동시장의 변화를 교육시스템이 감지하고 변화를 이끌어야 한다는 취지에서 정리된 핵심역량이다. 21세기를 위한 핵심스킬은 일상생활과 도전상황 그리고 변화하는 환경에 대처하는 스킬로 기초 문해, 역량, 인성 자질의 세 가지 범주하에 영역별 문해 스킬부터 비판적 사고, 의사소통 스킬 그리고 창의성, 주도성, 리더십까지 16가지 스킬로 정리되어 제시되고 있고, 특이한 점은 창의성이 역량과 인성자질 두 가지 범주에 중복적으로 포함된 것이다([그림 12-2] 참조).

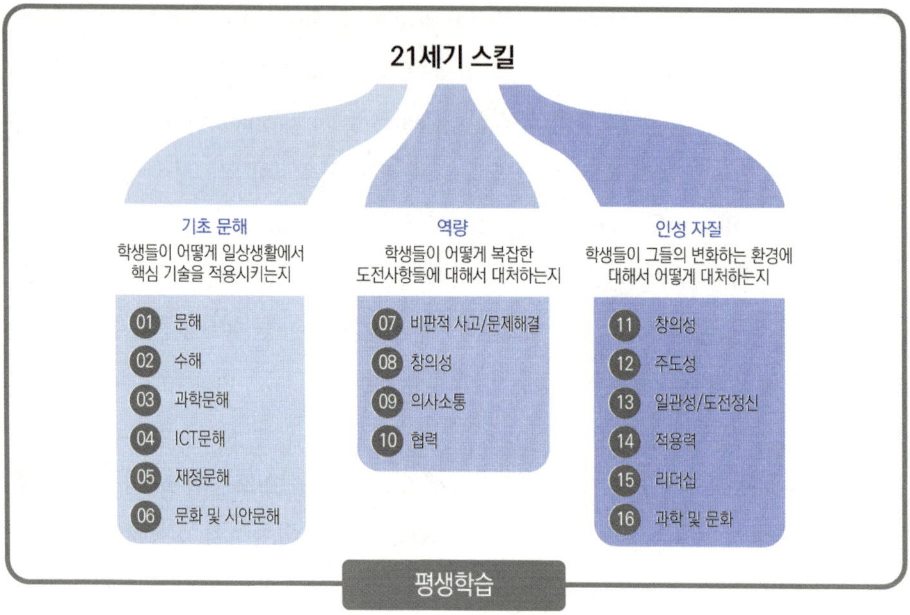

[그림 12-2] 21세기의 가장 핵심적인 16가지 스킬

출처: World Economic Forum(2015). *New vision for education: Unlocking the potential of technology*. Colony/Geneva: World Economic Forum, p. 3.

세 번째의 미래 핵심역량은 '**세계시민의식**'이다. 이는 현대 인류사회가 처한 거스를 수 없는 세계화(globalization)로 인한 사회 간 상호연결성의 증가에 따른 것이다(Kelleher & Klein, 2006). 세계화는 교육, 스킬, 민주화를 유도하는 긍정적 효과와 더불어 환경문제, 경제위기, 빈부격차, 전쟁, 전염병 등 부정적 결과 또한 초래하고 있으므로 이는 한 개인이나 개별 국가 차원의 노력만으로는 어렵고, 전 세계인들이 세계시민(global citizen)이 되어 전 세계의 문제점을 보다 광범위하고 포괄적인 관점에서 접근, 포용, 해결하려는 책임감과 윤리적 실천을 수행하여야 한다는 논리이다(Oxfam, 2015; UNESCO, 2013).

이에 미래를 준비하는 교육기관에서는 세계시민의식을 배양할 수 있는 교육이 설계되고 운영되어야 한다. Rhoads와 Szelényi(2011)에 따르면 세계시민 의식은 시민으로서 생각하고, 행동하고, 반응하는 양식이 사회적·문화적, 정치적·시민적, 경제적·직업적 차원의 맥락을 넘나들며 권리와 책임을 동시에 이행하는 것으로 보고 있다. 이들이 제안한 시민의식의 개념화는 [그림 12-3]과 같다.

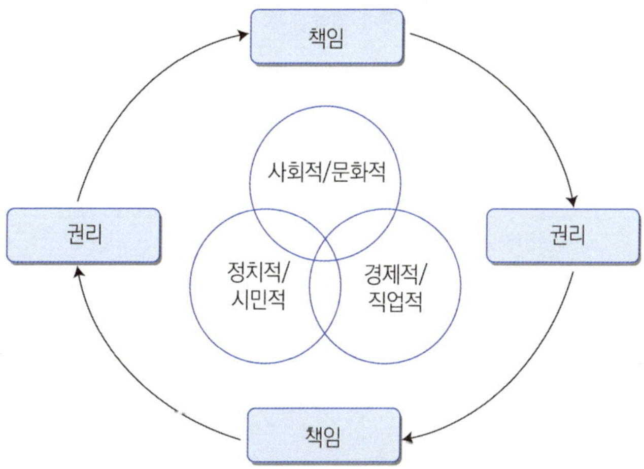

[그림 12-3] 시민의식 개념화

출처: Rhoads, R. A. & Szelényi, K. (2011). *Global citizenship and the university: Advancing social life and relations in an interdependent world.* Stanford, CA: Stanford University Press, p. 19.

세계시민 의식의 개념화를 기반으로 세계시민 의식의 핵심역량이 규명될 수 있는데, 이는 인지적, 감성적, 심미적, 사회적, 도덕적 역량으로 매우 폭넓은 영역에서의 역량을 요구하고 있다. 이를 정리한 표는 〈표 12-1〉과 같다(Briks, 1997). 인지적 역량으로는 전체론적인 사고방식, 간문화적 인식과 수용 등 매우 광범위한 범위에서의 사고체계와 성찰이 요구되며, 감성적 역량으로는 변화에 대한 인내, 전체 공동체와 공감하는 역량, 심미적 역량으로는 문화적 다양성에 대한 감사, 사회적 역량으로는 지구촌 전체를 위한 의사소통 기술, 도덕적 역량으로는 타인에 대한 존중 등 지구촌사회를 함께 살아갈 시민으로서 가져야 할 역량들이 포함되어 있다.

〈표 12-1〉 세계시민의식의 핵심역량

역량	하위 영역
인지적 역량	• 글로벌 · 전체론적 사고방식(mindset) • 글로벌 포지셔닝 • 간문화적 인식과 수용 • 공동체 관찰 및 정치적 행동 기술 • 대안적 미래 개발 • 성찰
감성적 역량	• 변화에 대한 인내(tolerance) • 연민, 공감, 이타성 • 전체 공동체와의 공감(identification)
심미적 역량	• 문화적 다양성에 대한 감사(appreciation) • 창의적 과정과 공동체 문화 발전의 이해
사회적 역량	• 지구촌을 위한 의사소통 기술 • 다른 사람과의 연결과 네트워킹 • 합의(common ground) 수립 • 평화와 협상 능력 • 자연에 대한 존중
도덕적 역량	• 문화적 분석을 위한 틀 개발 • 상호작용적 담론에서 가치의 의미 수립 • 타인에 대한 존중 • 보다 큰 공공선에 대한 기여

출처: Briks, H. (1997). *Global citizenship and higher education*(Doctoral thesis). University of Toronto, Toronto, Canada, pp. 151-232 참고하여 정리.

2) 학습이론의 변화

변화하는 학습환경에서 학습자의 지식이 어떻게 획득되고 활용되는지를 설명하는 학습이론 역시 혁신적 진화가 예측된다. 1950년대에 주류를 이루었던 교수-학습 이론인 행동주의와 1970년대에 대두되어 지금까지도 큰 영향을 미치고 있는 인지주의, 그리고 1990년대에 널리 적용되기 시작한 구성주의 기저 이론들은 각기 그 특성을 달리하고 있다.

행동주의 기저 이론은 학습을 학습자의 외부에 나타나는 행동의 변화로 간주하고, 학습자의 행동을 측정하여 학습시점을 결정하고, 학습자에게 바람직한 행동을 강화시키기 위해 적절한 자극이나 교수를 계열화하는 효과적인 방법들을 제시한다. 반면 **인지주의** 기저 이론은 지식의 인지적 조작, 즉 학습자 내면에서 처리되는 정보의 획득, 연결, 생성을 강조하는 이론으로, 개념학습, 사고능력, 추론능력, 문제해결력, 전이 등 고차원적인 학습의 원리를 설명하는 데 관심이 있으며, 학습자의 외현적 행동 자체보다는 변화를 가지고 온 내면적 절차나 과정에 주의를 기울인다. **구성주의** 기저 이론은 지식이 형성되는 과정에 관한 '앎의 이론(theory of knowing)'으로, 상황과 맥락에 따른 지식의 유용성을 강조한다. 학습을 하기 위해서는 경험이 반드시 선행되어야 하므로 구성주의자들은 실제적인 활동(authentic activities) 상황에 대한 인지경험이 학습에서 매우 중요한 요소라고 언급하며(Duffy & Jonassen, 1992; Petraglia, 1998), 지식이 사회적인 협상을 통해 형성된다는 점과 타인과의 상호작용을 통해 형성된 지식에 대한 타당성이 검증된다는 점을 강조한다(권낙연, 김동엽, 2006; 백영균 외, 2010).

세 가지 이론을 인식론적 관점에서 살펴보면, 행동주의 학습이론과 인지주의 학습이론은 객관주의(objectivism)적 인식론으로, 구성주의 학습이론은 구성주의(constructivism)적 인식론으로 구분할 수 있다. 객관주의는 외부에 존재하는 객관적인 세계를 인정하고, 교수-학습의 목표가 이러한 객관적 세계에 존재하는 지식을 획득하는 것이라는 관점을 바탕으로 한다. 반면 구성주의는 학습자의 주관성을 중요하게 생각하고, 학습자의 경험, 태도, 가치관, 문화 등 학습자 개개인의 고유한 특성에 따라 지식을 구성하는 것을 강조하며, 객관적 지식보다는 합의된 지식을 구성하는 것에 초점을 둔다(Schunk, 1996). 구성주의는 더 나아가 개인과 환경의 상호작용을 중심으로 지식이 구성되는 원리를 해석하는 인지적 구성주의와 개인과 공동체에 속한 타인의 상호작용을 통해 지식이 형성됨을 주장하는 사회적 구성주의로 구분되기도 한다.

객관주의와 구성주의는 향후 **공존**할 것으로 예측되는데, 이는 미래사회에서 요구되는 지식의 획득, 가공, 창출에 대한 설명이 두 가지 관점을 모두 필요로 하기 때문이다. 지식은 개인과 공동체 차원에서 정보를 습득하고 변형하는 과정을 통해 창출되는데, 초기에는 구성원 개개인의 관점이 우세하지만, 점차 커뮤니케이션과 공유 과정을 통해 모든 구성원들이 새로운 집단의 공유된 관점을 갖게 됨으로써, 원활한 지식 창출이 이루어지게 된다는 것이다. 따라서 개인 차원에서의 지식창출은 객관주의 패러다임을 기반으로 한 행동주의와 인지주의 기저이론과 인지적 구성주의 이론으로 설명될 수 있고, 공동체 내에서의 지식창출 과정은 사회적 구성주의 이론으로 설명될 수 있으므로 객관주의와 구성주의는 지속적으로 공존하며 상호 보완적인 이론으로 존재할 것으로 예측된다(강명희 외, 2000).

3) 교수설계의 변화

교수-학습 환경의 변화는 새로운 패러다임의 교수설계를 요구하고 있으며 '표준화'보다는 '고객화'를 중시하며, 학습자료의 제시보다는 학습자의 요구 충족에 초점을 두어야 할 것이다(Reigeluth, 1999). 교수설계의 새로운 패러다임을 위한 시도는 '제2세대 ID이론'과 교수의 으뜸원리(First Principles of Instruction)로 구성주의적 접근과 교수설계의 효율화를 실천하고자 하였다.

Robert Gagné와 David Merrill로 대표되는 **'제1세대 교수설계(ID)이론'**은 미시적 교수설계이론으로 지식을 지나치게 세분화하여, 학습자들이 전체적이고 통합된 지식을 이해하는 데 어려움을 겪을 수 있으며, 상호작용이 가능한 첨단 테크놀로지 환경에서의 교수설계에는 적합하지 못하여 실제적 적용이 어렵다는 한계점을 가지고 있다. Merrill과 그의 동료들은 이러한 한계를 극복하기 위하여 Gagné의 학습의 조건과 Merrill의 요소전시이론(CDT)을 확장시켜 자동화된 교수설계와 개발을 이끌어 내려는 **'제2세대 ID이론'**(교수교류이론)을 제안하였고, 최근에는 **'교수의 으뜸 원리'**라는 교수설계 이론을 개발하여 변화하는 교수-학습환경에 적응시키고자 노력하고 있다.

근본적으로 구성주의에서는 교육현장에서 교사를 포함한 교육 실천가들이 사용할 수 있는 학습설계, 학습자의 역할, 교사의 역할, 학습환경, 학습목표와 평가를 포함한 유용한 학습원리를 시사하기 때문에 교수설계의 새로운 패러다임(Reigeluth, 1999)을 요구하고 있다. Van Merrienboer(1997)는 **4C/ID**(4 Component Instructional Design)라는 학습과제, 지원정보, 절차적 정보, 부분과제 연습 등의 4가지 요소로 구성된 교수설계모형을 제시했다. 이 모형은 실제적 문제해결을 위한 복잡한 인지기능을 개발하기 위한 것으로서 교수설계의 기본 원리를 준수하면서 실제적 과제와 학습자의 인지부하 수준을 적절히 조절하여 초보수준의 학습자에게 그들의 작용기억의 인지적 부담을 최소화할 수 있는 모형이다. 4C/ID모형은 구성주의의 문제중심 접근과 인지주의의 정보처리 효율중심 접근을 융합하였다고 할 수 있다(Kirschner, Sweller & Clark, 2006). Willies와 Wright(2000)는 구성주의에 바탕을 둔 교수설계 모형, 즉 '**R2D2**'를 제안하였다. 이 모형은 정의, 설계와 개발, 확산의 세 가지 부분에 초점을 두고 있다. 이 모형은 분명한 시작과 끝이 없고 세 가지의 주요 초점 사이의 끝없는 상호작용을 특징으로 하고 있으며, 동일한 이슈가 여기저기에서 여러 번 언급되기 때문에 순환반복적(recursive)인 교수설계 모형으로 최근 주목받고 있는 **Rapid Prototyping**이나 **Design Thinking** 교수설계 접근법의 근간이 되었다(Willis & Wright, 2000).

교수설계의 과정을 단순화시키고 기간을 단축하는 노력의 일환으로 최근 주목받고 있는 Rapid Prototyping(Tripp & Bichelmyer, 1990)의 개념은 설계공학(design engineering) 분야에서 발생된 것으로, 테크놀로지기반 설계자들이 개발하였지만, 교수설계를 포함한 거의 모든 설계과정에서 유용하게 쓰이고 있다. 기본적으로 이 방법론은 설계의 다른 부분을 다루기 전에 교육훈련 프로그램의 오직 한 측면(예: 하나의 학습 모듈)을 분석부터 평가까지 따로 떼어내어 처리하는 과정이다(Piskurich, 2000). 경우에 따라서는 다양한 접근 방법의 장단점을 파악하고 가장 효과 있는 접근을 선정하거나 결합하기 위하여 하나 이상의 prototype을 개발하고 평가하기도 하며, 이러닝이나 교육용 소프트웨어 설계 시 검사를 위한 목적으로,

사용자 인터페이스, 내비게이션 등 과학기술적 측면을 빨리 개발하여 아직 완전하지 못한 내용과 함께 검사하기도 한다. Rapid Prototyping은 완전한 프로그램을 생성해 낼 때까지 이러한 형태로 새로운 측면을 지속적으로 추가하면서 평가하는 계속적인 과정이다. 최근에는 Rapid Prototyping의 개념을 디자인 사고(design thinking)의 개념과 통합하여 교수설계에서 공감, 문제 정의, 발상, 프로토타입, 테스트로 이어지는 디자인 사고 절차로 설계를 진행하는 경우가 많아지고 있다([그림 12-4] 참조).

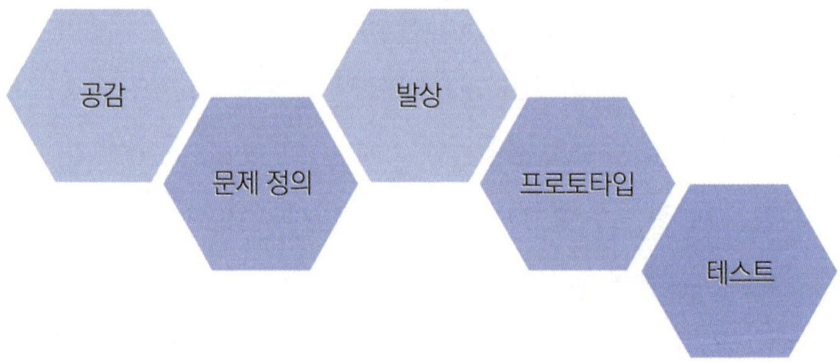

[그림 12-4] 교수설계에서의 디자인 사고 절차

이외에도 새로운 테크놀로지가 개발되고 교수설계이론이 진보함에 따라, 교수설계에 소요되는 시간을 줄여줄 수 있는 다양한 방법론이 개발되고 있다. 이를 위해 교수설계용 소프트웨어를 사용하거나 저작 시스템을 사용할 수도 있고, 각종 변환 소프트웨어 및 분석 소프트웨어를 활용함으로써 교수설계에 도움을 얻을 수도 있다. 또한 학습객체(learning object)를 활용하여 기존 교수설계에 활용하였던 요소들을 재사용하거나, 교육훈련 내용을 작게 분리하여 학습자들로 하여금 학습 내용 선택의 폭을 넓히고 사용성을 향상시켜 주는 **재사용성 학습객체**(Reusable Learning Object: RLO)를 활용하는 것도 하나의 지름길이 될 수 있다. 교수설계자의 업무 수행을 지원하기 위해 실제상황에 필요한 정보와 도구, 방법을 필요한 순간에 제공하는 **전자수행지원체제**(EPSS: Electronic Performance Support System)

를 갖추는 것도 매우 유용한 방법 중 하나일 것이다(Gery, 1991; Piskurich, 2000).

빠르게 변화하는 사회에서 교수설계 진행속도도 중요하지만, 교육의 효과를 담보할 수 있는 교수설계를 진행하기 위한 방법론 또한 중요하므로, 최근에 활용되기 시작한 **증거기반 교수설계**(evidence-based design)의 개념도 숙지할 필요가 있다. 의료 분야에서부터 시작된 증거기반 실천(Evidence-Based Practice, EBP)의 개념은 교육, 임상심리 치료, 범죄 예방, 경영, 노동 및 사회복지 등 다양한 분야로 확산되고 있다(Pfeffer & Sutton, 2006). 증거기반 실천에 근간을 둔 증거기반 설계란 교육프로그램을 설계하고 개발하고 운영하는 데 있어 연구로부터 얻어진 가용한 최상의 자료와 증거를 기반으로 설계의 각 단계에서 의사결정을 하도록 돕는 것이라 할 수 있다. 최근에는 설계기반연구(design-based research) 등 연구방법을 활용하여 교수설계와 개발이 1차적으로 마무리되면, 형성평가의 개념으로 1차 버전을 현장에 적용하여 수집된 교육효과에 대한 증거에 기반을 두고 수정, 보완하여 2차, 3차 설계와 개발의 단계를 진행하는 프로그램 개발방법도 시도되고 있다.

학습설계 분야에서는 최근 새롭게 대두되고 있는 **학습 큐레이션(Learning Curation)**이 주목해야 할 전략이다. 큐레이션(curation)은 '작품에 생기를 부여하는 활동'이라는 뜻으로 돌보다, 보살피다라는 뜻의 라틴어 큐레이터(curator)가 그 어원이다. 그런데 최근에는 인터넷에 올라와 있는 정보들을 주제별, 또는 연계성, 연관성 있는 것들끼리 모아 정돈하고 정리하여 보기 쉽고, 알기 쉽게 보여주는 의미로 큐레이션이 활용되고 있으며, 이러한 활동은 디지털 시대의 학습에서 그 가능성을 주목받고 있다. 현재는 뉴스와 같은 콘텐츠를 편집하고 가공하여 서비스하는 뉴스 큐레이션이 제공되고 있지만, 이는 학습콘텐츠 큐레이션에도 활용될 수 있다. 현재 서비스되고 있는 플립보드(Flipboard)의 콘텐츠 큐레이션과 핀터레스트(Pinterest)의 이미지 큐레이션, 스토리풀(storyfull)과 인터레스트미(interest me) 등의 국내외 큐레이션 서비스를 이용하면 학습자들은 자신이 흥미를 가지고 있는 주제에 관한 내용을 학습콘텐츠로 큐레이션하여 사용할 수 있게 된다. 이를 넘어, MOOC 또는 TED 등과 같이 디지털 형식으로 제공되는 다양한 온라인 강의의 수강 이력을 모아 자신의 학습이력으로 정의해 둘 수도 있게 된다.

구글은 사용자가 제공하는 빅데이터를 이용해 인터넷의 모든 행위와 정보를 큐레이션하고자 하며, 수업자료 큐레이션 시스템은 그동안 공유되지 못하고 개인이 보관하거나 소멸되었던 교사의 수업 자료를 지속 가능한 장기보존이 가능하도록 수집하고, 공유와 재사용을 위한 의사결정을 지원하기 위해 저작권자인 교사를 명기하고 자료의 가치 평가를 추가하여 초·중·고등학교에서 생산되는 다양한 수업 자료를 보존하고 공유하도록 전문적인 학습 네트워크 플랫폼으로 발전시킬 수 있다.

다음으로는 **보편적 교수설계(Universal Design for Learning, UDL)**의 개념이다. 이질적 특성을 지닌 학습자들의 일반 교육과정으로의 접근, 참여, 진전도를 촉진하기 위한 방법으로 제안된 UDL은 전 범위의 학습자, 즉 장애 혹은 비장애 학습자, 평균 이하나 그 이상의 학습자뿐만 아니라 보통의 학습자를 적절하게 자극하고 효과적으로 참여시키는 것을 목적으로 한다. 이를 위해 UDL은 ① 접근 가능한 자료의 패키지와 동시에 다양한 학습자가 접근할 수 있도록 지원하는 내장형 도구와 ② 개별 학습자의 요구를 충족시킬 수 있는 일반교육과정의 융통성 있는 제시라는 두 가지 핵심적 특성을 가지고 있어야 한다는 것이 전문가들의 주장이다.

이에 UDL은 "모든 학습자들이 학습전문가(expert learner)가 되도록 하는 데 방해가 되는 주요 장애, 즉 학습에 대해 의도하지 않은 장애들을 야기하는 융통성 없고 획일적인(one-size-fits-all) 교육과정을 개선하기 위해 다음과 같은 설계원리를 제안하고 있다"(김남진, 우정한, 2016). 첫째, 학습목표를 명확하게 정의함으로써 모든 학습자들에게 적절한 도전의식을 제공하되 방법과 결과의 연결 과정에서 불필요한 장애물을 만들어서는 안 된다. 둘째, 평가의 정확성과 절차가 개선되고, 평가는 수업을 안내할 수 있도록 포괄적이고 명료해야 한다. UDL에서의 평가는 학습자의 최종성취도가 아닌 과정의 성과에 주목해야 하며, 총괄평가보다는 형성평가의 활용을 제안한다. 셋째, 교수방법은 과제의 맥락, 학습자의 사회적·정의적 차원, 교실 분위기 등을 토대로 학습자에 따라 변화 가능하고 차별화되어야 한다. 그리고 학생의 진보 정도를 지속적으로 모니터링할 수 있어야 한다. 넷째, UDL 교육과정에서 교수매체는 모든 학생들의 학습을 위해 그 내용을 융통성 있게 여러 형태로 바꿀 수 있게 제공되어야 한다. 즉 UDL에서의 효과적인 교수매체란 학습목표를 공유함과 동시에 학습자들이 학습과정에 보다 주도적일 수 있도록 도와줄 수 있는 매체이어야 한다(Meyer et al., 2014).

3 테크놀로지의 변화

테크놀로지는 컴퓨터, TV, 라디오와 같은 교수매체로 손에 잡히고 눈에 보이는 하드 테크놀로지와 눈에 보이지는 않지만 변화를 주도하는 절차 또는 프로그램과 같은 소프트 테크놀로지로 나누어 그 변화를 예측해 볼 수 있다.

1) 하드 테크놀로지의 변화

초기에는 책, 영화, 레코드, 라디오 등 각각의 매체가 분리되어 교수에 적용되었으나 그 후 컴퓨터가 급격히 발달하며 각각의 매체를 통합하기 시작하였다. 컴퓨터와 비디오가 통합되면서 상호작용 비디오(interactive video)가 되었고, 컴퓨터와 오디오가 통합되어 콤팩트디스크가 되었다. 또한 실물이나 모형 역시 컴퓨터 테크놀로지와 결합되어 **가상현실**(virtual reality)과 **증강현실**(augmented reality) 형태로 활용되고 있다. 이와 같이 테크놀로지의 변화는 컴퓨터를 중심으로 한 융합과 디지털화로 대변될 수 있다.

"매체는 인간의 확장이자(the extension of man), 매체 자체가 의미를 담고 있다(medium is message)"라고 주상한 미디어 학자 McLuhan(2001)의 언급에서도 짐

작할 수 있듯이, 여러 매체가 적절히 통합된 테크놀로지는 하나의 매체보다 더욱 큰 교육적 잠재력을 지니고 있으므로, **멀티미디어 통합 테크놀로지**는 지식기반사회에서 요구하는 능력과 테크놀로지를 개발하는 주요한 도구가 될 것으로 여겨진다. 최근에 강조되고 있는 비대면 실시간 교육, 웹기반학습, 소셜미디어러닝, 모바일러닝, 개방학습 등의 다양한 교육 형태로 미루어 보아, 향후에도 테크놀로지는 학습에 지대한 영향력을 미칠 것으로 전망된다.

이러한 테크놀로지 발달은 실제 교육의 모습을 변화시켜 가고 있다. 학생은 교사에게서만 배운다는 기존 관념에서 벗어나 동료 학생이나 알지 못하는 원거리에 있는 전문가에게 관련 주제에 대해 배울 수 있게 되었고, 인공지능을 통해 개인별 맞춤형 교육도 가능해졌다. 뿐만 아니라 학교나 교실이라는 물리적인 공간이나 시간의 제약을 넘어 학습이 가능한 **MOOC**(Massive Open Online Course) 등 온라인교육 체제가 활성화되었으며 메타버스를 통해 실제감 있는 학습경험이 가능해졌다.

교육에서 테크놀로지의 활용은 다양한 교육적 혜택을 제공하고 있다. 예를 들면, 전통적인 교육기관의 혜택을 받지 못하는 학생들에게 혜택을 부여하고, 사회가 요구하는 교육의 혁신을 실행하며 학습의 질을 향상하는 데 도움을 주기도 한다. 이에 교육자가 당면하게 되는 도전은 이러한 새로운 테크놀로지를 활용하여 교육현장에서 각 개인과 사회가 요구하는 것을 어떻게 충족시켜 줄 것인지를 지속적으로 탐색하는 것과 교사의 역할이 정보 전달자가 아닌 교수 설계자, 학습 조언자, 학습 운영자, 관리자로 바뀌어야 함을 인식하고, 이러한 변화에 선도적으로 대비하여야 하는 것이다. 나아가 **제4차 산업혁명을 주도하는 핵심기술**인 인공지능(AI), 로보틱스, 사물인터넷(IoT), 3D프린팅, 퀀텀 컴퓨팅 등과 같은 혁신기술은 교육의 패러다임을 완전히 바꿀 수 있으며, 기존에 경험해 보지 못했던 새로운 교육의 지능화시대를 열어갈 것이므로, 교육자들도 최신 테크놀로지를 받아들이고 새로운 시대를 예측하며 변화를 선도적으로 이끌어 가야 할 것이다(한국정보화진흥원, 2016).

2) 소프트 테크놀로지의 변화

하드 테크놀로지와 더불어 변화하는 것이 소프트 테크놀로지일 것이다. 가장 최근에 개발된 소프트 테크놀로지의 주요한 개념은 웹 2.0과 이를 활용한 SNS(Social Network Service), 인공지능, 학습분석 개념이다. **웹 2.0**은 참여, 공유, 개방의 패러다임을 반영하여 사용자와 개발자가 동일한 사람이 될 수 있는 프로슈머(prosumer)를 창출하고 있으며, **SNS**를 통해 학습자의 참여와 공유를 기반으로 집단지성의 구축과 활용이 교육자원으로 활용되고, 인공지능은 교육에서의 로봇활용 등으로 교육의 변화를 주도하고 있다(백영균 외, 2010).

반면 **학습분석**(Learning Analytics)은 다양한 데이터를 수집 및 분석하여 개인화된 학습 서비스를 제공하려는 개념으로, 국제 표준화 단체인 IMS Global Learning Consortium(이하 IMS Global)은 학습분석을 위해 교육 분야에서 수집·분석할 수 있는 데이터의 유형을 아래 목록처럼 **다섯 가지 유형**으로 구분하였다. 다음에 제시된 다섯 가지 유형의 데이터 중에서 학습분석은 콘텐츠 활용 및 학습 활동과 관련해서 생성되는 데이터들에 주목하고 있으며, 이를 통해 **맞춤형, 지능형 학습**을 기대하고 있다.

- 디지털 콘텐츠가 발생시키는 데이터(learning content data)
- 학습 플랫폼을 통해 발생하는 학습 활동 데이터(learning activity data)
- 교육기관에서 교육프로그램 운영 중 발생하는 데이터(operational data)
- 학습자의 경력과 인맥에 대한 데이터(career data)
- 학습자 또는 교수자의 프로파일링 중에 발생하는 데이터(profile data)

더 나아가 발전하는 소프트 테크놀로지 기술은 무선통신 및 센싱(sensing)기술과 접목되어 학습환경을 **유비쿼터스**(ubiquitous) 환경으로 변화시키는 테크놀로지이다. '언제, 어디서나 존재한다'라는 의미의 라틴어의 어원에서 나온 유비쿼터스 환경은 이동성과 내재성을 특징으로 u-Korea, u-Learning, u-Health, u-City 등과 같이 현재 우리나라의 핵심기술로 각광을 받고 있으며, 최근에는 교육 분야에도 활발히 적용되기 시작하고 있다.

한국교육학술정보원(2009)에서는 **u-러닝**을 "유비쿼터스 학습환경을 기반으로 학생들이 시간, 장소, 환경 등에 구애받지 않고 일상생활 속에서 언제, 어디서나 원하는 학습을 할 수 있는 교육 형태"라고 정의하고 있다. 예를 들면, 우리나라 역사를 배울 때, 교실 상황에서 벗어나 실제 역사현장을 방문하여 각 역사 유물이나 역사 현장을 지나가며 학습자들이 PDA나 태블릿 PC 등과 같은 모바일(mobile) 매체를 이용하여 해당 장소나 유물에 설치된 전자태그(RFID)에서 제공되는 디지털 정보들을 수집하면서 학습을 할 수 있는 형태이다. 즉 현실적 맥락(context) 안에서의 학습을 가능하게 할 수 있다는 점이 큰 특징 중에 하나이다. 또한 PAD, iPad, Tab, 스마트폰을 활용한 학습은 **스마트(smart)학습**이라는 명칭으로 학습의 지능성과 유연성을 실행하고 있다.

이와 같이 유비쿼터스 학습사회를 맞이하면서 학습의 경계는 학교 교실을 벗어나 생활 전반으로 확장되고 있으며, 이러한 현실적 상황학습하에서 학습자들 간 협력과 상호작용이 증대되고 있다. 또한 학습자 개개인의 수준과 함께 관심 및 선호도에 따라 개별화 및 맞춤화 학습이 가능한 환경으로 점차 변화해가고 있다. 이와 같은 유비쿼터스 학습환경을 통해 우리 학생들은 21세기가 요구하는 능력, 즉 스스로 학습할 수 있는 능력, 사고하는 능력, 창의력 및 문제해결력과 더불어 협동하는 능력을 배양하게 될 것이다.

4 교육 및 인재개발의 미래

세계경제포럼(World Economic Forum: WEF)에 따르면, 21세기의 시작과 동시에 출현한 4차 산업혁명은 유비쿼터스 모바일 인터넷, 더 저렴하면서 작고 강력해진 센서, 인공지능과 기계학습을 특징으로 하며, 디지털 연결성이 사회를 근본적으로 변화시키고 있다. 특히 물리학, 디지털, 생물학 등 과학 기술의 경계는 사라지고, 모든 기술이 융합하고, 분야 간 상호교류가 이루어지기 때문에 이전의 어떤 혁명과도 비길 수 없을 만큼 충격적인 변화를 가져올 것으로 예측되고 있다. 이러한 첨단 테크놀로지를 바탕으로 한 초연결성, 초융합성, 초지능성을 특징으로 한 변화는 기존의 직업들을 빠르게 소멸시키고 새로운 직업들을 창출하고 있다. WEF에서 발표한 『일자리의 미래 보고서(The Future of Jobs) 2020』에서는 향후 8,500만 개의 일자리가 사라지고 9,700만 개의 일자리가 새로 생길 것이라고 전망하였다. AI, 첨단로봇과 같은 기술의 발달로 저숙련 및 저임금 직무뿐만 아니라 고숙련 고임금 직무도 상당수 자동화가 진행되고 있으며 이러한 산업 전반에 걸친 자동화 속도는 점차 가속화되고 있다. 4차 산업혁명에 따른 미래사회 변화는 기술과 산업 구조를 근본적으로 변화시키고 이는 필연적으로 고용구조와 인력(workforce)이 갖추어야 할 역량에도 영향을 미친다. 많은 직무가 기계로 대체됨에 따라 업무를 수행하는 방식과 내용이 달라지고 때로는 기존의 직무가 사라져 완전히 새로운 업무를 수행해야 하는 경우도 발생한다. 따라서 이러한 변화에 대응하기 위해 기존 인력에 대한 재교육(reskill and upskill)이 중요해지고 있다.

향후 앞으로 다가올 사회는 그 어느 때보다 불확실하고 모호한 시대이다. 과거 경험하지 못한 변화의 속도와 복잡성은 기존 교육에 대한 성찰을 필요로 한다. 미래사회가 요구하는 지식과 기술을 갖춘 인재를 육성하기 위하여 미래 교육 방향성에 대한 고민이 그 어느 때보다 절실하게 필요한 시점이다. WEF는 미래사회를 살아가기 위해서는 **네 가지 지능**이 필요하다고 주장하였는데 첫째는 **정신 지능**이다. 이는 지식을 이해하고 적용하는 능력으로 인지적 지능이라 할 수 있다. 둘째는 **마음 지능**이다. 이는 생각과 감정을 처리하고 결합하여 자신과 타인의 관계를 맺을 수 있도록 하는 능력으로 정서적 지능이다. 셋째는 **영혼 지능**으로 변화와 공동의 이익 실현을 위하여 개인과 집단의 목적의식, 신뢰, 덕목을 활용하는 영적 지능이라 할 수 있다. 넷째로는 **신체적 지능**으로 개인적 변화와 구조적 변화를 이끌

수 있는 에너지를 얻기 위하여 본인과 주변의 건강 및 행복을 촉진하고 유지하는 능력이라 할 수 있다.

미래 사회가 필요로 하는 인재를 육성하기 위해서는 기존의 교육과정과 평가제도를 미래사회 요구에 맞게 재정비하고 학습을 지원할 수 있는 새로운 테크놀로지를 적극적으로 수용해야 할 것이다. WEF는 새롭게 요구되는 네 가지 지능을 계발할 수 있는 강력한 수단으로 **에듀테크(Education Technology)**[3]를 주목하고 있다. 에듀테크란 교육(Education)과 기술(Technology)의 조합어로 빅데이터, 메타버스, 인공지능 등 최첨단 테크놀로지를 활용한 차세대 교육을 의미한다. 에듀테크(edutech)의 가능성은 다음과 같다. 첫째, 많은 국가들이 겪고 있는 훈련된 교사의 부족, 인프라 시설에 대한 부족한 접근성과 같은 교육의 불평등 문제들을 해결할 수 있는 창의적 방안 도출이 가능하다. 둘째, 좀 더 저렴한 비용으로 좀 더 많은 학습자들에게 교육의 기회를 제공할 수 있으며, 같은 비용으로 더 나은 수준의 교수내용을 제공할 수 있다. 셋째, 지역 시장에서 성공할 수 있는 유망 모델들을 발굴하여 이를 발전시키고, 장기적이고 지속적으로 적용될 수 있는 우수 사례들을 전파하는 활동을 보다 손쉽게 실행할 수 있다. 넷째, 테크놀로지를 활용하여 훨씬 더 폭넓은 데이터를 대량으로 빠르게 확보함으로써, 학습자들이 실시간으로 무엇을 어떻게 학습하는지에 관한 인사이트를 확보할 수 있다. 따라서 학습자의 수준을 진단하여 맞춤형 개별학습 지원이 가능하다. 마지막으로, 시험, 채점과 같은 단순 반복 업무로부터 교사를 해방시켜 줌으로써 교사들의 생산성이 향상될 수 있다(국가평생교육진흥원, 2016; World Economic Forum, 2015, 2016).

이러한 가능성을 가진 에듀테크를 교육현장에서 활용하기 위한 교수-학습모형

3) 에듀테크는 교육(education)과 정보통신기술(ICT: information and communication technology)의 합성어로, 교육과 ICT을 결합한 '산업'의 관점에서 시작한 새로운 용어임. 전통적인 교육테크놀로지(EdTech)과 관련은 있으나 주로 모바일 기기와 태블릿과 같은 첨단 테크놀로지에 초점을 두고 이에 익숙한 세대를 대상으로 함. 교육앱(app)과 교육SNS을 바탕으로 하는 산업이 확장되어 가고 있음. 점차적으로 Stephensen이 주장한 메타버스(metaverse)로 연결 될 것으로 기대됨.

으로 WEF는 '**폐쇄회로 교수-학습 체제**(closed loop instructional system)'를 제안하고 있다. 폐쇄회로 교수-학습 체제란 [그림 12-5]에서 볼 수 있는 것처럼 교수자들이 학습목표를 설정하는 단계에서부터 평가 단계까지 교수활동의 전 단계가 서로 통합되고 연결되어 하나의 시스템으로 작동되는 모형이다. 이러한 모형을 통해 학습 설계, 전달, 평가 과정에서 21세기 테크놀로지 격차 발생 영역을 확인하고, 목표 달성을 위한 개발된 적응적 교수-학습 내용 및 교과과정 제공, 공개된 교육자원 제공, 의사소통 및 협력 도구 제공, 인터랙티브 시뮬레이션과 게임 제공 등의 전략을 활용할 것을 제안하고 있다. 미래의 교육환경이 하나의 통합된 형태로 물 흐르듯 진행될 수 있도록 교육공학자들은 **혁신적인 학습설계**를 추진해야 할 것이며, 학습자들은 이렇게 설계된 학습환경 안에서 자연스럽고 즐겁게 학습하며 배움의 시간을 가지게 될 것으로 예측된다.

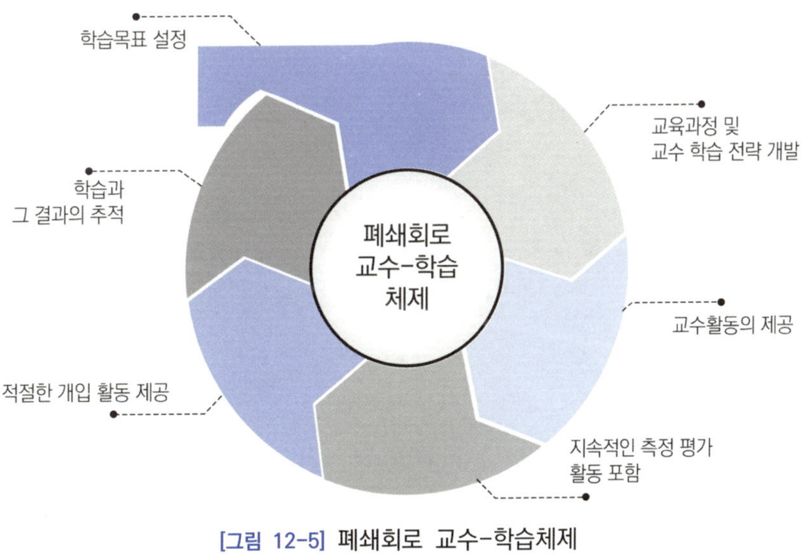

[그림 12-5] 폐쇄회로 교수-학습체제

출처: World Economic Forum(2015). *New vision for education: Unlocking the potential of technology*. Colony/Geneva: World Economic Forum, p. 8.

탐구과제

1. 2030년에 사회가 요구하는 유능한 인재상의 특징을 현재의 유능한 인재상과 비교하여 다양한 측면에서 설명해봅시다.

2. 2030년에 사회가 요구하는 인재 양상을 위해 교사의 역량과 역할은 어떻게 변하여야 할지를 수업, 상담 등 교사의 업무 영역별로 기술해봅시다.

참고문헌

강명희 외 (2000). 웹기반 지식창출 시스템 구축. BK21 핵심과제보고서.

권낙연, 김동엽 (2002). 교수-학습 이론의 이해. 문음사.

김남진, 우정환 (2016). 보편적 학습설계의 개념 확장 및 실행과정에 관한 이론 고찰. 특수교육재활과학연구, 55(3), 205-224.

김동규 외 (2017). 4차 산업혁명 미래 일자리 전망. 한국고용정보원.

김진하 (2017). 제4차 산업혁명 시대, 미래사회 변화에 대한 전략적 대응 방안 모색. 한국과학기술기획평가원.

백영균, 박주성, 한승록, 김정겸, 최명숙, 변호승, 박정환, 강신천 (2010). 유비쿼터스 시대의 교육방법 및 교육공학(3판). 학지사.

정의진 외 (2021). 2045년을 향한 미래사회 전망과 핵심이슈 심층분석. 한국과학기술기획평가원.

한국교육학술정보원 (2009). 2008 교육정보화백서. 한국교육학술정보원.

한국교육학술정보원 (2016). 2015 교육정보화백서. 한국교육학술정보원.

한국정보화진흥원 (2010). IT 대항해 시대, 미래 트렌드와 국가 전략. 한국정보화진흥원.

Briks, H. (1997). *Global citizenship and higher education* (Doctoral dissertation). University of Toronto, Toronto, Canada.

Duffy, T. M., & Jonassen, D. H. (1991). Constructivism: New implications for instructional technology. *Educational Technology, 31*(5), 7-12.

Gates(1999). *Business at the Speed of Thought*. Pearson Education Limited.

Gery, G. J. (1991). *Electronic performance support system: How and why to remake the workplace through the strategic application of technology*. Boston, MA: Weingarten Publication.

Kang, M., Heo, H., Jo, I., Shin, J., & Seo, J. (2010). Developing an Educational Performance Indicator for New Millennium Learners. *Journal of Research on Technology in Education, 43*(2), 157-170.

Kellcher, A., & Klein, L. F. (2006). *Global perspectives: A handbook for understanding global issues* (2nd ed.). Upper Saddle River, NJ: Pearson Prentice Hall.

Kirschner, P., Sweller, J., & Clark, R. E. (2006). Why unguided learning does not work: An analysis of failure of discovery learning, problem-based learning, experiential learning and inquiry based learning. *Educational Psychologist, 41*(2), 75-86.

Meyer, A., Rose, D. H., & Gordon, D. (2014). *Universal design for learning: Theory and practice.* Wakefield, MA: CAST Professional Publishing.

Oxfam (2015a). *Education for global citizenship: A guide for schools.* London, England: Oxfam.

Partnership for 21C Skills (2009). *P21 Framework Definitions*. Partnership for 21C Skills.

Petraglia, J. (1998). The real world on a short leash: The (mis)application of constructivism to the design of educational technology. *Educational Technology Research and Development, 46*(3), 53-65.

Pfeffer, J., & Sutton, R. I. (2006). *Hard facts, dangerous half-truths, and total nonsense: Profiting from evidence-based management*. Harvard Business Press.

Piskurich, G. M. (2000). *Rapid Instructional Design: Learning ID fast and Right.* San Francisco: Jossey.

Reigeluth, C. M. (1999). What is instructional-design theory and how is it changing. *Instructional-design theories and models: A new paradigm of instructional theory*, 5-29.

Rhoads, R. A., & Szelényi, K. (2011). *Global citizenship and the university: Advancing social life and relations in an interdependent world*. Stanford, CA: Stanford University Press.

Schunk, D. H. (1996). *Learning theories.* Printice Hall.

Tripp, S. D., & Bichelmeyer, B. (1990). Rapid prototyping: An alternative instructional design strategy. *Educational Technology Research and Development*, *38*(1), 31-44.

UNESCO (2014). *Global citizenship education: Preparing learners for the challenges of the 21st century*. Paris, France: UNESCO.

Van Merrienboer, J. J. G. (1997). *Training complex cognitive skills: A four-component instructional design model for technical training.* Englewood Cliffs, NJ: Educational Technology Publications.

Van Durme, Y., Scoble-Williams, N., Eaton, K., Kirby, L., Griffiths, M., Poynton, S., Hatfield, S., Mallon, D., & Forsythe, J. (2023). *Deloitte 2023 Global Human*

Capital Trends. Deloitte.

Willis, J., & Wright, K. E. (2000). A general set of procedures for constructivist instructional design: The new R2D2 model. *Educational Technology*, *40*(2), 5-20.

World Economic Forum (2015). *New vision for education: Unlocking the potential of technology*. Colony/Geneva: World Economic Forum.

World Economic Forum (2016). *New vision for education: Fostering social and emotional learning through technology*. Colony/Geneva: World Economic Forum.

제 13 장

인공지능 활용 교육

중학교 영어교사 A는 최근 고민이 많아졌습니다. 매일 제한된 수업시간에 교육과정에 있는 내용을 모두 가르쳐야 하니 항상 시간이 부족함을 느낍니다. 특히 영어듣기와 말하기 활동에 많은 시간을 할애하고 싶지만, 수업시간은 항상 부족하고 모든 학생들에게 피드백을 주기가 어렵습니다. 그런데 최근 참석한 교사연수에서 인공지능 음성인식 플랫폼을 활용하면 학생들이 혼자서도 말하기 연습을 하고 발음도 교정할 수 있다는 것을 알게 되었습니다. 교사 A는 자신의 수업에서 활용 가능한 음성인식 도구에는 어떠한 것들이 있는지 더 알고 싶어졌습니다. 교사 A가 경험한 바와 같이 자신이 가르치는 교과에서 어떠한 인공지능 기술이 어떻게 활용될 수 있는지 알아보도록 합시다.

학습목표

13.1. 학습자는 인공지능의 개념을 서술하고, 인공지능이 교육에 미치는 영향을 설명할 수 있다.

13.2. 학습자는 인공지능 이해 교육에서 다룰 수 있는 내용과 효과적인 교수방법을 제시할 수 있다.

13.3. 학습자는 인공지능 활용 교육에서 다룰 수 있는 내용과 효과적인 교수방법을 제시할 수 있다.

13.4. 학습자는 인공지능 가치 교육에서 다룰 수 있는 내용과 효과적인 교수방법을 제시할 수 있다.

13.5. 인공지능 도구를 활용한 수업활동을 설계할 수 있다.

2016년 알파고의 등장으로 접했던 인공지능 기술(technology)이 이제 우리 사회의 다양한 영역에 적용되면서 우리의 삶의 방식도 변화하고 있다. 교육 분야에서도 인공지능 기술의 활용이 활발하게 논의되고 있으며, 특히 맞춤형 학습 및 적응형 학습에 대한 기대감이 크다. 미래시대를 대비하는 교사로서 인공지능의 기본 개념을 이해하고 이를 교육에 활용하는 다양한 방식을 습득하는 것이 중요하다. 본 장에서는 인공지능의 개념부터 인공지능의 교육적 활용을 인공지능 이해 교육, 활용 교육, 가치 교육의 세 가지 영역에서 제시한다.

1 인공지능

1) 인공지능 발달의 역사

인공지능(Artificial Intelligence)은 인간의 지능과 같은 기능을 갖춘 컴퓨터 시스템을 의미한다. 즉, 인간의 지능을 컴퓨터 기계에 인공적으로 구현하여 기계가 인간과 같이 생각하고 행동하도록 만드는 기술이다. 인공지능의 역사는 1950년 앨런 튜링이 제안한 '튜링 테스트(Turing test)'로 거슬러 올라간다. 튜링은 인간 심사관이 벽을 사이에 두고 두 개체(사람과 기계)와 대화를 하면서 어느 쪽이 사람인지 구별하는 테스트를 통해 기계의 지능을 판단하고자 하였다. 튜링 테스트에서 만약 인간 심사관이 어느 개체가 사람인지 대화를 통해 구분하지 못한다면 기계가 지능이 있다고 판단한다. 인공지능이라는 용어는 1956년 다트머스 회의에서 존 매카시가 처음 제안한 것으로 여겨지고 있는데, 여기서 인공지능은 '기계를 인간 행동의 지식에서와 같이 행동하게 만드는 것'으로 정의되었다.

AI 발달의 역사는 〈표 13-1〉과 같이 크게 세 단계로 분류할 수 있다. 1단계는 1950~70년대로 단순 제어프로그램이 구현된 AI가 나타난 시점이다. 2단계는

1980~90년대로 기존에 보유된 지식을 기반으로 판단하는 '고전적 AI'와 표본 데이터를 활용하여 기계가 스스로 학습이 가능한 '머신러닝 AI'가 포함된다. 마지막 단계는 2000년대 이후로서 머신러닝에서 한 단계 나아가서 인간의 뇌신경망을 모방한 인공적 신경망에 기반한 '딥러닝 AI' 시대로 볼 수 있다.

〈표 13-1〉 AI 기술(technology)의 진보

시기		AI 수준	활용사례
1차 붐	1956~1970년대	단순제어 프로그램	튜링기계, 체스게임
2차 붐	1980~1990년대	고전적 AI	질문에 대한 응답 대화 프로그램, 지식베이스로 판단 및 추론하는 지능형교수시스템
		머신러닝 AI	표본 데이터를 활용하여 지식, 규칙 기계학습, 교육용로봇, 챗봇, 학습자 중심 피드백
3차 붐	2000년대 이후	딥러닝 AI	적응형 학습 관리 시스템

2) 인공지능의 개념

인공지능의 개념을 이해하기 위해서는 머신러닝 및 딥러닝과의 관계를 이해해야 한다. [그림 13-1]과 같이 머신러닝(Machine learning, 기계학습)은 인공지능 기술 중 하나이며, 머신러닝 중 특히 인공신경망 원리에 기반한 기술을 딥러닝(Deep learning, 심층학습)이라고 한다.

머신러닝은 기계가 인간처럼 스스로 학습할 수 있도록 알고리즘을 구축하는 기술이다. 즉, 머신러닝에서는 인간이 코딩을 명시적으로 하지 않더라도 컴퓨터와 같은 기계가 주어진 데이터에 기반하여 스스로 규칙을 학습하게 된다. 이러한 학습과정에서 찾아낸 패턴과 규칙을 기반으로 의사결정 및 새로운 예측 등의 기능을 수행하게 된다. 머신러닝은 학습하려는 문제의 유형에 따라 크게 (1) 지도학습

(supervised learning), (2) 비지도학습(unsupervised learning), (3) 강화학습(reinforcement learning)의 세 가지로 분류할 수 있다.

첫째, 지도학습은 문제와 답을 같이 제시하여 학습하는 방식이다. 예를 들어 강아지 사진에 레이블(label, 정답)로 강아지를 입력하고, 고양이 사진의 레이블에는 고양이를 입력하여 학습을 시킨 후, 새로운 사진을 제시하여 어느 동물인지 예측하는 것은 지도학습 방법이다.

둘째, 비지도학습은 문제는 제시하지만 정답은 알려주지 않는 학습방식이다. 정답을 모르기 때문에 컴퓨터는 주어진 데이터에서 스스로 패턴이나 구조를 파악하면서 규칙성을 찾게 된다. 예를 들어, 강아지, 고양이, 기린, 토끼의 사진이 있다면, 어느 사진이 어떤 동물인지 정답을 입력하지 않고 컴퓨터가 스스로 규칙을 찾게 한다. 컴퓨터는 알고리즘을 통해 사진 속 동물 이미지를 구분하는 규칙을 찾게 되는데, 예를 들면 다리의 개수, 몸의 크기 등을 통해 비슷한 군집끼리의 분류를 시도한다.

셋째, 강화학습은 상이나 벌과 같은 강화(reinforcement)를 주면서 더 많은 보상을 주는 행동을 학습하는 것이다. 이 방식은 인간이 시행착오를 겪으면서 자신에게 가장 최상의 결과를 주는 행동을 계속하게 되는 원리와 비슷하다. 정답이나 분류기준이 주어지지 않은 상태에서 학습을 하고 상황에 동적으로 영향을 받는다는 점에서 앞서 설명된 정적인 방법인 지도학습 및 비지도학습과 차이점이 있다. 우리가 잘 알고 있는 알파고(AlphaGo)가 이 강화학습 방법을 통해 수많은 시행착오를 거쳐 경기력을 개선한 것으로 알려져 있다.

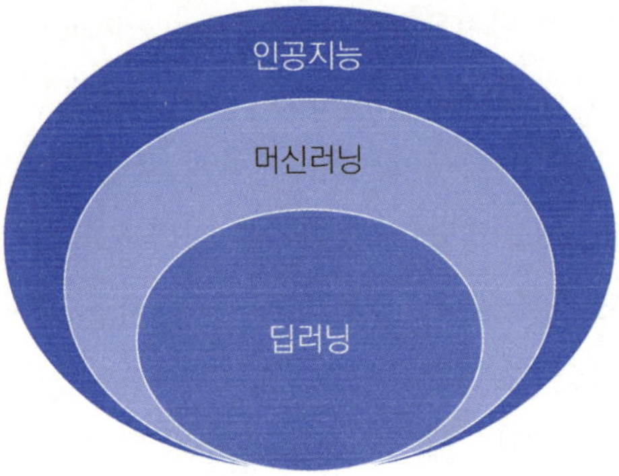

[그림 13-1] 인공지능, 머신러닝, 딥러닝 기술의 관계

출처: 전수진 외, 2020

3) 인공지능 기술(Technology)의 유형

인공지능에 기반한 다양한 테크놀로지 유형이 있다. 학자마다 인공지능 기술 유형을 분류하는 기준은 다양하나, 크게 앞서 설명된 머신러닝과 딥러닝을 기반으로 하며 이에 추가하여 패턴인식, 음성인식, 자연어처리, 컴퓨터비전, 가상현실, 데이터마이닝 등의 응용기술 유형이 포함된다. 초기의 인공지능 기술은 규칙기반 알고리즘의 성격이 강했으나 최근에는 기계가 스스로 학습을 하는 머신러닝을 기반으로 점차 정교화되고 있으며 활용범위도 확장되고 있다(Holmes et al., 2019).

교육 분야에서는 지능형 튜터링 시스템, 대화형 튜터링 시스템, 자동화 글쓰기 프로그램, 학습자 분석, 챗봇 서비스 등 다양한 인공지능 도구 및 서비스가 도입되고 있다. 〈표 13-2〉는 다양한 인공지능 응용기술과 이를 기반으로 한 교육용 인공지능 애플리케이션의 예를 보여준다. 예를 들어 패턴인식 테크놀로지를 활용하여 학생들의 손글씨를 인식하고, 문제풀이 답에 대한 피드백도 자동적으로 제공할 수 있다.

〈표 13-2〉 AI 응용 테크놀로지 유형과 교육용 애플리케이션의 예시

응용기술	정의	예시
전문가 시스템	특정 문제 영역 및 주제에 대해 전문가 수준의 해결책을 제공하는 테크놀로지로서 기본적으로 지식을 표현하는 부분과 추론하는 부분으로 구성	CIRCSIM
데이터 마이닝	컴퓨터에 저장된 대량의 데이터로부터 잠재적으로 유의미할 것 같은 숨겨져 있는 지식을 추출하는 것	ASSISTments
패턴인식	문자, 음성, 영상, 텍스트, 신호 등의 데이터의 패턴이나 규칙성을 찾는 테크놀로지	Bakpax
자연어 처리	인간이 사용하는 일반 언어로 작성된 문서를 처리하는 테크놀로지	Watson Tutor
컴퓨터 비전	컴퓨터가 시각 기능을 갖는 기계장치를 만드는 기술	자동 출석 시스템
음성인식	기계가 음성을 입력받아 문장으로 변환하는 기술	Babbel Duolingo
에이전트	기계를 사용하는 사용자로부터 일을 위임받아 자율적으로 수행하는 시스템	Betty's Brain

출처: 이혜란 외(2020)

2 인공지능과 교육

인공지능이 사회 전반에 커다란 영향력을 미치게 되면서 인공지능을 교육 분야에서 활용하고자 하는 움직임도 활발하다. 사회 전반적으로 인공지능 관련 소양을 갖춘 시민과 인력에 대한 요구가 증가하고 있다. 특히, 4차 산업혁명 시대에는 지능형 정보기술에 기반한 직업이 증가하고 인간 노동집약형 직업은 점차 사라지면서 일자리 구조가 크게 변할 것으로 예측되고 있다.

이러한 커다란 사회경제적 변화의 흐름 속에서 학교교육과 교사의 역할을 이해하는 것이 중요하다. 교육에서 인공지능의 활용은 학습자, 교수자, 교육행정가 등 교육에 관여하는 많은 이들에게 도움을 줄 것으로 예상되고 있다. 먼저 학습자의

경우 인공지능을 통해 적응형, 개별화 학습이 가능해지면서 자신의 수준과 요구에 적합한 학습을 할 수 있게 된다. 교수자의 경우 기존의 반복적 루틴 활동들을 인공지능이 대체하게 되면서, 보다 고차원적이고 창의적인 활동을 할 수 있는 시간적 여유가 생기게 된다. 교육행정의 측면에서도 개별 학습자의 데이터를 자동으로 분석하고 처리하게 되면서 학습에 어려움을 겪는 학생들을 조기에 발견하고 도움을 주어 학습격차를 줄이는 등 긍정적 효과가 기대되고 있다.

교육 분야에서의 인공지능의 활용은 영어로 AIED(Artificial Intelligence in Education)라고도 불리며, [그림 13-2]와 같이 (1) 인공지능 이해 교육, (2) 인공지능 활용 교육, (3) 인공지능 가치 교육의 세 가지 영역에서 살펴볼 수 있다(한선관 외, 2021).

[그림 13-2] 인공지능교육의 유형(한선관 외, 2021)

첫째, **인공지능 이해 교육**은 인공지능 기술 자체에 대해 이해하고 배우는 것에 초점을 두는 교육으로 'Learning about AI'라고 볼 수 있다. 인공지능 이해 교육에는 인공지능 기술의 원리를 이해하고, 이를 바탕으로 알고리즘을 설계, 개발, 활용하는 일련의 역량들이 포함된다. 예를 들어, 학생들은 Teachable Machine과 같은 인공지능 플랫폼을 통해 앞서 설명된 지도학습 및 비지도학습과 같은 분류모델을 학습하면서 인공지능 기술 자체에 대해 배울 수 있다.

둘째, **인공지능 활용 교육**은 인공지능의 원리를 교과내용과 연계하여 가르치거나 배우는 것을 의미한다. 인공지능 활용 교육은 인공지능이 어떠한 역할을 하느냐에 따라 '*Learning from AI*(인공지능으로부터 배우는 학습)'와 '*Learning with AI*(인공지능과 함께하는 학습)로 나누어 생각해 볼 수 있다. 먼저 Learning from AI는 인공지능이 인간 교사 대신 튜터의 역할을 하면서 학습자를 가르치는 것을 의미한다. 예로서, 지능형 튜터링시스템(ITS: Intelligent Tutoring System)이 있으며 반복학습과 숙달학습에 효과적이다. Learning with AI(인공지능과 함께하는 학습)는 테크놀로지를 참여와 표현의 수단으로 활용하는 것을 의미한다. 여기에서 인공지능은 지식을 가르치는 튜터라기보다는 '지능형 파트너(intelligent partner)'로서 학습자들이 자신만의 의미를 구성하고 창조적인 생각과 표현을 하도록 도와주는 역할을 수행한다. 예를 들어, 학습자가 인공지능 플랫폼의 도움을 받아 그림을 그리거나 글을 창작하는 활동은 인공지능과 함께하는 학습으로 볼 수 있다.

셋째, **인공지능 가치 교육**은 인공지능 기술의 사회경제적 영향 및 윤리적 가치에 대해 배우는 것을 의미한다. 인공지능 기술이 우리 사회에 긍정적 영향을 가져옴과 동시에 인공지능의 책임성, 투명성, 공정성과 관련된 여러 윤리적 문제도 제기되고 있다. 따라서 학생들은 인공지능이 긍정적 영향과 부정적 영향을 모두 야기할 수 있다는 점을 이해하고, 인공지능의 윤리적 문제를 합리적으로 해결할 수 있는 시각과 능력을 가지는 것이 중요하다.

이후 섹션에서는 앞서 설명한 윤리교육의 세 가지 영역을 보다 구체적으로 다루면서 학교교육에서 인공지능 활용 교육의 다양한 측면을 제시한다. 각 유형별 교육에서 다루어야 하는 주요 내용과 교수방법을 중심으로 구성하였다.

3 인공지능 이해 교육

1) 주요 내용

인공지능 이해 교육에는 인공지능에 대한 개념적 이해, 원리, 알고리즘 등에 대한 이해가 주요 내용으로 포함되며 인공지능에 대한 기초 소양을 길러주는 것을 목표로 한다. 학생들이 갖추어야 할 AI 기초소양의 범위와 수준이 무엇인지에 대해서는 현재 다양한 논의가 이루어지고 있다. 대표적 사례로 미국의 인공지능 교육 이니셔티브(initiative)인 AI4K12에서는 인공지능 교육에서 다루어야 할 '다섯 개의 빅 아이디어(5 Big Ideas)'를 인공지능 이해를 위한 주요 영역으로 제시하였다. [그림 13-3]과 같이 5 Big Ideas에는 (1) 인식, (2) 표현과 추론, (3) 학습, (4) 자연스러운 상호작용, (5) 사회적 영향이 포함된다.

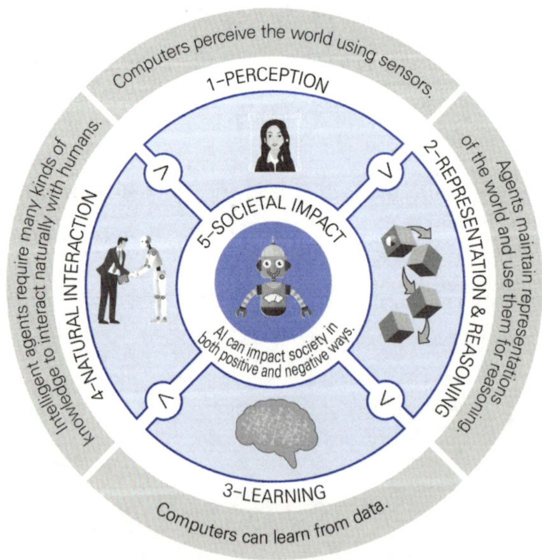

[그림 13-3] AI4K12에서 제시한 인공지능 교육의 5 Big Ideas

첫 번째 빅 아이디어는 '**인식**(perception)'이다. 이는 인간은 감각기관을 통해 세상을 인지하는 반면 컴퓨터는 센서를 통해 세상을 인식함을 이해하는 것을 의미한다. 이미지, 언어, 소리를 인식하는 청각적 센서는 음성인식 기술과 그리고 시각적 센서는 컴퓨터 비전 기술과 연결된다. '모라벡의 역설(Moravec's Paradox)'은 인간과 컴퓨터 인식의 본질적 차이점을 이해하는 데 유용하다. 미국의 로봇공학자인 모라벡은 '인간에게 쉬운 일이 컴퓨터에게는 어려운 반면, 컴퓨터에게 쉬운 일이 인간에게는 어렵다'는 역설적 현상을 제시하였다. 예를 들어 인간에게는 어려운 체스가 오히려 인공지능에게는 학습하기 쉬운 현상을 '모라벡의 역설'이라고 한다.

두 번째 빅 아이디어는 '**표현과 추론**'이다. 이는 컴퓨터 에이전트(agent)가 인간의 논리적 추론과정을 모방하여 세상을 표현하며 추론에 사용하는 것을 의미한다. 자율주행차는 컴퓨터의 표현과 추리 과정을 보여주는 좋은 예이다. 자율주행차가 경로를 설정할 때, 표현은 도시의 지도나 자동차의 주변상황을 의미하고 추론은 목적지까지 가는 최상의 경로를 찾는 논리적 과성을 의미한다. 상당수의 인공지능 대화형 시스템과 전문가 시스템들은 이러한 표현과 추론과정에 기반하고 있다.

세 번째 빅 아이디어는 '**학습**'이다. 머신러닝, 즉 기계가 학습을 한다는 것은 컴퓨터가 데이터로부터 학습하는 것을 의미한다. 앞서 설명한 머신러닝, 딥러닝, 지도학습, 비지도학습 및 강화학습이 주요 개념으로 포함된다. 학습이라는 빅 아이디어와 관련해서 학생들은 기계학습의 접근방식, 다양한 학습 알고리즘의 유형 파악, 딥러닝과 관련한 인공신경망의 기초 개념 등을 배울 수 있다.

네 번째 빅 아이디어는 '**자연스러운 상호작용**'이다. 인공지능에게 가장 자연스러운 상호작용은 인간의 대화나 감정을 이해하는 것이다. 인간의 언어를 이해하는 챗봇, 지능형 어시스턴트인 Siri나 Alexa, 제스처 및 감정표현 인식 프로그램들은 모두 인간-컴퓨터의 자연스러운 상호작용을 지원하는 인터페이스에 기반하고 있다.

다섯 번째 빅 아이디어는 '**사회적 영향**'이다. 이는 인공지능이 긍정적이고 부정적인 영향을 모두 야기할 수 있다는 점을 인식하는 것을 의미하고, 이후에 설명될

'인공지능 가치 교육'과 연결된다. 인공지능의 사회적 영향과 관련해서 학생들은 인공지능이 산업, 의료, 교육, 정부 등에 미치는 영향, 인공지능이 야기하는 윤리 딜레마, 인공지능 윤리적 표준 마련 이해, 인공지능에 의한 일자리와 업무 변화 이해 등을 배울 수 있다.

2) 교수방법

인공지능의 원리 및 알고리즘은 추상적 개념 학습이 주요 내용이다. 따라서 추상적 사고 및 추론적 이해에 어려움을 겪는 학습자들에게는 원리 및 알고리즘을 보다 이해하기 쉬운 형태로 가르쳐야 한다. 인공지능 이론을 설명하는 수업에 치우치기보다는 학습자가 직접 참여하는 활동을 통해 개념 및 원리를 이해하도록 수업을 설계하는 것이 효과적이다. 인공지능 이해 교육의 교수방법은 배우고자 하는 내용과 학습목표에 따라 구성될 수 있다.

먼저, 기초 알고리즘과 코딩 학습에서는 개념적, 절차적 학습이 주가 되므로 직접교수법을 활용하여 실험, 실습을 하는 것이 효과적이다. 수업에서 교수자가 시범을 보이고 학습자가 따라 하는 직접교수 방식을 통해 각 단계별로 정확한 개념 및 절차를 익히도록 지도한다. 다음으로 인공지능의 원리의 적용을 목표로 하는 경우에는 프로젝트기반 학습을 활용할 수 있다. 학습자가 알고 있거나 경험한 실생활의 문제를 인공지능을 통해 해결할 수 있는 프로젝트를 모둠 활동으로 진행하면서 학습자는 인공지능의 원리를 보다 깊게 이해하게 된다.

인공지능 알고리즘을 학습하는 경우 학생들이 코딩에 대한 깊은 지식이 없더라도 쉽게 배울 수 있도록 설계된 블록코딩 플랫폼을 활용할 수 있다. 현재, Machine Learning for Kids(ML4Kids), Teachable Machine, 엔트리(Entry) 인공지능 블록 등에서 인공지능 원리를 배우고 간단한 프로젝트를 구현할 수 있다. 예를 들어 Teachable Machine은 웹기반 플랫폼으로 웹캠을 통해 직접 데이터를 수집하거나 이미 수집된 데이터를 활용하여 머신러닝의 동작 원리를 학습할 수 있다. 처리

가능한 데이터유형에는 이미지, 음성, 포즈 인식이 있으며, [그림 13-4]와 같이 '1단계: 데이터수집 및 Class 입력→2단계: 학습 실행→3단계: 학습결과 확인'의 세 단계로 프로그램이 구성되어 있다. 머신러닝 실행 후 비교적 짧은 시간 안에 분류결과를 확인할 수 있다는 장점이 있다. 우리나라에서 개발된 엔트리 플랫폼도 최근에 파파고를 활용한 번역, 비디오를 통한 사람, 사물 인식, 음성 감지 등 인공지능 블록 기능이 추가되었다.

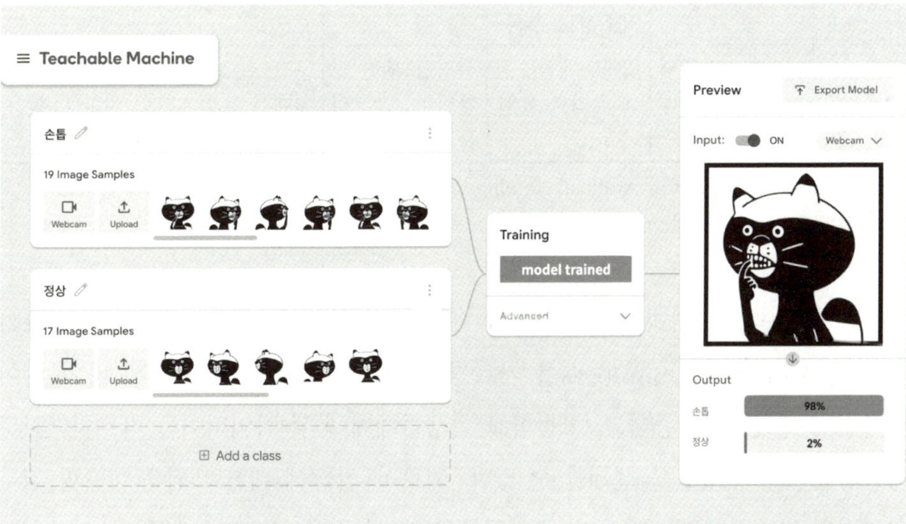

[그림 13-4] Teachable Machine의 머신러닝 단계

〈표 13-3〉 학령별 5 Big Ideas 학습 내용 및 활동

	1. 인식	2. 표현과 추론	3. 학습	4. 자연스러운 상호작용	5. 사회적 영향
개념	컴퓨터는 센서를 사용하여 세계를 인식	에이전트는 세상을 표현하고 구조화하여 추론에 사용	컴퓨터는 데이터로부터 학습	지능형 에이전트는 인간과 상호작용을 위해 많은 지식을 요구	AI는 긍정, 부정적 효과를 동시에 야기함

학습내용 및 활동의 예					
유치원-초등 저학년	Alexa나 Siri와 소통하기	의사결정 트리 활용법 습득	이미지 인식 도구 사용하기	긍정부정 단어 식별	실생활의 AI 사례 토론
초등 고학년	센서입력이 디지털신호로 전환되는 방법 이해	트리를 이용한 동물 분류 시스템 표현	기계학습의 세 가지 방법 이해	억양, 표정, 자세를 통한 감정 이해	AI 편향성에 의한 영향 설명
중학교	센서 사용 프로그램 개발	집 위치를 그래프 모델로 설계, 최소경로 추론	훈련데이터 편차 해결	단순 챗봇 제작	AI의 예상치 못한 결과 이유 설명
고등학교	다양한 컴퓨터 지각에 대한 배경지식 습득	틱택토 게임을 검색 트리로 표현	신경망 훈련 및 간단한 알고리즘 경험	문장 분석기로 애매한 표현 다루기	사회문제 해결을 위한 AI 활용 방안 연구

출처: K-12 Guidelines for Artificial Intelligence: What Students Should Know, David S. Touretzky, AI4K12.org

학습자의 연령에 따라서 인공지능 이해를 위한 활동의 난이도를 조절할 필요가 있다. 앞서 설명한 5 Big Ideas를 가르칠 경우, 〈표 13-3〉에 제시된 바와 같이 유치원 및 초등학교, 중학교, 고등학교 학생들에게 동일 아이디어를 가르치더라도 차별화된 내용과 활동을 설계할 수 있다. 예로서 '인식'에 대한 개념을 학습할 경우 저연령의 학습자를 대상으로는 스마트폰의 Siri와 같은 음성인식 기능을 사용하여 대화를 하는 학습을 설계할 수 있다. 고학년으로 올라갈수록 학습자들이 직접 센서기반 프로그램을 만드는 활동을 통해 인공지능의 인식체계를 이해하고 적용하는 활동을 적용할 수 있다.

4 인공지능 활용 교육

1) 주요 내용

인공지능 활용 교육은 인공지능을 도구적으로 활용하여 교과지식을 학습하고 문제를 해결하는 것을 목표로 한다. 인공지능 활용 교육은 활용의 목적에 따라 크게 세 가지 형태로 세분화될 수 있다. 첫 번째 형태는 인공지능 기술을 활용하여 특정 교과의 내용을 좀 더 심화적으로 이해하는 'AI 활용 교과교육'이다. 영어, 수학, 과학, 음악, 미술 등 다양한 교과에서 인공지능 기반 도구가 활용될 수 있다. 두 번째 형태는 인공지능과 여러 교과의 지식을 통합하여 문제를 해결하는 'AI 융합교육'이다. STEAM 교육과 같이 다학문적 지식을 요구하는 수업에서 인공지능을 활용하여 보다 고차원적인 학습을 지원할 수 있다. 세 번째 유형은 인공지능을 모니터링 및 평가와 같이 교사의 입무 지원을 위해 활용하는 것이다. 예를 들어 인공지능 기술 기반 자동채점시스템을 통해 교사의 평가 관련 업무가 더 쉽고 효과적으로 처리될 수 있다.

교사가 자신이 가르치는 교과에서 인공지능 활용을 통해 효과적으로 학습할 수 있는 주제나 활동을 선정해서 수업을 구성하는 것이 중요하다. 교과내용 지식과 연계하여 인공지능이 활용될 수 있는 방법은 다양하다. 예를 들어 지능형 튜터링 시스템을 수학이나 과학교과 수업에 활용하여 학생들의 오개념을 바로잡고, 최적의 단계별 학습을 안내할 수 있다. 영어교과에서는 챗봇을 활용하여 학생들이 영어발음 및 대화를 연습할 수 있는 기회를 확장할 수 있다. 이와 같이 인간 교사가 하지 못하거나 제한적으로밖에 하지 못했던 수업활동을 인공지능을 통해 보완 및 확장하는 것이 인공지능 활용 교육의 핵심이다.

2) 교수방법

앞서 설명한 바와 같이 인공지능을 활용하는 방법은 크게 Learning from AI와 Learning with AI로 나누어 생각할 수 있다. 먼저, Learning from AI 교수방법은 지능형 시스템과 같이 인공지능이 튜터의 역할을 하는 시스템 또는 도구를 활용하여 학생들이 내용지식을 배우는 것이다. ITS는 특히 수학과 물리와 같이 잘 구조화된 지식을 단계적으로 학습하는 데 유용하다. 이러한 지능형 시스템을 활용하면 개별 학습자 수준에 맞는 맞춤형 학습 및 학습자에게 적합한 학습경로를 추천 및 안내해 주는 적응형 학습이 가능하다. 한 예로서, 미국 카네기러닝에서 개발한 '매시아(Mathia)' 프로그램은 인공지능 기반의 맞춤형 수학 학습을 제공한다. 매시아 프로그램은 학생들이 수학학습 과정에서 오개념 및 성취도를 분석하여 맞춤형 학습과정을 제시하며 오답의 경우 문제를 맞힐 수 있는 설명도 자동적 피드백으로 제공한다. 언어학습의 경우 최근에 모바일 앱과 인공지능 기술이 결합되면서 학습자의 발음을 자동으로 인식하고 피드백을 주는 기능을 활용할 수 있게 되었다. 따라서 인간 교사의 중재 없이도 언어학습이 가능하므로 Learning from AI라고 볼 수 있다.

다음으로 Learning with AI에서 학습자는 인공지능과 함께 배우면서 자신만의 지식을 구성하고 창의적 표현을 할 수 있게 된다. 다양한 교과에서 활용할 수 있는 대표적인 Learning with AI 교수학습 방법으로 (1) AI 활용 탐구학습, (2) AI 활용 디자인 학습, (3) AI 활용 의사소통 학습에 대해 살펴보면 다음과 같다.

(1) AI 활용 탐구학습

탐구학습이란 문제해결을 목적으로 한 사고과정이 중심이 되는 학습을 의미한다. 탐구학습은 과학교과뿐만 아니라 사회교과 및 문제기반 학습이 주가 되는 다른 교과에서도 적용 가능한 방법이다. 인공지능은 데이터기반의 탐구활동에서

'문제발견→데이터 수집→분석'과 같은 활동을 지원할 수 있다. 첫 번째 단계인 문제발견에서 학생들이 자신의 주변과 실생활에서 탐구할 문제를 발견하도록 하는 것이 효과적이다. 두 번째 단계인 데이터 수집에서는 앞서 설정된 문제를 해결하기 위한 데이터를 다각도로 수집한다. 공공 데이터가 저장된 포털에서 적합한 데이터를 구하거나, 학생들이 설문이나 센서를 이용하여 실제로 데이터를 수집할 수도 있다. 세 번째 단계인 분석은 인공지능 도구가 유용하게 활용되는 단계이다. 인공지능 기술을 활용하여 수집된 데이터의 규칙을 찾거나 특정 기준에 따라 분류하는 등의 분석을 실시할 수 있다. 앞서 소개된 Machine Learning for Kids, Teachable Machine, 엔트리 등의 플랫폼을 활용하여 분류학습 활동을 할 수 있다.

(2) AI 활용 디자인 학습

디자인이란 문제해결 및 창작을 모두 포괄하는 개념으로서 미술과 음악과 같은 예술 관련 교과뿐만 아니라 창작물 제작을 주요 목표로 하는 교과에 폭넓게 활용되는 활동이다. 디자인 학습을 위한 인공지능은 학생들의 표현활동을 신장하기 위한 방법으로 활용될 수 있다. 예를 들어 미술수업에서 그림 그리기에 어려움이나 두려움을 느끼는 학생이 있다면, 인공지능 플랫폼을 활용하여 보다 손쉽게 창작활동을 지원하여 심리적 어려움을 줄여줄 수 있다. 디자인 학습을 지원하는 도구에는 인공지능 기반 그림 그리기 플랫폼인 Quick Draw, Auto Draw, 바흐스타일 음악 창작이 가능한 두들바흐, 우리 주변에서 수집된 다양한 소리 데이터를 머신러닝 기법으로 창작할 수 있는 The Infinite Drum Machine 등이 있다. 또한 정보교과에서는 ML4Kids 및 Entry 인공지능 블록 등을 활용해서도 새로운 지능형 애플리케이션을 디자인할 수 있다.

(3) AI 활용 의사소통 학습

의사소통 학습을 지원할 수 있는 다양한 인공지능 기반 애플리케이션이 개발되어 활용되고 있다. 의사소통과 관련된 인공지능 기술은 크게 인간의 음성을 텍스트 데이터로 전환하는 음성인식(STT: Speech to Text)과 반대로 텍스트를 음성으로 변환하는 TTS(Text to Speech) 기술이 있다. 인공지능 기반 번역기, 외국어 학습 애플리케이션, 챗봇, 작문 플랫폼 등이 의사소통 학습 활동에 활용될 수 있다.

영어 말하기 학습의 경우 인공지능 비서 봇인 아마존의 Alexa와 구글의 Google Assistant를 활용하여 학생들에게 말하기 기회를 확장시킬 수 있다(추성엽, 민덕기, 2019). 인공지능은 글쓰기 영역에도 활용될 수 있다. 현재 인공지능은 스스로 기사를 작성할 수 있는 수준까지 발전하였다. AI Writer나 Talk to Transformer와 같은 플랫폼을 활용하여 학생들이 영어로 된 기사를 작성하는 활동을 할 수 있다. 공유 문서 플랫폼인 Google Docs도 지능적으로 글쓰기 과정을 도와주는 Smart Compose 기능을 탑재하여 작문을 보다 효과적으로 할 수 있다. 의사소통 학습에서 인공지능을 활용할 때, 인공지능이 모든 학습을 자동적으로 처리하여 학습자가 수동적 역할을 하지 않도록 하는 것이 중요하다. 즉, 궁극적으로 인공지능의 도움을 받아 학생들이 의사소통 역량을 키우는 것이 활용의 목표가 되어야 한다.

5 인공지능 가치 교육

1) 주요 내용

인공지능 가치 교육은 인공지능으로 인해 발생하는 사회경제적 영향 및 윤리적 이슈에 대해 가르치는 것을 의미한다. 앞서 인공지능 이해 교육의 프레임으로 제시된 AI K12의 BIG 5 Ideas에서도 '사회적 영향'은 학생들이 이해해야 하는 중요한 영역으로 포함되었다. 앞으로도 우리 생활과 사회 전반적으로 인공지능의 도입과 확산이 가속화될 것으로 전망되므로, 학생들은 인공지능이 가져오는 사회적 변화 및 영향력에 대해서 균형적 관점을 정립하고 이에 현명하게 대비하는 태도를 기르는 것이 중요하다(Payne, 2019).

인공지능 가치 교육의 주요 내용은 크게 (1) 인공지능의 양면성, (2) 인공지능의 편향성, (3) 인공지능의 딜레마를 이해하는 세 영역을 중심으로 다룰 수 있다(전수진 외, 2020). 첫째, 인공지능의 양면성은 인공지능이 우리 사회에 미치는 긍정적 영향과 부정적 영향을 모두 이해하는 것이다. 인공지능 기반의 지능화 서비스가 도입되면서 반복적이고 낮은 수준의 작업이 자동화 기능으로 대체되는 등 긍정적 영향을 가져왔다. 하지만 동시에 자동화로 인해 현재의 많은 일자리가 사라지고 지나친 자동화의 신뢰가 예측하지 못한 상황의 대처능력을 저해할 수 있다는 우려도 있다. 학생들은 이러한 인공지능의 양면성을 모두 이해하는 비판적 사고능력을 길러야 한다.

둘째, 인공지능의 편향성은 데이터의 기반 알고리즘이 특정 목적을 위해 편향적으로 수집 및 사용될 수 있음을 의미한다. 편향성과 관련하여 인공지능 시스템의 실제목표와 외재적 목표를 구분할 필요가 있다. 외재적으로는 중립적으로 보이는 알고리즘이라고 하더라도 수익창출과 같은 실제목표를 충족시키기 위해 알고리즘이 편향되게 설계될 수 있다. 편향적 알고리즘의 예로서, 인공지능 기반 얼굴인식 시스템이 백인의 데이터 위주로 설계되어 어두운 얼굴에 대한 인식률이 떨어지고 특정 성별이나 인종을 보다 우호적으로 평가하는 경향이 있음이 밝혀졌다(Buolamwini & Gebru, 2018).

셋째, 인공지능 딜레마는 인공지능으로 인해 어느 선택을 하더라도 윤리적으로 만족할 수 없는 상태에 이르는 현상을 의미한다. 인공지능은 이해관계자의 개입에 따라 가치중립적이지 않으며, 이러한 특성이 여러 윤리적 문제를 야기할 수 있다. 트롤리(전차) 딜레마로 불리는 자율주행차가 대표적인 예이다. 자율주행차의 판단이 개발자가 설계한 알고리즘에 따라 수행되며, 아무리 자율주행 수준이 향상되더라도 인간과 같은 윤리적 가치 기준에 따른 판단이 어려울 수 있다.

〈표 13-4〉는 초중등 교육과정에서 인공지능과 사회적 영향이 어떠한 주제를 기반으로 학습될 수 있는지를 보여준다. 초등과 중등 모두 인공지능이 가져오는 우리 사회의 변화를 학생들이 실생활과 연계하여 학습하는 점을 강조하고 있다. 더불어 인간과 인공지능의 차이점 및 공통점, 미래사회 변화 예측, 자신의 진로와 연계하여 윤리적 문제를 이해하는 내용을 중심으로 수업을 설계할 수 있다.

〈표 13-4〉 교육과정 로드맵에서 인공지능과 사회적 영향(유정수 외, 2020)

	주제	학습내용
초등	(1~2학년) 인공지능이 만든 생활 속 변화	인공지능으로 인해 변화하는 과거와 오늘, 그리고 미래의 모습을 이해하고, 일상생활에 어떠한 영향을 주는지를 이해
	(3~4학년) 인간과 AI의 공통점과 차이점	인간과 AI가 함께 협력하며 살아가기 위해 필요한 각자의 역할과 차이점을 이해하고, 인간-AI 합주 등 다양한 사례 학습
	(5~6학년) 4차 산업혁명과 AI 윤리	4차 산업혁명의 역사를 이해하고, 그 변화 속에서 가져야 할 다양한 AI 윤리에 대해 학습
중등	인공지능이 가져올 사회적 변화와 윤리적 문제	인공지능으로 인해 변화할 우리 사회의 모습을 살펴보고, 발생할 수 있는 윤리적 문제점에 대한 고찰
	소비자와 생산자 관점의 지능정보 윤리	인공지능 서비스를 소비하는 사람의 관점과 인공지능 서비스를 개발하는 사람의 관점에서 살펴보는 윤리문제
고등	인공지능이 가져오게 되는 미래 인공지능 윤리	인공지능의 범위와 특징 이해 및 이를 통한 미래의 변화 예측하기 인공지능 관련 윤리적 문제와 판단 기준에 대해 학습하기
	사회와 경제의 변화 인공지능 윤리 직업과 진로	인공지능으로 인한 사회경제 변화를 이해하고 관련된 윤리적 문제와 해결방법 이해하기, 자신의 진로와 연결하여 생각해 보기

2) 교수방법

인공지능과 윤리의 문제를 다루는 수업은 사례학습, 데이터기반 학습, 해결책 탐구와 같은 방법으로 설계될 수 있다. 특히 딜레마 사례를 기반으로 한 수업은 학생들이 인공지능의 영향을 다각도로 고려하여 해결책을 고안할 수 있다는 점에서 효과적이다. 딜레마는 두 가지 가능성을 내포하는 문제로서 어느 가능성도 다 수용이 가능한 상태이므로 가장 비구조화된 문제로 여겨진다. 실제 딜레마 사례를 제시하고 학생들이 문제상황을 해석하고 논쟁을 통해 가능한 해결책을 다양한 관점으로 모색하도록 수업을 설계한다. 다음은 인공지능 가치 교육과 관련해서 활용 가능한 딜레마 문제의 예시들이다.

- **AI의 편향성**: AI 얼굴인식 프로그램이 왜 피부색과 성별에 따라 다른 인식률을 보이는가? 이를 해결할 수 있는 방법은 무엇인가?
- **무인자동차의 딜레마**: 무인자동차는 탑승자와 동승자 중 누구를 먼저 고려해야 하는가?
- **AI 창작물**: AI가 창작한 작품은 누구의 소유인가? 순수한 창작물로 간주할 수 있는가?
- **AI와 법정**: AI는 인간 판사보다 더 공평한 판결을 내릴 수 있는가?

수업활동 설계의 예로서 무인자동차의 딜레마 문제를 생각해 보자. 먼저 학생들에게 무인자동차 기술을 소개한다. 이후 [그림 13-5]에 제시된 MIT Moral Machine 사이트를 방문하여 학생들이 무인자동차가 직면하는 다양한 상황에서 결정을 내리는 활동을 하게 한다. 이후 "자율주행차가 횡단보도를 건너는 5명을 살리기 위해 이미 횡단보도를 건넌 1명의 목숨을 희생하는 것을 허용해야 하는가?"와 같은 트롤리(전차) 딜레마 상황에 대한 질문을 제시한다. 이런 딜레마에 빠진 근본적 이유와 이를 해결할 수 있는 방법을 토론하는 학습을 진행할 수 있다. 딜레마 문제는 정답이 없으며 학생들이 다양한 관점에서 현상을 바라보고 논리적 해결책을 제시할 수 있도록 지도하는 것이 중요하다.

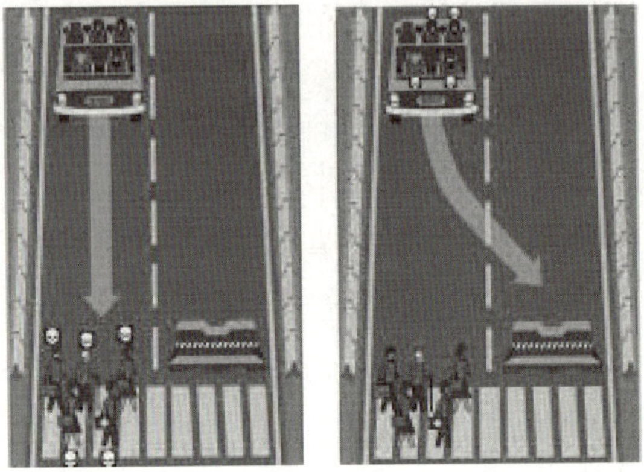

나는 왜 딜레마에 빠졌는가?
왜 이런 딜레마가 생겼는가?
이 딜레마는 어떻게 해결
가능한가?

[그림 13-5] MIT Moral Machine: 무인자동차의 딜레마

출처: https://www.moralmachine.net/hl/kr

6 인공지능과 교육자의 역할

본 장은 인공지능의 개념적 이해부터 인공지능 테크놀로지가 활용 가능한 다양한 교수학습 방법을 제시하였다. 새로운 테크놀로지가 교육에 도입될 때마다 기존의 학교 교육의 문제를 해결해줄 수 있을 것이라는 기대감이 팽배하게 된다. 한 예로서 1920년대 영화가 처음으로 나왔을 때 과학자 에디슨은 "책은 곧 학교에서 쓸모없이 될 것이다… 인간지식의 모든 부분을 무성 영화를 사용하여 가르칠 수 있다. 우리 학교시스템은 다음 10년 내에 완전히 바뀔 것이다"라고 예측하였다. 하지만 무성영화 테크놀로지는 책을 대체하지 않았으며, 학교교육에 커다란 변화를 가져오지도 않았다.

이러한 역사적 경험은 새로운 테크놀로지 도입에 대해 환상적인 기대감보다는 현실적이고 객관적인 관점으로 테크놀로지를 평가하는 것이 중요하다는 교훈을 준다. 기술이 발달함에 따라 인간 교사가 인공지능 교사로 대체된다든지 학교가 사라지는 것에 대한 두려움이 존재한다. 하지만 이러한 막연한 두려움에 인공지능 테크놀로지를 전적으로 반대하기보다는 현재 교육현장에서 인공지능 테크놀로지로 해결 또는 보완할 수 있는 영역을 찾아내고 적재적소에 활용하는 것이 보다 생산적인 태도일 것이다. 현재 인공지능 테크놀로지는 학생들이 무엇을 알고, 무엇을 모르는지에 대해서는 정확하지만, 학생들이 무엇을 알기 원하는지 어떻게 하면 잘 배울 수 있는지를 가르쳐 주지는 않는다. 따라서 인공지능이 도입되더라도 인간 교사가 할 수 있는 중요한 역할이 여전히 존재한다. 인공지능이 현재의 교수학습 활동을 단순히 '대체(replacement)'하는 것을 넘어서서 기존에는 불가능했던 활동을 가능하게 하는 '변형적(transformative)' 수단으로 활용하는 것이 21세기 교사들에게 기대되는 중요한 역량이라고 할 수 있다.

탐구과제

1. 윤리매트릭스는 특정 이해관계자의 개입으로 편향된 맞춤형 알고리즘이 만들어지는 현상의 이해를 도와줍니다. 윤리매트릭스의 한 축은 '가치', 다른 한 축은 '이해관계자'로 구성됩니다. 교육용으로 활용되는 인공지능 플랫폼이나 애플리케이션을 하나 선정한 뒤, 아래의 3×3 윤리매트릭스를 작성해 봅시다. 더불어 편향성을 극복하기 위한 새로운 알고리즘도 제안해 봅시다.

	가치		
이해관계자			

2. 본 장에서 소개된 다양한 인공지능 기술이 어떻게 활용될 수 있는지 learning from AI와 learning with AI 학습활동의 예를 각각 하나씩 설계해봅시다.

참고문헌

유정수, 이현숙, 홍옥수, 성정숙, 윤일규, 김현철 외 (2020). 초중등 인공지능 교육 내용체계 탐색적 연구 이슈 보고서. 한국과학창의재단.

이혜란, 소효정, Lingxi Jin (2020). 교육용 인공지능 애플리케이션의 특성 및 설계 수준 분석. 교육정보미디어연구, 26(3), 647-670.

전수진, 김한성, 장병철, 김학인, 한창수, 박광현 외 (2020). 중등교사용 KERIS와 시작하는 인공지능 교육. 한국교육학술정보원.

추성엽, 민덕기 (2019). 영어 상호작용 촉진을 위한 과업 기반 AI 챗봇 활용 및 학생 발화 분석. 초등영어교육, 25, 27-52.

한선관, 류미영, 김태령 (2020). AI 사고를 위한 인공지능 교육. 성안당.

AI4K12.org. K-12 Guidelines for Artificial Intelligence: What Students Should Know, David S. Touretzky.

Buolamwini, J., & Gebru, T. (2018, January). Gender shades: Intersectional accuracy disparities in commercial gender classification. In Conference on fairness, accountability and transparency (pp. 77-91). PMLR.

Holmes, W., Bialik, M., & Fadel, C. (2019). *Artificial intelligence in education*. Boston: Center for Curriculum Redesign.

Payne, B. H. (2019). *An ethics of artificial intelligence curriculum for middle school students*. MIT Media Lab Personal Robots Group. (번역서: 모두를 위한 인공지능 윤리: 교육과정과 학습활동. 한국교육학술정보원).

참고문헌(통합)

강명희 외 (2000). 웹기반 지식창출 시스템 구축. BK21 핵심과제보고서.

강명희 외 (2017). 교육방법 및 교육공학. 교육과학사.

강명희, 강인애, 송상호, 조일현, 임철일, 최수진, 허희옥 (2006). e-러닝 콘텐츠 설계. 서울: 서현사.

강옥미 (2001). 웹기반 언어학 협동학습에 있어서 원격학습과 면대면학습의 효율성 비교. 한국어학, 14(1), 71-92.

곽재호, 이경화 (2017). 하브루타식 토론수업이 초등학생의 창의적 문제해결력 향상에 미치는 효과. 교육방법연구, 29(3), 467-488.

구은경, 이상원 (2018). 사례기반학습을 활용한 초등환경교육 교수 · 학습 방안.

구정화 (2001). 초등학교의 수업환경이 토론수업에 미치는 영향. 시민교육연구, 33, 23-48.

국가평생교육진흥원 (2016). 4차 산업혁명의 시대에서 묻는 교육의 미래. 글로벌 평생교육동향. 글로벌평생교육진흥원.

권낙연, 김동엽(2002). 교수-학습 이론의 이해. 문음사.

권낙원 (1997). 토의 수업의 이론과 실제. 現代敎育出版.

권성호 (2001). 웹기반 가상교육에서 협력적 상호작용 촉진을 위한 학습자 지원 전략 개발: 튜더의 역할을 중심으로. 교육공학연구, 17(3), 29-52.

김고은(2020). 프로젝트 기반 학습에 참여한 예비 유아교사의 협력학습 경험에 대한 질적 탐구. 영유아교육: 이론과 실천, 5(2), 105-131.

김남진, 우정환 (2016). 보편적 학습설계의 개념 확장 및 실행과정에 관한 이론 고찰. 특수교육재활과학연구, 55(3), 205-224.

김미선 (2016). 대학생의 대인관계 향상을 위한 의사소통 교육. 한민족어문학, 73, 203-233.

김순택 외 (1983). 현대수업원론. 교육과학사.

김영수, 허희옥, 김현진, 계보경, 박연정 (2016). 교수메세지 설계: 교육용 자료 제작 원리. 교육과학사.

김영천 (2016), 수행평가 이론과 실제. 아카데미프레스.

김은주. (2018). 학습자 참여 중심 수업을 위한 토의· 토론 수업에 대한 교사의 인식과 실행실태. 교육연구논총, 39(2), 79-111.

김지심, 강명희 (2010). 기업 이러닝에서 학습자가 인식한 교수실재감, 학습실재감, 학습효과의 구조적 관계 규명. 아시아교육연구, 11(2), 29-56.

김학수 (1991). 현대교수학습론. 교육과학사.

박삼열. (2012). 토론식 수업에서의 교수자 전략. 교양교육연구, 6(4), 237-262.

배호순 (1994). 프로그램평가론. 원미사.

백영균 (2006). 게임기반학습 (Game Based Learning) 활성화의 전제조건에 대한 고찰. 정보과학회지, 24(2), 45-50.

백영균, 박주성, 한승록, 김정겸, 최명숙, 변호승, 박정환, 강신천 (2010). 유비쿼터스 시대의 교육방법 및 교육공학(3판). 학지사.

변영계, 김영환 (1996). 교육방법 및 교육공학. 학지사.

변창진 외 (1996). 교육평가. 학지사.

서울대학교 교육연구소 (1994). 교육학용어사전. 하우.

설양환 외 (2002). 교육공학과 교수매체. 서울: 피어슨 에듀케이션 코리아.

성태제 (2002). 현대교육평가론. 학지사.

손은주, 추성경, 임희수 (2014). 교육방법 및 교육공학. 교육과학사.

신인경, 이철환 (2003). 토론학습 모형 기반 ICT 교수・학습 모형의 구안 및 활용방안. 한국스쿨넷학회 학술발표 논문집, 411-418.

안미리, 염주영, 김선용, 정지연 (2020). 국내 게임기반학습과 교육 게이미피케이션 설계 연구에 대한 체계적 문헌분석. 교육정보미디어연구 26.3: 425-454.

유정수, 이현숙, 홍옥수, 성정숙, 윤일규, 김현철 외 (2020). 초중등 인공지능 교육 내용체계 탐색적 연구 이슈 보고서. 한국과학창의재단.

이미자, 권혁일, 김도헌 (2011). 교육공학과 교수매체. 아카데미프레스.

이숙종 (1989). 코메니우스의 자연관과 새교수법에 관한 연구. 신학사상, 67, 944-983.

이숙종 (1996). 코메니우스의 교육사상. 교육과학사.

이영미 (2013). 공과대학 팀 기반 프로젝트 학습 관련 요인 탐색. 학습자중심교과교육연구, 13, 351-375.

이은하 (2002). 코메니우스의 교육과상이 생태유아교육에 주는 시사점. 생태유아교육연구, 1,1, 121-140.

이현우, 임규연, 정재삼, 허희옥 (역). Richey, R. C. 편 (2020). 교육공학 용어해설. 학지사.

이혜란, 소효정, Lingxi Jin (2020). 교육용 인공지능 애플리케이션의 특성 및 설계 수준 분석. 교육정보미디어연구, 26(3), 647-670.

이홍우 (1991). 교육의 개념. 문음사.

이홍우 (2018). 미국 교육학의 정체. 교육과학사.

이화여자대학교 교육공학과 (1996). 교육방법 및 교육공학. 교육과학사.

임철일, 연은경 (2015). 기업교육 프로그램 개발과 교수체제설계. 교육과학사.

전수진, 김한성, 장병철, 김학인, 한창수, 박광현 외 (2020). 중등교사용 KERIS와 시작하는 인공지능 교육. 한국교육학술정보원.

정문성 (2006). 협동학습의 이해와 실천. 교육과학사.

정문성 (2015). 초등 사회과에서 디지털교과서를 활용한 토의, 토론 수업의 양상 연구. 시민교육연구, 47(4), 217-240.

정범모 (1976). 교육과 교육학. 배영사.

정재삼 (2004). 교육프로그램평가. 교육과학사.

정재삼 (2010), 교육공학의 평가. 이화교육총서.

정재삼, 임규연, 김영수, 이현우 (역). Richey, R., Klein, J., & Tracy, M. 저 (2012). 교수설계 지식기반. 학지사.

정확실 역 (1990). 대교수학(J. A. Comenius). 양서원.

조미현 (1999). 인터넷을 활용한 프로젝트중심학습방법 (NetPBL) 의 활용 유형과 절차. 교육공학연구, 15(3), 3-24.

조일현, 김찬민, 허희옥, 서순식 (역). Keller, J. M. 저 (2010). 학습과 수행을 위한 동기설계: ARCS 모형 접근. 아카데미프레스.

진위교 (1998). 교수학습전략. 교육학 대백과사전. 서울대학교 교육연구소 편. 하우동설.

추성엽, 민덕기 (2019). 영어 상호작용 촉진을 위한 과업 기반 AI 챗봇 활용 및 학생 발화 분석. 초등영어교육, 25, 27-52.

켈러, 송상호 (1999). 매력적인 수업설계. 교육과학사.

한국교육공학회 (2016). 교육공학탐구. 박영사.

한국교육학술정보원 (2009). 2008 교육정보화백서. 한국교육학술정보원.

한국정보화진흥원 (2010). IT 항해시대, 미래트랜드와 국가전략. 한국정보화진흥원.

한선관, 류미영, 김태령 (2020). AI 사고를 위한 인공지능 교육. 성안당.

한정선 (2005). 프레젠테이션, 하나의 예술. 김영사.

한정선, 김영수, 강명희, 정재삼 (공역). Januszewski, A., & Molenda, M. 편저 (2008). 교육공학: 정의와 논평. 교육과학사.

한정선, 김영수, 주영주, 강명희, 정재삼, 박성희 (2008). 미래사회를 위한 교육방법 및 교육공학. 교육과학사.

허희옥, 안미리, 김미량, 김민경, 이옥화, 조미현 (2001). 컴퓨터 교육방법 탐구. 교육과학사.

홍용희 (역). Berk, L. & Winsler, A. 저 (1995). 어린이들의 학습에 비계설정: 비고스키와 유아교육. 창지사.

AI4K12.org. K-12 Guidelines for Artificial Intelligence : What Students Should Know, David S. Touretzky.

Allen, M. W., & Merrill, M. D. (2018). SAM and Pebble-in-the-Pond: Two Alternatives to the ADDIE Model. Trends and Issues in Instructional Design and Technologies. Pearson, 31-41.

Anderson, L. W. & Krathwohl, D. R. (2001). A taxonomy for learning, teaching, and assessing: A revision of Bloom's taxonomy of educational objectives. Longman.

Association for Educational Communications and Technology (1977). The definition of educational technology. Washington, DC: AECT.

Barrows, H. S. (1986). A taxonomy of problem-based learning methods. Medical Education, 20, 481–486.

Bednar, A. K., Cunning, D., Duffy, T. M., & Perry, J. D. (1995). Theory into practice: How do we link? In G. J. Anglin (Ed.) Instructional technology: Past, present and future. Denver, CO: Libraries Unlimited, 88-101.

Bedner, A., Cunningham, D., Duffy, T., & Perry, J. (1991). Theory into practice: How do we think? In G. Anglin (Ed.), Instructional technology (pp. 88-101). Libraries Unlimited.

Bell, S. (2010). Project-based learning for the 21st century: Skills for the future. The clearing house, 83(2), 39-43.

Berge, Z. (1995). The role of the online instructor/facilitator. Educational Technology, 35(1), 22-30.

Binder, C. (2010). Measurement, evaluation, and research: Feedback for decision making. In J. Moseley & J. Dessinger (Eds.), Handbook of improving performance in the workplace. San Francisco: Pfeiffer.

Bloom, B. (1956). Taxonomy of educational objectives. Handbook 1: Cognitive domain. New York, NY: McKay.

Borich, G. (2000). Effective teaching methods (4th ed.). Upper Saddle River, NJ: Merrill.

Borich, G. (2022). Effective teaching methods: Research-based practice (9th ed.). Pearson.

Boulmetis, J. & Dutwin, P. (2005). The ABCs of evaluation. San Francisco: Jossey-

Bass.

Bower, G. H., & Hilgard, E. R. (1981). Theories of learning (5th ed.). Englewood Cliffs, NJ: Prentice Hall.

Braden, R. (1992). Formative evaluation: A revised descriptive theory and a prescriptive model. Paper presented at AECT annual convention.

Branson, R. K. (1991). Instructional systems development in the military and industry. In L. J. Briggs, K. L. Gustafson & M. H. Tillman (Eds.). Instructional design principles and applications. Englewood Cliffs, NJ: Educational Technology Publications.

Briggs, L. J. (Ed.) (1977). Instructional design: Principles and applications. Englewood Cliffs, NJ: Educational Technology Publications.

Briggs, L., Gustafson, K., & Tillman, M. (Eds.) (1991). Instructional design: Principles and applications. Englewood Cliffs, NJ: Educational Technology Publications.

Briks, H. (1997). Global citizenship and higher education (Doctoral dissertation). University of Toronto, Toronto, Canada.

Bruner, J. S. (1960). The Process of education. Cambridge, MA: Harvard University Press.

Bruner, J. S. (1966). Toward a theory of instruction. Cambridge, MA: Belknap.

Buolamwini, J., & Gebru, T. (2018, January). Gender shades: Intersectional accuracy disparities in commercial gender classification. In Conference on fairness, accountability and transparency (pp. 77-91). PMLR.

Choppin, B. (1990). Evaluation as a field of inquiry: Valuation, assessment, and measurement.

Corey, S. (1971). The nature of instruction. In M. D. Merrill (Ed.), Instructional design: Readings. Prentic Hall.

Creswell, J. W. (2015). Revisiting mixed methods and advancing scientific practices. The Oxford handbook of multimethod and mixed methods research inquiry. Oxford University Press.

Cruickshank, D. R., Jenkins, D. B., & Metcalf, K. K. (1995). The act of teaching (p. 409). New York: McGraw-Hill.

Cruickshank, D., Bainer, D., & Metcalf, K. (1995). The act of teaching. New York: McGraw-Hill.

Dahlgren, M. A. (2000). Portraits of PBL: course objectives and students' study strategies in computer engineering, psychology and physiotherapy. Instructional Science, 28, 309-329.

Dale, E. (1969). Audiovisual methods in teaching (3rd ed.). NY: Holt, Reinhart and Winston.

Davie, L. (1989). Facilitation techniques for the on-line tutor. In Mason, R. & Kaye, A. (Eds.), Mindweave: Communication, Computers and Distance Education (pp. 74-85), Oxford: Pergamon Press.

Dempsey, J. V. (1996). Instructional Applications of Computer Games.

Dick, W. & Carey, L. (1996). The systematic design of instruction (4th ed.). New York: Harper Collins.

Dick, W., & Carey. L. (1978). The systematic design of instruction. Glenview, Ill: Scott, Foresman & Co.

Dick, W., Carey, L., & Carey, J. (2009). The systematic design of instruction (7th ed.). New York: Longman.

Dick, W., Carey, L., & Carey, J. O. (2001). The systematic design of instruction (5th ed.). New York: Addison-Wesley.

Dick, W., Carey, L., & Carey, J. O. (2009). The systematic design of instruction (7th ed.). Pearson.

Dick, W., Carey, L., & Carey, J. O. (2015). The systematic design of instruction (8th ed.). Pearson.

Dolmans, D. H. J. M., Janssen-Noordman, A., & Wolfhagen, I. H. A. P. (2006). Can students differentiate between PBL tutors with different tutoring deficiencies? Medical Teacher, 28, E156-E161.

Driscoll, M. P. (1994). Psychology for instruction. Needham Heights, MA: Allyn & Bacon.

Duffy, T. M., & Cunningham, D. J. (1996). Constructivism: Implications for the design and delivery of instruction. In D. J. Jonassen (Ed.), Handbook of research for educational communication and technology (pp. 170-198), New York: McMillan.

Duffy, T. M., & Jonassen, D. H. (1991). Constructivism: New implications for instructional technology. Educational Technology, 31(5), 7-12.

Feldman, R. S., & Theiss, A. J. (1982). The teacher and student as Pygmalions: Joint effects of teacher and student expectations. Journal of Educational Psychology, 74(2), 217-223.

Filipczak, B. (1997). It Takes All Kinds: Creativity in the Work Force. Training, 34(5), 32.

Fitzpatrick, J., Sanders, J., & Worden, B. (2010). Program evaluation: Alternative approaches and practical guideline (4th ed.). Upper Saddle River, NJ: Pearson.

Flagg, B. N. (1990). Collaboration of researcher and designers producing a science museum videodisc. (ERIC document production service ED323910).

Fleming, M. & Levi , W. (1993). Instructional message design: Principles for the cognitive and behavioral science. Education Technology Publications.

Ford, D. (1999). Bottom-line training: How to design and implement successful programs that boost profits. Houston: Gulf Publishing.

Freeman, R. (1997). Managing open systems. London: Kogan Page.

Gagn, R. M. (1985). The conditions of learning (4th ed.). New York: Holt, Rinehart & Winston.

Gagn, R. M., & Briggs, L. J. (1979). Principles of instructional design (2nd ed.). New York: Holt Rinehart & Winston.

Gagne, F. (1985). Giftedness and talent: Reexamining a reexamination of the definitions. Gifted Child Quarterly, 29(3), 103-112.

Gagne, R. M. & Briggs, L. J. (1979). Principles of instructional design (2nd ed.). New York: Holt Rinehart & Winston.

Gagné, R. M. (1985). The conditions of learning (4th ed.). New York: Holt, Rinehart & Winston.

Gagné, R. M., & Briggs, L. J. (1974). Principles of instructional design. New York: Holt, Rinehart & Winston.

Gagné, R. M., & Wager, W. W, Golas, K., & Keller, J. M. (2005). Principles of instructional design (5th ed.). Belmont, CA: Thompson Wadsworth.

Gagne, R. M., Briggs, L. J., & Wager, W. W. (1992). Principles of instructional design (4th ed.). Harcourt Brace Jovanovich College Publisher.

Gagné, R., Wager, W., Golas, K., & Keller, J. (2005). Principle of instructional design (5th ed.). Thomson.

Galbraith, J. K. (1967). The new industrial state. Boston: Houghton Mifflin.

Garrison, D. R. & Kanuka, H. (2004). Blended learning: Uncovering its tranformative potential in higher education. Internet and Higher Education, 7, 95-105.

Garrison, D. R., Anderson, T., & Archer, W. (2000). Critical inquiry in a text-based environment: Computer conferencing in higher education. The Internet and Higher Education, 2(2-3), 87-105.

Gates(1999). Business at the Speed of Thought. Pearson Education Limited.

Gee, J. P. (2003). What video games have to teach us about learning and literacy. Computers in entertainment (CIE), 1(1), 20-20.

Gery, G. J. (1991). Electronic performance support system: How and why to remake the workplace through the strategic application of technology. Boston, MA: Weingarten Publication.

Grant, J. (2002). Learning needs assessment: assessing the need. Bmj, 324(7330), 156-159.

Gredler, M. (2001). Learning and instruction: Theory and practice (4th ed.). Upper Saddle River, NJ: Prentice-Hall.

Gredler, M. (2008). Learning and instruction: Theory and practice (6th ed.). Upper Saddle River, NJ: Prentice-Hall.

Greenfield, P. M., DeWinstanley, P., Kilpatrick, H., & Kaye, D. (1994). Action video games and informal education: Effects on strategies for dividing visual attention. Journal of applied developmental psychology, 15(1), 105-123.

Gronlund, N. (1984). Measurement and evaluating in teaching (4th ed.). New York: Macmillan.

Gustafson, K. L. & Tillman, M. H. (1991). Introduction. In L. J. Briggs, K. L. Gustafson & M. H. Tillman(Eds.). Instructional design: Principles and applications. Englewood Cliffs, NJ: Educational Technology Publications.

Gustafson, K. L. (1981). A survey of instructional development models. Syracuse, NY: ERIC Clearinghouse on Information Resources, Syracuse University. ERIC: No. ED 211097.

Haleem, A., Javaid, M., Qadri, M. A., & Suman, R. (2022). Understanding the role of digital technologies in education: A review. Sustainable Operations and Computers.

Handelsman, J., Egert-May, D., Beichner, R., Bruns, P., Change, A., DeHaan, R., Gentile, J., Lauffer, S., Stweart, J., Tilghman, S. M., & Wood, W. B. (2004). Scientific teaching, Science, 304(5670), 521-522.

Harris, M. (1980). The roles a tutors plays. The English Journal, 69(9), 62-65.

Heinich, R., Molenda, M., Russell, J. & Smaldino, S. (2002). Instructional media and the new technologies for learning. Upper Saddle River, NJ: Pearson.

Heo, H., Lim, K. Y., & Kim, Y. (2010). Exploratory study on the patterns of online interaction and knowledge co-construction in project-based learning. Computers & Education, 55(3), 1383-1392.

Hilggard, E. R., & Bower, G. H. (1966). Theories of learning (3rd ed.). Appleton-Century- Crofts.

Hmelo-Silver, C. E. (2004). Problem-based learning: What and how do students learn? Educational Psychology Review, 16, 235–266.

Holmes, W., Bialik, M., & Fadel, C. (2019). Artificial intelligence in education. Boston: Center for Curriculum Redesign.

Howland, J. L., Jonassen, D. H., & Marra, R. M. (2011). Meaningful learning with technology (4th Ed). Pearson.

Hughes, J. (2005). The role of teacher knowledge and learning experiences in forming technology-integrated pedagogy. Journal of technology and teacher education, 13(2), 277-302.

Isaac, S., & Michael, W. (1995). Handbook in research and evaluation (3rd ed.). San Diego: EITS.

Jayakanthan, R. (2002). Application of computer games in the field of education. The electronic library, 20(2), 98-102.

JCSSE (1981). Standards for evaluation of educational programs, projects, and materials. New York: McGraw Hill.

Jeong, H., & Hmelo-Silver, C. E. (2010). Productive use of learning resources in an online problem-based learning environment. Computers in Human Behavior, 26, 84-99.

Jonassen, D. H. (1999). Designing constructivist learning environments. Instructional design theories and models: A new paradigm of instructional theory, 2, 215-239.

Kang, M., Heo, H., Jo, I., Shin, J., & Seo, J. (2010). Developing an Educational Performance Indicator for New Millennium Learners. Journal of Research on Technology in Education, 43(2), 157-170.

Kaufman, R. A., & English, F. W. (1981). Needs assessment: Concept and application. Educational Technology.

Kaufman, R., & Guerra-López, I. (2013). Needs assessment for organizational success. American Society for Training and Development.

Kelleher, A., & Klein, L. F. (2006). Global perspectives: A handbook for understanding global issues (2nd ed.). Upper Saddle River, NJ: Pearson Prentice Hall.

Keller, J. (1987). Motivational design of instruction. In C. Reigeluth(Ed.), Instructional design theories and models. Lawrence Erlbaum.

Keller, J. M. (1983). Motivational design of instruction. In C. M. Reigeluth (Ed.), Instructional design theories and models: An overview of their current status. Hilsdale, NJ: Lawrence Erlbaum Associates.

Keller, J. M. (2016). Motivation, learning, and technology: Applying the ARCS-V motivation model. Participatory Educational Research, 3(2), pp. 1-13.

Kemp, J. (1971). Instructional design: A plan for unit and course development. Fearon Publishers.

Kemp, J. P. (1985). The instructional design process. New York: Harper & Row.

King, P. M., & Kitchener, K. S. (1994). Developing reflective judgment: Understanding and promoting intellectual growth and critical thinking in adolescents and adults. San Francisco: Jossey-Bass.

Kirkpatrick, D. (1998). Evaluating training programs: The four levels (2nd ed.). San Francisco: Berret-Koehler.

Kirpatrick, D. & Kirkpatrick, J. (2006). Evaluating training programs: The four levels (3rd ed.). San Francisco: Berret-Koehler.

Kirpatrick, J. & Kirkpatrick, W. (2016). Four levels of training evaluation. Alexandria, VA: ATD Press.

Kirriemuir, J. (2002). Video gaming, education and digital learning technologies. D-lib Magazine, 8(2), 7.

Kirschner, F., Pass, F., & Kirschner, P. A. (2009). Individual and group-based learning from complex cognitive tasks: Effects on retention and transfer efficiency. Computers in Human Behavior, 25(2), 306-314.

Kirschner, P., Sweller, J., & Clark, R. E. (2006). Why unguided learning does not work: An analysis of failure of discovery learning, problem-based learning, experiential learning and inquiry based learning. Educational Psychologist, 41(2), 75-86.

Knowles, M., Holton, E., Swanson, R., & Robinson, P. (2020). The adult learner (9th ed.). Routledge.

Krajcik, J. S., & Blumenfeld, P. C. (2006). Project-based learning (pp. 317-34). na.

Krathwohl, D., Bloom, B., & Masia, B. (1964). Taxonomy of educational objectives, Handbook 2: Affective domain. NY: David McKay.

Kumar, S., Martin, F., Budhrani, K., & Ritzhaupt, A. (2019). Award-winning faculty online teaching practices: Elements of award-winning courses. Online Learning, 23(4), 160-180.

Kwon, M. S., & Kan, J. S. (2013). University's the UCC Project Teaching and Learning Model Development and its Application. Journal of Fisheries and Marine Sciences Education, 25(4), 937-957.

Laffey, J., Tupper, T., Musser, D., & Wedman, J. (1998). A computer-mediated support system for project-based learning. Educational technology research and development, 46, 73-86.

Larmer, J., Markham, T., & Ravitz, J. (2003). Project-based learning handbook. Oakland, CA: Wilsted and Taylor.

Ledger, S. & Fischetti, J. (2020). Micro-teaching 2.0: Technology as the classroom. Australasian Journal of Educational Technology, 36(1), 37-54.

Leshin, C.B., Pollock, J., & Reigeluth, C. M. (1992). Instructional design strategies and tactics. Educational Technology.

Loyens, S. M. M., Magda, J., & Rikers, R. M. J. P. (2008). Self-directed learning in problem-based learning and its relationships with self-regulated learning. Educational Psychology Review, 20, 411-427.

Mager, R. F. (1962). Preparing instructional objectives. Belmont, CA: Fearon Publishers.

Mager, R. F. (1975). Preparing instructional objectives. Palo Alto, CA: Fearon

Publishers.

Mager, R. F. (1984). Preparing instructional objectives (2nd ed.). Belmont, CA: Lake Publishing.

Malone, T. & Lepper, M. (1987). Making learning fun: A taxonomy of intrinsic motivations of learning. In R. E. Snow& M. J. Farr (Eds.), Aptitude, learning, and instruction: Vol. 3. Conative and affective process analyses (pp. 223-253). Hillsdale, NJ: Lawrence Erlbaum.

Mayer, R. E. (1982). Memory for algebra story problems. Journal of Educational Psychology, 74(2), 199.

Merrill, M. D. (1994). Instructional design theory. Englewood Cliffs, NJ: Educational Technology.

Merrill, M. D. (2002). First principles of instruction. Educational Technology Rsearch and Development, 50(3), 43-59.

Merrill, M. D. (2013). First principles of instruction: Identifying and designing effective, efficient, and engaging instruction. Pfeiffer. 임규연, 김영수, 김광수, 이현우, 정재삼(역) (2014). 교수의 으뜸원리. 학지사.

Merrill, M. D. (2013). First principles of instruction: Identifying and designing effective, efficient, and engaging instruction. San Francisco: Pfeiffer.

Merrill, M. D. (2020). First principles of instruction(revised edition). AECT.

Meyer, A., Rose, D. H., & Gordon, D. (2014). Universal design for learning: Theory and practice. Wakefield, MA: CAST Professional Publishing.

Molenda, M., Pershing, J. A., & Reigeluth, C. M. (1996). Designing instructional systems. In R. Craig (Ed.), Training and development handbook (4th ed.). New York: McGraw-Hill.

Moore, M. G. (1989) Editorial: Three types of interaction. American Journal of Distance Education, 3(2), 1-7.

Morrison, G. R., Ross, S. M., & Kemp, J. E. (2007). Designing effective instruction (5th ed.). John Wiley & Sons.

Moust, J. H. C., van Berkel, H. J. M., & Schmidt, H. G. (2005). Signs of erosion: Reflections on three decades of problem-based learning at Maastricht University. Higher Education, 50, 665-683.

Moust, J. H., Berkel, H. V., & Schmidt, H. G. (2005). Signs of erosion: Reflections on three decades of problem-based learning at Maastricht University. Higher education, 50, 665-683.

Newby, T., Stepich, D., Lehman, J., & Russell, J. (2006). Educational technology for teaching and learning (3rd ed.). Upper Saddle River, NJ: Pearson.

Newby, T., Stepich, D., Lehman, J., Russell, J., & Ottenbreit-Leftwich, A. (2011). Educational technology for teaching and learning (4th ed.). Upper Saddle River, NJ: Pearson.

Noe, R. (2017). Employee training and development(8th ed.). McGraw Hill.

Noe, R. (2020). Employee training and development(9th ed.). McGraw Hill.

O'Reilly, T. (2005). What is web 2.0-Design patterns and business models for the next generation of software. http://oreilly.com/web2/archive/what-is-web-20.html.

Otting, H., & Zwaal, R. (2006). Critical task characteristics in problem-based learning. Industry & Higher Education, 10, 347-357.

Oxfam. (2015a). Education for global citizenship: A guide for schools. London, England: Oxfam.

Partnership for 21C Skills(2009). P21 Framework Definitions. Partnership for 21C Skills.

Patterson, E. W. (1951). Case method in american legal education: Its origins and objectives, the. J. Legal Educ., 4, 1.

Paulsen, M. F. (1995). Moderating educational computer conferences. In Z. L. Berge & M. P. Collins (Eds.), Computer mediated communication and the online classroom, volume III: Distance learning (pp. 81-104). Cresskill, NJ: Hampton Press.

Payne, B. H. (2019). An ethics of artificial intelligence curriculum for middle school students. MIT Media Lab Personal Robots Group. (번역서: 모두를 위한 인공지능 윤리: 교육과정과 학습활동. 한국교육학술정보원).

Pershing, J. A. (2006). Human performance technology fundamentals. In J. A. Pershing (Ed.). Handbook of human performance technology (pp. 5-34). Pfeiffer.

Peters, R. (1966). Ethics and education. George Allen & Unwin.

Petraglia, J. (1998). The real world on a short leash: The (mis)application of constructivism to the design of educational technology. Educational Technology

Research and Development, 46(3), 53-65.

Pfeffer, J., & Sutton, R. I. (2006). Hard facts, dangerous half-truths, and total nonsense: Profiting from evidence-based management. Harvard Business Press.

Piaget, J., & Inhelder, B. (1969). The psychology of the child (H. Weaver. Trans). New York: Basic Books.

Piskurich, G. (2006). Rapid instructional design: Learning ID fast and right (2nd ed.). San Francisco: Pfeiffer.

Piskurich, G. M. (2000). Rapid Instructional Design: Learning ID fast and Right. San Francsico: Jossey.

Plummer-D'Amato, P. (2008). Focus group methodology part 1: Considerations for design. International Journal of Therapy and Rehabilitation, 15(2), 69-73.

Prensky, M. (2001). Digital natives, digital immigrants part 2: Do they really think differently?. On the horizon.

Prensky, M. (2006). Adopt and adapt: 21st century schools need 21st century technology. Eduptopia, 43-45.

Prensky, M. (2007). How to teach with technology: Keeping both teachers and students comfortable in an era of exponential change. Emerging technologies for learning, 2(4), 40-6.

Reay, D. (1994). Selecting training methods. London: Kogan Page.

Reigeluth, C. M. & Merrill, M. D. (1979). Classes of instructional variables. Educational Technology, 19(3), 5-24.

Reigeluth, C. M. (1987). Instructional theories in action: Lessons illustrating selected theories and models. New Jersey: Lawrence Erlbaum Associates.

Reigeluth, C. M. (1996). A new paradigm of ISD? Educational Technology, 36(6), 4-11.

Reigeluth, C. M. (1999). What is instructional-design theory and how is it changing. Instructional-design theories and models: A new paradigm of instructional theory, 5-29.

Reigeluth, C. M. (Ed.) (1983). Instructional design theories and models: An overview of their current status. Hillsdale, NJ: Lawrence Erlbaum Associates.

Reigeluth, C. M. (Ed.) (1999). Instructional design theories and models: A new paradigm of instructional design theory (Vol. 2). Routledge.

Reigeluth, C. M., & Carr-Chellman, A. (2009). Instructional design theories and models: Building a common knowledge base. New York, NY: Routledge.

Remedios, L., Clarke, D., & Hawthorne, L. (2008). The silent participant in small group collaborative learning contexts. Active Learning in Higher Education, 9, 201-216.

Resnick, L. B. (Ed.). (1989). Knowing, learning, and instruction: Essays in honor of Robert Glaser. Hillsdale, New Jersey: Lawrence Erlbaum Assocates.

Rhoads, R. A., & Szelényi, K. (2011). Global citizenship and the university: Advancing social life and relations in an interdependent world. Stanford, CA: Stanford University Press.

Richey, R. C., & Tessmer, M. (1995). Enhancing instructional systems design through contextual analysis. In B. B. Seels (Ed.), Instructional design fundamentals: A Reconsideration (pp. 189–199). Englewood Cliffs, NJ: Educational Technology Publications.

Richey, R., Klein, J., & Tracy, M. (2011). The instructional design knowledge base: Theory, research, and practice. Routledge.

Rittel, H., & Webber, M. (1973). Dilemmas in a general theory of planning. Policy Sciences, 4, 155-169.

Romiszowski, A. (1981). Designing instructional systems. London, UK: Kogan Page.

Romiszowski, A. (2016). Designing instructional systems. NY: Routledge.

Rothkopf, E. Z. (1970). The concept of mathemagenic activities. Review of educational research, 40(3), 325-336.

Rothwell, W. J. & Kazanas, H. C. (1992). Mastering the instructional design process: A systematic approach. San Francisco: Jossey-Bass.

Sadler, J. E. (1966). Comenius and Contempory Education. UNESCO.

Saettler, P. (1990). The evolution of American educational technology. Englewood, CO: Libraries Unlimited, Inc.

Salmon, G. (2000). E-moderating: The key to teaching and learning online. London: Kogan Page.

Savery, J. R. (2006). Overview of problem-based learning: Definitions and distinctions. The Interdisciplinary Journal of Problem-Based Learning, 1, 9-20.

Schmidt, H. G. (1983). Problem-based learning: Rationale and description. Medical

Education, 17(1), 11-16.

Schmidt, H. G., Loyens, S. M., Van Gog, T., & Pass, F. (2007). Problem-based learning is compatible with human cognitive architecture: Commentary on Kirschner, Sweller, and Clark. Educational Psychologist, 42(2), 91-97.

Schunk, D. H. (1996). Learning theories. Printice Hall.

Scriven. M. (1967). The methodology of evaluation: In perspectives of curriculum evaluation (AERA monograph series on curriculum evaluation, No. 1). Chicago: Rand McNally.

Seels, B. B., & Richey, R. C. (1994). Instructional technology: The definition and domains of the field. Washington, DC: AECT.

Shadiev, R., Hwang, W. Y., Huang, Y. M., & Liu, T. Y. (2015). The impact of supported and annotated mobile learning on achievement and cognitive load. Journal of Educational Technology & Society, 18(4), 53-69.

Siemens, G. (2005). Connectivism: A learning theory for the digital age. International Journal of Instructional Technology and Distance Learning, 2(1).

Silén, C., & Uhlin, L. (2008). Self-directed learning: A learning issue for students and faculty! Teaching in Higher Education, 13, 461-475.

Simpson, E. (1969). The classification of educational objectives: Psychomotor domain. Illinois Teacher of Home Economics.

Skinner, B. F. (1983). Intellectual self-management in old age. American Psychologist, 38(3), 239.

Smaldino, S. E., Lowther, D. L., & Mims, C. (2019). Instructional technology and media for learning (12th Ed). Pearson.

Smaldino, S., Lowther, D., & Russell, J. (2008). Instructional technology and media for learning (9th ed.). Upper Saddle River, NJ: Pearson.

Smith, P. & Ragan, T. (1993). Instructional design. New York: Merrill.

Smith, P. L. & Ragan, T. J. (1999). Instructional design. New York: Wiley.

Smith, P. L. & Ragan, T. J. (2005). Instructional design (3rd ed.). New York: Wiley.

Spector, M. (2012). Foundations of educational technology: Integrative approaches and interdisciplinary perspectives. Routledge.

Squire, K., & Jenkins, H. (2003). Harnessing the power of games in education. Insight, 3(1), 5-33.

Stefaniak, J. E. (2020). Needs assessment for learning and performance: Theory, process, and practice. Routledge.

Stufflebeam, D. (1983). The CIPP model for program evaluation. In G. Madaus, M. Scriven, & D. Stufflebeam (Eds.), Evaluation models. Boston: Kluwer-Nijhoff.

Sweller, J. (1994). Cognitive load theory, learning difficulty, and instructional design. Learning and Instruction, 4(4), 295-312.

Tessmer, M., & Richey, R. C. (1997). The role of context in learning and instructional design. Educational technology research and development, 45(2), 85-115.

Tharp, R. G., & Gallimore, R. (1988). Rousing minds to life. New York: Cambridge University Press.

Thompson, A. D., Simonson, M. R., & Hargrave, C. P. (1992). Educational Technology: A review of the research. Washington, D. C.: Association for Educational Communications and Technology.

Tripp, S. D., & Bichelmeyer, B. (1990). Rapid prototyping: An alternative instructional design strategy. Educational Technology Research and Development, 38(1), 31-44.

Tyler (1949). Basic principles of curriculum and instruction. University of Chicago.

UNESCO (2014). Global citizenship education: Preparing learners for the challenges of the 21st century. Paris, France: UNESCO.

Van Merrienboer, J. J. G. (1997). Training complex cognitive skills: A four-component instructional design model for technical training. Englewood Cliffs, NJ: Educational Technology Publications.

Verkoeijen, P. P. J. L., Rikers, R. M. J. P., te Winkel, W. W. R., & van den Hurk, M. M. (2006). Do student defined learning issues increase quality and quantity of individual study? Advances in Health Sciences Education, 11, 337–347.

Wang, M. J., & Kang, M. (Eds.) (2005). Cybergogy for engaged learning: A framework for creating learner engagement through information and communication Technology. In D. Hung & M. S. Khine(Eds.), Engaged learning with emerging technologies (11th)(pp. 225-253). Springer: Netherlands.

Watson, J. (2008). Blended learning: The convergence of online and face-to-face education. Promising Practices in Online Learning. North American Council for Online Learning.

Weinstein, C. E., & Mayer, R. E. (1983). The Teaching of Learning Strategies. In Innovation abstracts (Vol. 5, No. 32, p. n32).

Werner, J. (2022), Human resource development. Cengage Learning.

Willis, J., & Wright, K. E. (2000). A general set of procedures for constructivist instructional design: The new R2D2 model. Educational Technology, 40(2), 5-20.

Witkin, B. R., Altschuld, J. W., & Altschuld, J. (1995). Planning and conducting needs assessments: A practical guide. Sage.

World Economic Forum(2015). New vision for education: Unlocking the potential of technology. Colony/Geneva: World Economic Forum.

World Economic Forum(2016). New vision for education: Fostering social and emotional learning through technology. Colony/Geneva: World Economic Forum.

찾아보기

[인 명]

[내 용]

저자 약력 (가나다순)

소효정

- 미국 인디애나대학교 Ph.D.
- 세부영역: 테크놀로지기반학습, 학습과학
- 현재 이화여자대학교 교육공학과 교수

이재영

- 미국 펜실베이니아주립대학교 Ph.D.
- 세부영역: 인적자원개발, 테크놀로지기반학습
- 현재 이화여자대학교 교육공학과 조교수

이정민

- 미국 플로리다주립대학교 Ph.D.
- 세부영역: 테크놀로지기반학습, 창의적 문제해결학습설계
- 현재 이화여자대학교 교육공학과 교수

임규연

- 미국 펜실베이니아주립대학교 Ph.D.
- 세부영역: 테크놀로지기반학습, 협력학습환경설계
- 현재 이화여자대학교 교육공학과 교수

정재삼

- 미국 인디애나대학교 Ph.D.
- 세부영역: HRD/프로그램평가, 적응적 학습과 애자일 퍼포먼스
- 현재 이화여자대학교 교육공학과 교수

미래사회를 위한
교육의 방법과 테크놀로지(2판)

2021년 8월 30일 1판 1쇄 발행
2023년 2월 28일 2판 1쇄 인쇄
2023년 3월 2일 2판 1쇄 발행

저 자: 이화여자대학교 교육공학과
소효정, 이재영, 이정민
임규연, 정재삼
발행자: 한 정 주
발행처: 교 육 과 학 사

저자와의
협의하에
인지생략

경기도 파주시 광인사길 71
전화 (031)955-6956~8/팩스 (031)955-6037
Home-page : www.kyoyookbook.co.kr
E-mail : kyoyook@chol.com
등록 : 1970년 5월 18일 제2-73호

낙장 · 파본은 교환해 드립니다.
Printed in Korea.

정가 29,000원
ISBN 978-89-254-1762-2